AF095101

प्रस्तावना

किसी भी विषय में अधिगम हेतु, संप्रेषण के माध्यम के रूप में प्रयुक्त किसी भी भाषा पर पकड़ (command) होना अत्यंत आवश्यक है। विषय के निरपेक्ष, शिक्षण एवं अधिगम प्रक्रिया में भाषा, तारतम्य स्थापित करने का कार्य करती है। भाषा के बिना सारे विषय मूक एवं अर्थहीन हो जाएँगे। प्राचीन समय में शिक्षाविदों ने, शुरुआत में, किसी विषय-वस्तु के शिक्षण से पहले ही भाषा के शिक्षण के महत्त्व को उजागर किया। उन्होंने व्याकरण, शास्त्रीयता, तर्क एवं गणित को सर्वाधिक महत्त्व दिया। लेकिन समय के साथ भाषा एक स्वतंत्र विषय हो गई, जिसकी दूसरे विषयों के अध्यापकों द्वारा उपेक्षा की जाने लगी है।

अवधारणा के रूप में पाठ्यचर्यापर्यंत भाषा, इस तथ्य को स्वीकार करती है कि किसी विषय की शिक्षा किसी विशेष भाषा में ही नहीं दी जानी चाहिए बल्कि मातृभाषा एवं दूसरी भाषाओं में भी सभी विषयों की शिक्षा दी जानी चाहिए। किसी भी विषय-क्षेत्र में विषय एवं भाषा दोनों ही अंतर्निहित होते हैं एवं इन दोनों के बीच पारस्परिक संबंध भी होता है। अर्थात् भाषा के सभी शिक्षक विषय के शिक्षक एवं विषय के सभी शिक्षक भाषा के शिक्षक होते हैं। अतः सभी शिक्षकों को भाषा एवं विषय दोनों पर अपना ध्यान केंद्रित करना चाहिए।

जी.पी.एच. की यह पुस्तक **'पाठ्यचर्यापर्यंत भाषा (बी.ई.एस.-124)'** शिक्षकों को भाषा एवं अधिगम के मध्य के संबंध में जागरूक करने का प्रयास करती है एवं उनके विशिष्ट विषयों के शिक्षण में इस प्रकार के अभ्यासों को करने के लिए उन्हें प्रेरित करती है ताकि भाषा, अधिगम को सुगम बनाने का एक उपकरण बन सके।

पुस्तक विशेष रूप से प्रश्न पत्र की तैयारी के लिए सारगर्भित एवं परीक्षोपयोगी प्रश्नोत्तर के रूप में लिखी गई है। इसके अध्ययन से न केवल अल्प समयावधि में छात्रों को अपना पाठ्यक्रम पूर्ण कर पाने में मदद मिल सकेगी बल्कि प्रश्नों के उत्तरों को हल करने में भी सरलता होगी।

प्रस्तुत पुस्तक की विषय-सामग्री के विस्तृत एवं जटिल उपबंधों को तर्कपूर्ण एवं संप्रभावी ढंग से संक्षेप में प्रस्तुत किया गया है। पुस्तक की भाषा उपयुक्त, सरल एवं प्रवाहपूर्ण रखने का प्रयत्न किया गया है। पुस्तक के प्रत्येक अध्याय के प्रारंभ में अध्याय की भूमिका दी गई है जिससे छात्रों को अध्याय को समझने में सरलता होगी।

इस पुस्तक की सबसे बड़ी और महत्त्वपूर्ण विशेषता यह है कि इसके अंतर्गत आपको गत वर्षों के प्रश्न पत्र हल सहित दिए जाते हैं जो आपकी परीक्षा को न केवल सरल बनाते हैं अपितु आपको परीक्षा में अच्छे अंक प्राप्त करने में भी सहायक होते हैं। पुस्तक में प्रश्न पत्रों के प्रारूप को आपके सामने बिल्कुल उसी प्रकार प्रस्तुत किया गया है जैसा आपके सामने परीक्षा केंद्र में प्रस्तुत होता है, जो आपको अपने आप में एक अलग प्रकार का आत्मविश्वास बढ़ाने में सहायक होगा।

आगामी संस्करण में आपके सुझावों को यथास्थान साभार सम्मिलित किया जाएगा। अतः अपने सुझाव निःसंकोच हमें हमारी **Email : feedback@gullybaba.com** पर या सीधे प्रकाशन के पते पर लिखें और हमें अपने सुझावों से अनुग्रहित करें।

प्रकाशक (GPH) अपने कार्यरत सहायकों व लेखकों का सहृदय आभार प्रकट करता है, जिनके सहयोग और प्रयासों के कारण ही इस पुस्तक का प्रकाशन संभव हो पाया है।

हम आपकी सफलता की कामना करते हैं।

Topics Covered

अध्याय–1 पाठ्यचर्यापर्यंत भाषा
(Language Across the Curriculum)

1. भाषा एवं समाज
(Language and Society)
2. भाषा एवं अधिगम
(Language and Learning)
3. पाठ्यचर्यापर्यंत भाषा की समझ
(Understanding Language Across the Curriculum)
4. कक्षाकक्ष: एक प्रवचन स्थल
(The Classroom as a Space for Discourse)

अध्याय–2 पाठ्यचर्यापर्यंत शिक्षण एवं भाषा का आकलन
(Teaching and Assessing Language Across the Curriculum)

5. पाठ्यचर्यापर्यंत श्रवण का शिक्षण
(Teaching Listening Across the Curriculum)
6. बोलने की क्षमता का विकास
(Developing the Speaking Abilities)
7. पठन समझ
(Reading Comprehension)
8. पाठ्यचर्यापर्यंत लेखन
(Writing Across the Curriculum)
9. पाठ्यचर्यार्पंत भाषा का आकलन
(Assessing Language Across the Curriculum)

पाठ्यचर्यापर्यंत भाषा
LANGUAGE ACROSS THE CURRICULUM

(बी.ई.एस.-124)

शिक्षा में स्नातक उपाधि हेतु (बी.एड.)
For Bachelor of Education (B.Ed.)

Gullybaba.com AMAZON.in GPHbook.com
BESTSELLER

NCTE द्वारा स्वीकृत दो वर्षीय नवीनतम पाठ्यक्रम पर आधारित

मगध विश्वविद्यालय, इंदिरा गाँधी राष्ट्रीय मुक्त विश्वविद्यालय (इग्नू), कुरुक्षेत्र विश्वविद्यालय, बिहार विश्वविद्यालय (मुजफ्फरपुर), नालंदा विश्वविद्यालय, महर्षि दयानंद विश्वविद्यालय (रोहतक), चौधरी रणबीर सिंह विश्वविद्यालय तथा अन्य भारतीय विश्वविद्यालयों के लिए महत्त्वपूर्ण अध्ययन सामग्री

Closer to Nature   We use Recycled Paper

गुल्लीबाबा पब्लिशिंग हाउस प्रा. लि.
आई.एस.ओ. 9001 एवं आई.एस.ओ. 14001 प्रमाणित कं.

Published by:
GullyBaba Publishing House Pvt. Ltd.

Regd. Office:	Branch Office:
2525/193, 1ˢᵗ Floor, Onkar Nagar-A, Tri Nagar, Delhi-110035 (From Kanhaiya Nagar Metro Station Towards Old Bus Stand) Ph. 011-27387998, 27384836, 27385249	1A/2A, 20, Hari Sadan, Ansari Road, Daryaganj, New Delhi-110002 Ph. 011-23289034 011-45794768

E-mail: hello@gullybaba.com, Website: GullyBaba.com

New Edition

Author: GullyBaba.Com Panel
ISBN: 978-93-86276-39-1
Copyright© with Publisher
All rights are reserved. No part of this publication may be reproduced or stored in a retrieval system or transmitted in any form or by any means; electronic, mechanical, photocopying, recording or otherwise, without the written permission of the copyright holder.

Disclaimer: This book is based on syllabus of NIOS D.El.Ed. course. This is only a sample. The book/author/publisher does not impose any guarantee or claim for full marks or to be pass in exam. You are advised only to understand the contents with the help of this book and answer in your words.
The book is published by Gullybaba Publishing House Pvt. Ltd., Delhi-35. This company does not have any direct or indirect relationship with NIOS.
All disputes with respect to this publication shall be subject to the jurisdiction of the Courts, Tribunals and Forums of New Delhi, India only.

Free Home Delivery of GPH Books

You can get GPH books by VPP/COD/Speed Post/Courier.
You can order books by Email/SMS/WhatsApp/Call.
For more details, visit gullybaba.com/faq-books.html

Note : Selling this book on any online platform like Amazon, Flipkart, Shopclues, Rediff, etc. without prior written permission of the publisher is prohibited and hence any sales by the SELLER will be termed as ILLEGAL SALE of GPH Books which will attract strict legal action against the offender.

विषय-सूची

1. भाषा एवं समाज
   (Language and Society) 1
2. भाषा एवं अधिगम
   (Language and Learning) 33
3. पाठ्यचर्यापर्यंत भाषा की समझ
   (Understanding Language Across the Curriculum) 63
4. कक्षाकक्ष: एक प्रवचन स्थल
   (The Classroom as a Space for Discourse) 91
5. पाठ्यचर्यापर्यंत श्रवण का शिक्षण
   (Teaching Listening Across the Curriculum) 113
6. बोलने की क्षमता का विकास
   (Developing the Speaking Abilities) 135
7. पठन समझ
   (Reading Comprehension) 153
8. पाठ्यचर्यापर्यंत लेखन
   (Writing Across the Curriculum) 177
9. पाठ्यचर्यापर्यंत भाषा का आकलन
   (Assessing Language Across the Curriculum) 205

प्रश्न पत्र

(1) जून, 2017 (हल सहित) 227
(2) दिसम्बर, 2017 (हल सहित) 230
(3) जून, 2018 235
(4) दिसम्बर, 2018 237
(5) जून, 2019 239
(6) दिसम्बर, 2019 (हल सहित) 241
(7) जून, 2020 (हल सहित) 247
(8) दिसम्बर, 2020 (हल सहित) 253

1. भाषा एवं समाज
Language and Society

भूमिका

भाषा एक ऐसा माध्यम है, जिसके द्वारा हम परस्पर अपने भावों को व्यक्त कर सकते हैं। भाषा के कई रूप होते हैं, जैसे कि सांकेतिक, मौखिक, लिखित आदि। समाज में लोगों के साथ संप्रेषण करने के लिए भाषा का ही प्रयोग किया जाता है। अत: भाषा एवं समाज के बीच परस्पर निकट संबंध है। विद्यालयों में अध्यापन कार्य करते समय शिक्षकों का मुख्य उद्देश्य विद्यार्थियों के द्वारा बोली जाने वाली भाषा को शुद्ध करना रहता है (विशेष रूप से विदेशी भाषाएँ, जैसे कि अंग्रेजी आदि)। उस समय हम केवल विद्यार्थियों के द्वारा दिए जाने वाले उत्तरों का मूल्यांकन करते हैं। किंतु सामान्य स्थिति में हम सभी अपने समाज में बोली जाने वाली एक जैसी भाषा का ही प्रयोग करते हैं। विशेष रूप से ग्रामीण भारत में क्षेत्रीय भाषाओं का प्रयोग किया जाता है, जहाँ सामाजिक स्तर पर क्षेत्र, जाति एवं स्थानीयता के आधार पर विविधता पाई जाती है, किंतु शहरीकरण ने भाषा के इस अंतर को कम कर दिया है। समाज और भाषा का यह संबंध आदिकाल से रहा है और हमेशा रहेगा, क्योंकि भावाभिव्यक्ति के माध्यम के बिना किसी भी समाज की संरचना के बारे में सोचा भी नहीं जा सकता।

प्रश्न 1. भाषा से आप क्या समझते हैं? इसके महत्त्व तथा विशेषताओं पर भी चर्चा कीजिए।

अथवा

भाषा क्या है? इसके महत्त्व को समझाइए।

अथवा

मनुष्य के जीवन में भाषा किस प्रकार अंतर्निहित है? स्पष्ट कीजिए।

उत्तर– भाषा वह साधन है जिसके द्वारा हम अपने विचारों को व्यक्त करते हैं और इसके लिए हम वाचिक ध्वनियों का उपयोग करते हैं। भाषा मुख से उच्चारित होने वाले शब्दों और वाक्यों आदि का वह समूह है जिनके द्वारा मन की बात व्यक्त की जाती है।

मनुष्य की सामाजिकता निर्वाह हेतु भाव प्रकाशन का सर्वश्रेष्ठ साधन भाषा है, जिसमें श्रव्य संकेतों की इतनी अधिक प्रधानता रहती है कि भाषा से अभिप्राय प्रायः श्रव्य संकेतों से समझ लिया जाता है, लेकिन यह असत्य है। मनुष्य अपने भाव प्रकाशन हेतु वस्तुतः तीन साधनों को प्रयुक्त करता है–

- स्पर्श संकेत
- दृष्टि संकेत
- श्रव्य संकेत

ध्वनि आधारित भाषा के उच्चरित तथा लिखित रूप अनादि माने गए हैं। अध्ययन की दृष्टि से सार्थक ध्वनियों से निर्मित शब्द भाषा के अंतर्गत सम्मिलित किए जाते हैं। इन ध्वनियों का विश्लेषण एवं अध्ययन हो सकता है। निरर्थक ध्वनियाँ भाषा के अंतर्गत नहीं आती हैं, यहाँ तक कि शोक, विस्मय एवं हर्ष व्यंजक सांवेगिक ध्वनियों पर भी भाषा की दृष्टि से विचार नहीं किया जा सकता है। मनुष्य सार्थक ध्वनि संकेतों का ही प्रयोग करता है। भाषा को परिभाषित करते हुए एनसाइक्लोपीडिया ब्रिटेनिका में स्पष्टतः उल्लेख है कि "भाषा यादृच्छिक मौखिक प्रतीकों की व्यवस्था है, जिसके द्वारा मनुष्य समाज एवं संस्कृति का सदस्य होने के नाते परस्पर विचारों एवं कार्यों का आदान-प्रदान करते हैं।"

डॉ. भोलानाथ तिवारी द्वारा प्रस्तुत भाषा की एक अन्य परिभाषा इससे कहीं अधिक व्यापक है। उनके अनुसार–"भाषा निश्चित प्रयत्न के फलस्वरूप मनुष्य के मुख से निःसृत वह सार्थक ध्वनि-समष्टि है, जिसका विश्लेषण और अध्ययन हो सके।"

कुछ अन्य परिभाषाएँ भी विशेष उल्लेखनीय हैं, जैसे–

स्वीट के अनुसार, "ध्वन्यात्मक शब्दों द्वारा विचारों का प्रकटीकरण ही भाषा है।"

डॉ. कुमार सेन के अनुसार, "अर्थवान कंठोद्गीर्ण ध्वनि समष्टि ही भाषा है।"

भाषा का महत्त्व–भाषा के महत्त्व को निम्न प्रकार समझ सकते हैं–

- **ज्ञानार्जन का मूल स्रोत–**शिक्षा के क्षेत्र में भाषा का बहुत महत्त्व है। इसके द्वारा न केवल स्थूल जगत के विविध पदार्थों का अपितु सूक्ष्म जगत के भी विविध भावों, विचारों और अनुभूतियों का नामकरण, उनकी जानकारी और विवेचन संभव होता है। भाषा शिक्षा के समस्त क्रियाकलापों का आधार है।
- **संप्रेषण का माध्यम–**संप्रेषण अस्तित्व के प्रत्येक रूप से जुड़ा है। सभी जीवों के पास अपने पर्यावरण से जुड़ने के लिए संप्रेषण के विभिन्न तरीके हैं अर्थात्

भाषा के माध्यम से ही विचारों, भावों, इच्छाओं तथा आकांक्षाओं को प्रकट किया जाता है तथा दूसरों द्वारा व्यक्त भावों, विचारों और इच्छाओं को ग्रहण किया जाता है। इस प्रकार वक्ता और श्रोता के बीच परस्पर संप्रेषण के माध्यम से अथवा क्रिया-प्रतिक्रिया के माध्यम से मानवीय विचार-विनिमय चलते रहते हैं।

- **सामाजिक अंतःक्रिया का साधन–** मनुष्य एक सामाजिक प्राणी है। मनुष्य जीव-जंतुओं और पशु-पक्षियों से भिन्न है क्योंकि उसके पास भाषा की शक्ति है और इसी भाषायी शक्ति के आधार पर वह सामाजिक प्राणी बन सका है। हम बचपन से बुढ़ापे तक भाषा से घिरे रहते हैं – हम उसी में सोचते हैं, उसी से बोलते हैं, उसी से सामाजिक संपर्क बनाते हैं।

  मनुष्य के सभी व्यवहारों के मूल में समाज है और सभी व्यवहार समाज पर आश्रित अथवा निर्भर हैं। समाज में रहने के लिए मनुष्य को भाषा की आवश्यकता होती है और इस भाषा को वह अपने समाज से ही अर्जित करता है। इसी भाषा के माध्यम से वह समाज से अपना संबंध जोड़ता है और समाज को गति देता है। इसलिए मनुष्य को सामाजिक प्राणी कहा जाता है और भाषा इस सामाजिक या सामुदायिक जीवन का अत्यंत आवश्यक अंग है।

- **चिंतन का माध्यम–** किसी भी विचार या चिंतन के लिए भाषा आवश्यक है। ये दोनों आपस में घनिष्ठता से जुड़े हुए हैं। विचारों के बिना भाषा का कोई अस्तित्व नहीं है और भाषा के बिना विचारों की उत्पत्ति और अभिव्यक्ति संभव नहीं है। भाषा के बिना चिंतन हो ही नहीं सकता। स्वप्न में भी हम भाषा के माध्यम से ही सोचते हैं।

- **संस्कृति का आधार–** भाषा हमें परंपरा से प्राप्त होती है। इसलिए हमें अपनी संस्कृति से जितना अनुराग होता है उतना ही अनुराग अपनी भाषा से होता है। भाषा और संस्कृति का बहुत गहरा संबंध है। समाज के क्रियाकलापों से ही संस्कृति का निर्माण होता है। किसी स्थान के नागरिक कैसा आचरण करते हैं, उनका रहन-सहन कैसा है, उनका जीवन के प्रति दृष्टिकोण कैसा है, ये सब भाषा पर अपना प्रभाव डालते हैं क्योंकि मनुष्य के समस्त सांस्कृतिक क्रियाकलापों का आधार ही भाषा है। लियोनार्ड ब्लूमफील्ड ने भाषा के सांस्कृतिक महत्त्व को स्पष्ट करते हुए कहा है–

  "किसी भी मानव समुदाय को परखने के लिए हमें उसकी भाषा को समझना आवश्यक है। यदि हम किसी समुदाय की जीवन पद्धति और उसके ऐतिहासिक उद्भव का गहराई से अध्ययन करना चाहते हैं तो हमें उसकी भाषा का व्यवस्थित विवरण प्राप्त करना चाहिए। मानव जाति के संबंध में कुछ भी जानने के लिए विभिन्न समुदायों की भाषाओं का ज्ञान अवश्य अपेक्षित है। मनुष्य के संबंध में जो थोड़ा बहुत ज्ञान हमें प्राप्त हुआ है, वह भाषाओं के अध्ययन का ही परिणाम है।"

- **साहित्य का आधार–** किसी भी भाषा का साहित्य उस समुदाय के जन-जीवन का चित्रण करता है और उस भाषा के बोलने वालों को यथार्थ जीवन की

परिस्थितियों से परिचित कराता है। साहित्य से हमें अपने सामाजिक एवं राष्ट्रीय जीवन का परिचय मिलता है। साहित्य के अध्ययन से हमारे वर्तमान जीवन का संबंध अपने आप अतीत के साथ जुड़ जाता है। साहित्य हमारे मन में उन्नत और उदात्त विचारों को जन्म देता है और उससे हम अपने मानवीय जीवन को उन्नत बनाने की प्रेरणा ग्रहण करते हैं। हिंदी भाषा में सारा भक्तिकालीन साहित्य कबीर, सूर, तुलसी, मीरा आदि कवियों और संतों के हृदय से निकले हुए वे वचनामृत हैं जिनका पान करके हम आज भी धन्य हो उठते हैं। अतः भाषा का साहित्यिक रूप हमारे बौद्धिक एवं भावात्मक विकास में सहायक होता है और साहित्य की यह अनमोल संपत्ति भाषा के माध्यम से ही हम तक पहुँच पाती है। श्रेष्ठ साहित्य समृद्ध और उन्नत भाषा की पहचान है।

भाषा की प्रमुख विशेषताएँ–भाषा की प्रमुख सामान्य विशेषताएँ इस प्रकार हैं–

- **भाषा परंपरागत है, व्यक्ति उसका अर्जन कर सकता है, किंतु उसे उत्पन्न नहीं कर सकता**–भाषा परंपरा से चली आ रही है, व्यक्ति परंपरा तथा समाज से उसका अर्जन करता है। एक व्यक्ति उसे उत्पन्न नहीं कर सकता, किंतु वह उसमें परिवर्तन आदि कर सकता है। यदि भाषा का कोई जनक तथा जननी है, तो वह परंपरा तथा समाज है।

- **भाषा पैतृक संपत्ति नहीं है**–कुछ विद्वानों के मतानुसार – पिता की भाषा पुत्र को मिलती है अर्थात् जिस प्रकार पैतृक संपत्ति पर पुत्र का अधिकार होता है उसी प्रकार भाषा उसी धरोहर के रूप में मिल जाती है, किंतु यह मत सदैव सत्य नहीं है। यदि किसी भारतीय बच्चे को जन्म के कुछ ही दिन पश्चात् पालन-पोषण के लिए इंग्लैंड भेज दिया जाए, तो वह वहाँ पर भारतीय भाषा नहीं बोल सकेगा, वहाँ उसकी मातृभाषा अंग्रेजी ही होगी। यदि भाषा पैतृक संपत्ति रही होती तो वह बालक भारतीय भाषा ही बोलता।

- **भाषा का कोई अंतिम रूप नहीं है**–भाषा कभी भी पूर्ण नहीं होती अर्थात् यह कभी नहीं कहा जा सकता कि अमुक भाषा का अंतिम रूप अमुक है। वस्तुतः भाषा से हमारा अभिप्राय जीवित भाषा में होता है, मृत भाषा का अंतिम रूप तो अवश्य अंतिम होता है, किंतु जीवित भाषा में यह बात नहीं है। भाषा परिवर्तनशील विकास की एक प्रक्रिया है।

- **भाषा चिरपरिवर्तनशील है**–वस्तुतः भाषा के मौखिक रूप को भाषा कहा जाता है। लिखित रूप तो उसके पीछे-पीछे ही चलता है। मौखिक भाषा को व्यक्ति अनुकरण द्वारा सीखता है, परंतु अनुकरण हमेशा अपूर्ण होता है। इसी कारण भाषा में सदा परिवर्तन होते रहते हैं। अनुकरण पर शारीरिक तथा मानसिक विभिन्नताओं का प्रभाव पड़ता है, जिनकी सूक्ष्म विभिन्नता भी भाषा में परिवर्तन का कारण बन जाती है।

- **भाषा आद्यांत सामाजिक वस्तु है**–भाषा का अर्जन समाज के संपर्क से ही हो सकता है। वास्तविकता यही है कि भाषा का जन्म समाज में होता है, उसका विकास समाज में होता है तथा उसका प्रयोग भी समाज में होता है, क्योंकि

मनुष्य एक सामाजिक प्राणी है। इसलिए उसे विचार-विनिमय के लिए भाषा की आवश्यकता पड़ती है।

- **भाषा स्थूलता से सूक्ष्मता और प्रौढ़ता की ओर जाती है**—भाषा शुरू में स्थूल होती है, परंतु धीरे-धीरे वह सूक्ष्म भावों तथा विचारों के आदान-प्रदान के लिए सूक्ष्म तथा अप्रौढ़ से प्रौढ़ होती जाती है। परंतु ये सभी बातें प्रयोग पर निर्भर करती हैं। वर्तमान समय की हिंदी, प्राचीन समय की हिंदी की तुलना में सूक्ष्म तथा प्रौढ़ है, परंतु संस्कृत की तुलना में उसे सूक्ष्म तथा प्रौढ़ नहीं कहा जा सकता क्योंकि हिंदी अभी तक उन अनेक क्षेत्रों में प्रयुक्त हो विकसित नहीं हुई जिसमें संस्कृत आज से हजारों वर्ष पहले हो चुकी है।

- **भाषा का अर्जन अनुकरण द्वारा होता है**—वस्तुत: अनुकरण मनुष्य का सबसे बड़ा गुण है। बच्चे के सामने माँ रोटी को 'रोटी' कहती है, वह उसे सुनता है तथा धीरे-धीरे उसे स्वयं कहने का प्रयत्न करता है। हम भाषा को अनुकरण के सहारे ही सीखते हैं।

- **भाषा कठिनता से सरलता की ओर अग्रसर होती है**—सत्यता यही है कि मनुष्य न्यूनतम श्रम में महत्तम कार्य करना चाहता है। मनुष्य की यही प्रवृत्ति भाषा के लिए भी उत्तरदायी है, जैसे—टेलीविजन को केवल टी.वी. कहकर ही काम चला लिया जाता है। वास्तविक शब्द कष्ट-साध्य होने के कारण सिर्फ टी.वी. कहकर काम चला लिया गया। व्याकरण में भी यही नियम लागू होता है जिसके अंतर्गत आरंभ में तो अनेक रूपों तथा अपवादों की अधिकता थी, परंतु धीरे-धीरे आधुनिक भाषाओं तक आते-आते नियम बनकर रूप कम हो गए तथा अपवादों की अधिकता भी कम हो गई।

प्रश्न 2. भाषा की प्रकृति को समझाइए।

उत्तर— भाषा वह साधन है जिसके द्वारा एक प्राणी दूसरे प्राणी पर अपने विचार, भाव या इच्छा प्रकट करता है और दूसरे के विचार, भाव आदि को ग्रहण करता है।

भाषा संरचना की दो प्रमुख इकाइयाँ शब्द और ध्वनि हैं। इसलिए भाषा वैज्ञानिक भाषा की द्वैत प्रकृति की बात करते हैं। ध्वनियों का कार्य केवल शब्द संरचना तक ही सीमित है। ध्वनि या वाक्-स्वर का कोई व्यावहारिक अर्थ नहीं होता, शब्दों का अर्थ होता है। भाषा संरचना में सरल से जटिल और जटिल से जटिलतर के निर्माण में व्यक्ति की स्वन-प्रक्रियात्मक आदतें निश्चित होती हैं। ध्वनि का पर्याय 'स्वन' तत्सम् शब्द है। वाक् स्वनों का मूलाधार 'अक्षर' है, जिसका क्षरण नहीं होता।

अक्षर को ब्रह्म के समकक्ष माना गया है। यद्यपि अक्षर को परिभाषित करना कठिन है तथापि कहा जा सकता है कि अक्षर एकाधिक स्वनों की वह इकाई है जिसका उच्चारण एक आघात में हो सके। आधुनिक समय में अक्षर का प्रयोग वर्ण के लिए किया जाने लगा है।

- **भाषा वाक्-प्रधान ध्वनि समष्टि**—भाषा शब्द संस्कृत की भाष् धातु से बना है जिसका अर्थ है बोलना। इसका सामान्य अर्थ हुआ – "जो बोली जाती है", परंतु यह भाषा का व्यापक अर्थ है। वस्तुत: भाषा मनुष्य के ध्वनि अवयवों से

निःसृत (originated) ध्वनि समूह है। इतना ही नहीं, ये ध्वनियाँ सार्थक भी होनी चाहिए जिससे इनका विश्लेषण और अध्ययन किया जा सके। डॉ. भोलानाथ तिवारी ने भाषा की परिभाषा देते हुए लिखा है कि "भाषा निश्चित प्रयत्न के फलस्वरूप मनुष्य के मुख से निःसृत ऐसी सार्थक ध्वनि समष्टि है जिसका विश्लेषण और अध्ययन किया जा सके।"

- **भाषा एक व्यवस्था**—मनुष्य द्वारा ध्वनि संकेतों की सहायता से भाव-विचार या अनुभवों की अभिव्यंजना (expression) में प्रयुक्त भाषा के संबंध में विचार करने पर ज्ञात होता है कि भाषा के स्वरूप निर्धारण में एक व्यवस्था अंतर्निहित रहती है। वह एक संगठन है। भाषा का मूल तत्त्व ध्वनि है। प्रत्येक भाषा में कुछ मूल ध्वनियाँ मान्य हैं और उन ध्वनियों की भी एक व्यवस्था है, जैसे–स्वर, व्यंजन, संयुक्त स्वर और संयुक्त व्यंजन – इन ध्वनियों की भी एक व्यवस्था है। इन ध्वनियों का उच्चरित एवं लिखित रूप होता है, किंतु ये ध्वनियाँ भाषा नहीं हैं। ये ध्वनियाँ मिलकर शब्दों का निर्माण करती हैं, तब ये सार्थक सिद्ध होती हैं। प्रत्येक भाषा में वाक्य संरचना या गठन की अपनी व्यवस्था है। उदाहरणतः हिंदी वाक्य रचना में शब्दों का जो क्रम है वह अंग्रेजी वाक्य रचना में नहीं है।

    भाषाशास्त्रियों ने व्यवस्था के अंतर्गत व्यवस्था के आधार पर भाषा को "परस्पर संबद्ध अवयवों से युक्त संश्लिष्ट व्यवस्था" भी कहा है। परस्पर संबद्ध अवयव ध्वनि, शब्द, पदबंध, वाक्यांश, वाक्य आदि हैं। भाषा के शब्दों से अर्थ बोध होता है। शब्दात्मक संरचना में अर्थ संरचना निहित रहती है। इसलिए हिंदी भाषा को व्यवस्थाओं का संयुक्त रूप भी कहा जाता है।

- **भाषा प्रतीकों का निर्माण**—शब्दों से भाषा का निर्माण होता है और ये शब्द किसी पदार्थ, भाव, विचार, अनुभूति आदि के ध्वन्यात्मक (phonetic) संकेत या प्रतीक होते हैं। इन प्रतीकों के अवयव में सृष्टि के किसी भी पदार्थ – गोचर या अगोचर, जड़ या चेतन का प्रत्यक्षीकरण संभव नहीं। ये प्रतीक दो प्रकार के होते हैं–मौखिक प्रतीक तथा लिखित प्रतीक।

    भाषा के लिखित रूप, मौखिक प्रतीकों का ही प्रतिनिधित्व करते हैं। ये लिखित रूप पुनः पठन एवं श्रवण प्रक्रिया द्वारा मौखिक एवं श्रव्यग्राह्य बन जाते हैं। अतः भाषा का उच्चरित रूप ही उसका मूल रूप है। संसार में अनेक भाषाएँ ऐसी हैं जिनका केवल मौखिक रूप ही प्रचलन में है, लिखित रूप नहीं। वस्तुतः 'भाषा' शब्द स्वतः मनुष्य की वाचिक भाषा का ही द्योतक है। भाषा विज्ञान में मुख्यतः वाचिक भाषा का ही अध्ययन और विश्लेषण होता है। अतः हम कह सकते हैं कि 'भाषा' निश्चित रूप से उच्चारण सापेक्ष है।

- **सामाजिक अंतःक्रिया का आधार**—हम समाज से ही भाषा को सीखते हैं तथा भाषा के माध्यम से सामाजिक अंतःक्रिया को विकसित करते हैं। सामाजिक विचार-विनिमय के द्वारा भाषा का उद्भव, विकास, पल्लवन तथा लोप निरंतर होने वाली प्रक्रिया है। इसका प्रमाण है–भाषा में निरंतर नवीन शब्दों का सृजन

एवं समावेश होना, पुराने शब्दों का निरंतर नवीन संदर्भों के साथ पुन: व्याख्यायित होना और प्रयोग में न रहने के कारण विलुप्त हो जाना।

प्रश्न 3. पाठ्यक्रम के अर्थ को समझाइए। भाषा पाठ्यक्रम के निर्माण में किन सिद्धांतों को ध्यान में रखना आवश्यक है?

उत्तर– पाठ्यक्रम के अर्थ के विषय में दो धारणाएँ हैं–प्राचीन धारणा तथा आधुनिक धारणा।

- प्राचीन धारणा के अनुसार – पाठ्यक्रम विभिन्न प्रकार के ज्ञान एवं कुशलताओं का संग्रह है, जो बालक के दृष्टिकोण से नहीं, वरन् किसी शिक्षा विशेषज्ञ के दृष्टिकोण से होता है।
- आधुनिक धारणा के अनुसार – पाठ्यक्रम अनुभवों, क्रियाओं अथवा जीवन की वास्तविक परिभाषा है। इस धारणा के अनुसार स्थितियों का संचय होता है, जिसमें बालक भाग लेता है और जिसका सामना करता है। अत: यह कहा जा सकता है कि पाठ्यक्रम – पाठ्यपुस्तकें, विषयवस्तु अध्ययन के कोर्स से अधिक होता है।

Curriculum शब्द की व्युत्पत्ति लैटिन भाषा के currer से हुई है जिसका अर्थ दौड़ का मैदान है। शिक्षा में इसका तात्पर्य विद्यार्थी के दौड़ के मैदान से है। यहाँ पर शिक्षा एक दौड़ के समान है एवं पाठ्यक्रम उस दौड़ के मैदान के समान है, जिसे आर-पार करके बालक अपने लक्ष्य को पा जाता है।

शाब्दिक अर्थ के अनुसार–पाठ्यक्रम वह मार्ग है जिसके अनुसार चलकर विद्यार्थी शिक्षा के लक्ष्य को प्राप्त करने में सफल होता है।

संकुचित अर्थ में–संकुचित अर्थ में इसे "अध्ययन का कोर्स" या सिलेबस (syllabus) का दूसरा रूप माना जाता है। इस अर्थ के अनुसार पाठ्यक्रम केवल पुस्तकीय ज्ञान (Bookish knowledge) माना जाता है।

पाठ्यक्रम कलाकार (अध्यापक) के हाथ में एक साधन है, जिससे वह अपने स्टूडियो (विद्यालय) में अपनी सामग्री (छात्र) को अपने आदर्शों (उद्देश्य एवं लक्ष्य) के अनुसार ढालता है।

संकुचित अर्थ के अनुसार पाठ्यक्रम का तात्पर्य अध्ययन के उस कोर्स से है, जिसमें बालकों को पुस्तकीय ज्ञान प्रदान करने मात्र की व्याख्या होती है।

व्यापक अर्थ के अनुसार–वर्तमान समय में पाठ्यक्रम एक व्यापक अर्थ में प्रयोग किया जाता है। कुछ विद्वानों के मत में 'पाठ्यक्रम' में वे समस्त शैक्षणिक अनुभव सम्मिलित होते हैं जो शिक्षा के उद्देश्यों की प्राप्ति के लिए प्राप्त किए जाते हैं।

मुनरो के शब्दों में, "संक्षेप में पाठ्यक्रम, पाठ्यवस्तु (contents of studies) का सुव्यवस्थित रूप है जो बालकों की आवश्यकताओं की पूर्ति के लिए तैयार किया जाता है।"

विभिन्न शिक्षाविदों ने पाठ्यक्रम की निम्नलिखित परिभाषाएँ दी हैं–

- *"पाठ्यक्रम विद्यालय के बाहर एवं भीतर शिक्षार्थी के उन समस्त अनुभवों को सम्मिलित करता है जो उस कार्यक्रम में शामिल हैं। जिन्हें उनके सामाजिक,*

शारीरिक, भावात्मक एवं नैतिक विकास में मदद देने के लिए लागू किया जाता है।"

- माध्यमिक शिक्षा आयोग, 1952-53 के अनुसार, "पाठ्यक्रम का अर्थ केवल उन सैद्धांतिक विषयों से नहीं है जो विद्यालय में परंपरागत रूप में पढ़ाए जाते हैं, वरन् इनमें बच्चे के वे सभी अनुभव सम्मिलित हैं जिन्हें वह स्कूल, कक्षा, पुस्तकालय, प्रयोगशाला, कार्यशाला, खेल के मैदान इत्यादि की बहुमुखी क्रियाओं से प्राप्त करता है। इसमें वे अनुभव भी सम्मिलित हैं जो बच्चे शिक्षकों और छात्रों के अनौपचारिक संबंधों से प्राप्त होते हैं। इस प्रकार स्कूल का संपूर्ण जीवन ही पाठ्यक्रम बन जाता है जो छात्रों के जीवन के सभी पक्षों को प्रभावित कर सकता है और उनके संतुलित व्यक्तित्व के विकास में सहायक है।"
- "पाठ्यक्रम संपूर्ण मानव जाति एवं अनुभव की कड़ी है।"
- "सीखने का विषय या पाठ्यक्रम पदार्थों, विचारों और सिद्धांतों का चित्रण है, जो कि उद्देश्यपूर्ण लगातार क्रियान्वेषण से साधन या बाधा के रूप में आ जाता है।"

भाषा पाठ्यक्रम निर्माण के सिद्धांत (Principles of Language-Curriculum Construction)–पाठ्यक्रम के निर्माण में निम्नलिखित सिद्धांतों को ध्यान में रखना आवश्यक है–

- **बाल केंद्रीयता का सिद्धांत (Principle of Child-Centered)**–बाल केंद्रीयता वर्तमान शिक्षा का नारा है। सामान्य बालकों की क्रियाओं और आवश्यकताओं के आधार पर पाठ्यक्रम बनाया जाना चाहिए। पाठ्यक्रम स्कूल के दायित्वों को पूरा करने का प्रभावकारी साधन है। अतएव वे अनुभव जिनसे बुद्धिमानी विकसित होती है, वे क्रियाएँ जो व्यक्ति की आत्माभिव्यक्ति (self-expression) और उपक्रम को प्रेरित करती हैं और साप्ताहिक प्रोजेक्ट भी पाठ्यक्रम में सम्मिलित किए जाने चाहिए।
- **सीखने के अनुभवों में निरंतरता का सिद्धांत (Principle of continuity in learning experience)**–पाठ्यक्रम को इस प्रकार आरोपित किया जाना चाहिए कि उनमें प्राप्त अनुभवों से जटिल सामग्री को समझने में भी सहायता मिले और उसमें अभिव्यक्ति की प्रभावशाली कलाओं का अधिक-से-अधिक विकास हो। जिस पाठ्यक्रम में सीखने के अनुभवों की निरंतरता होती है वह बालक को धीरे-धीरे परिचित और ठोस तथ्यों से अपरिचित एवं भावात्मक तथ्यों की ओर ले जाता है।
- **एकीकरण का सिद्धांत (Principle of Integration)**–पाठ्यक्रम इस प्रकार गठित किया जाना चाहिए कि वह व्यक्ति की आंतरिक पूर्णता में सहायता सिद्ध हो और व्यक्ति तथा वातावरण में एकीकरण स्थापित करे। यह सिद्धांत इस बात पर भी बल देता है कि पाठ्यक्रम को विभिन्न स्कूल विषयों में बाँटने का ढंग पुराना तथा तर्कसंगत नहीं है। पाठ्यक्रम को बच्चों की आवश्यकताओं के अनुसार गठित किया जाना चाहिए ताकि वे अपने सामाजिक वातावरण के साथ तालमेल स्थापित कर सकें।

- **उपयोगिता का सिद्धांत (Principle of Utility)**—आज का बालक कल का प्रौढ़ है, अत: शिक्षा का यह कार्य है कि वह उसे प्रौढ़ जीवन के उत्तरदायित्वों के योग्य बनाए। इसीलिए पाठ्यक्रम में केवल उन्हीं विषयों को स्थान दिया जाना चाहिए जो बालक के भावी जीवन में उपयोगी सिद्ध हों और उसे समाज का योग्य सदस्य बनाने में सहायता प्रदान करें।

- **समुदाय का सिद्धांत (Principle of Community)**—प्राथमिक स्तर पर पाठ्यक्रम इस प्रकार से आयोजित किया जाना चाहिए जिससे विभिन्न विषयों के समुदाय ज्ञान में वृद्धि हो सके। समुदाय का सिद्धांत इन तथ्यों की ओर संकेत करता है कि ज्ञान एक संपूर्ण इकाई है और इसे अलग-अलग टुकड़ों में बाँटा नहीं जा सकता। समुदाय एकीकरण को ठोस बनाता है अत: पाठ्यक्रम के निर्माण में इसकी ओर विशेष ध्यान दिया जाना चाहिए।

- **सामुदायिक जीवन के साथ संबंध (Relationship with Community Life)**—शिक्षा सामाजिक प्रक्रिया है अत: पाठ्यक्रम का सामुदायिक जीवन से घनिष्ठ संबंध होना चाहिए। सैयद का विचार है कि जनता का विद्यालय जनता की आवश्यकताओं पर आधारित होना चाहिए। इनमें उत्पादन क्रियाओं को महत्त्व देना चाहिए, क्योंकि यह सामुदायिक जीवन का आधार है। पाठ्यक्रम का निर्माण स्थानीय आवश्यकताओं और परिस्थितियों को ध्यान में रखकर किया जाना चाहिए।

- **खेल और कार्य के समवाय का सिद्धांत (Principle of Multitude of Play and Work)**—पाठ्यक्रम का निर्माण करते समय ज्ञान प्राप्त करने की क्रियाओं को इतना रोचक बनाया जाए कि बालक उसे खेल समझकर प्रभावशाली ढंग से ग्रहण कर सकें। **क्रो और क्रो** का कथन है, "जो लोग सीखने की क्रिया को निर्देशित करते हैं, उनका उद्देश्य यह होना चाहिए कि वे ज्ञानात्मक क्रियाओं की ऐसी योजना बनाएँ जिनमें खेल के दृष्टिकोण को स्थान प्राप्त हो सके।"

- **लचीलेपन का सिद्धांत (Principle of Flexibility)**—पाठ्यक्रम का निर्माण करते समय लचीलेपन के सिद्धांत को भी ध्यान में रखना चाहिए अर्थात् पाठ्यक्रम में बदलती हुई परिस्थितियों के अनुसार बच्चों की तात्कालिक आवश्यकताओं को विशेष स्थान देने की सुविधा होनी चाहिए।

- **प्रजातांत्रिक मूल्यों के विकास का सिद्धांत (Principle of development of democratic values)**—पाठ्यक्रम की सहायता से बालक के चरित्र के उन आधारभूत गुणों का विकास किया जाना चाहिए जो प्रजातांत्रिक मूल्यों के लिए आवश्यक हैं। ये मूल्य हैं—सामाजिक संवेदनशीलता, उदार दृष्टिकोण, सहयोग, तार्किक विचार, शक्ति, ईमानदारी इत्यादि।

- **व्यक्तिगत विभिन्नताओं का सिद्धांत (Principle of Individual Differences)**—बालकों में व्यक्तिगत रुचियों, क्षमताओं आदि में भिन्नता पाई जाती है। अत: पाठ्यक्रम का आयोजन व्यक्तिगत विभिन्नताओं के आधार पर किया जाना चाहिए। एक जैसा पाठ्यक्रम सभी बालकों की आवश्यकताओं की

पूर्ति नहीं कर सकता। पाठ्यक्रम में व्यक्तिगत विभिन्नताओं को ध्यान में रखते हुए अनेक प्रकार की क्रियाओं और अध्ययन सामग्री को उचित स्थान दिया जाना चाहिए।

- **पाठ्यक्रम में स्तर का सिद्धांत (Principle of Stage in Curriculum)**– पाठ्यक्रम निर्माण करते समय यह ध्यान रखना आवश्यक है कि पाठ्यक्रम बालकों के स्तर के अनुरूप बनाया जाना चाहिए।
- **राष्ट्रीय भावना का सिद्धांत (Principle of National Sentiment)**– पाठ्यक्रम की सहायता से बालक के चरित्र के उन आधारभूत गुणों का विकास किया जाना चाहिए जो राष्ट्रीय भावना के लिए आवश्यक हैं।

प्रश्न 4. भाषा के विभिन्न सक्रिय अभिकरणों पर टिप्पणी कीजिए।

उत्तर– भाषा के सक्रिय अभिकरणों में परिवार, निकटवर्ती समुदाय, विद्यालय, व्यवसाय, सांस्कृतिक एवं धार्मिक संगठन तथा क्रीड़ा समुदाय का उल्लेख किया जा सकता है, निष्क्रिय अभिकरणों में रेडियो, टेलीविजन, टेपरिकॉर्डर एवं चलचित्र तथा विविध प्रकार की वाचन सामग्री को समाहित किया जा सकता है।

- **परिवार (Family)**–परिवार न केवल मातृभाषा इतिहास का मुख्य स्थल है, बल्कि अन्य भाषा अधिगम एवं उसके सतत् प्रयोग तथा अभ्यास का भी महत्त्वपूर्ण आधार माना जाता है, यदि परिवार में अन्य भाषा को सीखने की सुविधा है तथा भाषा व्यवहार के अवसर उपलब्ध हैं, तो अन्य भाषा अधिगम में सरलता और सहजता दोनों का ही समावेश हो जाता है। द्विभाषी परिवारों में विकसित द्विभाषी बालकों की भाषायी क्षमता इसका प्रत्यक्ष प्रमाण है। राष्ट्रभाषा के रूप में हिंदी प्रचार के कार्य में संलग्न परिवारों के बच्चों में भी भाषा अधिगम का समृद्ध स्तर दृष्टव्य है। परिवार न केवल भाषा व्यवहार का सामाजिक परिवेश प्रस्तुत करता है, बल्कि भाषा अधिगम की मनोवैज्ञानिक पृष्ठभूमि का भी निर्माण करता है। अतः अधिगम के सहज उत्प्रेरण के साथ-ही-साथ भाषा प्रयोग का स्वाभावित एवं बहुल संदर्भ भी उपलब्ध होता है।
- **निकटवर्ती समुदाय (Adjoining Community)**–अन्य भाषा के अध्येता की भाषायी कुशलता के विकास में निकटवर्ती समुदाय का भाषा संपर्क विशेष महत्त्व रखता है। बालक तथा वयस्क अध्येता, अध्येय भाषायी समुदायों के संपर्क में लक्ष्य भाषा का ही प्रयोग करते हैं। इन परिस्थितियों में भाषा विशेष ही संप्रेषण का माध्यम बनती हैं। अतः विविध सामाजिक संदर्भों में भाषा व्यवहार के औपचारिक एवं अनौपचारिक अवसरों की स्वतः योजना भाषायी कुशलता के विकास में सहायक सिद्ध होती है, मातृभाषा के उपार्जन में भाषायी उद्भासन का महत्त्व स्पष्ट है।
- **विद्यालय (School)**–अन्य भाषा के शिक्षण में विद्यालय की प्रमुख भूमिका है। भारत जैसे बहुलों में भी जहाँ हिंदी का प्रचलन कई शताब्दियों से है, अन्य भाषा के रूप में हिंदी के औपचारिक रूप की अपेक्षा की जाती है। अन्य भाषा

का शिक्षण सामान्यत: दो रूपों में संभव है—अनेक के माध्यम के रूप में तथा विषय विशेष के रूप में भाषा का शिक्षण।

विद्यालय में अन्य भाषा के परिवेश को अधिक जीवंतता प्रदान की जाती है। विद्यालय में अगर भाषा व्यवहार का अवसर दिया जाता है, तो छात्रों की भाषायी कुशलता में सहज ही वृद्धि संभव है।

- **व्यवसाय (Profession)**—अन्य भाषा का अधिगम स्वांत: सुखाय भी हो सकता है, परंतु उपयोगी दृष्टिकोण की प्रमुखता के कारण मानव सामान्यत: प्रयोजनमूलक उद्देश्य से ही मातृभाषा से इनको सीखता है। व्यवसाय तथा कार्यक्षेत्र से संबद्ध भाषा का अधिगम उस क्षेत्र विशेष में सफल द्योतक है जिन व्यवसायों में हिंदी का द्वितीय भाषा के रूप में प्रयोग आवश्यक हो जाता है। व्यापारियों, अधिकारियों, कर्मचारियों तथा कार्यकर्त्ताओं का भाषा व्यवहार अधिक संतुष्ट है।

- **सांस्कृतिक एवं धार्मिक संगठन (Cultural and Religious Organisations)**—भाषा और संस्कृति का गहन संबंध है। अत: सांस्कृतिक तथा धार्मिक संगठनों में अन्य भाषा का प्रयोग भाषा व्यवहार की संवेगात्मक पृष्ठभूमि निर्मित व इन संगठनों द्वारा आयोजित क्रियाकलापों में अन्य भाषा का माध्यम के रूप में प्रयोग इतना सांस्कृतिक स्वाभाविक होता है कि सदस्यों के साथ रागात्मक संबंध स्थापित करने में कठिनाई नहीं होती।

- **क्रीड़ा समुदाय (Sports Community)**—विविध प्रकार के क्रीड़ा समुदायों में भी अन्य भाषा का व्यवहार भाषा में सहायक होता है। खेलकूद के उल्लसित वातावरण में भाषा प्रयोग की संदर्भानुकूलता एवं आत्मीकरण अनायास हो जाता है। इन समुदायों के सदस्यों का भाषायी व्यवहार सीमित क्षेत्र से संबद्ध होने पर भी वास्तविक परिस्थितियों से जुड़ा होता है। यदि इनमें से कुछ सदस्यों की मातृभाषा भी वही भाषा है तो भाषा अधिगम में विशेष सहायता मिलती है। भाषा सीखने का यह अनौपचारिक संदर्भ, भाषायी कुशलताओं के विकास में सहायक है। विद्यालयों में क्रीड़ा परिषदों की स्थापना तथा इनमें अन्य भाषा हिंदी के प्रयोग को प्रोत्साहन देना अपेक्षित है।

- **श्रव्य-दृश्य उपकरण (Audio-Visual Equipments)**—अन्य भाषा के अधिगम में श्रव्य-दृश्य उपकरणों का भी विशेष महत्त्व है। रेडियो, टेपरिकॉर्डर, टेलीविजन तथा सिनेमा शिक्षा के एकपक्षीय अभिकरण हैं। अध्येयता उनके प्रति तत्क्षण अपनी प्रतिक्रिया व्यक्त नहीं कर सकता है। इनमें से वार्तालाप के कुछ अंशों के साथ उसका इस सीमा तक साधारणीकरण हो जाता है कि वे उन्हें कंठस्थ कर लेते हैं, अन्य भाषा के अधिगम में इसे एक विशिष्ट उपलब्धि माना जा सकता है। समर्थ छात्र सिनेमा के प्रिय संवादों की टेप भी सुरक्षित रखते हैं। इससे श्रवण एवं भाषण दोनों ही प्रकार की कुशलताओं का विकास होता है। अन्य भाषा के रूप में हिंदी के प्रचार एवं प्रसार में इन दृश्य-श्रव्य अभिकरणों का महत्त्व सर्वमान्य है।

- **वाचन सामग्री (Reading Materials)**—भाषा को अभ्यास जनित आदत माना जाता है। अन्य भाषा को सीखने तथा उसका अभ्यास बनाए रखने के लिए समुचित वाचन सामग्री का होना आवश्यक है। पुस्तकालयों में विविध प्रकार की रुचिकर वाचन सामग्री का संकलन एक ओर छात्रों में पढ़ने की आदत विकसित करता है तो दूसरी ओर उनके भाषायी ज्ञान को संपुष्ट करता है। वाचन सामग्री कई प्रकार की हो सकती है, यथा—गहन वाचन की सामग्री, द्रुत वाचन की सामग्री तथा विविध प्रकार की सूचनाओं से संबद्ध सामग्री आदि। अन्य भाषा में विविध रुचिकर विषयों से संबद्ध व्यवहार में प्रचलित भाषा के द्वारा सरल सुबोध वाचन सामग्री का निर्माण भाषा अधिगम एवं शिक्षण में सहायक हो सकता है। हिंदी में इस प्रकार की प्रचुर वाचन सामग्री उपलब्ध है।

प्रश्न 5. पाठ्यक्रम में भाषा के महत्त्व पर प्रकाश डालिए।

अथवा

'पाठ्यक्रम में भाषा अत्यंत ही महत्त्वपूर्ण है।' टिप्पणी कीजिए।

उत्तर— 'पाठ्यक्रम' शिक्षाशास्त्र का बड़ा रोचक विषय है। कुछ समय पूर्व तक इस शब्द का बड़ा संकुचित अर्थ लगाया जाता था, किंतु अब हम पाठ्यक्रम में विद्यालय के समस्त अनुभवों को सम्मिलित कर लेते हैं। छात्र कक्षा में या कक्षा से बाहर विद्यालय की सीमा के अंतर्गत किसी स्थल पर जो कुछ अनुभव करता है, वह सब पाठ्यक्रम है। पाठ्यक्रम का एक आवश्यक पक्ष विभिन्न विषयों का अध्ययन-अध्यापन भी है। ज्ञान-विज्ञान के अनेकानेक विषय हैं और किसी विषय को छोटा या बड़ा कहना युक्तिसंगत नहीं है। सभी विषयों का अपना महत्त्व है। हाँ, यह बात अवश्य है कि कुछ विषयों को हम पहले और कुछ को बाद में पढ़ाना चाहते हैं और कुछ विषयों को देश-काल की आवश्यकता के अनुसार अनिवार्य रूप से और कुछ को वैकल्पिक रूप से पढ़ाना चाहते हैं। ज्ञान-विज्ञान के इन अनेकानेक विषयों को हम विभिन्न भाषाओं के माध्यम से पढ़ते-पढ़ाते हैं।

आजकल साधारण जनता भी इस बात में रुचि लेने लगी है कि पाठ्यक्रम में किस भाषा को स्थान दिया जाए और किस भाषा को स्थान न दिया जाए। भारत के संदर्भ में हमारे समक्ष कम-से-कम चार भाषाओं के दावे पेश होते हैं। ये चार भाषाएँ हैं—

- **मातृभाषा (Mother Language)**—एक समय था, जब मातृभाषा की भी भारतीय विद्यालयों में कोई पूछ नहीं थी, किंतु अब साधारण बुद्धि रखने वाला व्यक्ति भी इस तथ्य को जान गया है कि मातृभाषा का शासन शिक्षा योजना में सर्वोच्च ही हो सकता है, उससे जरा भी कम नहीं। जो व्यक्ति अन्य भाषाओं का पंडित तो हो, किंतु निज भाषा को जानता ही न हो, उससे स्वदेश की उन्नति की आशा करना व्यर्थ है।

- **राष्ट्रभाषा (National Language)**—मातृभाषा के अतिरिक्त राष्ट्रभाषा का भी विशेष महत्त्व है। संसार के जो देश एक भाषा-भाषी हैं, वहाँ जनता की मातृभाषा एक ही होती है। भारत बहुभाषी देश है। अतः यहाँ यह आवश्यक नहीं कि मातृभाषा ही राष्ट्रभाषा हो। भारतीय संविधान ने हिंदी को राष्ट्रभाषा घोषित

किया है। हिंदी भाषी प्रदेशों में हिंदी मातृभाषा एवं राष्ट्रभाषा दोनों है, किंतु अहिंदी प्रदेशों में मातृभाषाएँ एवं राष्ट्रभाषा भिन्न हैं। अत: समूचे देश की दृष्टि से भारत में दूसरी भाषा राष्ट्रभाषा 'हिंदी' है, जिसका अध्ययन अनिवार्यत: छात्रों को करना है।

- **प्राचीन सांस्कृतिक भाषा (Ancient Cultural Language)**—तीसरी भाषा प्राचीन सांस्कृतिक भाषा है, जिसके पक्ष का समर्थन अनेक व्यक्ति करते हैं। ग्रीक, लैटिन, संस्कृत आदि ऐसी ही भाषाएँ मानी जाती हैं, किंतु संस्कृत की स्थिति कुछ भिन्न है। संस्कृत प्राचीन भाषा होते हुए भी मृत नहीं है। इसकी परंपरा अभी भी जीवित है। ग्रीक तथा लैटिन भाषाएँ यूरोप के सामान्य जीवन से उठ चुकी हैं, किंतु संस्कृत अभी भी भारतीय हिंदुओं के जीवन में प्रात: से सायं तक के कार्यों में जीवित है। भारत की प्राचीन सांस्कृतिक भाषाएँ मुख्य रूप से संस्कृत, पालि, प्राकृत तथा अपभ्रंश हैं, किंतु इनमें भी संस्कृत का स्थान अधिक महत्त्वपूर्ण है। अत: प्राचीन सांस्कृतिक भाषाओं में संस्कृत के अध्ययन-अध्यापन की ओर ध्यान देना प्रत्येक जागरूक नागरिक का कर्त्तव्य है। हिंदी भाषी प्रदेशों में संस्कृत का अध्ययन द्वितीय भाषा के रूप में सरलता से अनिवार्य हो सकता है। किसी आधुनिक भारतीय भाषा की अपेक्षा हिंदी भाषी प्रदेशों में संस्कृत के अध्ययन का अधिक औचित्य है। हाँ, अहिंदी भाषी प्रदेशों में मातृभाषा अथवा राष्ट्रभाषा के साथ संबद्ध पाठ्यक्रम के रूप में संस्कृत का अध्ययन अनिवार्य हो सकता है, किंतु संस्कृत के शिक्षण की व्यवस्था सभी माध्यमिक विद्यालयों में अनिवार्य रूप से होनी चाहिए और इसमें छात्रों की संख्या का बहाना स्वीकृत नहीं होना चाहिए। संस्कृत की वैकल्पिक शिक्षा की व्यवस्था केवल कला-संकाय के छात्रों के लिए ही न होकर विज्ञान, प्राविधिक, वाणिज्य और कृषि समूहों के छात्रों के लिए भी होनी चाहिए। अत: विषयों के समूह इस प्रकार बनाए जाएँ कि किसी भी छात्र को वैकल्पिक रूप से संस्कृत पढ़ने में अड़चन न आए और वह अन्य विषयों के साथ-साथ इसे भी पढ़ सके।
- **विदेशी भाषा (Foreign Language)**—चौथी भाषा एक विदेशी भाषा होनी चाहिए। विदेशी भाषाओं में कुछ का महत्त्व कुछ कारणों से अधिक है। अंग्रेजी, फ्रेंच, स्पेनिश, रूसी और चीनी भाषाएँ बड़ी ही समृद्ध भाषाएँ हैं। इनमें से अंग्रेजी को वरीयता मिलनी चाहिए, किंतु अन्य भाषाओं की उपेक्षा करने की आवश्यकता नहीं है। अंग्रेजी को वरीयता ऐतिहासिक कारणों से मिलनी चाहिए। कुछ लोग अंग्रेजी को अनिवार्य बनाने के पक्ष में हैं। कुछ इसे वैकल्पिक रूप से पढ़ाने को कहते हैं, तो कुछ इसका अध्ययन बिल्कुल समाप्त कर देने को कहते हैं। अंग्रेजी का अध्ययन न तो बिल्कुल समाप्त कर देने की आवश्यकता है और न इसे अनिवार्य बनाने की ही जरूरत है। अंग्रेजी का अध्ययन वैकल्पिक ही होना चाहिए। जो छात्र अंग्रेजी पढ़ने के इच्छुक हों, उन्हें इसे पढ़ने की छूट होनी चाहिए और उन्हें हर प्रकार की सुविधा देनी चाहिए, किंतु जिन छात्रों की रुचि अंग्रेजी पढ़ने में नहीं है, उन्हें पढ़ाने से कोई लाभ नहीं। इससे न तो अंग्रेजी

का ही भला होगा और न ही उन छात्रों का ही जो बिना रुचि के इसे पढ़ेंगे। उत्तर भारत की अपेक्षा दक्षिण में अंग्रेजी का प्रचलन अधिक है।

कितनी भाषाएँ पढ़ाई जाएँ (How many languages to be taught) – वस्तुत: प्रत्येक विद्यालय में जितनी अधिक भाषाओं के अध्ययन-अध्यापन की सुविधा मिल सके, उतना ही अच्छा है, किंतु सभी भाषाओं का अध्ययन अनिवार्य करने का कोई प्रश्न नहीं। अनिवार्य अध्ययन कुछ ही भाषाओं का होना चाहिए, वैकल्पिक अध्ययन कुछ अधिक भाषाओं का हो सकता है। कुछ लोग बालक को केवल एक ही भाषा सिखाने का समर्थन करते हैं। उनके अनुसार बालक को अन्य भाषा सीखने में व्यर्थ ही समय नष्ट करना पड़ता है और वह अन्य भाषा सीखने में प्राय: असमर्थ ही रहता है। इस संबंध में कनाडा के प्रसिद्ध मस्तिष्क विशेषज्ञ डॉ. पेनफील्ड का कथन ध्यान देने योग्य है। उनके अनुसार, "दस वर्ष से नीचे के बालक का मस्तिष्क किशोर के मस्तिष्क भाँति नहीं होता। प्रारंभिक अवस्था में बालक अपने मस्तिष्क में भाषा की इकाइयों को जमा करता है, जिन्हें बाद में वह अपने शब्द भंडार को बढ़ाने में प्रयुक्त करेगा।" **डॉ. पेनफील्ड** के अनुसार, बालक अनेक भाषाएँ सीखने की सामर्थ्य रखता है। डॉ. पेनफील्ड की बात को पूर्णत: न भी माना जाए, तो भी यह निश्चित ही है कि बालक की दो-तीन भाषाओं को सीखने में विशेष कठिनाई नहीं होनी चाहिए।

प्रारंभिक पाठ्यक्रम में भाषा (Language in Preliminary Curriculum) – प्रारंभिक विद्यालयों में लोअर-प्राइमरी कक्षाओं अर्थात् कक्षा 1, 2, 3 में केवल मातृभाषा का अध्ययन होना चाहिए। प्रथम तीन वर्षों में किसी अन्य भाषा को प्रारंभ करना ठीक नहीं है। प्रारंभिक विद्यालय की अंतिम दो कक्षाओं में किसी दूसरी भाषा को प्रारंभ किया जा सकता है। यह दूसरी भाषा अहिंदी प्रदेशों में निश्चित रूप से राष्ट्रभाषा हिंदी होनी चाहिए और हिंदी प्रदेशों में संस्कृत के कुछ सरल श्लोकों का परिचय दिया जा सकता है। वैसे अच्छा यही है कि प्रारंभिक स्तर पर केवल मातृभाषा ही रहे।

हिंदी साहित्य के पाठ्यक्रम में प्राचीन और नवोदित साहित्यकारों की राष्ट्रीय एकता और आदर्शों से प्राणित करने वाली रचनाओं का संकलन किया जाए।

साहित्य की विभिन्न विधाओं—कविता, कहानी, निबंध, नाटक, एकांकी, उपन्यास और संस्मरण आदि में अनेक राष्ट्रीय एकता से अनुप्राणित रचनाएँ आज भी उपलब्ध हैं। उनका संकलन कर विद्यालयों में उपलब्ध कराया जाए।

वर्तमान पाठ्यक्रम में प्रश्नोत्तरों की सहायता से राष्ट्रीय एकता का विकास करने का प्रयास किया जाना चाहिए। ऐसे प्रश्नों की सृष्टि कुशल एवं परिश्रमी अध्यापकों की शिक्षण शैली पर निर्भर है।

माध्यमिक विद्यालय में भाषा (Language in Secondary School) – पूर्व-माध्यमिक स्तर पर हिंदी भाषी प्रदेशों में हिंदी तथा संस्कृत का अध्यापन होना चाहिए और अहिंदी भाषी प्रदेशों में मातृभाषा, हिंदी तथा संस्कृत का। संस्कृत मातृभाषा और राष्ट्रभाषा की आधारभूत भाषा होगी, अत: इसे तीन भाषाओं का बोझ न समझकर दो ही भाषाओं का भार समझना ठीक होगा। फिर भी उन हिंदी भाषी प्रदेशों के छात्रों की अपेक्षा कुछ भार तो अधिक पड़ेगा ही, परंतु यह भार अपरिहार्य है। इस तथ्य को भुला देने से ही दक्षिण में भाषा के संबंध में बड़ा भ्रम फैला हुआ है।

उत्तर माध्यमिक स्तर पर उन्हीं भाषाओं का अध्ययन जारी रहना चाहिए, जिन्हें छात्र ने पूर्व-माध्यमिक स्तर पर पढ़ा है। हाँ, वैकल्पिक रूप से इस स्तर पर एक विदेशी भाषा का प्रारंभ कर देना चाहिए। किसी ऐसी विदेशी भाषा का अध्ययन उत्तर माध्यमिक स्तर से पहले करना छात्रों की शक्ति का अपव्यय करना है। इस स्तर पर अंग्रेजी, फ्रेंच या रूसी भाषा का अध्ययन किया जा सकता है। विदेशी भाषाओं में अंग्रेजी को वरीयता मिलेगी, किंतु कुछ छात्र रूसी या चीनी भाषाएँ भी पढ़ेंगे।

उच्च पाठ्यक्रम में भाषा (Language in Higher Curriculum)—उच्च स्तर पर किसी भी भाषा को अनिवार्य करने की आवश्यकता नहीं है। कॉलेज एवं विश्वविद्यालयों के पाठ्यक्रमों में विशेष योग्यता के लिए अवसर प्रदान करना चाहिए। प्रत्येक भाषा एवं साहित्य का वैकल्पिक रूप से अध्ययन किया जा सकता है, किंतु संपूर्ण उच्च शिक्षा का माध्यम मातृभाषा अथवा राष्ट्रभाषा ही होनी चाहिए। उच्च स्तर के पाठ्यक्रम में अंग्रेजी, संस्कृत व रूसी आदि भाषाएँ पुस्तकालय-भाषा के रूप में ही रह सकती हैं। छात्र इन भाषाओं की पुस्तकों को पढ़ सकते हैं, किंतु भावाभिव्यक्ति का साधन मातृभाषा ही रहेगी। हाँ, यदि किसी छात्र ने अंग्रेजी, संस्कृत, रूसी, फ्रेंच, चीनी आदि भाषाओं में से किसी भाषा के विशेष अध्ययन को ही चुना है और वह उसमें स्नातकोत्तर उपाधि प्राप्त करना चाहता है अथवा उस भाषा एवं साहित्य में अनुसंधान कार्य करना चाहता है, तब तो उसे उस भाषा में भाव-ग्रहण की ही नहीं, भावाभिव्यक्ति की भी योग्यता प्राप्त करनी होगी। ऐसी दशा में उस छात्र के लिए शिक्षा एवं परीक्षा का माध्यम मातृभाषा न होकर विशेष भाषा ही होगी।

प्रश्न 6. 'भाषा' और 'बोली' में अंतर स्पष्ट कीजिए।

उत्तर— किसी भाषा के अंतर्गत कई बोलियाँ हो सकती हैं। लेकिन किसी बोली के अंतर्गत एक या अधिक भाषाएँ नहीं हो सकतीं, जैसे—हिंदी भाषा के अंतर्गत मालवी आदि कई बोलियाँ आती हैं। इनमें से कुछ बोलियों का तो केवल बोलचाल या लोकगीतों आदि में प्रयोग होता है लेकिन कुछ बोलियों में साहित्य सृजन की भी एक समृद्ध परंपरा मिलती है। बोली को उपभाषा, विभाषा या प्रांतीय भाषा भी कहा जाता है।

बोली और भाषा के बीच गहरा अंत:संबंध होता है। वस्तुत: भाषा और बोली के बीच कोई स्पष्ट विभाजक रेखा नहीं खींची जा सकती। भाषावैज्ञानिक दृष्टि से भाषा और बोली की भाषिक संरचना में कोई अंतर नहीं होता। जब कोई बोली किन्हीं कारणों से प्रमुखता प्राप्त कर लेती है और व्यापक क्षेत्रों में साहित्य, शिक्षा, शासन आदि के कार्यों में व्यवस्थित होने लगती है तो उसे भाषा कहा जाता है। इसलिए यह माना जाता है कि भाषा और बोली का अंतर प्रकार और गुण का तथा मात्राओं का है।

इस प्रकार यह कहा जा सकता है कि बोली ही कालक्रम से विकसित होते हुए भाषा बनती है और प्रत्येक भाषा का आरंभिक रूप उसकी बोली में ही निहित होता है। बोली किसी भाषा की आरंभिक अवस्था की द्योतक होती है। वह भाषा की तरह किसी विस्तृत भू-भाग के जनसमुदाय के बीच विचार-विनिमय का माध्यम नहीं बन सकती, न ही वह शिक्षा, साहित्य, पत्र-व्यवहार व प्रशासनिक काम-काज का माध्यम होती है। वह क्षेत्रीय बोलचाल तथा लोकसाहित्य तक सीमित होती है। उदाहरण के लिए, खड़ी बोली आज की

मानक हिंदी भाषा की आरंभिक अवस्था की द्योतक है। अपने साथ की अनेक बोलियों में से खड़ी बोली अपनी साहित्यिक, सांस्कृतिक, सामाजिक और धार्मिक परिस्थितियों के कारण मानकीकृत होते हुए बोलियों की अपेक्षा विचार-विनिमय का माध्यम बनी और हिंदी भाषा कहलाने लगी।

भाषा की विभिन्न बोलियाँ अपने अस्तित्व की दृष्टि से स्वतंत्र होती हैं और विचार-विनिमय के अपने उद्देश्य की दृष्टि से पूर्ण होती हैं। वे उच्चारण, व्याकरण और शब्द समूह की दृष्टि से विविधता से संपन्न होती हैं। फिर भी उन सबके भीतर आंतरिक समानता विद्यमान रहती है जिसके कारण वे नितांत भिन्न नहीं हो पातीं, इसलिए उन्हें भाषा-क्षेत्र में सम्मिलित किया जाता है क्योंकि ये सभी बोलियाँ शब्दावली, व्याकरण, उच्चारण आदि की दृष्टि से विविधता संपन्न होते हुए भी अपनी मानक भाषा के प्रति अधिकांशत: स्पष्ट होती हैं। जो बोली मानक भाषा और उसकी अन्य सभी बोलियों के प्रति सामान्यत: स्पष्ट नहीं होती उसे उस भाषा के अंतर्गत स्वीकार नहीं किया जाता। उदाहरण के लिए, हिंदी प्रदेश की विभिन्न बोलियों को देखा जा सकता है। हिंदी भाषा की इन विभिन्न बोलियों को बोलने वाले लोग आपस में एक-दूसरे की बोली को समझ लेते हैं जबकि हिंदी से अलग भाषाओं के भाषियों के लिए यह कठिन है। भोजपुरी भाषा को समझने में विशेष कठिनाई महसूस नहीं करते। इसी तरह भाषा-भाषी इन स्थानीय बोलियों को समझ सकता है तथा इन सभी बोलियों को बोलने वाले हिंदी बोलने वाले से बातचीत कर सकते हैं। इसलिए इन बोलियों को हिंदी प्रदेश के अंतर्गत स्वीकार किया जाता है।

भाषा का क्षेत्र व्यापक होता है जबकि बोली का सीमित। उदाहरणत: हिंदी आज हिंदी प्रदेशों की तो मातृभाषा और संपर्क भाषा है ही, इसके अलावा भी उसका व्यवहार आज किसी-न-किसी रूप से संपूर्ण भारत में हो रहा है। इसलिए उसे राष्ट्रभाषा का दर्जा प्राप्त है।

भाषा व्याकरणसम्मत तथा शुद्ध होती है जबकि बोली का कोई निश्चित व्याकरण नहीं होता। उसके बहुत से प्रयोगों में व्याकरण का अभाव देखा जा सकता है।

भाषा में एकरूपता की विशेषता भी होती है। वह अपने क्षेत्र के विभिन्न प्रकार के स्तरों के बोलने वालों के द्वारा अलग रूप में है। उसकी शब्दावली, वाक्य रचना, उच्चारण आदि की एकरूपता व समानता बनाए रखने के लिए उसके प्रयोक्ता सचेत रहते हैं जबकि बोली में इस प्रकार की एकरूपता प्राय: नहीं होती। वह अपने क्षेत्र के प्रयोक्ताओं द्वारा प्रयुक्त होती है, जैसे–हिंदी की एकरूपता व व्याकरणसम्मतता को बनाए रखने के लिए प्रयत्न होते आए हैं। इस कार्य के लिए समय-समय पर अनेक समितियाँ व संस्थाएँ भी गठित होती रहती हैं जबकि बोली आदि के लिए इस दिशा में उल्लेखनीय प्रयास नहीं हुआ।

भाषा के मौखिक और लिखित रूपों में भी एकरूपता व समानता होती है। उसमें जो शब्द-रूप उच्चारित किया जाता है उसकी वर्तनी भी व्याकरणिक नियमों के अनुसार निश्चित होती है जबकि बोली अधिकतर मौखिक रूप में प्रयुक्त होती है। अत: उसके कुछ मौखिक व लिखित रूपों में एकरूपता नहीं भी होती।

यही कारण है कि भाषा तो औपचारिक प्रसंगों, जैसे–शिक्षा के माध्यम आदि के संदर्भ में भी प्रयुक्त होती है जबकि बोली अनौपचारिक प्रसंगों में ही अधिकतर प्रयुक्त होती है।

भाषा में चार विशेषताएँ स्वायत्तता, मानकीकरण, ऐतिहासिकता और जीवंतता अनिवार्य रूप से विद्यमान रहती हैं जबकि बोली में ये नहीं मिलतीं। बोली में ऐतिहासिकता और

जीवंतता तो होती है किंतु मानकता और स्वायत्तता का गुण नहीं पाया जाता। हालाँकि हिंदी की कुछ बोलियों को मानकीकृत करने के प्रयत्न हुए हैं किंतु फिर भी इन्हें भाषा नहीं कह सकते।

भाषा और बोली के आधारभूत अंतर को निम्नलिखित तालिका द्वारा समझा जा सकता है–

भाषा	**बोली**
1. सामाजिक प्रकार्य में भाषा अध्यारोपित (superordinate) होती है।	सामाजिक प्रकार्य में बोली 'भाषा' के अधीन (subordinate) होती है।
2. भाषा का क्षेत्रीय आधार अपेक्षाकृत अधिक विस्तृत होता है।	बोली का क्षेत्र, भाषा की तुलना में अपेक्षाकृत छोटा होता है।
3. भाषा का प्रयुक्ति क्षेत्र अधिक बहुमुखी होता है, क्योंकि यह साहित्य, शिक्षा, प्रशासन आदि अनेक व्यवहार क्षेत्रों में प्रयुक्त होता है।	बोली का प्रयुक्ति क्षेत्र सीमित होता है।
4. भाषा, समाज में 'प्रतिष्ठा' और 'प्रभुता' की द्योतक होती है।	'बोली' समाज में प्रतिष्ठा का कारण नहीं बनती। उसका प्रयोग 'आत्मीयता' का व्यंजक होता है।
5. भाषा का प्रयोग औपचारिक संदर्भों में होता है।	बोली का प्रयोग प्रायः अनौपचारिक संदर्भों में होता है।
6. भाषा, सापेक्षतया अधिक मानकीकृत होती है।	बोली में भाषा विकल्पन सापेक्षतया अधिक होता है।
7. भाषा, अपनी विभिन्न बोलियों के प्रयोगकर्त्ता के बीच संपर्क भाषा का भी काम करती है।	बोली, प्रायः मातृभाषा के रूप में ही प्रयुक्त होती है।

प्रश्न 7. हिंदी भाषा की मुख्य बोलियों का विस्तार से वर्णन कीजिए।

उत्तर– हिंदी भाषा की विभिन्न बोलियाँ हैं, जिनका विवरण निम्नांकित प्रकार से दिया गया है–

(1) पश्चिमी हिंदी उप-भाषा वर्ग–भाषा वैज्ञानिक दृष्टि से हिंदी के अंतर्गत दो ही वर्ग माने गए हैं–पश्चिमी हिंदी और पूर्वी हिंदी उप-भाषा वर्ग। हिंदी क्षेत्र के पश्चिमी हिंदी उप-भाषा वर्ग के अंतर्गत खड़ी बोली (कौरवी), हरियाणवी (बाँगरू), ब्रज, कन्नौजी और बुंदेली को रखा गया है। इधर कुछ विद्वान 'निमाडी' को भी इस वर्ग में रखने के पक्ष में हैं। इस प्रकार उप-भाषा वर्ग में छह बोलियाँ होती हैं।

भौगोलिक दृष्टि से पश्चिमी हिंदी उप-भाषा वर्ग पंजाबी, राजस्थानी, पहाड़ी, पूर्वी हिंदी और मराठी भाषाओं से घिरा हुआ है। ऐतिहासिक दृष्टि से यह उप-भाषा वर्ग शौरसेनी अपभ्रंश से संबद्ध है।

(2) पूर्वी हिंदी उप-भाषा वर्ग–हिंदी प्रदेश में पूर्वी भाग में बोली जाने वाली बोलियों के समूह के लिए पूर्वी हिंदी नाम भी **जॉर्ज ग्रियर्सन** का दिया हुआ है। यह पश्चिमी हिंदी के अनुरूप है। वास्तव में इस क्षेत्र में तीन बोलियाँ बोली जाती हैं–

(क) अवधी बोली,

(ख) छत्तीसगढ़ी बोली, तथा

(ग) बघेली बोली।

ग्रियर्सन अवधी और छत्तीसगढ़ी को भी पूर्वी हिंदी के अंतर्गत रखने के पक्ष में थे, लेकिन जनमत के कारण उन्हें 'बघेली' को भी पृथक् बोली मानने के लिए बाध्य होना पड़ा। इन तीनों बोलियों में अवधी का काफी महत्त्व है। तुलसीदास ने श्रीरामचरितमानस की रचना इसी में की है।

ऐतिहासिक रूप से पूर्वी हिंदी का विकास अर्द्ध-मागधी अपभ्रंश से माना गया है। पूर्वी हिंदी क्षेत्र में प्रधानतः नागरी लिपि का प्रयोग होता है। कुछ लोगों में 'कैथी लिपि' भी प्रचलित है।

(3) बिहारी हिंदी उप-भाषा वर्ग–बिहारी उप-भाषा वर्ग की बोलियाँ केवल बिहार तक ही सीमित नहीं हैं बल्कि यह पूरे बिहार और उत्तर प्रदेश के बलिया, गाजीपुर, पूर्वी फैजाबाद, पूर्वी जौनपुर, आजमगढ़, वाराणसी, देवरिया, गोरखपुर आदि जिलों में भी बोली जाती है।

बिहारी उप-भाषा वर्ग को दो भागों में विभक्त किया जा सकता है–पूर्वी बिहारी और पश्चिमी बिहारी। पूर्वी बिहारी के अंतर्गत मैथिली और मागधी आती हैं और पश्चिमी बिहारी के अंतर्गत भोजपुरी आती है।

ऐतिहासिक रूप से बिहारी की उत्पत्ति मागधी अपभ्रंश से मानी जाती है। बिहारी क्षेत्र में प्रमुखतः नागरी, कैथी, मैथिली महाजन और अंततः बंगला और उड़िया लिपियाँ प्रयोग में लाई जाती हैं।

(4) राजस्थानी हिंदी उप-भाषा वर्ग–'राजस्थानी' राजस्थान में प्रयुक्त भाषा रूपों/बोलियों के लिए प्रयुक्त एक सामूहिक नाम है। यह क्षेत्र अपने चारों ओर सिंधी, लहँदा, पंजाबी, बाँगरू, ब्रज, मराठी और गुजराती से घिरा हुआ है।

ग्रियर्सन ने राजस्थानी बोलियों को पाँच वर्गों में विभाजित किया है–

(क) पश्चिमी राजस्थानी................मारवाड़ी।

(ख) उत्तर-पूर्वी राजस्थानी................अहीरवारी, मेवाती।

(ग) मध्य-पूर्वी राजस्थानी........................ढूँढ़ारी (जयपुरी), किशनगढ़ी, अजमेरी।

(घ) दक्षिणी राजस्थानी......................निमाड़ी।

(ङ) दक्षिणी-पूर्वी राजस्थानी...............मालवी।

इनमें निमाड़ी को अब पश्चिमी हिंदी के अंतर्गत माना जाता है।

साहित्यिक दृष्टि से राजस्थानी का संबंध शौरसेनी के एक रूप नागरी अपभ्रंश से माना जाता है। 'नागरी लिपि' का प्रयोग होता है।

(5) पहाड़ी हिंदी उप-भाषा वर्ग—पहाड़ी प्रदेशों में बोले जाने के कारण इसे 'पहाड़ी' कहा जाता है। यह उप-भाषा वर्ग हिमाचल प्रदेश में भद्रवाह के उत्तर-पश्चिम से लेकर नेपाल के पूर्वी भाग तक फैला हुआ है। इसके अंतर्गत तीन प्रधान रूप माने जाते हैं—

(क) पश्चिमी पहाड़ी (जौनसरी, सिरमौरी, चमेआली, भद्रवाही आदि)।
(ख) मध्य पहाड़ी (कुमाऊँनी, गढ़वाली)।
(ग) पूर्वी पहाड़ी (नेपाली)।

पहाड़ी के लिए नागरी लिपि का अधिकांश प्रयोग मिलता है। लेकिन गौण रूप से टाकी, फारसी, कोची और सिरमौरी लिपियाँ भी प्रयुक्त होती हैं।

ऐतिहासिक दृष्टि से पहाड़ी उप-भाषा वर्ग की बोलियों/भाषाओं का संबंध 'खस' अपभ्रंश से माना जाता है। इन पर शौरसेनी का पर्याप्त प्रभाव मिलता है।

प्रश्न 8. मानक भाषा से क्या अभिप्राय है? मानक भाषा की प्रमुख विशेषताएँ भी बताइए।

उत्तर— मानक भाषा किसी भाषा का वह परिभाषित रूप है जो उच्चारण या लेखन में प्रयोग आदि की दृष्टि से अपने पूरे व्यवहार क्षेत्र में शुद्ध और आदर्श माना जाता है, वहाँ के सुशिक्षित लोग उसे शुद्ध मानकर उसी का अधिकाधिक प्रयोग करते हैं। शिक्षा, प्रशासन, साहित्य, रचना आदि के लिए भाषा का यही मानक रूप व्यवस्थित होता है।

'मानक' शब्द का सामान्य अर्थ है—आदर्श, शुद्ध अथवा परिनिष्ठित। भाषा के संदर्भ में मानक शब्द अंग्रेजी के 'स्टैंडर्ड' (standard) शब्द के पर्याय के रूप में प्रचलित है। मानक के अलावा 'स्टैंडर्ड' शब्द के दो अर्थ हैं—एक, 'परिनिष्ठित' तथा दूसरा 'स्तर' जो ध्यान देने योग्य है। एक ओर भाषा के शुद्ध व्याकरण सम्मत तथा परिनिष्ठित रूप को उसका मानक रूप माना जाता है तथा दूसरी ओर भाषा प्रयोग के विभिन्न स्तरों में से उसके उच्चस्तरीय रूप को मानक भाषा कहा जाता है। हम जीवन के अनौपचारिक संदर्भों में अर्थात् घर-परिवार या मित्रों के बीच बातचीत करते समय जिस बोलचाल के स्तर की भाषा का प्रयोग करते हैं, उसका कार्यालय के किसी अधिकारी पद पर कार्य करते हुए या साहित्यिक परिचर्चा-गोष्ठी में या शिक्षा के क्षेत्र में नहीं कर सकते। अनौपचारिक या आपसी बोलचाल की भाषा का स्तर साधारण, क्षेत्रीय बोलियों, अधूरे वाक्यों, अशुद्ध या असंगत शब्दों या उच्चारणों से युक्त हो सकता है, लेकिन शिष्ट समाज में, प्रशासनिक कार्यों में या शिक्षा संस्थाओं आदि में हम जिस उच्च स्तर की आदर्श भाषा का प्रयोग करते हैं, उसे ही मानक भाषा कहा जाता है। यह मानक भाषा व्याकरण सम्मत तथा व्यवस्थित होती है, उसमें स्थानीय बोलियों के वैकल्पिक रूप नहीं होते बल्कि एकरूपता होती है। मानक भाषा का एक सर्वस्वीकृत रूप होता है जो सभी जगह उसी रूप से प्रयुक्त होता है। इस दृष्टि से हम कह सकते हैं—

'मानक भाषा किसी राष्ट्र, राज्य या समाज की वह प्रतिनिधि तथा आदर्श भाषा होती है जिसका प्रयोग वहाँ के सुशिक्षित समुदाय द्वारा अपने साहित्यिक, प्रशासनिक, व्यापारिक,

वैज्ञानिक, सामाजिक तथा सांस्कृतिक आदि सभी औपचारिक कार्यों में समान रूप से किया जाता है। यही समान मानक भाषा का रूप अंतर्राष्ट्रीय संदर्भों में व्यवहार में लाया जाता है।'

किसी मानक भाषा की संकल्पना कुछ विशेषताओं के आधार पर निर्मित होती है, जैसे–व्याकरण सम्मतता, एकरूपता, जीवंतता आदि। मानक भाषा की निर्धारक विशेषताओं की दृष्टि से हिंदी के मानक रूप में सभी अनिवार्य विशेषताएँ मौजूद हैं–

(1) व्याकरण सम्मतता–व्याकरण भाषा के विभिन्न अंगों को व्यवस्थित करने वाला तथा नियमों में बाँधने वाला शस्त्र है। जिस भाषिक रूप में व्याकरण से भिन्नता या नियम पालन में उल्लंघन होगा वह रूप अमानक व अशुद्ध माना जाएगा। दूसरी ओर किसी भी भाषा के व्याकरण सम्मत रूप को ही उसका शुद्ध तथा मानक रूप माना जाता है। व्याकरण सम्मतता की दृष्टि से मानक हिंदी का अपना व्याकरण है, जिसके अनुसार सर्वत्र उसकी शिक्षा दी जाती है। इसी विशेषता के कारण हिंदी के मानक रूप की एक निश्चित संकल्पना इसके बोलने वालों के सामने स्पष्ट रूप से विद्यमान है, जिसके कारण मानक हिंदी का ज्ञाता और प्रयोक्ता अपने आस-पास बोलने वालों की भूलों को महसूस कर पाता है। उदाहरण के लिए, यदि कोई कहता है कि 'उनका किताब हम ले लिया' तो इसे सुनकर मानक हिंदी का प्रयोक्ता समझ जाएगा कि बोलने वाला 'उनकी' के स्थान पर 'उनका', 'हमने' के स्थान पर 'हम' और 'ले ली' के स्थान पर 'ले लिया' का गलत प्रयोग कर रहा है। इसी प्रकार–

(क) मैंने जाना है... (मुझे जाना है)

(ख) आपको कहाँ जाना माँगता है? (आपको कहाँ जाना है?)

(ग) मैंने मेरे दोस्त को वहाँ पहुँचा दिया है (मैंने अपने दोस्त को वहाँ पहुँचा दिया है)

मानक हिंदी को जानने वाला इन वाक्यों को सुनकर सहज ही पहचान लेगा कि गलती या अशुद्धि क्या है और कहाँ है व साथ ही भाषा के मानक रूप के आधार पर वह इनमें स्वयं संशोधन भी कर सकेगा।

वास्तव में मानक भाषा के मानदंड कसौटी की भाँति होते हैं जिनके द्वारा हम किसी भाषिक प्रयोग को गलत या सही कह सकते हैं। गलत या अमानक भाषा वह होती है जो मानक से अलग या विचलित होती है। मानक हिंदी से विचलित प्रयोग शिक्षित समाज के द्वारा स्वीकार्य नहीं होते। प्रशासनिक, सामाजिक, सांस्कृतिक, व्यापारिक और वैज्ञानिक कार्यों आदि में केवल मानक हिंदी के भाषिक प्रयोग ही शुद्ध माने जाते हैं।

हिंदी को मानवता के इस स्तर तक पहुँचाने में अनेक विद्वानों का योगदान रहा। आचार्य महावीरप्रसाद द्विवेदी, कामताप्रसाद गुरु, आचार्य किशोरीदास वाजपेयी, बाबू श्यामसुन्दरदास, सुनीति कुमार चटर्जी, धीरेन्द्र वर्मा तथा डॉ. भोलानाथ तिवारी, उदयनारायण तिवारी आदि विभिन्न मूर्धन्य विद्वानों ने हिंदी के व्याकरणिक स्वरूप को सुनिश्चितता तथा एकरूपता प्रदान की।

(2) ऐतिहासिकता या ऐतिहासिक परंपरा से निर्मित मूलाधार भाषा–किसी समाज की विभिन्न बोलियों या भाषा रूपों में से जिस बोली को एक लंबी परंपरा से प्रधानता प्राप्त होती है, वही प्राय: विकसित परिभाषित होकर मानक भाषा के रूप में ढलती है। इस प्रकार भाषा के मानक रूप की स्वीकृति में एक सुदीर्घ ऐतिहासिक परंपरा विद्यमान रहती है।

इस दृष्टि से 'खड़ी बोली' ने मानकीकरण की ऐतिहासिक और प्राकृतिक प्रक्रिया से गुजरकर मानक हिंदी के रूप में एक सुनिश्चित तथा नियमित रूप ग्रहण किया है। वस्तुतः ऐतिहासिक दृष्टि से मानक भाषा के स्तर तक पहुँचने वाली खड़ी बोली का नाम लगभग दो सौ वर्ष पुराना है जबकि हिंदी शब्द लगभग डेढ़ हजार वर्ष पूर्व प्रयोग में आना शुरू हो गया था। हिंदी शब्द की व्युत्पत्ति हिंद से हुई, जो मूलतः 'सिंधु' शब्द का परिवर्तित रूप है। प्राचीन समय में अरब-पारस से भारत आने वाले यात्री, जिनके लिए सिंधु प्रदेश ही भारत था, वे महाप्राण ध्वनियों का उच्चारण अल्पप्राण ध्वनियों के रूप में करते थे, इसलिए वे 'सिंधु' को 'हिंदू' और बाद में 'हिंद' कहने लगे। इसी 'हिंद' शब्द में ईरानी भाषा का 'ईक' प्रत्यय जोड़कर हिंद + ईक = 'हिंदीक' शब्द बना। कालांतर में अंतिम व्यंजन 'क' का लोप हो गया और 'हिंदी' शब्द 'हिंद' के विशेषण के रूप में प्रचलित हो गया, जिसका अर्थ है–'हिंद' का या 'हिंदी' का।

भाषा के अर्थ में 'हिंदी' शब्द का प्रयोग सर्वप्रथम पफारस (ईरान) और अरब में हुआ। छठी शताब्दी में संस्कृत-आख्यानक 'पंचतंत्र' का फारसी में अनुवाद करने वाले हकीम बजरोया नामक विद्वान ने भूमिका में लिखा कि यह अनुवाद 'जबाने हिंदी' से किया गया है। यहाँ हिंदी से उनका अभिप्राय भारत की भाषा, संस्कृत से था। चौदहवीं शताब्दी के आरंभ में उत्तर भारत विशेषतः दिल्ली के आस-पास की जनभाषा 'हिंदी' 'हिंदवी' के नाम से जानी जाने लगी थी जिसका तात्पर्य स्पष्टतः आज की खड़ी बोली से था। इसका प्रमाण अमीर खुसरो द्वारा रचित प्रबंध 'फारसी-हिंदी कोश' खालिकबारी में मिलता है, जिसमें अनेक स्थलों पर ब्रज, हरियाणवी आदि से मिश्रित खड़ी बोली को 'हिंदवी' या 'हिंदी' कहा गया। आगे चलकर भक्ति आंदोलन के प्रभाव से हिंदी लगभग संपूर्ण भारत में प्रचार-प्रसार पाकर जनभाषा बन गई। मध्ययुग के प्रारंभ से ही संस्कृत के समानांतर जनसामान्य में प्रयुक्त हिंदी को 'भाषा' या 'भाखा' कहा जाने लगा था। उदाहरण के रूप में कुछ मध्ययुगीन कवियों की काव्य पंक्तियों को देखा जा सकता है–

(क) संस्कृत है कूप-जल, भाषा बहता नीर (कबीर)
(ख) लिखि भाषा चौपाई कहैं। (जायसी)
(ग) भाषा भनिति मोर मति थोरी। (तुलसी)
(घ) भाषा बोल न जानहीं, जेहि के कुल के दास। (केशव)
(ङ) दसम कथा भागौत की, भाखा कही बनाइ। (गुरु गोविंद सिंह)

मध्ययुग में यही 'भाषा', 'भाखा' अथवा 'बोली' या 'बुलि' समस्त भारत में जनभावना की अभिव्यक्ति का माध्यम बनी। जिस प्रकार आदिकाल में अमीर खुसरो ने इसे 'हिंदवी' अथवा 'हिंदी' कहा था, उसी प्रकार मध्ययुग में विभिन्न सूफी कवियों ने भी इस लोकभाषा को 'हिंदवी' अथवा 'हिंदी' नाम से संबोधित किया। पंद्रहवीं शताब्दी के लगभग इसी अर्थ में जायसी ने भी कहा है–'तुरकी-अरबी-हिंदवी भाषा जेति आहिं।' अठारहवीं शताब्दी के अंत तक आते-आते यही 'हिंदवी' शब्द 'हिंदी' शब्द में समाहित हो गया। संस्कृत इस खड़ी बोली हिंदी की आदि या स्रोत भाषा है, तो दूसरी ओर मानक हिंदी इसका वर्तमान रूप है।

(3) एकरूपता–यह मानक भाषा की एक अत्यंत महत्त्वपूर्ण विशेषता है। ध्वनि, शब्द, रूप, वाक्य, अर्थ, वर्तनी आदि सभी स्तरों पर भाषा के मौखिक तथा लिखित रूपों में एकरूपता होनी जरूरी है।

मानक भाषा की एकरूपता चयन या चुनाव पर आधारित होती है। उसमें यथासंभव विकल्प नहीं होते। इस दृष्टि से एक ही भाषिक इकाई या संकल्पना के लिए प्रयुक्त एकाधिक विकल्पों में से किसी एक रूप को मान्य तथा दूसरे रूप को अमान्य ठहराना मानकीकरण कहलाता है। हिंदी के मानक रूप में भी विकल्पों का परिहार हो जाता है। जिन शब्दों या भाषिक इकाइयों के विकल्प हिंदी में प्रचलित हैं उनमें से किसी एक को चुनकर मानक हिंदी में स्थान दिया गया है, जैसे–पहले-पहिले, मुझे-मेरे को, दरअसल-दरअसल में। इन विकल्पों में हिंदी भाषा ने पहले विकल्प का चुनाव किया है अर्थात् पहले, मुझे, दरअसल को मानक हिंदी में सम्मिलित किया गया है और शेष को अमानक मानकर छोड़ दिया गया है।

भाषा में विकल्प सभी भाषिक स्तरों पर हो सकते हैं। इन सभी स्तरों पर हिंदी में भी विकल्प मिलते हैं। उदाहरण के लिए, उच्चारण के स्तर पर कई विकल्प मिलते हैं जो प्राय: बोलने वाले के अपने प्रदेश की बोली, सामाजिक तथा पारिवारिक परिवेश आदि के कारण उत्पन्न होते हैं, जैसे–क्षमा-छमा, कहना-कहिना, पहले-पहिले-पैले आदि। शब्द के स्तर पर (चींटा-कीड़ा-मकोड़ा), रूप के स्तर पर (है-हैंगे, हूँगा-होऊँगा), वाक्य के स्तर पर (मुझे जाना है-मैंने या मेरे को जाना है), वर्तनी के स्तर पर (हुआ-हुवा, गयी-गई) भी विकल्प मिलते हैं।

(4) स्वायत्तता–भाषा का मानक रूप अपने विकास के दौरान स्वायत्तता के गुण से भी युक्त हो जाता है अर्थात् अपनी भाषिक संरचना और प्रकार्य की दृष्टि से वह स्वायत्त या विशिष्ट और स्वतंत्र होता है, अपने अस्तित्व के लिए वह किसी दूसरी भाषिक व्यवस्था का सहारा नहीं लेता। उदाहरण के लिए, वर्तमान मानक हिंदी आज से लगभग दो सौ वर्ष पूर्व अपने आरंभिक रूप में पूर्ण स्वायत्त नहीं थी। उसे विभिन्न स्तरों पर संप्रेषण के लिए फारसी भाषा तथा अन्य स्थानीय बोलियों के भाषिक प्रयोगों पर निर्भर रहना पड़ता था। यद्यपि उसमें अनेक काव्य ग्रंथों की रचना हो चुकी थी लेकिन जनजीवन से जुड़े अनेक सामाजिक, राजनैतिक, व्यावसायिक आदि विषयों पर व्यावहारिक तथा साहित्यिक गद्य भाषा में लिखी गई रचनाओं का अभाव था। लेकिन धीरे-धीरे विभिन्न विद्वानों ने हिंदी को हर दृष्टि से सक्षम तथा व्यवहार योग्य बनाया। आज संप्रेषण के विभिन्न स्तरों पर पूर्ण स्वायत्त हो जाने के कारण वह मानक भाषा कहलाने की अधिकारिणी है। शिक्षा, प्रशासन, व्यापार, कानून, विज्ञान, पत्राकारिता आदि सभी क्षेत्रों में अभिव्यक्ति के लिए उसके पास निजी शब्द भंडार, निजी प्रयुक्तियाँ तथा निजी भाषिक व्यवस्था है। यह पूर्ण निजीपन या स्वायत्तता ही उसकी मानकता का आधार है।

(5) केंद्रोन्मुखता–मानक भाषा अपने क्षेत्र की बोलियों को बहुत अधिक प्रभावित करती है। दूसरी ओर वह खुद भी उनके शब्द, पद, मुहावरे, अभिव्यक्ति, शैलियों आदि की दृष्टि से कुछ महत्त्वपूर्ण गुणों को ग्रहण कर लेती है। इस प्रकार वह भाषा अपने संपूर्ण प्रदेश या भाषा-क्षेत्र में केंद्रीय महत्त्व प्राप्त कर लेती है। उस प्रदेश की सभी उपभाषाएँ और बोलियाँ उसके इस केंद्रीय रूप से जुड़ी रहती हैं। मानकता किसी भाषा रूपी चक्र की धुरी कही जा सकती है। भाषा का विकास, प्रसार, प्रचार उसी मानकता रूपी धुरी पर निर्भर करता है।

(6) प्रयोग बहुलता–यह मानक भाषा की एक प्रमुख विशेषता है कि वह किसी सीमित क्षेत्र की भाषा नहीं होती बल्कि एक व्यापार क्षेत्र के अधिकांश लोग उसे शुद्ध मानकर

उसी का अधिकाधिक प्रयोग करते हैं, अर्थात् वह प्रयोगबहुल होती है। उसके प्रयोक्ताओं की संख्या जितनी अधिक होगी, अर्थात् जितने अधिक लोग, अपने जितने अधिक प्रयोग क्षेत्रों या प्रयुक्तियों में अभिव्यक्ति के लिए उसे अपनाएँगे, उतना ही अधिक उसका विकास होगा। तब उसके एक ऐसे सर्वस्वीकृत रूप के निर्धारण का प्रयास होगा जो सभी जगह उसी रूप में प्रयुक्त होता हो और यह प्रयास ही उसे एक आदर्श या मानक रूप प्रदान करने में सहायक सिद्ध होता है।

इस दृष्टि से हिंदी में प्राचीन समय से ही प्रयोग बहुलता की विशेषता मिलती है। देश-विदेश में करोड़ों लोग हिंदी को प्रयोग में लाते हैं। इस व्यापक संप्रेषणीयता तथा सुग्राह्यता की जरूरत के कारण ही उसने बड़ी शीघ्रता से एक मानक रूप प्राप्त कर लिया, जिसे संपूर्ण राष्ट्र में समान रूप से समझा-बोला जाता है।

(7) **स्वाभाविकता और सुबोधता**—मानक भाषा अपने विकास तथा मानकीकरण की प्रक्रिया में स्वाभाविकता लिए होती है। उसका मानकीकरण शब्दकोश या व्याकरण को देख देखकर ही नहीं किया जाता है। उसके भाषिक रूप धीरे-धीरे समाज में स्वीकृत होते हैं और इस प्रकार मानकीकरण की प्रासंगिक प्रक्रिया से गुजरते हैं इसलिए वह अधिकाधिक लोगों के लिए सहजतापूर्वक बोधगम्य बनकर मानक भाषा के स्तर तक पहुँचाती है। क्लिष्ट या दुर्बोध भाषा क्लासिकल तो कहला सकती है लेकिन मानक नहीं। उदाहरण के लिए, संस्कृत आज अधिकांश लोगों के लिए क्लिष्ट है, इसलिए पूर्णत: व्याकरण-सम्मत तथा समर्थ होते हुए भी वह मानक-रूप में प्रचलित नहीं है। दूसरी ओर, हिंदी अपेक्षाकृत कम समय में मानक भाषा का रूप प्राप्त कर सकी क्योंकि अधिकांश भारतीयों के लिए उसे समझना, बोलना तथा जीवन के विभिन्न क्षेत्रों में व्यवहार में लाना अधिक सरल है। इस प्रकार अपनी स्वाभाविकता व सुबोधता की विशेषता के कारण हिंदी एक व्यापक समाज के द्वारा मानक भाषा के रूप में अपनाई जा सकती है।

(8) **जीवंतता**—मानक भाषा में जीवंतता की विशेषता होना भी जरूरी है। जीवंत भाषा का भाषी समुदाय इसका मातृभाषा तथा संपर्कभाषा के रूप में भी प्रयोग करता है। यह जीवंतता भाषा में एक प्रकार का लचीलापन उत्पन्न करती है, जिससे वह नई वैज्ञानिक उपलब्धियों, नए-नए व्यापारिक और राजनैतिक आयामों को अभिव्यक्त करने में भी सक्षम बनती है। वह केवल मौखिक भाषा भी नहीं होती। बोलचाल की मौखिक भाषा मानक भाषा का एक रूप होकर भी उसके जैसे सामाजिक प्रतिष्ठा प्राप्त नहीं कर पाती क्योंकि उसमें व्याकरणसम्मतता या मानकीकरण का अभाव होता है। इस दृष्टि से मानक हिंदी के मौखिक और लिखित दोनों रूप पूर्णत: मानकीकृत हैं, लेकिन वे ठहरे हुए जड़ रूप नहीं हैं बल्कि निरंतर प्रयोग में लाए जाने के कारण जीवंत हैं। भविष्य की नई अभिव्यक्ति की जरूरतों के योग्य बनते हुए मानक हिंदी समरूपता और स्थिरता की ओर निरंतर अग्रसर है।

प्रश्न 9. भाषा के मानकीकरण की क्या प्रक्रिया है? बताइए।

उत्तर— भाषा के मानकीकरण का अभिप्राय है, उसकी बोली की स्थानीय विशेषताओं से ऊपर उठकर एक ऐसी उच्च स्तर की सशक्त, केंद्रीय भाषा के रूप में विकसित होना, जो किसी सभ्य समाज या राष्ट्र के विभिन्न औपचारिक कार्यों में समान रूप से समझी और बोली जाए। इस मानकीकरण की प्रक्रिया के मुख्य रूप से तीन सोपान या स्तर हैं—

पहले या प्रारंभिक स्तर पर हर भाषा अपने मूल रूप में किसी सीमित क्षेत्र के जनसाधारण में बोलचाल के रूप में प्रचलित बोली होती है। इस स्थानीय, आंचलिक या क्षेत्रीय बोली का शब्द-भंडार सीमित होता है। इसका अपना कोई नियमित व्याकरण या भाषा शास्त्र नहीं होता, इसलिए जीवन के औपचारिक संदर्भों में इसका प्रयोग नहीं हो पाता।

दूसरे स्तर पर विकसित होते हुए वही बोली कुछ विशेष भौगोलिक, सामाजिक, राजनीतिक, प्रशासनिक आदि कारणों से अपने प्रदेश की अन्य बोलियों की अपेक्षा अधिक महत्त्व प्राप्त कर लेती है। उसका लिखित रूप तथा व्याकरणिक रूप भी विकसित होने लगते हैं। उसके प्रयोक्ता अपने स्थानीय क्षेत्र के बाहर भी उसे पत्राचार का माध्यम बना लेते हैं। इसके अलावा वह शिक्षा, प्रशासन, साहित्य आदि का माध्यम भी बनने लगती है, तब वह बोली न रहकर भाषा की संज्ञा प्राप्त कर लेती है। बोली का भाषा की संज्ञा पा लेना मानकीकरण की प्रक्रिया का दूसरा सोपान है।

तीसरे स्तर पर पहुँचकर, मानकीकरण की प्रक्रिया तब पूर्ण हो जाती है जब शिक्षित समाज के द्वारा इस भाषा की एकरूपता, स्थिरता, नियमबद्धता व व्याकरणसम्मतता को एक निश्चित आदर्श रूप दे दिया जाता है। शिक्षित समाज द्वारा निरंतर परिष्कृत होते हुए सरकारी कामकाज, समाचारपत्र, सामाजिक शैक्षणिक आदि क्षेत्रों में प्रयोग की दृष्टि से उसकी अपनी तकनीकी तथा परिभाषिक शब्दावली होती है। इस स्तर पर पहुँचकर भाषा मानक भाषा कहलाने लगती है। यदि कोई भाषा मानकीकरण की इस प्राकृतिक प्रक्रिया से न गुजरे तो वह चंद शिक्षित लोगों द्वारा बनाई गई क्लिष्ट, अस्पष्ट, बोझिल और थोपी हुई भाषा लगने लगेगी।

प्रश्न 10. व्यक्तिगत कारक, जैसे—लिंग विभेद व आयु के कारण भाषा में किस प्रकार परिवर्तन आता है? विस्तार से बताइए।

अथवा

किसी व्यक्ति की सामाजिक-व्यक्तिगत विशेषताओं के कारण उसकी भाषा में भिन्नता होती है। स्पष्ट कीजिए।

उत्तर— लिंग विभेद —भाषा और समाज का अध्ययन भाषा की उन विशिष्टताओं को सामने लाता है जिनका संबंध समाज के विभिन्न संस्थानों से रहता है। इन विभिन्न संस्थानों में भी जेंडर बोध की दृष्टि से भाषा का अध्ययन भाषा की विषमरूपी भिन्नताओं का एक नया आयाम सामने लाता है। जेंडर भेद होने पर भाषा में भेद की स्थिति विश्व की लगभग सभी भाषाओं में कम या अधिक मात्रा में मिलती है। समाज में पुरुष और महिला के अलग-अलग भाषिक प्रकार्यों, अभिवृत्तियों व स्थितियों आदि के कारण भाषायी भेद मिलते हैं।

जेंडर के आधार पर भाषा की विशिष्टताएँ और अंतर-शब्द, व्याकरण, उच्चारण और कहीं-कहीं लगभग संपूर्ण भाषा के स्तर पर मिलते हैं। उदाहरण के लिए, अंग्रेजी में एक ही सामाजिक पृष्ठभूमि के महिला व पुरुष की भाषा में मानक प्रयोगों की दृष्टि से अंतर मिलता है। महिलाओं में अंग्रेजी के मानक-परिष्कृत उच्चारण के प्रति अपेक्षाकृत अधिक झुकाव होता है। समान पृष्ठभूमि के बावजूद अंग्रेजी के प्रतिसूचक रूप पुरुषों और महिलाओं की भाषा में अधिक मिलते हैं। इसके अतिरिक्त व्याकरण के स्तर पर अंग्रेजी में अन्य पुरुष

सर्वनाम वह के लिए पुल्लिंग में He का प्रयोग होता है, जबकि स्त्रीलिंग में She का। इसी प्रकार जापानी भाषा में भी लिंगबोध सर्वनाम शब्दों से होता है।

हिंदी में भी जेंडरबोध क्रिया रूपों से होता है। क्रियाओं में आकारांत क्रिया (करता है) द्वारा पुल्लिंग और ईकारान्त क्रिया (करती है) द्वारा स्त्रीलिंग का बोध कराया जाता है। विशेषण के स्तर पर भी यह अंतर मिलता है, जैसे–अच्छा (पु.), अच्छी (स्त्री.), विद्वान (पु.), विदुषी (स्त्री.), गुणवान (पु.), गुणवती (स्त्री.) आदि। शब्द के स्तर पर भी पुरुष और स्त्री के भाषा प्रयोगों में अंतर मिलता है। विशेष रूप से भारतीय पुरुष-प्रधान समाज में महिलाओं से अपेक्षाकृत अधिक विशेष विनम्र भाषा की अपेक्षा की जाती है जिसमें किसी अन्य के प्रति चुनौती या विरोध न झलके – ऐसे भाषा प्रयोग को स्त्री का कर्त्तव्य माना जाता है। शिक्षित भारतीय समाज में घरेलू हों या कामकाजी हों, महिलाओं की भाषा में रसोई, घर और बच्चों से संबंधित शब्दों व अभिव्यक्तियों का प्रयोग अधिक होता है, जबकि पुरुषों की भाषा में इस प्रकार के शब्द कम होते हैं।

अन्य भाषाओं में भी समान भाषा-भाषी समाज होते हुए भी पुरुष और स्त्री की भाषा में अंतर मिलता है। कुछ भाषाओं में उच्चारण और शब्द रूप की दृष्टि से दोनों की भाषाओं में भेद मिलता है।

कुछ भाषाओं में जेंडरबोध पुरुष और स्त्री के द्वारा शब्दों में भिन्न प्रत्ययों के प्रयोग के कारण होता है। उदाहरण के लिए, केलिफोर्निया की याना (yana) भाषा में हिरण को स्त्री कहती हैं जबकि पुरुष इसमें प्रत्यय जोड़कर इ.द उच्चरित करते हैं। अतिरिक्त प्रत्ययों के प्रयोग से पुरुषों द्वारा प्रयुक्त किए जाने वाले शब्द स्त्री द्वारा प्रयुक्त समान शब्दों की अपेक्षा अधिक बड़े या लंबे होते हैं। इसी प्रकार जापानी भाषा में भी पुरुषों द्वारा प्रयुक्त शब्द अपेक्षाकृत लंबे होते हैं जबकि स्त्रीवाची संज्ञाओं में विनम्रतासूचक (व) उपसर्ग प्रयुक्त होता है। जापानी में ही कुछ वस्तुओं के लिए पुरुषवाची और स्त्रीवाची शब्द अलग होते हैं।

भिन्न-भिन्न भाषिक प्रकार्यों, अभिवृत्तियों, स्थितियों आदि के कारण मिलने वाले भाषा भेदों के अध्ययन और विभिन्न सर्वेक्षणों से अधिकतर भाषाओं में यह सामान्य प्रवृत्ति भी सामने आती है कि बोलचाल में पुरुषों द्वारा अवभाषा का प्रायः प्रयोग होता है जबकि महिलाएँ पुरुषों की तुलना में अपेक्षाकृत अधिक मानक व परिष्कृत भाषा रूपों का प्रयोग करती हैं। उदाहरण के लिए, अंग्रेजी भाषी समाज में जंसापदह, जलचपदह जैसे शब्दों में पदह का पूरा उच्चारण स्त्रियों की भाषा में अधिक मिलता है जबकि पुरुषों द्वारा मात्रा (पद) का उच्चारण अधिक होता है। लड़कियों की तुलना में अमानक भाषा का प्रयोग करने की प्रवृत्ति लड़कों में अधिक होती है। थंबस् (Thumbs) को थंब (Thumb) के रूप में लड़के अधिक उच्चारित करते हैं जबकि समाज में अमानक भाषा रूपों की अपेक्षा मानक भाषा रूपों को अधिक महत्त्व दिया जाता है।

जेंडरबोध की दृष्टि से मानक भाषा और अवभाषा रूपों के प्रयोग में मिलने वाले इस अंतर के पीछे कई कारण माने जाते हैं। कुछ विद्वान मानते हैं कि मानक भाषा रूपों को अधिक प्रतिष्ठित रूप माना जाता है। अतः स्त्री इस प्रतिष्ठा को प्राप्त करने के लिए मानक भाषा का प्रयोग अधिक करती है। साथ ही घरेलू और कामकाजी महिलाओं में से भी कामकाजी महिलाएँ औपचारिक वातावरण के कारण मानक प्रयोग अधिक करती हैं। हालाँकि

अपना हीनता-बोध छिपाने के लिए स्त्री और पुरुष दोनों अमानक भाषा का प्रयोग कर सकते हैं। अल्पशिक्षित या अशिक्षित वर्गों में ऐसे प्रयोग मिलते हैं। इसके अतिरिक्त पुरुष सत्तात्मक समाजों में स्त्री की स्थिति गौण होने के कारण उनसे अधिक विनम्र भाषा की माँग की जाती है। इसलिए भी वे मानक भाषा का प्रयोग अधिक करती हैं। इस प्रकार प्रायः सभी प्रकार के समाजों में स्त्रियों और पुरुषों की भाषा में किसी-न-किसी स्तर पर स्पष्ट व विशिष्ट भेद अवश्य मिलते हैं।

आयु–कई सामाजिक-भाषायी अध्ययनों में यह देखा गया है कि पुरानी पीढ़ी के बोलचाल के ढंग (बोली (speech)) तथा नई पीढ़ी के बोलचाल के ढंग में उल्लेखनीय अंतर है, इसके कारकों में से एक आयु-क्रम (आयु में परिवर्तन) भी हो सकता है। व्यापक रूप से यह पता लगाया गया है कि भाषा संबंधी व्यवहार की कुछ ऐसी विशेषताएँ हैं, जो कि बोलने वाले के जीवन-काल की विभिन्न अवस्थाओं के अनुसार उचित ही होती हैं। उदाहरणार्थ, किशोर अवस्था वाले लोग कुछ खास प्रकार के अशिष्ट पदों का प्रयोग करते हैं तथा वयस्क हो जाने पर वे उन्हें छोड़ देते हैं। यह भी देखा गया है कि वयोवृद्ध लोग अपनी वृद्धावस्था में केवल कुछ विशेष स्वरूपों का प्रयोग करते हैं।

भिन्न-भिन्न पीढ़ियों की बोली में पाया जाने वाला अंतर भाषा में होने वाले निरंतर परिवर्तन को दर्शाने के लिए भी उपयोगी है। विलियम लेबव (1972) 'वास्तविक समय' (real time) एवं 'आभासी (आगे आने वाला) समय' (apparent time) में भाषायी परिवर्तन के बारे में बात करते हैं। वास्तविक समय में भाषायी परिवर्तन का अध्ययन अधोमुखी प्रकृति का होता है और इसीलिए किसी शोधकर्त्ता के लिए उसे पूरा करना संभव नहीं होता है। आगे आने वाले समय में भाषायी परिवर्तन का पता लगाने के लिए एक विकल्प के रूप में वृद्ध लोगों एवं युवा लोगों की बोली की तुलना की जा सकती है, जिसमें पुराने (वृद्ध) लोगों की बोली में पुराने स्वरूप का तथा नए लोगों की बोली में नए स्वरूप का समावेश होता है तथा उनके बीच के अंतर को भाषा में होने वाले परिवर्तन के रूप में माना जाता है। यह भाषा परिवर्तन विशुद्ध रूप से भाषायी कारणों से होता है, लेकिन यह प्रायः विभिन्न पीढ़ियों पर पड़ने वाले विभिन्न सामाजिक-मनोवैज्ञानिक दबावों के परिणामस्वरूप होता है तथा उनकी बोली में दिखाई देता है।

प्रश्न 11. मानक बोली पर संक्षिप्त टिप्पणी लिखिए।

अथवा

मानकीकृत बोली क्या है? [जून-2017, प्रश्न सं.-3 (क)]

उत्तर– हडसन (1980) ने स्पष्ट किया है–एक सामान्य मानक बोली (उपभाषा) प्रायः निम्न प्रक्रियाओं से होकर गुजरती है–

चयन (Selection)–किसी खास भाषा को ही मानक भाषा के रूप में विकसित करने के लिए चुना जाता है। यह चयन सामाजिक या राजनीतिक कारणों से हो सकता है। हालाँकि, कुछ मामलों में चुनी गई किस्म ऐसी रही हैं जिनमें देशी वक्ता बिल्कुल हैं ही नहीं, उदाहरणार्थ, इजराइल में क्लासीकल हिब्रू तथा इंडोनेशिया में बहासा इंडोनेशिया।

कूटबद्ध करना (Codification)–कुछ एजेंसियाँ चुने गए विषय पर शब्दकोश तथा व्याकरण की पुस्तकें लिखती हैं, ताकि सभी सही को मानें। एक बार जब कोडिफीकेशन हो जाता है, तो नागरिकों के लिए इसका शुद्ध रूप सीखना तथा अपनी उपभाषा (बोली) के 'अमानक रूपों' को नहीं लिखना अनिवार्य बन जाता है।

कार्य का विस्तार (Elaboration of function)–केंद्र सरकार के सभी कार्यों (अर्थात् पार्लियामेंट, लॉ कोर्ट, नौकरशाही में, सभी प्रकार के शैक्षणिक एवं वैज्ञानिक दस्तावेजों) से मानक किस्म का संबंध होता है।

स्वीकार्यता (Acceptance)–इस किस्म को राज्य के लोग राष्ट्रीय भाषा के रूप में स्वीकार करते हैं। एक बार ऐसा हो जाने के बाद अन्य राज्यों से उस राज्य की स्वतंत्रता के प्रतीक के रूप में मानक भाषा राज्य की एकता की शक्ति के रूप में कार्य करती है।

लेकिन एक उपभाषा के इतना अधिक प्रतिष्ठित होने का एक कारण यह भी हो सकता है कि उपभाषा देश के राजनीतिक, वाणिज्यिक तथा सांस्कृतिक केंद्र में बोली जाती है और इसी कारण से महत्त्व को प्राप्त करती है। फ्रांस में पेरिसियन उपभाषा की प्रमुखता तथा इंग्लैंड में लंदन उपभाषा की प्रमुखता का यही प्रमुख कारण है। संयुक्त राज्य अमेरिका में शिक्षित श्वेत मध्यम वर्ग के द्वारा मानक अमेरिकन इंग्लिश को पहचाना जाता है तथा यह श्वेत मध्यम वर्ग मूल्य प्रणाली के लिए सामान्य पूर्वाग्रह दर्शाती है।

एक मानक बोली (उपभाषा) के कई कार्य हो सकते हैं। यह लोगों को संगठित रखती है या कई उपभाषा वक्ताओं के लिए सामान्य लिखित रूप प्रदान करती है। किंतु भाषायी अर्थों में यह न तो अधिक अर्थपूर्ण होती है और न ही अधिक तार्किक तथा किसी भी अन्य उपभाषा की अपेक्षा अधिक शुद्ध तथा जटिल भी नहीं होती है। किसी अन्य उपभाषा की तुलना में इसे श्रेष्ठ मानने के लिए कोई वैज्ञानिक या भाषा संबंधी कारण भी नहीं है। सभी उपभाषाएँ भाषा के समान ही प्रभावी होती हैं, इसमें कोई भी विचार या इच्छा जिसे एक उपभाषा में व्यक्त किया जा सकता है, उसे किसी अन्य उपभाषा में भी उतनी ही आसानी से व्यक्त किया जा सकता है। किसी विशिष्ट उपभाषा को मानक भाषा के रूप में नामांकित करना सामाजिक-राजनीतिक निर्णय है, न कि भाषायी। विश्वभर के देशों में मानक राष्ट्रीय भाषा सर्वाधिक प्रतिष्ठित एवं सामर्थ्यवान उप-संस्कृति की उपभाषा है। जी.पी.एच. की पुस्तकों का मुख्य उद्देश्य ज्ञान के साथ-साथ अच्छे नम्बर दिलाना है।

प्रश्न 12. प्रयुक्ति (register) क्या है? भाषा के संदर्भ में विस्तार से समझाइए।

अथवा

भाषा प्रयुक्ति (language register) पर संक्षिप्त नोट लिखते हुए उसकी विशेषता पर प्रकाश डालिए।

अथवा

प्रयुक्ति के कारण भाषा में किस प्रकार भिन्नता देखी जाती है? समझाइए।

उत्तर– प्रयुक्ति का शाब्दिक अर्थ है–'प्रयोग में लाने की स्थिति'। भाषा के संदर्भ में प्रयुक्ति का अर्थ हुआ–'शब्द को क्षेत्र विशेष में प्रयोग में लाने की स्थिति'। 'प्रयुक्ति' शब्द अंग्रेजी के 'Register' शब्द के अनुवाद के रूप में ग्रहण किया गया है। स्पष्टतः यहाँ

'Register' का अर्थ 'दर्ज करना' या 'दर्ज करने की कॉपी' नहीं है अपितु इसका सामाजिक भाषाविज्ञान में एक विशेष पारिभाषिक अर्थ है। संयोग से इसका संबंध शब्दों की पारिभाषिकता से भी है।

आठवें दशक के आरंभ में प्रसिद्ध भाषावैज्ञानिक हैलिडे ने Register का अर्थ भाषा की प्रयोगगत विविधता (Varieties of language according to its use) बताया है। भाषा की प्रयोगगत विविधता का संबंध विशेष रूप से विविध सामाजिक संदर्भों से है। इसी से भाषा में व्यवहारपरक रूप-भेदों का जन्म होता है और विज्ञान, साहित्य, खेल, चिकित्सा, व्यापार आदि में प्रयुक्त होने वाली भाषा के यह व्यवहारपरक रूप-भेद भाषा प्रयुक्ति का आधार बनते हैं।

हम जानते हैं कि अलग-अलग क्षेत्रों में रहने वाले लोगों की बंगाली, चीनी, जर्मन, तेलुगू, अंग्रेजी आदि अलग-अलग भाषाएँ होती हैं लेकिन रसायनशास्त्र, गणित या भौतिकी आदि विषयों अथवा खेल, व्यापार, विज्ञापन आदि जीवन क्षेत्रों में एक समान बंगाली, चीनी, जर्मन, तेलुगू या अंग्रेजी का प्रयोग नहीं होता, बल्कि विषयों के भिन्न होने पर इन भाषाओं की शब्दावली, वाक्य विन्यास और शैली में भी उल्लेखनीय अंतर आ जाता है। भाषा के प्रयोग क्षेत्रों को मोटे रूप में इसके सामान्य व्यवहार के अतिरिक्त इन प्रयुक्तियों में वर्गीकृत किया जा सकता है–

- सामाजिक विज्ञानों से संबंधित प्रयुक्ति
- साहित्यिक प्रयुक्ति
- वैज्ञानिक प्रयुक्ति
- वाणिज्य-व्यापार की प्रयुक्ति
- संचार माध्यमों से संबंधित प्रयुक्ति
- प्रशासनिक प्रयुक्ति
- विधिक प्रयुक्ति
- खेल से संबंधित प्रयुक्ति
- विज्ञापनों से संबंधित प्रयुक्ति

इन अलग-अलग प्रयुक्तियों में व्यवहृत होने वाले कुछ शब्दों के उदाहरण नीचे दिए गए हैं। इन उदाहरणों का अवलोकन दर्शाता है कि एक प्रयुक्ति से संबद्ध शब्दों का प्रयोग दूसरी प्रयुक्ति में अपेक्षाकृत कम होता है।

सामाजिक विज्ञानों से संबंधित प्रयुक्ति–साम्यवाद, पर्यावरण, प्राच्य, सामंती राज्य, भूमिदास

साहित्यिक प्रयुक्ति–रस सिद्धांत, उपमा अलंकार, कथानक, छायावाद, चंपू, गीतिकाव्य

वैज्ञानिक प्रयुक्ति–परमाणु भार, प्रकाश संश्लेषण, जीव द्रव्य, आपेक्षिक घनत्व, भू-क्षरण, संयोजकता, क्षार

वाणिज्य-व्यापार की प्रयुक्ति–संवेदी सूचकांक, मुद्रास्फीति, रोकड़, बजट, शेयर बाजार, बीजक, एकल स्वामी

प्रशासनिक प्रयुक्ति–अनुशासनात्मक, कार्यपालक अभियंता, ज्ञापन, संविदा, सक्षम प्राधिकारी, पृष्ठांकन, अंतरिम रिपोर्ट, भवदीय

विधिक प्रयुक्ति—प्राथमिकी, धारा, अधिनियम, उपबंध, अभियुक्त, मुचलका, दोष-सिद्धि
संचार माध्यमों से संबंधित प्रयुक्ति—राष्ट्रीय प्रसारण, खोजी पत्रकारिता, पीत पत्रकारिता, बाइट, संपादकीय
खेल से संबंधित प्रयुक्ति—कवर ड्राइव, भारोत्तोलन, रन, पगबाधा, गोल
विज्ञापनों से संबंधित प्रयुक्ति—जिंगल, पंचलाइन, कॉपी

पारिभाषिक शब्दावली के संदर्भ में देखा गया था कि भारत के लंबे समय तक ब्रिटिश उपनिवेश बने रहने के कारण वैज्ञानिक क्षेत्र, प्रशासनिक क्षेत्र एवं उच्च शिक्षा के क्षेत्र में अंग्रेजी का अधिक प्रयोग हुआ है। स्वतंत्रता के पश्चात् जब भारतीय भाषाओं को शिक्षा माध्यम बनाया गया तो व्यापक स्तर पर वैज्ञानिक तथा प्रशासनिक पारिभाषिक शब्दावली के अनुवाद की आवश्यकता अनुभव हुई। इस कार्य में भाषा प्रयुक्ति के सिद्धांत को ध्यान में रखना इसलिए आवश्यक था क्योंकि प्रयोग क्षेत्र को ध्यान में रखे बिना किया गया अनुवाद असंगत, हास्यास्पद और अनुपयोगी हो सकता है। उदाहरण के लिए, अंग्रेजी के charge शब्द के हिंदी में (विद्युत) आवेश, कार्यभार, धावा, धन वसूली आदि अनेक अर्थ होते हैं परंतु इनमें से किसका प्रयोग कहाँ किया जाना है, इसका निर्धारण प्रयोग क्षेत्र के द्वारा ही होता है। इसी प्रकार एक मूल से कई बार अनेक शब्द निकलते हैं परंतु प्रयोग क्षेत्र की भिन्नता के कारण उनके अर्थ भिन्न होते हैं।

इस तथ्य को एक उदाहरण द्वारा स्पष्ट किया जा सकता है। लैटिन भाषा का एक शब्द physica है, जिसका संबंध प्रकृति, शरीर अथवा पदार्थ से है। इसी मूल अर्थ के आधार पर विभिन्न प्रयोगों के क्रम में इस एक शब्द से कई मिलते-जुलते शब्द बनते चले गए और उनमें अर्थगत भेद होता चला गया लेकिन उनके अर्थों की यह भिन्नता प्रयोग क्षेत्र की भिन्नता की ही परिचायक है।

इसी प्रकार प्रयुक्ति के प्रभाव को हम अपने दैनिक जीवन में भी देख सकते हैं। बहुत से कारक हैं जो विभिन्न अवसरों पर एक प्रयोक्ता द्वारा प्रयोग की जाने वाली भाषा को नियंत्रित करते हैं। उदाहरण के लिए, अगर हम अपने कार्यस्थल पर किसी से बात कर रहे हैं तो प्रयोग की जाने वाली भाषा परिवार में प्रयोग की जाने वाली भाषा से थोड़ी अलग होगी। दूसरे शब्दों में हम कह सकते हैं कि भाषा दो वक्ताओं के बीच के संबंध पर निर्भर करती है। अगर कोई अपने परिवार में किसी से बात कर रहा है तो उसकी भाषा अपने कार्यस्थल के सहकर्मी से बात करते समय प्रयोग की जाने वाली भाषा से अपेक्षाकृत अधिक अनौपचारिक होगी।

प्रश्न 13. कक्षाकक्ष में भाषा के कार्य का वर्णन कीजिए।

उत्तर— कक्षाकक्ष में भाषा निम्नलिखित कार्य करती है—

- **अर्थग्राह्यता**—कक्षाकक्ष में भाषा का प्रमुख कार्य अर्थग्राह्यता प्रदान करना है। अर्थग्राह्यता से तात्पर्य है कि भाषा में जो कुछ बोला या लिखा गया है वह भली-भाँति समझ सकना। व्यक्ति भाषा के वार्तालापों और भाषणों आदि को अच्छी प्रकार से समझ सके। वह भाषा में प्राप्त पत्रों को प्रकाशित पुस्तकों, पत्रिकाओं तथा समाचार-पत्रों में पढ़ सके।

- **अभिव्यक्ति**—अभिव्यक्ति से तात्पर्य है कि व्यक्ति मौखिक तथा लिखित रूप से अपने आपको अभिव्यक्त कर सके। यह अभिव्यक्ति स्पष्ट हो, कम-से-कम शब्दों में हो तथा सुसंगठित रूप में हो। इस अभिव्यक्ति में उसके निरीक्षण की, उसके स्वाध्याय तथा उसके अनुभवों की झलक हो। अभिव्यक्ति के माध्यम से ही भाषा के कई कौशलों से छात्रों को परिचित कराया जाता है। उच्च माध्यमिक कक्षाओं में निबंध लेखन वास्तव में अभिव्यक्ति का ही अभ्यास है। मौखिक अभिव्यक्ति के समय छात्रों की उच्चारण संबंधी अशुद्धियाँ ठीक की जाती हैं और उनसे यह आशा की जाती है कि वे व्याकरणसम्मत भाषा का ही प्रयोग बोलते समय करें। लिखित अभिव्यक्ति की जाँच करते समय अध्यापक वर्तनी तथा व्याकरण संबंधी त्रुटियों को ही ठीक करता है। शुद्ध उच्चारण, वर्तनी तथा व्याकरण का भाषा में विशेष महत्त्व है। भाषा के द्वारा ही व्यक्ति अपने विचारों को अभिव्यक्त करता है।

  कक्षाकक्ष में भाषा का अभिव्यक्तिकरण में महत्त्वपूर्ण स्थान होता है। भाषा के द्वारा ही मानव अपनी सृष्टि का निर्माण करता है। मानव अपनी आकांक्षाओं, वृत्तियों तथा मनोगत भावों का प्रकटीकरण भाव-मुद्राओं, संकेतों तथा भाषा द्वारा करता है। छात्रों के मनोभावों को शिक्षक भाषा के माध्यम से ही समझ सकता है और उनके विचारों का परिमार्जन भी भाषा के द्वारा ही हो सकता है। छात्रों के मनोभावों को शीघ्रता, निश्चिंतता तथा स्पष्टता के साथ शब्दमयी भाषा ही अभिव्यक्त कर सकती है। विभिन्न छात्र भी एक-दूसरे से अपने भावों एवं विचारों का आदान-प्रदान करने में शब्दमयी भाषा का ही सहारा लेते हैं।

- **ज्ञानार्जन**—भाषा का एक महत्त्वपूर्ण कार्य छात्र को ज्ञान प्रदान करना भी है। आधुनिक समय में भाषा की प्रकृति विभिन्न प्रकार के ज्ञान का विषय बनी हुई है। भाषा विज्ञान क्षेत्र के अतिरिक्त दर्शन, मनोविज्ञान, सौंदर्यशास्त्र तथा नृविज्ञान के लिए भी महत्त्वपूर्ण मानी जा रही है और इस क्षेत्र ने भी भाषा की प्रक्रिया में गहन रुचि दिखाई है। इस प्रकार भाषा अनेक प्रकार के अध्ययनों में अपनी विशिष्ट भूमिका का निर्वाह कर रही है। भाषा धीरे-धीरे सार्थक ज्ञान प्रदान करने में अपनी भूमिका निभा रही है।

- **बोधगम्यता का विकास**—कक्षाकक्ष में छात्रों में पठित सामग्री की बोधगम्यता का विकास भी होता है। छात्र पठित सामग्री के केंद्रीय भाव को विस्तार से ग्रहण कर लेता है। वह अनावश्यक स्थलों को छोड़ देता है। वह पठित सामग्री में से तथ्यों, भावों तथा विचारों का चुनाव करके उसका सारांश बता सकता है। वह भाषा पर नियंत्रण रखने में सक्षम हो जाता है। वह पठित सामग्री से निष्कर्ष निकालने में भी समर्थ हो जाता है, वह विभिन्न प्रकरणों को उपयुक्त शीर्षक प्रदान कर सकता है। भाषा का एक कार्य उसमें व्याकरण के ज्ञान का विस्तार करना भी है। इससे भी छात्र पठित सामग्री के अर्थ को भली प्रकार समझ जाते हैं और उनकी विषय में बोधगम्यता बढ़ जाती है।

प्रश्न 14. कक्षाकक्ष से बाहर भाषा के कार्य का वर्णन कीजिए।

उत्तर— कक्षाकक्ष के बाहर भाषा निम्नलिखित कार्य करती है—

- **संबद्धता—** कक्षाकक्ष से बाहर भाषा एक-दूसरे को जोड़ने का कार्य करती है। एक ही भाषा-भाषी अपनी भाषा के माध्यम से एक-दूसरे के भावों से परिचित होते हैं तथा एक-दूसरे के साथ जुड़ाव अनुभव करते हैं। भाषा के आधार पर ही प्रांतीयता का भाव उत्पन्न होता है जो संकीर्ण राष्ट्रीयता का परिचय देता है परंतु एक क्षेत्र विशेष में रहने वाले लोगों में आत्मीयता भी बढ़ाता है। जब भी दो व्यक्ति एक व्यक्ति के किसी दूसरे प्रांत या राष्ट्र में जाकर एक-दूसरे से टकराते हैं तो उनमें आत्मीयता का जो भाव दिखाई पड़ता है, वह उन दोनों को अचानक एक-दूसरे के निकट ले आता है चाहे वे एक-दूसरे के लिए बिल्कुल अजनबी ही क्यों न हों। इस आधार पर यह भी कहा जा सकता है कि कक्षाकक्ष के बाहर भी भाषा अपना कार्य करती है, लोगों को भावनात्मक रूप से संबद्धता प्रदान करती है और इस प्रकार लोगों को एक-दूसरे के साथ जोड़ती है।

- **संप्रेषण—** कक्षाकक्ष के बाहर समाज में संप्रेषण का कार्य भाषा के माध्यम से ही किया जाता है। संप्रेषण के द्वारा हम दूसरों के विचारों तथा भावनाओं से परिचित होते हैं और यह कार्य भाषा ही करती है। संप्रेषण औपचारिक शिक्षा के लिए ही नहीं, अपितु अनौपचारिक तथा निरौपचारिक शिक्षा के लिए भी एक अनिवार्य तत्त्व है। घर, परिवार, समाज तथा मित्र-मंडली से जो अनौपचारिक शिक्षा बालक को प्राप्त होती है या विद्यालयों में जो औपचारिक शिक्षा दी जाती है या फिर पत्राचार पाठ्यक्रमों एवं खुले विद्यालयों में जो निरौपचारिक शिक्षा दी जाती है, उन सभी में संप्रेषण महत्त्वपूर्ण भूमिका निभाता है। संप्रेषण द्वारा तथ्यों को निजी या गुप्त न रखकर सामान्य बनाया जाता है। संकीर्ण अर्थ में संप्रेषण दो या दो से अधिक व्यक्तियों के मध्य विचारों, संदेशों तथा सूचनाओं का आदान-प्रदान करना है। यह संप्रेषण का अत्यंत संकीर्ण अर्थ है। इस विचार से संप्रेषण सूचनाओं तथा विचारों का दो या अधिक व्यक्तियों के मध्य आदान-प्रदान है। चाहे वे सूचनाओं का अर्थ समझें या न समझें। उनसे उनका विश्वास प्रभावित हो या न हो। इसी कारण आज कोई भी संप्रेषण के इस संकीर्ण अर्थ को स्वीकार नहीं करता है।

  यदि संप्रेषण को व्यापक परिप्रेक्ष्य में देखा जाए तो यह कहा जा सकता है कि संप्रेषण से तात्पर्य दो अथवा अधिक व्यक्तियों के मध्य सूचनाओं, विचारों तथा तथ्यों का इस प्रकार आदान-प्रदान है कि वे इनका अर्थ समझ सकें तथा अर्थ के साथ ही उनकी भावनाओं, तर्कों, निहितार्थों, आपसी समझ तथा विश्वासों को भी समझ सकें।

- **आत्म-निर्देशन—** कक्षाकक्ष के बाहर भाषा आत्म-निर्देशन का कार्य करती है। आत्म-निर्देशन के लिए एवं भावी की अभिव्यक्ति के लिए तथा दूसरों के विचारों को ग्रहण करने के लिए मनुष्य को किसी-न-किसी भाषा का सहारा लेना पड़ता है, परंतु अपने अंतर्द्वंद्वों, उद्वेगों तथा मनोभावों का अभिव्यंजन जितनी

सरलता, सुंदरता तथा स्पष्टता एवं सुगठित रूप में वह अपनी मातृभाषा में कर सकता है उतना किसी अन्य भाषा में नहीं। प्रत्येक समाज में शिष्टजन जिस भाषा में विचार-विनिमय, काम-काज तथा लिखा-पढ़ी करते हैं, वही भाषा व्यक्ति सहजता से सीख पाता है और उसका प्रयोग भी बहुत अधिक करता है। उस भाषा के माध्यम से वह अपने सूक्ष्म-से-सूक्ष्म विचारों, मनोवृत्तियों तथा मनोगत भावों का प्रकटीकरण बहुत ही सटीक, सारगर्भित भाषा में कर लेता है। जिस भाषा का प्रयोग व्यक्ति सर्वाधिक रूप से करता है उसमें विचारों की अभिव्यक्ति वह सहज रूप से कर लेता है। अत: भाषा का एक महत्त्वपूर्ण कार्य मानव का आत्म-निर्देशन करना भी है।

Feedback is the breakfast of Champions.

Ken Blanchard

You can Help other students.
"Inform any error or mistake in this book."

We and Universe
will reward you for Your Kind act.

Email at : feedback@gullybaba.com
or
WhatsApp on 9350849407

2

भाषा एवं अधिगम
Language and Learning

भूमिका

जैसा कि हम सभी जानते हैं, भाषा ही मनुष्यों को पशुओं की श्रेणी से पृथक् करती है, अतः समाज में मनुष्यों की कोटि में आने के लिए आवश्यक है कि अपने भावों को व्यक्त करने के लिए समुचित भाषा का अधिगम किया जाए। अधिगम अर्थात् सीखना और सीखने के लिए मनुष्य के जीवन में कई अवस्थाएँ होती हैं। शैशवावस्था एवं प्रारंभिक बाल्यावस्था के दौरान मानव सामान्य परिस्थितियों में प्राकृतिक रूप से भाषा संबंधी ज्ञान प्राप्त करता है। मनुष्य के लिए सर्वप्रमुख एवं सर्वप्रथम भाषा उसकी मातृभाषा होती है, क्योंकि भाषा के साथ उसका प्रथम परिचय उसकी माँ के द्वारा ही कराया जाता है अर्थात् वह सर्वप्रथम अपनी माँ से ही भाषा का अधिगम करता है। उसके पश्चात् परिवार, मित्र तथा समाज मनुष्य के लिए भाषायी अधिगम के प्रमुख स्रोत बनते हैं। विद्यालय में भाषा का मात्र औपचारिक अधिगम किया जाता है, किंतु भाषा का व्यापक अधिगम समाज में ही होता है।

प्रश्न 1. मातृभाषा से आप क्या समझते हैं? इसके महत्त्व पर प्रकाश डालते हुए विद्यालयी शिक्षा की पाठ्यचर्या में इसका स्थान निश्चित कीजिए।

अथवा

'मातृभाषा की शिक्षा पर बच्चों का मानसिक एवं बौद्धिक विकास निर्भर करता है।' इस कथन की व्याख्या कीजिए और विद्यालयों में मातृभाषा की शिक्षा पर उपयुक्त बल न देने से होने वाली हानियों का उल्लेख कीजिए।

उत्तर– सामान्यत: जिस भाषा को व्यक्ति अपने शिशु काल में अपनी माता एवं संपर्क में आने वाले अन्य व्यक्तियों का अनुकरण करके सीखता है, उसे उस व्यक्ति की मातृभाषा कहते हैं। परंतु भाषा विज्ञान में इसे बोली कहा जाता है। भाषा वैज्ञानिक कई समान बोलियों की प्रतिनिधि बोली को विभाषा और कई समान विभाषाओं की प्रतिनिधि विभाषा को भाषा कहते हैं और यही भाषा यथा क्षेत्र के व्यक्तियों की मातृभाषा मानी जाती है। भाषा शिक्षण की दृष्टि से भी मातृभाषा से तात्पर्य इसी भाषा से होता है। उदाहरण के लिए, हिंदी भाषा-भाषी क्षेत्र में अनेक बोलियाँ बोली जाती हैं, जैसे–ब्रज, अवधी, बुंदेली, खड़ी बोली, कन्नौजी और छत्तीसगढ़ी आदि परंतु इनमें खड़ी बोली को ही हिंदी भाषा का दर्जा प्राप्त है और यही इस क्षेत्र के व्यक्तियों की मातृभाषा मानी जाती है। अब यदि हम मातृभाषा को परिभाषा में बाँधना चाहें तो निम्नलिखित रूप में परिभाषित कर सकते हैं–

किसी व्यक्ति की मातृभाषा से तात्पर्य उस भाषा से होता है जिसे वह अपने शिशु काल से ही अपने परिवार एवं समाज के बीच रहकर स्वाभाविक रूप से अनुकरण द्वारा सीखता और प्रयोग करता है।

मातृभाषा का महत्त्व (Importance of Mother Tongue)– मातृभाषा मनुष्य के विकास की आधारशिला होती है। इसके माध्यम से ही वह भावाभिव्यक्ति करता है, इसी के माध्यम से विचार करता है और इसी के माध्यम से विचार-विनिमय करता है। मातृभाषा सामाजिक व्यवहार एवं सामाजिक अंत:क्रिया की भी आधार होती है। प्राय: सभी समाज अपनी शिक्षा का माध्यम भी मातृभाषा को ही बनाते हैं। शिक्षा का माध्यम होने के नाते यह अन्य भाषाओं एवं समस्त ज्ञान-विज्ञान को सीखने-सिखाने का साधन होती है। इस प्रकार व्यक्ति एवं समाज दोनों के विकास में मातृभाषा की आधारभूत भूमिका होती है। मातृभाषा हिंदी की तो एक और विशेषता है और वह यह कि यह हमारे देश की जन भाषा, संपर्क भाषा, राष्ट्रभाषा और राजभाषा है। इतना ही नहीं अपितु कई प्रांतों–दिल्ली, हरियाणा, हिमाचल प्रदेश, उत्तर प्रदेश, मध्य प्रदेश, राजस्थान और बिहार की भी राजभाषा है। इस प्रकार हमारे देश में मातृभाषा हिंदी का महत्त्व और भी अधिक है। मातृभाषा के महत्त्व को हम अग्रलिखित रूप में क्रमबद्ध कर सकते हैं–

(1) अभिव्यक्ति का सरलतम माध्यम एवं मानव विकास की आधारशिला (Easy Medium of Expression and Basis of Human Development)– मातृभाषा को बच्चे जन्म के कुछ दिन बाद ही सीखना प्रारंभ कर देते हैं, इस भाषा पर उनका सहज अधिकार होता है। मनुष्य अपने भावों एवं विचारों की अभिव्यक्ति जितनी सरलता एवं सहजता से अपनी मातृभाषा के माध्यम से करते हैं उतनी सरलता और सहजता से किसी अन्य भाषा के माध्यम से नहीं। मातृभाषा मानव विकास की आधारशिला होती है।

(2) शिक्षा का माध्यम एवं अध्ययन-अध्यापन की आधारशिला (Medium of Education and Basis of Learning-Teaching)—मातृभाषा भावाभिव्यक्ति एवं विचार-विनिमय का सरलतम माध्यम होती है इसलिए प्रायः सभी समाज इसे अपने बच्चों की शिक्षा का माध्यम बनाते हैं। जिन क्षेत्रों की मातृभाषा शिक्षा के माध्यम हेतु सक्षम नहीं होती उन क्षेत्रों में भी प्रारंभिक शिक्षा का माध्यम प्रायः उन क्षेत्रों की मातृभाषा को ही बनाया जाता है। इस प्रकार मातृभाषा अन्य भाषाओं एवं समस्त ज्ञान-विज्ञान को सीखने का साधन होती है, अध्ययन-अध्यापन की आधारशिला होती है।

(3) बच्चों के सर्वांगीण विकास में सहायक (Subsidiary in Children's All Round Development)—बच्चों के विकास में सबसे अधिक भूमिका उसकी मातृभाषा और उसके साहित्य की होती है। आज हमारे देश में शिक्षा के द्वारा बच्चों के शारीरिक, मानसिक, वैयष्टिक एवं सामाजिक, सांस्कृतिक, नैतिक व चारित्रिक और व्यावसायिक विकास करने पर सर्वाधिक बल दिया जा रहा है। इनके अतिरिक्त लोकतंत्र और नागरिकता की शिक्षा और राष्ट्रीय लक्ष्यों की प्राप्ति पर भी बल है। इस समय राष्ट्रीय लक्ष्यों में जनसंख्या शिक्षा, पर्यावरण शिक्षा और वैज्ञानिक प्रवृत्ति का विकास मुख्य है। राष्ट्रीय एकता और अंतर्राष्ट्रीय अवबोध समय की सबसे बड़ी माँगें हैं। कुछ शिक्षाविद् शिक्षा द्वारा बच्चों के आध्यात्मिक विकास पर भी बल देते हैं। इन सब उद्देश्यों की प्राप्ति में मातृभाषा और उसके साहित्य की मूल भूमिका है।

(क) मातृभाषा और बच्चों का शारीरिक विकास (Mother Tongue and Physical Development of Children)—शारीरिक विकास के लिए जितना आवश्यक पौष्टिक भोजन होता है उतना ही आवश्यक प्रसन्न चित्त रहना और पूरी नींद सोना होता है। मातृभाषा दूसरी आवश्यकता की पूर्ति में सहायक होती है। माताएँ शिशुओं को मातृभाषा में संगीतप्रधान ध्वनियों के उच्चारण द्वारा प्रसन्न करती हैं और निद्रामग्न कराती हैं। कहानी सुनने में तो बच्चों की स्वाभाविक रुचि होती है, कहानी सुनने में वे बड़ा आनंद लेते हैं। बड़ा होने पर वे मातृभाषा साहित्य में भी रुचि लेते हैं और आनंद की अनुभूति करते हैं। फिर मातृभाषा की पाठ्यपुस्तकों में स्वास्थ्य संबंधी लेख होते हैं। इनके अध्ययन से बच्चे अपने स्वास्थ्य के प्रति जागरूक होते हैं। जनसंचार के माध्यमों से स्वास्थ्य संबंधी जो जानकारी दी जाती हैं, वे भी मातृभाषा के माध्यम से दी जाती हैं। इस प्रकार मातृभाषा बच्चों के शारीरिक विकास में बहुत बड़ी भूमिका अदा करती है।

(ख) मातृभाषा और बच्चों का मानसिक विकास (Mother Tongue and Mental Development of Children)—मानसिक विकास के लिए सबसे बड़ी आवश्यकता विचार-शक्ति की होती है। विचार तथा भाषा में अटूट संबंध होता है, विचार भाषा को जन्म देते हैं और भाषा विचारों को जन्म देती है। जिस व्यक्ति के पास जितनी सशक्त मातृभाषा होती है उतनी ही सशक्त उसकी विचार-शक्ति होती है। इतना ही नहीं अपितु मातृभाषा के माध्यम से ही बच्चे अन्य भाषाओं एवं ज्ञान-विज्ञान को सीखते हैं। इस प्रकार

मातृभाषा बच्चों के मानसिक विकास में बड़ी सहायता करती है। महात्मा गाँधी बच्चों के मानसिक विकास के लिए मातृभाषा को उतना ही आवश्यक मानते थे जितना उनके शारीरिक विकास के लिए माता का दूध आवश्यक होता है।

(ग) **मातृभाषा और बच्चों का वैयक्तिक एवं सामाजिक विकास (Mother Tongue and Personal and Social Development of Children)**–बच्चे स्वतंत्र रूप से जो भी विचार करते हैं, अपनी मातृभाषा में करते हैं, इससे उनके व्यष्टित्व का विकास होता है। मातृभाषा के माध्यम से ही वे सामाजिक व्यवहार और सामाजिक अंतःक्रिया करते हैं और इस प्रकार उनका सामाजिक विकास होता है। बच्चे प्रारंभ में मातृभाषा-भाषी व्यक्तियों के ही संपर्क में आते हैं और उनसे मातृभाषा में ही विचार-विनिमय करते हैं। वे उन्हीं का अनुकरण करते हैं और उन्हीं के सामाजिक गुणों को ग्रहण करते हैं। मातृभाषा की पाठ्यपुस्तकों में संकलित लेख, कहानी, नाटक और कविताओं के माध्यम से भी बच्चों को सामाजिकता की शिक्षा मिलती है।

(घ) **मातृभाषा और बच्चों का सांस्कृतिक विकास (Mother Tongue and Cultural Development of Children)**–बच्चे सबसे पहले अपनी मातृभाषा सीखते हैं और फिर उसके माध्यम से विचार-विनिमय कर अपने समाज के व्यक्तियों के आचार-विचार को ग्रहण करते हैं। धीरे-धीरे वे लोकरीति सीखते हैं और लोक-जीवन की शैली में ढलते हैं। बस यहीं से उनका सांस्कृतिक विकास शुरू हो जाता है। अपनी मातृभाषा की शिक्षा के साथ-साथ बच्चे अपनी मातृभाषा के साहित्य का भी अध्ययन करते हैं। इस साहित्य में उन्हें अपने समाज के इतिहास, दर्शन, सभ्यता एवं संस्कृति के दर्शन होते हैं और वे अपनी संस्कृति की मूल मान्यताओं, विश्वासों और मूल्यों से परिचित होते हैं। वास्तविकता यह है कि मनुष्य के सांस्कृतिक विकास के दो ही मूल आधार हैं–एक लोक-जीवन और दूसरा लोकसाहित्य (मातृभाषा साहित्य)।

(ङ) **मातृभाषा और बच्चों का नैतिक एवं चारित्रिक विकास (Mother Tongue and Moral and Character Development of Children)**–बच्चों के प्रारंभिक जीवन में जो संस्कार विकसित होते हैं वे बड़े स्थायी होते हैं और वे ही उनकी नैतिकता और चरित्र को निश्चित करते हैं। इस काल में माताएँ अपने बच्चों को मातृभाषा के माध्यम से जो नीति एवं चरित्रप्रधान कहानियाँ सुनाती हैं उनसे बच्चों का नैतिक एवं चारित्रिक विकास होता है। मातृभाषा की पाठ्यपुस्तकों में जो लेख, निबंध, कहानी और कविताएँ संकलित होती हैं उनके अध्ययन से भी बच्चे नैतिक एवं चारित्रिक गुणों को ग्रहण करते हैं।

(च) **मातृभाषा और बच्चों का व्यावसायिक विकास (Mother Tongue and Professional Development of Children)**–प्रारंभ में बच्चे जो कुछ भी सीखते हैं मातृभाषा के माध्यम से ही सीखते हैं। घरेलू उद्योगों की

शिक्षा वे प्रायः अनुकरण द्वारा प्राप्त करते हैं और इसके संबंध में अपनी शंकाओं का समाधान मातृभाषा के माध्यम से ही करते हैं। संसार के सभी विकसित देशों में बच्चों को औद्योगिक शिक्षा मातृभाषा के माध्यम से ही दी जाती है। परंतु हमारे देश में कृषि, विज्ञान, तकनीकी और मेडिकल की शिक्षा अभी भी अंग्रेजी के माध्यम से दी जा रही है और यही कारण है कि सामान्य बच्चे इसे प्राप्त नहीं कर पाते।

(छ) **मातृभाषा और शासनतंत्र एवं नागरिकता की शिक्षा** (Mother Tongue and Education of Machinery of Government and Citizenship)—हमारे देश में लोकतंत्र है और हमारे लोकतंत्र के मूल सिद्धांत हैं—स्वतंत्रता, समानता, भ्रातृत्व, समाजवाद, धर्मनिरपेक्षता और न्याय तथा इनकी शिक्षा दो प्रकार से दी जा रही है—एक विद्यालयों के माध्यम से और दूसरे जनसंचार के माध्यम — पत्र-पत्रिका, रेडियो और टेलीविजन के माध्यम से। विद्यालयी शिक्षा का माध्यम तो मातृभाषा होती ही है, पत्र-पत्रिकाएँ भी मातृभाषा में प्रकाशित की जाती हैं और रेडियो तथा टेलीविजन पर जो तत्संबंधी कार्यक्रम प्रसारित होते हैं, वे भी क्षेत्र विशेष के लोगों की मातृभाषा में प्रसारित होते हैं।

(ज) **मातृभाषा और राष्ट्र की आवश्यकताओं एवं आकांक्षाओं की पूर्ति** (Mother Tongue and Supply of Necessities and Aspirations of Nation)—आज हमारे राष्ट्र के सामने मुख्य लक्ष्य हैं—जनसंख्या नियंत्रण, पर्यावरण संरक्षण, आधुनिकीकरण, राष्ट्रीय एकता और अंतर्राष्ट्रीय अवबोध। जिस प्रकार लोकतंत्र, समाजवाद और धर्मनिरपेक्षता की शिक्षा विद्यालयों एवं जनसंचार के माध्यम, दोनों के द्वारा दी जाती है उसी प्रकार जनसंख्या शिक्षा, पर्यावरण शिक्षा और वैज्ञानिक प्रवृत्ति के विकास के लिए इन दोनों का प्रयोग किया जाता है और यह सब कार्यक्षेत्र विशेषों में वहाँ की मातृभाषाओं के माध्यम से किया जाता है। मातृभाषा में प्रसारित कार्यक्रमों का प्रभाव मस्तिष्क के साथ-साथ हृदय पर भी होता है और स्थायी होता है। हम जानते हैं कि किसी मातृभाषा-भाषी लोगों में भावात्मक एकता होती है। यदि किसी राष्ट्र के व्यक्तियों की मातृभाषा और राष्ट्रभाषा एक होती है तो उस राष्ट्र में राष्ट्रीय एकता स्वभावतः होती है। परंतु हमारे देश में अनेक मातृभाषाएँ हैं और इनमें से एक भाषा हिंदी राष्ट्रभाषा है। परंतु एक बात अच्छी है कि हमारे देश की सभी मान्यता प्राप्त मातृभाषाओं के साहित्य में राष्ट्र का इतिहास और उसकी संस्कृति निहित है। उन सबके अध्ययन से राष्ट्रीय एकता का विकास स्वाभाविक है। फिर इनके साहित्यों में 'वसुदैव कुटुंबकम्' का संदेश भी है और वह सच्चे अर्थों में अंतर्राष्ट्रीय अवबोध का विकास करता है।

(झ) **मातृभाषा और बच्चों का आध्यात्मिक विकास** (Mother Tongue and Spiritual Development of Children)—यूँ तो अध्यात्म अनुभूति का विषय है फिर भी अनुभूति से पहले अनुभूति के साधन मार्गों की जानकारी

भाषा के माध्यम से ही होती है। यदि किसी भाषा के साहित्य में आध्यात्मिक तत्त्वों की चर्चा होती है तो उसके अध्ययन से बच्चों में अध्यात्म के प्रति रुचि जागृत होती ही है। हमारी मातृभाषा हिंदी का साहित्य धर्मप्रधान साहित्य है, उसमें अध्यात्मक संबंधी तथ्य भरे पड़े हैं। उसके अध्ययन से बच्चों का आध्यात्मिक विकास होना स्वाभाविक है।

(4) हिंदी भारत की कुल जनसंख्या और आधे से अधिक लोगों की मातृभाषा है। यह भारत की जनभाषा, संपर्क भाषा, राष्ट्रभाषा और राजभाषा है व साथ ही उत्तर प्रदेश, उत्तराखंड, दिल्ली, हरियाणा, हिमाचल प्रदेश, मध्य प्रदेश, छत्तीसगढ़, राजस्थान, बिहार और झारखंड प्रांतों की भी राजभाषा है। यह बात दूसरी है कि अंग्रेजी सह-राजभाषा के रूप में अभी तक प्रयोग की जाती है। देश की एकता और अखंडता व उसके त्वरित विकास के लिए हमारे देश में मातृभाषा हिंदी का सर्वाधिक महत्त्व है।

अत: विचार और भाषा परस्पर अभिन्न रूप से संबद्ध हैं। मनुष्य के विचार उसकी अपनी मातृभाषा में उठते, पनपते और समाप्त होते हैं। भाषा के अभाव में विचार नहीं किया जा सकता और विचार के अभाव में प्रगति नहीं की जा सकती। मनुष्य ने अब तक जो भी प्रगति की है उसका मूल आधार उसकी मातृभाषा ही है। मानव जीवन में सर्वाधिक महत्त्व उसकी मातृभाषा का ही होता है।

मातृभाषा का पाठ्यचर्या में स्थान (Place of Mother Tongue in the Curriculum)—मातृभाषा मनुष्य के विकास की आधारशिला है। जिस मनुष्य को अपनी मातृभाषा पर जितना अधिक अधिकार होता है वह उतना ही अधिक विचार एवं चिंतन कर सकता है और उतना ही अधिक अपना विकास कर सकता है। इतना ही नहीं अपितु विद्यालयी शिक्षा के किसी भी विषय का ज्ञान भी मातृभाषा के माध्यम से ही किया-कराया जाता है। अत: बच्चों को अपनी मातृभाषा का व्यापक एवं स्पष्ट ज्ञान होना चाहिए। इसके लिए यह आवश्यक है कि विद्यालयी शिक्षा की पाठ्यचर्या में मातृभाषा के अध्ययन को अनिवार्य रूप में रखा जाए और उसे केंद्रीय स्थान दिया जाए। इस संबंध में विद्वानों का मत है कि मातृभाषा को विद्यालयों में मात्र एक विषय के रूप में ही न पढ़ाया जाए अपितु अन्य सभी विषयों की शिक्षा के साथ भी उसकी शिक्षा दी जाए।

अब प्रश्न उठता है कि शिक्षा के किस स्तर की पाठ्यचर्या में मातृभाषा को क्या स्थान देना चाहिए। इस समय हमारे देश में 10+2+3 शिक्षा संरचना लागू है। इसके अंतर्गत प्रथम 10 वर्षीय शिक्षा पूरे देश में समान होनी चाहिए, अनिवार्य होनी चाहिए और नि:शुल्क होनी चाहिए। प्रथम 10 वर्षीय शिक्षा से पहले पूर्व प्राथमिक शिक्षा का भी विधान है। 10 वर्षीय शिक्षा को प्राथमिक, उच्च प्राथमिक और माध्यमिक, तीन स्तरों में बाँटा गया है। इसके बाद +2 को उच्च माध्यमिक कहा जाता है। +3 और उसके आगे की शिक्षा उच्च शिक्षा के अंतर्गत आती है।

पूर्व प्राथमिक शिक्षा की पाठ्यचर्या में मातृभाषा का स्थान (Place of Mother Tongue in Curriculum of Pre-primary Education)—वर्तमान में हमारे देश में 3 से 5 वर्ष तक के बच्चों की शिक्षा को पूर्व प्राथमिक शिक्षा या शिशु शिक्षा कहा जाता है। पूर्व प्राथमिक शिक्षा का मुख्य उद्देश्य बच्चों में स्वास्थ्यवर्द्धक एवं स्वास्थ्यरक्षक आदतों

का निर्माण, आत्मनिर्भरता का विकास, समाज-सम्मत आचरण की विधियों में प्रशिक्षण और सर्वमान्य भाषा के प्रयोग की ओर अग्रसर करना होता है और ये सब कार्य बड़े स्वाभाविक रूप से किए जाते हैं, खेल-खेल में किए जाते हैं। शिक्षाविदों के अनुसार पूर्व प्राथमिक शिक्षा की पाठ्यचर्या में मातृभाषा की शिक्षा पर 40% बल देना चाहिए। इस स्तर पर बच्चे को मातृभाषा के सर्वमान्य रूप से परिचित कराना चाहिए और उन्हें मातृभाषा की मूल ध्वनियों को शुद्ध रूप से उच्चारण करने का अभ्यास कराना चाहिए और यह प्रयत्न करना चाहिए कि वे स्वाभाविक रूप से अनुकरण द्वारा मातृभाषा के सर्वमान्य मौखिक रूप को सीखें और उसका प्रयोग करें।

प्राथमिक शिक्षा की पाठ्यचर्या में मातृभाषा का स्थान *(Place of Mother Tongue in Curriculum of Primary Education)*—वर्तमान में हमारे देश में पूर्व प्राथमिक शिक्षा के बाद शुरू होने वाली कक्षा 1 से कक्षा 5 तक की 5 वर्षीय शिक्षा को प्राथमिक शिक्षा कहा जाता है। इस स्तर की शिक्षा का मुख्य उद्देश्य बच्चों को स्वास्थ्य शिक्षा, मातृभाषा का ज्ञान, अपने इतिहास का परिचय, स्थानीय भूगोल की जानकारी और सामान्य जीवन की आवश्यकताओं की पूर्ति का प्रशिक्षण देना होता है। वर्तमान में हमारे देश में अधिकतर प्रांतों में मातृभाषा के साथ अंग्रेजी भाषा का अध्ययन अनिवार्य कर दिया गया है। हमारी दृष्टि से इस स्तर की पाठ्यचर्या में मातृभाषा की शिक्षा पर 20%, अंग्रेजी भाषा की शिक्षा पर 10% बल देना चाहिए। इस स्तर पर बच्चों को मातृभाषा की मूल ध्वनियों के उच्चारण स्थान का ज्ञान भी देना चाहिए, उनको मौखिक पठन का अभ्यास कराना चाहिए, उनके शब्दकोश में वृद्धि करनी चाहिए और साथ ही उनको लिखित भाषा की शिक्षा देनी चाहिए। इस स्तर पर भी बच्चों को कोई भी विषय पढ़ाते अथवा कोई भी क्रिया कराते समय, उनकी मौखिक एवं लिखित भाषा में सुधार करने का प्रयत्न करना चाहिए।

उच्च प्राथमिक शिक्षा की पाठ्यचर्या में मातृभाषा का स्थान *(Place of Mother Tongue in Curriculum of Upper-Primary Education)*—वर्तमान में हमारे देश में कक्षा 6 से 8 तक की शिक्षा को उच्च प्राथमिक शिक्षा कहा जाता है। इस शिक्षा का मुख्य उद्देश्य बच्चों का शारीरिक, मानसिक, वैयष्टिक एवं सामाजिक, नैतिक व चारित्रिक और सांस्कृतिक विकास करना होता है। इसके लिए मातृभाषा के साथ-साथ मातृभाषा के साहित्य की शिक्षा का भी शुभारंभ किया जाता है। इस स्तर पर हमारे देश में तीन भाषाएँ पढ़ाई जाती हैं—(1) मातृभाषा (क्षेत्रीय भाषा), (2) अंग्रेजी भाषा, और (3) अन्य भाषा। शिक्षाविदों के अनुसार इस तरह की पाठ्यचर्या में तीन भाषाओं के लिए कुल मिलाकर 30% बल दिया जाना चाहिए। इसका अर्थ है कि मातृभाषा के लिए कुल समय व शक्ति का केवल 10%। यदि प्राथमिक स्तर पर मातृभाषा की सुदृढ़ नींव रख दी जाए तो इतना बल पर्याप्त है। इस स्तर पर बच्चों को मातृभाषा के व्याकरण का ज्ञान कराना शुरू कर देना चाहिए। तीन भाषाओं के शिक्षण में इतना अंतर अवश्य रखना होगा कि मातृभाषा की शिक्षा पाठ्यचर्या के अन्य विषयों के शिक्षण और क्रियाओं के प्रशिक्षण के साथ भी चले और बच्चों की मौखिक एवं लिखित भाषा में निरंतर सुधार और विकास किया जाए।

माध्यमिक शिक्षा की पाठ्यचर्या में मातृभाषा का स्थान *(Place of Mother Tongue in Curriculum of Secondary Education)*—हमारे देश में कक्षा 9 से कक्षा 10 की शिक्षा को माध्यमिक शिक्षा कहा जाता है। यह आशा की जाती है कि कक्षा 10 तक

की शिक्षा प्राप्त करने के बाद बच्चे सामान्य जीवन जीने योग्य हो जाएँगे। इस स्तर की शिक्षा के मुख्य उद्देश्य वही होते हैं जो पूर्व माध्यमिक जीवन के होते हैं और इनकी उत्तरोत्तर प्राप्ति के लिए प्रयत्न जारी रहता है। इस स्तर पर भी बच्चों को तीन भाषाएँ सीखनी होती हैं। शिक्षाविदों के अनुसार इस स्तर पर भी भाषा की शिक्षा को 30% बल देना चाहिए। इसका अर्थ है कि मातृभाषा को 10% बल। इस स्तर पर मातृभाषा के साहित्य का अध्ययन-अध्यापन कुछ इस प्रकार से किया जाए कि बच्चे का मातृभाषा के विविध रूपों से परिचय हो जाए और वह मातृभाषा के साहित्य अध्ययन में रुचि लेने लगे। इस स्तर पर बच्चों को मातृभाषा के व्याकरण का पूर्ण ज्ञान करा देना चाहिए, विशेषकर शब्द निर्माण का। इस स्तर पर भी मातृभाषा की शिक्षा पाठ्यचर्या के समस्त विषयों एवं क्रियाओं के साथ चलनी चाहिए और बच्चों की मौखिक एवं लिखित भाषा में निरंतर सुधार करने का प्रयत्न करना चाहिए।

+2 अथवा उच्च माध्यमिक शिक्षा की पाठ्यचर्या में मातृभाषा का स्थान (Place of Mother Tongue in Curriculum of +2 or Upper-Secondary Education)—

हमारे देश में +2 अथवा उच्च माध्यमिक स्तर पर मातृभाषा की शिक्षा की व्यवस्था दो रूपों में है—एक सामान्य व दूसरी साहित्यिक और वह भी ऐच्छिक रूप में (वैकल्पिक विषय के रूप में)। परंतु चूँकि पूरे देश में इस स्तर की शिक्षा का माध्यम भी मातृभाषाएँ (क्षेत्रीय भाषाएँ) ही हैं इसलिए इतना प्रयत्न तो इस स्तर पर भी किया जाना चाहिए कि किसी भी विषय को पढ़ाते समय अथवा किसी भी क्रिया को कराते समय बच्चों की मौखिक एवं लिखित भाषा में परिमार्जन किया जाए।

उच्च शिक्षा की पाठ्यचर्या में मातृभाषा का स्थान (Place of Mother Tongue in Curriculum of Higher Education)—

हमारे देश में +3 और उससे आगे की शिक्षा उच्च शिक्षा के अंतर्गत आती है। यूँ तो हमारे देश में कृषि विज्ञान, तकनीकी और मेडिकल शिक्षा को छोड़कर समस्त उच्च शिक्षा का माध्यम मातृभाषाएँ (क्षेत्रीय भाषाएँ) ही हैं परंतु चूँकि इस स्तर की शिक्षा का उद्देश्य क्षेत्र विशेष में विशेष योग्यता प्रदान करना होता है इसलिए मातृभाषा की शिक्षा का अलग से विधान करना अथवा उसकी शिक्षा पर किसी भी रूप में बल देना उचित नहीं। इस स्तर पर तो मातृभाषा साहित्य के विशेष अध्ययन की व्यवस्था होनी चाहिए और वह भी वैकल्पिक विषय के रूप में। परंतु यदि इस स्तर के छात्र-छात्राओं की मौखिक और लिखित मातृभाषा में निरंतर परिमार्जन किया जाता है तो इसमें आपत्ति भी क्या हो सकती है! भाषा शिक्षित मनुष्य की पहली पहचान है इसलिए उसमें तो विद्यालयी, महाविद्यालयी और विश्वविद्यालयी शिक्षा समाप्त होने के बाद भी सुधार का प्रयत्न जारी रखना चाहिए।

मनुष्य के जीवन में उसकी मातृभाषा का महत्त्व सबसे अधिक होता है इसलिए प्रथम 10 वर्षीय शिक्षा में उसकी शिक्षा की व्यवस्था अनिवार्य रूप से होनी चाहिए। परंतु कुछ विद्वानों का यह मत है कि मातृभाषा तो बच्चे अपने माता-पिता, भाई-बहन और संपर्क में आने वाले अन्य व्यक्तियों का अनुकरण करके स्वयं सीख लेते हैं, अतः विद्यालयों में उसके अध्ययन-अध्यापन की व्यवस्था की कोई आवश्यकता नहीं। परंतु वास्तविकता यह है कि मातृभाषा की समुचित शिक्षा के अभाव में बच्चों को मातृभाषा का स्पष्ट ज्ञान नहीं हो सकता।

पहली बात तो यह है कि परिवार अथवा समुदाय विशेष में प्राय: मातृभाषा नहीं, बोली (विभाषा) का प्रयोग होता है। उदाहरण के लिए, उत्तर प्रदेश में मथुरा-वृंदावन और उसके आस-पास ब्रज, अयोध्या व उसके आस-पास अवधी तथा बुंदेलखंड में बुंदेली का प्रयोग होता है। बच्चे अनुकरण द्वारा जिस भाषा को सीखते हैं वह बोली (विभाषा) होती है, भाषा नहीं। यद्यपि किसी भाषा और उसकी विभाषाओं में बहुत बड़ा अंतर नहीं होता लेकिन फिर भी जब किसी भाषा के दो विभाषा भाषी व्यक्ति एक-दूसरे से बातचीत करते हैं तो उन्हें एक-दूसरे को समझने में थोड़ी कठिनाई अवश्य होती है। यह कार्य वे मातृभाषा के सर्वमान्य रूप के माध्यम से सरलता से कर सकते हैं। अत: विद्यालयों में मातृभाषा के सर्वमान्य रूप की शिक्षा अवश्य दी जानी चाहिए। यह भाषा के सर्वमान्य रूप की शिक्षा का ही परिणाम है कि हिंदी भाषा-भाषी प्रदेशों – दिल्ली, हरियाणा, राजस्थान, मध्य प्रदेश, छत्तीसगढ़, उत्तर प्रदेश, उत्तराखंड, बिहार और झारखंड के भिन्न-भिन्न भागों में चाहे कोई भी बोलियाँ (विभाषाएँ) बोली जाती हैं लेकिन भाषा का स्वरूप एक ही है और वह है खड़ी बोली हिंदी। यदि ऐसा न होता तो हमें एक-दूसरे को समझने में बड़ी कठिनाई हुई होती।

फिर हमारे देश में तो प्राय: भिन्न-भिन्न विभाषी सामाजिक बंधनों में बँधकर परिवारों का निर्माण करते हैं और इन परिवारों की भाषा खिचड़ी अपने ही प्रकार की होती है। यदि हम बच्चों को केवल यही भाषा सिखाकर संतोष कर लें तो अभी भी हमारे देश के लिए यही कहावत है कि 'कोस-कोस पर पानी बदले दस कोस पर वाणी', फिर तो हर परिवार की अपनी भाषा खिचड़ी अलग होगी। हम यह स्थिति उत्पन्न करना नहीं चाहेंगे, अत: बच्चों के इस भाषा-ज्ञान के आधार पर हमें उन्हें मातृभाषा के सर्वमान्य रूप की शिक्षा देनी होगी और यह कार्य विद्यालयों में ही किया जा सकता है।

कुछ परिवारों में तो शुद्ध भाषा का प्रयोग होता है, ऐसे परिवारों के बच्चों को मातृभाषा की शिक्षा देने की क्या आवश्यकता। इस संदर्भ में इतना ही कहना पर्याप्त है कि शुद्ध भाषा का प्रयोग केवल उन्हीं परिवारों में होता है जिनके सदस्यों ने मातृभाषा का अध्ययन किया है, उसके विशुद्ध रूप से सीखा है। मातृभाषा की शिक्षा के अभाव में ऐसे परिवारों की कल्पना नहीं की जा सकती। यदि हम शुद्ध भाषा-भाषी परिवारों का निर्माण करना चाहते हैं तो हमें मातृभाषा के सर्वमान्य रूप की शिक्षा की विशेष व्यवस्था करनी होगी।

तीसरी बात इस संदर्भ में यह है कि किसी भी जाति की सभ्यता का प्रतीक उस जाति का साहित्य होता है। साहित्य के कोष में जाति विशेष के अतीत की झाँकी, वर्तमान का स्वरूप और भविष्य के स्वप्न चित्रित होते हैं। इस साहित्य का अध्ययन करने के लिए हमें मातृभाषा और उसके विभिन्न रूपों (विभाषाओं) का अध्ययन करना आवश्यक होता है। उदाहरण के लिए, हिंदी साहित्य का अध्ययन करने के लिए हमें भाषा (खड़ी बोली हिंदी) और उसके विभिन्न रूप – ब्रज और अवधी आदि विभाषाओं को सीखना होगा। यह कार्य विद्यालयों में ही किया जा सकता है। इस दृष्टि से भी मातृभाषा का अध्ययन आवश्यक है।

साहित्याध्ययन से केवल ज्ञान में ही वृद्धि नहीं होती अपितु उसके अध्ययन से एक विशेष आनंद की अनुभूति भी होती है। यह अनुभूति उसी स्थिति में होती है जब पाठक का मातृभाषा पर अधिकार होता है और मातृभाषा पर अधिकार उसी स्थिति में हो सकता है जब उसका अध्ययन किया जाए। वस्तुस्थिति यह है कि भाषा सीखने के लिए हम उसके साहित्य

का अध्ययन करते हैं और जब हम भाषा सीख जाते हैं तो फिर साहित्य का रसास्वादन करते हैं। साहित्य का रसास्वादन हम कर सकें, इसके लिए भाषा का अध्ययन आवश्यक है।

चौथा कारण यह है कि मानव जाति के सभी अनुभव और समस्त ज्ञान-विज्ञान भाषा के माध्यम से ही सुरक्षित हैं। अब यदि हमें भाषा का स्पष्ट ज्ञान नहीं होगा तो फिर हम उसके माध्यम से सुरक्षित ज्ञान-विज्ञान को कैसे समझ सकते हैं। अत: स्पष्ट है कि विचार-विनिमय और ज्ञान-विज्ञान के अध्ययन हेतु हमें सर्वप्रथम मातृभाषा का अध्ययन करना होगा।

मातृभाषा के अध्ययन की आवश्यकता का पाँचवाँ, अंतिम और सबसे मुख्य कारण यह है कि भाषा एक कला एवं कौशल है और कला एवं कौशल निखार पाते हैं अभ्यास से। यूँ तो इस अभ्यास का जितना अधिक अवसर समाज के बीच मिलता है उतना विद्यालयों में नहीं मिलता परंतु समाज के बीच शुद्ध भाषा के प्रयोग के उतने अवसर नहीं मिलते जितने विद्यालयों में सुलभ होते हैं। फिर, प्रत्येक कला अथवा कौशल की अपनी एक तकनीकी होती है। भाषा के संदर्भ में यह उसका व्याकरण होता है। किसी भाषा का व्याकरण सुनियोजित ढंग से सिखाने के लिए भाषा की नियोजित शिक्षा आवश्यक होती है। स्पष्ट है कि मातृभाषा के सुनियोजित अध्ययन के अभाव में उसे सीखा नहीं जा सकता। अत: उसका अध्ययन-अध्यापन होना ही चाहिए और अनिवार्य रूप से होना चाहिए।

प्रश्न 2. भारत में शिक्षा के माध्यम की समस्या पर प्रकाश डालिए। आपकी सम्मति में शिक्षा के प्राथमिक, माध्यमिक और उच्च स्तरों की शिक्षा का माध्यम कौन-सी भाषाएँ होनी चाहिए?

उत्तर— हमारे देश में शिक्षा के माध्यम की एक बड़ी समस्या है। दुर्भाग्यवश हमारा देश लगभग एक हजार वर्ष तक विदेशी शासकों का गुलाम रहा—पहले मुसलमान शासकों का और फिर अंग्रेजों का। मुसलमान शासकों ने अपने शासन काल में अरबी एवं फारसी भाषाओं को बढ़ावा दिया और अंग्रेजों ने अंग्रेजी भाषा को। अंग्रेजों ने प्राथमिक शिक्षा का माध्यम तो अंग्रेजी तथा देशी भाषाओं, दोनों को बनाया परंतु उसके बाद की संपूर्ण शिक्षा का माध्यम अंग्रेजी को बनाया। यह बात दूसरी है कि निजी प्रयत्नों से देशी भाषाओं के माध्यम से चलने वाले विद्यालय भी चलते रहे और बस तब से आज तक हमारे देश में शिक्षा के माध्यम की समस्या बनी हुई है।

स्वतंत्रता प्राप्ति के बाद हमने अपनी भाषा नीति में कई बार परिवर्तन किए। वर्तमान स्थिति यह है कि पूर्व प्राथमिक से उच्च माध्यमिक तक की शिक्षा का माध्यम क्षेत्रीय भाषाएँ हैं। उच्च स्तर पर कृषि, विज्ञान, तकनीकी तथा मेडिकल शिक्षा को छोड़कर शेष शिक्षा का माध्यम भी प्रांतीय (क्षेत्रीय) भाषाएँ हैं। कृषि विज्ञान, तकनीकी और मेडिकल शिक्षा का माध्यम अंग्रेजी भाषा है और सोचनीय बात यह है कि किसी भी प्रांत में किसी भी स्तर की शिक्षा अंग्रेजी के माध्यम से दी जाने की छूट है।

जो लोग अंग्रेजी को शिक्षा का माध्यम बनाए रखने की वकालत करते हैं, अंग्रेजी के पक्ष में उनके तर्क निम्न हैं—

- भारत की किसी भी भाषा की शब्दावली बड़ी सीमित है। उच्च शिक्षा तो उनमें से किसी के भी माध्यम से नहीं दी जा सकती।

- किसी भी भारतीय भाषा में आज का उच्च स्तर का ज्ञान-विज्ञान उपलब्ध नहीं है। अंग्रेजी के अभाव में कृषि, विज्ञान, तकनीकी और मेडिकल की शिक्षा तो दी ही नहीं जा सकती।
- जो प्रांतीय भाषाएँ इन कमियों को दूर करने की ओर बढ़ी हैं वे स्वयं में इतनी क्लिष्ट हो गई हैं कि उनके माध्यम से अध्ययन-अध्यापन करना और भी कठिन हो गया है।
- अंग्रेजी के स्थान पर किसी अन्य भारतीय भाषा को उच्च शिक्षा का माध्यम बनाने से उच्च शिक्षा का स्तर गिर जाएगा।
- यह अंतर्राष्ट्रीयता का युग है, हम भूमंडलीकरण की ओर बढ़ रहे हैं, इनके लिए कम-से-कम अंग्रेजी भाषा जानना आवश्यक है।

अब प्रश्न उठता है कि शिक्षा का माध्यम किसे बनाया जाए। उपर्युक्त तथ्यों के आधार पर हम इस परिणाम पर पहुँचते हैं कि किसी भी स्तर की शिक्षा का माध्यम प्रांतीय भाषाएँ अथवा राष्ट्रभाषा हिंदी होनी चाहिए और अंग्रेजी के माध्यम से चलने वाली संस्थाओं को भी चलने देना चाहिए। जी.पी.एच. की पुस्तकों का मुख्य उद्देश्य ज्ञान के साथ-साथ अच्छे नम्बर दिलाना है।

प्रश्न 3. मातृभाषा शिक्षण के उद्देश्य निश्चित करते समय किन तत्त्वों पर ध्यान देना आवश्यक है?

उत्तर– मातृभाषा शिक्षण के उद्देश्य निश्चित करते समय दो तत्त्वों पर ध्यान देना आवश्यक है–

- **शिक्षा के उद्देश्य (Aims of Education)–**शिक्षा एक बहुउद्देशीय प्रक्रिया है। शिक्षा के उद्देश्य के संबंध में दूसरा तथ्य यह है कि भिन्न-भिन्न समाजों की शिक्षा के उद्देश्य भिन्न-भिन्न होते हैं और ये समय की माँग के अनुसार बदलते रहते हैं। आज हमारे देश में शिक्षा के उद्देश्य हैं–शारीरिक विकास, मानसिक विकास, वैयष्टिक एवं सामाजिक विकास, सांस्कृतिक विकास, नैतिक एवं चारित्रिक विकास, व्यावसायिक शिक्षा, लोकतंत्र और नागरिकता की शिक्षा, राष्ट्रीय लक्ष्यों (समाजवाद, धर्मनिरपेक्षता, जनसंख्या नियंत्रण, पर्यावरण जागरूकता, वैज्ञानिक प्रवृत्ति, आधुनिकीकरण, भूमंडलीकरण और राष्ट्रीय एकता एवं अंतर्राष्ट्रीय अवबोध) की प्राप्ति और आध्यात्मिक विकास। हमें देखना चाहिए कि मातृभाषा के शिक्षण द्वारा इन उद्देश्यों की प्राप्ति किस सीमा तक और किस प्रकार की जा सकती है।

किसी भी देश में मातृभाषा की शिक्षा शुरू में मौखिक रूप से दी जाती है और उसके बाद पाठ्यपुस्तकों की सहायता से दी जाती है तथा इन पाठ्यपुस्तकों का निर्माण करते समय यह ध्यान रखा जाता है कि इनकी भाषा ऐसी हो जिससे बच्चों के भाषायी ज्ञान एवं कौशल में वृद्धि हो और इनकी विषय सामग्री ऐसी हो जो शिक्षा के उद्देश्यों की प्राप्ति में आधारभूत भूमिका अदा करे। आज मातृभाषा की पाठ्यपुस्तकों द्वारा इन सब उद्देश्यों की प्राप्ति की जाती है।

- **मातृभाषा की प्रकृति** (Nature of Mother Tongue)—मातृभाषा भावाभिव्यक्ति, विचार-विनिमय एवं संप्रेषण का सरलतम साधन होती है। यह एक कला है, कौशल है। मातृभाषा शिक्षण का मूल उद्देश्य बच्चों को भाषायी कौशलों – सुनकर अर्थ समझना, समझ के साथ बोलना, पढ़कर अर्थ समझना और समझ के साथ लिखना, में निपुण करना होता है। इन उद्देश्यों की प्राप्ति के लिए यह आवश्यक होता है कि बच्चों को मातृभाषा के मूल तत्त्वों – वर्ण, शब्द, वाक्य रचना के नियमों और लिपि का स्पष्ट ज्ञान कराया जाए। साथ ही यह भी आवश्यक होता है कि उनकी तत्संबंधी रुचियों एवं अभिवृत्तियों का विकास किया जाए। अत: ये सब मातृभाषा शिक्षण के उद्देश्य होने चाहिए।

   मातृभाषा के संबंध में दूसरा तथ्य यह है कि मातृभाषा और विचारों में अटूट संबंध होता है, विचार मातृभाषा के आधार होते हैं और मातृभाषा विचारों को प्रकट करने का सरलतम साधन होती है। यदि हम भाषायी कौशलों को ध्यानपूर्वक देखें तो स्पष्ट होगा कि इन सबके साथ समझना (विचार) जुड़ा है। तब मातृभाषा की शिक्षा के साथ बच्चों का मानसिक विकास होना स्वाभाविक है।

   मातृभाषा के संबंध में तीसरा तथ्य यह है कि यह सामाजिक एवं सांस्कृतिक व्यवहार का आधार होती है इसलिए बच्चों के भाषायी विकास के साथ उनका सामाजिक एवं सांस्कृतिक विकास भी स्वाभाविक रूप से होता है।

   मातृभाषा के संबंध में चौथा और अंतिम तथ्य यह है कि जब हम मातृभाषा की शिक्षा की बात करते हैं तो उसमें उसके साहित्य की शिक्षा निहित होती है। साहित्य शिक्षण का अर्थ है–साहित्य की विविध विधाओं और उनकी विभिन्न भाषा-शैलियों का ज्ञान। हम जानते हैं कि किसी समाज की मातृभाषा के साहित्य में उस समाज का इतिहास, उसकी सभ्यता एवं संस्कृति, मूल्य, मान्यताएँ और विश्वास निहित होते हैं और उसके माध्यम से बच्चों को इन सबका ज्ञान सहज रूप में प्राप्त होता है। तब ये सब भी मातृभाषा शिक्षण के उद्देश्य होने चाहिए।

प्रश्न 4. मातृभाषा शिक्षण के उद्देश्यों को विद्वानों द्वारा किस प्रकार वर्गीकृत किया गया है? समझाइए।

उत्तर— मातृभाषा के माध्यम से व्यक्ति दूसरों के भाव एवं विचारों को समझकर ग्रहण करता है और अपने भाव एवं विचारों को अभिव्यक्त करता है। कुछ विद्वान मातृभाषा शिक्षण के उद्देश्यों को इन्हीं दो वर्गों में बाँटकर अभिव्यक्त करने की बात करते हैं। कुछ विद्वानों का यह भी तर्क है कि मातृभाषा साहित्य की सौंदर्यानुभूति कर उसकी सराहना किए बिना व्यक्ति रह ही नहीं सकता। अत: मातृभाषा शिक्षण के उद्देश्यों में यह तीसरा वर्ग भी होना चाहिए। उनका यह भी कहना है कि हमारा अंतिम प्रयास बच्चों को मौलिक रचना करने की ओर अग्रसर करना होना चाहिए अन्यथा साहित्य सृजन नहीं होगा। इसे वे सृजनात्मकता का विकास कहते हैं। इस प्रकार मातृभाषा शिक्षण के उद्देश्यों को ये विद्वान निम्नलिखित चार वर्गों में अभिव्यक्त करते हैं–

- **ग्रहणात्मक उद्देश्य (Receptive Aims)**—इन उद्देश्यों में भाषा के तत्त्वों (वर्ण, लिपि, शब्द, उपसर्ग, प्रत्यय, समास, वाक्य रचना आदि) का ज्ञान, सुनकर अर्थ ग्रहण करना एवं विविध विषयों (प्राकृतिक सत्यों, पौराणिक कथानकों, ऐतिहासिक घटनाओं, धार्मिक विश्वासों, सांस्कृतिक मूल्यों, वैज्ञानिक तथ्यों और मनुष्य के सामाजिक, आर्थिक एवं राजनैतिक जीवन आदि) का ज्ञान आता है।

- **अभिव्यंजनात्मक उद्देश्य (Expressive Aims)**—इन उद्देश्यों के अंतर्गत भाषा तत्त्वों के ज्ञान के साथ-साथ शुद्ध उच्चारण, शुद्ध वाक्य रचना, सुंदर एवं शुद्ध लेख और अपने भाव एवं विचारों को मौखिक एवं लिखित दोनों रूपों में प्रभावशाली ढंग से अभिव्यक्त करना आता है।

- **सराहनात्मक उद्देश्य (Appreciative Aims)**—इस वर्ग में भाषा के तत्त्वों का ज्ञान, साहित्य की विविध विधाओं का ज्ञान, अभिव्यक्ति की विभिन्न शैलियों का ज्ञान, साहित्याध्ययन में रुचि, सौंदर्यानुभूति, विश्लेषण, संश्लेषण और मूल्यांकन की क्रियाएँ आती हैं।

- **सृजनात्मक उद्देश्य (Creative Aims)**—इन उद्देश्यों के अंतर्गत भाषा तत्त्वों एवं विषय सामग्री का ज्ञान, सुनकर अर्थ ग्रहण करना, पढ़कर अर्थ ग्रहण करना और मौखिक एवं लिखित दोनों रूपों में भाव तथा विचार अभिव्यक्त करने के साथ-साथ संवेदनशीलता, अवलोकन, विचार, चिंतन, मनन, तर्क, कल्पना, निर्णय और मौलिक अभिव्यक्ति आती है। साहित्यिक क्रियाओं (भाषण, वाद-विवाद, अभिनय, अंत्याक्षरी, कवि दरबार, कवि गोष्ठी और कवि सम्मेलन आदि) में भाग लेना भी इन्हीं उद्देश्यों की सीमा में आता है। इन उद्देश्यों की अंतिम सीमा पर मौलिक रचनाओं का सृजन आता है।

प्रश्न 5. भारत में भाषायी विविधता पर संक्षिप्त टिप्पणी लिखिए।

उत्तर— भारत में पिछले 3,000 वर्षों से चार प्रमुख भाषा समूह एक-दूसरे को प्रभावित करते हुए विकसित होते रहे हैं—भारतीय-आर्य, द्रविड़, ऑस्ट्रिक-मोन ख्मेर तथा चीनी-तिब्बती। पाणिनि ने ईसा पूर्व छठी सदी में संस्कृत के व्याकरण की रचना की, जबकि टोल्कापियम ने ईसा पूर्व दूसरी सदी से छठी ईसवी के बीच तमिल व्याकरण की रचना की। संस्कृत देशभर में संचार का प्रमुख माध्यम बनकर उभरी। नेहरू के अनुसार, 'संस्कृत न केवल उच्चतम विचारों और सर्वश्रेष्ठ साहित्य का माध्यम बनी, बल्कि वह पूरे भारत को जोड़ने वाला सूत्र भी थी', हालाँकि कुछ राजनीतिक मतभेद थे। पाली जिसमें बौद्ध साहित्य की रचना हुई थी तथा प्राकृत ने जल्द ही क्षेत्रीय भाषाओं को जगह दे दी, जिन पर संस्कृत और स्थानीय बोलियों का प्रभाव था। ये क्षेत्रीय भाषाएँ जल्द ही प्रमुख भाषाएँ बन गईं, जिनका अपना प्रचुर साहित्य था। हालाँकि इन दर्जनभर प्रमुख भाषाओं में से सभी ने अपनी-अपनी लिपियों का सृजन किया, पर इनमें से कई देवनागरी से प्रभावित थीं और इनमें कुछ अनूठे ध्वनि अक्षर थे। इसके साथ ही बड़ी संख्या में स्थानीय बोलियों तथा जनजातीय व अन्य कम प्रचलित भाषाओं का विकास भी हुआ।

सदियों से कई विशेषज्ञों ने भारत की भाषायी विविधता स्वीकार की है, लेकिन इस भाषायी गुलदस्ते की वैज्ञानिक तरीके से पहचान कर इसे दस्तावेजी रूप में लिपिबद्ध किया सत्रहवीं सदी के कई ओरिएंटलिस्टों ने। मिशनरी विलियम कार्ले ने संभवत: भारत का पहला भाषायी सर्वेक्षण वर्ष 1816 में किया। दिलचस्प बात यह है कि उन्होंने हिंदी को अन्य हिंदी बोलियों मसलन डोगरी, बीकानेरी, जयपुरी, मारवाड़ी, हाड़ौती, मालवी, ब्रज, बुंदेलखंडी, अवधी, मागधी व मैथिली में से एक करार दिया। इसमें छत्तीसगढ़ी, भोजपुरी आदि को भी जोड़ा जा सकता है। इस्लामी शासन ने भारत का परिचय फारसी, अरबी और तुर्की से करवाया। हिंदी बोलियों के साथ इनके मिश्रित होने का परिणाम अपेक्षाकृत कम फारसीयुक्त दक्खनी के रूप में सामने आया, जो दक्षिण भारत में प्रचलित हुई। अंतत: उर्दू का जन्म इसी प्रक्रिया के तहत हुआ। यह फारसी और हिंदी के सम्मिश्रण से बनी। इसमें खड़ी बोली और जुड़ गई, जिससे 'हिंदुस्तानी' का जन्म हुआ। मुगलों ने फारसी को दरबार की भाषा बनाया, लेकिन जनसाधारण ने हिंदुस्तानी को अपनाया, जो देवनागरी और उर्दू दोनों लिपियों में लिखी जाती थी।

प्रश्न 6. त्रिभाषा सूत्र क्या है? इसके क्रियान्वयन की चर्चा कीजिए।

उत्तर– त्रिभाषा सूत्र (Three Language Formula) भारत में भाषा शिक्षण से संबंधित नीति है जो भारत सरकार द्वारा राज्यों से विचार-विमर्श करके बनाई गई है।

मुदलियार आयोग के द्वारा दिए गए सुझाव से भाषा शिक्षा की समस्या का कोई भी समाधान नहीं निकल पाया। संविधान में हिंदी को राजभाषा तो घोषित किया गया लेकिन उसके साथ ही पंद्रह साल तक के लिए अंग्रेजी को भी सह-राजभाषा के रूप में स्वीकार किया गया। इसका परिणाम यह हुआ कि अंग्रेजी समर्थकों को कोई परेशानी नहीं हुई और शिक्षा में अंग्रेजी का वर्चस्व बना रहा। सन् 1956 में 'केंद्रीय शिक्षा सलाहकार मंडल' में त्रिभाषा सूत्र के रूप में भाषा शिक्षा का समाधान प्रस्तुत किया जिसे भारत सरकार ने स्वीकार कर लिया और 1957 में इसकी घोषणा भी कर दी। इस सूत्र के अनुसार प्रत्येक बालक को इन तीन भाषाओं का अध्ययन करना आवश्यक हो गया। ये तीन भाषाएँ हैं–

(1) मातृभाषा या क्षेत्रीय भाषा
(2) अंग्रेजी
(3) हिंदी (अहिंदी भाषी क्षेत्रों के लिए)

अथवा

एक आधुनिक भारतीय भाषा (हिंदी भाषी क्षेत्रों के लिए)

इस सूत्र के अनुसार अंग्रेजी भाषा का अध्ययन अनिवार्य रूप से स्वीकार कर लिया गया। परिणामत: हिंदीतर प्रदेशों में अंग्रेजी को राजभाषा हिंदी से अधिक महत्त्वपूर्ण स्थान प्राप्त हो गया क्योंकि समस्त वर्तमान परिस्थितियाँ अंग्रेजी के अनुकूल ही रहीं और हिंदी का स्थान गौण ही रहा।

त्रिभाषा सूत्र का क्रियान्वयन एक जटिल चुनौती है। भारतीय कक्षाओं में बच्चे की माध्यम भाषा के रूप में और प्रथम भाषा के रूप में मातृभाषा को स्थान दिया जाना अभी भी शेष है। यह नीति या सुझाव पूरी तरह से क्रियान्वित नहीं हुआ है। जब तक अंग्रेजी विश्वविद्यालय स्तर पर शिक्षा का मुख्य माध्यम और केंद्र तथा अनेक राज्यों में प्रशासन की भाषा बनी रहेगी, तब

तक उसको ऊँचा स्थान मिलता रहेगा। विद्यालय में किसी भाषा के अध्ययन में कितनी योग्यता प्राप्त की जा सकती है, यह बात केवल इस पर ही निर्भर नहीं है कि कोई भाषा कितने वर्षों तक सीखी जाती है, अपितु इस पर भी निर्भर है कि शिक्षार्थियों के सामने क्या अभिप्रेरणा है, भाषा किस अवस्था में सीखी जा रही है तथा उपलब्ध शिक्षक और उपागम एवं शिक्षण पद्धतियाँ किस प्रकार की हैं। यद्यपि बहुत कम आयु में ही बच्चे को दूसरी भाषा सिखाने के पक्ष में तर्क दिए जा सकते हैं, परंतु हमारे विचार से प्राथमिक विद्यालयों में लाखों विद्यार्थियों को भाषा की शिक्षा देने के लिए योग्य शिक्षकों की व्यवस्था करना बहुत कठिन काम होगा। हिंदी या अंग्रेजी को दूसरी भाषा के रूप में अनिवार्यतः किस अवस्था से प्रारंभ किया जाए और वह कितनी अवधि तक सिखाई जाए, यह स्थानीय अभिप्रेरणा और आवश्यकता पर निर्भर करता है और इसे प्रत्येक राज्य के विवेक पर छोड़ देना चाहिए।

प्रश्न 7. द्वितीय भाषा क्या है? इसके मुख्य लक्षणों को बताते हुए इसके सीखने के प्रमुख कारणों को समझाइए।

अथवा

द्वितीय भाषा शिक्षण की आवश्यकताओं पर प्रकाश डालिए।

उत्तर– द्वितीय भाषा मातृभाषा के साथ सहयोजित भाषा होती है जिसे भाषायी समुदाय का सदस्य होने के नाते सीखना पड़ता है। ये भाषाएँ एक ही राष्ट्र की हो सकती हैं और इनका सामाजिक-ऐतिहासिक विकास क्रम भी समान हो सकता है। अर्थात् मातृभाषा और द्वितीय भाषा का परिवेश कई स्थितियों में समान होता है। यदि कहा जाए कि हिंदी किसी की मातृभाषा है तो अन्य भारतीय भाषाएँ जैसे तेलुगू, तमिल, मलयालम, कन्नड़, गुजराती, मराठी, कोंकणी आदि उसके लिए द्वितीय भाषा होंगी। देखा जाए तो इन भाषाओं में सामाजिक-सांस्कृतिक दृष्टि से बहुत दूरी नहीं है। अतः इन भाषाओं को 'सजातीय द्वितीय भाषाएँ' भी कहा जा सकता है।

द्वितीय भाषा के कुछ लक्षण निम्नवत् हैं–

- द्वितीय भाषा, प्रयोक्ता की अपनी संस्कृति की अभिव्यक्ति का विकल्पवत दूसरा माध्यम होती है।
- द्वितीय भाषा मातृभाषा के निकट होती है। परस्पर संपर्क और परिवेशगत समानता के कारण दूसरी भाषा मातृभाषा से प्रभावित होती है और उसे प्रभावित करती है।
- मातृभाषा के समान द्वितीय भाषा अनिवार्य नहीं होती लेकिन सामाजिक दबाव के कारण उसे सीखना पड़ता है।
- कई संदर्भों में प्रयोक्ता के मानसिक विकास में द्वितीय भाषा सहायक होती है। कई बार यदि द्वितीय भाषा का ज्ञान न हो तो प्रयोक्ता को कई व्यावहारिक कठिनाइयों का सामना करना पड़ सकता है।
- द्वितीय भाषा, प्रयोक्ता की अपनी भाषा के समानांतर होती है। इसीलिए व्यक्ति मातृभाषा के समान द्वितीय भाषा में भी वैचारिक और सर्जनात्मक लेखन करने में सक्षम बन जाता है।
- द्वितीय भाषा का ज्ञान अपने देश की सभ्यता और संस्कृति को समझने में बड़ी सहायता पहुँचाता है।

- द्वितीय भाषा के प्रति प्रयोक्ता में आत्मीयता का भाव होता है। अभिप्रेरणा के स्तर पर वह उसे उतने ही मनोयोग से सीखने का प्रयत्न करता है जितने मनोयोग से वह अपनी मातृभाषा सीखता है।
- द्वितीय भाषा के रूप में अपनाई जाने वाली भाषा अपने अलग मानक रूप का निर्माण करती है जैसा कि अंग्रेजी भाषा के साथ हुआ है।

व्यक्ति मातृभाषा को अपने विचार एवं भावों के संप्रेषण से स्वाभाविक रूप में सीख लेते हैं, परंतु द्वितीय भाषा को सामाजिक तथा आर्थिक दबाव के कारण सीखते हैं। कुछ व्यक्ति ही द्वितीय भाषा को स्वेच्छा से सीखने का प्रयास करते हैं। द्वितीय भाषा व्याकरण की दृष्टि से अपेक्षाकृत अधिक कठिन होती है। द्वितीय भाषा सीखने के प्रमुख कारण निम्नलिखित हैं–

- हिंदी भाषा का द्वितीय भाषा के रूप में राजनैतिक दबाव के कारण अहिंदी प्रदेशों में शिक्षण किया जाता है। 'त्रिभाषा सूत्र' के अनुपालन के लिए हिंदी को अहिंदी प्रदेशों में पढ़ाया जाता है।
- **आर्थिक**–नौकरी, आर्थिक सुविधाएँ आदि।
- **सांस्कृतिक**–शिक्षित व्यक्ति संस्कृत, ग्रीक, लैटिन, फ्रेंच आदि में सांस्कृतिक प्रेरणा लेता है।
- **प्रशासनिक**–उच्च पद, विशेष भत्ते अथवा शासितों की भाषा इसी कारण सीखते हैं।
- **राजनैतिक**–मित्र देश, बलवान पड़ोसी एक-दूसरे की भाषा सीखकर इन पर शासन करने के लिए।
- **सैनिक**–विदेशी सेवा में काम करने वाले सैनिक अन्य भाषा सीख जाते हैं।
- **ऐतिहासिक**–भारत में अंग्रेजी, फारसी को सीखने की प्रवृत्ति रही है।
- **धार्मिक**–इस्लाम के कारण अरबी, ईसाई धर्म के कारण ग्रीक, लैटिन सीखना।

सामाजिक दबाव के अतिरिक्त जो अन्य तत्त्व अन्य भाषा शिक्षण में महत्त्वपूर्ण भूमिका निभाते हैं, वे निम्नलिखित हैं–

- **समय**–अन्य भाषा को सीखने में कितना समय लगाया गया?
- **जनसंख्या**–अन्य भाषा-भाषी कितने हैं जिनके संपर्क में छात्र आ सकता है?
- **प्रयोग**–अन्य भाषा का प्रयोग छात्र अधिक या कम करता है?
- **कौशल**–भाषा के किस कौशल पर अधिक बल दिया जाता है?
- **स्तर**–अन्य भाषा के बोलने वालों का सामाजिक व सांस्कृतिक स्तर क्या है? श्रोता व वक्ता का भाषा पर कितना अधिकार है?
- **अभिवृत्ति**–अन्य भाषा की ओर क्षेत्र की अभिवृत्ति कैसी है? क्या उसका दृष्टिकोण नकारात्मक है?
- **आयु**–सीखने वाले की आयु क्या है? नौ वर्ष के पहले की आयु भाषा शिक्षण के लिए अधिक उपयुक्त है। भाषा की संरचना की आयु एवं विषयवस्तु की आयु एक समान नहीं रहती है।
- **वृद्धि**–भाषा की सूक्ष्मता मंद बुद्धि बालक ठीक ग्रहण नहीं कर पाता।

- **स्मरण शक्ति**—भाषा में अनेक बातें बालक की स्मरण शक्ति पर निर्भर हैं। दुर्बल स्मृति भाषा शिक्षण में बाधक है।
- **अभिप्रेरण**—छात्र को अन्य भाषा सीखने के लिए कितना प्रलोभन, कितनी आवश्यकता, कितनी इच्छा एवं कितना प्रयोजन है?
- **परिवेश**—परिवार, समुदाय, व्यावसायिक, विद्यालय, क्रीड़ा समुदाय आदि के संपर्क में बालक अन्य भाषा का प्रयोग कितना करता है, क्या इन समुदायों में अन्य भाषा का किंचित् परिवेश है?
- **राजभाषा से भिन्नता**—द्वितीय भाषा के व्याकरण, शब्द-भंडार एवं ध्वनि-समूह मातृभाषा से कितने भिन्न हैं?

इन उपरोक्त दबावों के अतिरिक्त आज अंतर्राष्ट्रीय सद्भावना और विश्व बंधुत्व का विशेष महत्त्व है, क्योंकि वैज्ञानिक आविष्कारों के परिणामस्वरूप विश्व का रूप छोटा हो गया है। संप्रेषण के साधन इतने विकसित हो रहे हैं कि विश्व में कहीं भी किसी भी क्षण संपर्क कर सकते हैं। कोई राष्ट्र अकेला रहकर जीवित नहीं रह सकता है। अतः विश्व की संपर्क की भाषा अंतर्राष्ट्रीय भाषा होनी चाहिए जिसके माध्यम से विश्व के राष्ट्रों से संपर्क किया जा सके। आज विकास के युग में तीन भाषाओं का ज्ञान आवश्यक होता जा रहा है—मातृभाषा, राष्ट्रभाषा तथा अंतर्राष्ट्रीय भाषा। राष्ट्रीय एकता के लिए राष्ट्रभाषा और विश्व बंधुत्व के लिए अंतर्राष्ट्रीय भाषा का विशेष महत्त्व है।

प्रश्न 8. द्वितीय भाषा के रूप में हिंदी शिक्षण के उद्देश्य बताइए।

उत्तर— द्वितीय भाषा शिक्षण के उद्देश्य मातृभाषा शिक्षण के उद्देश्य से भिन्न होते हैं। मातृभाषा शिक्षण के उद्देश्य अधिक व्यापक होते हैं। मातृभाषा का लक्ष्य बालक के संपूर्ण व्यक्तित्व के विकास से संबंधित होता है जबकि द्वितीय भाषा का उद्देश्य भाषा के कौशलों के विकास तक ही सीमित रहता है—पढ़ना, लिखना, बोलना तथा सुनना।

उदाहरणतः अहिंदी भाषी प्रदेशों में हिंदी जीवन की मौलिक आवश्यकताओं के रूप में नहीं सीखी जाती है। मौखिक आवश्यकताओं की पूर्ति तो उनकी अपनी मातृभाषा द्वारा ही होती है। पारिवारिक जीवन से लेकर सामाजिक, साहित्यिक, सांस्कृतिक एवं आध्यात्मिक जीवन के ऊँचे-से-ऊँचे विचारों को व्यक्त करने की भाषा तो मातृभाषा ही है, पर जीवन के कुछ चुने हुए क्षेत्रों में अपने देश के अन्य राज्यों से संपर्क स्थापन के लिए और उनके साथ व्यावहारिक आदान-प्रदान के साधन के रूप में अहिंदी भाषी हिंदी सीखते हैं। अतः हिंदी सीखने का उद्देश्य उनके लिए केवल चारों कौशलों का विकास करना है—

(1) हिंदी में मौखिक रूप से व्यक्त विचारों को वे समझ सकें। (सुनकर समझना)
(2) हिंदी में लिखित रूप से व्यक्त विचारों को समझ सकें। (पढ़ना)
(3) हिंदी माध्यम से अपने विचारों को मौखिक रूप से प्रकट कर सकें। (बोलना)
(4) हिंदी माध्यम से अपने विचारों को लिखित रूप से प्रकट कर सकें। (लिखना)

प्रमुख भाषायी कौशलों के सापेक्षिक महत्त्व की दृष्टि से भी मातृभाषा एवं द्वितीय भाषा शिक्षण में अंतर हो जाता है। मातृभाषा शिक्षण में—(1) सुनना, (2) बोलना, (3) पढ़ना, तथा (4) लिखना एक स्वाभाविक एवं क्रमयुक्त प्रक्रिया है, परंतु द्वितीय भाषा शिक्षण में यह क्रम

कुछ परिवर्तित हो जाता है। कुछ विचारकों का मत है कि सुनने और लिखने का क्रम तो प्रथम एवं चतुर्थ ही है पर बोलने और पढ़ने का क्रम बदल जाता है। द्वितीय भाषा में पढ़ने का अभ्यास होने पर ही बोलने का अभ्यास निर्भर है अथवा दोनों क्रियाएँ एक साथ होनी चाहिए।

कुछ छात्रों को कौशल तथा बोध के विकास तक ही सीमित नहीं रखा जाता। साहित्यिक विवेचन एवं मीमांसा का भी विकास किया जाता है। अनुवाद कौशल की योग्यता का विकास किया जाता है।

अहिंदी भाषी प्रदेशों के छात्र हिंदी वाक्यों को शुद्ध रूप में लिख सकें एवं आवश्यकता पड़ने पर हिंदी बोल सकें, इसका प्रयास अवश्य होना चाहिए। इसके लिए हिंदी पाठ्यक्रम को सीमित होना चाहिए। शब्द भंडार एवं संरचनाओं को व्यवस्थित करके शिक्षण करना चाहिए।

अन्य भाषा के रूप में हिंदी का शिक्षण हिंदी साहित्य का शिक्षण नहीं है। छात्र भाषा के कौशलों का विकास कर सकें—यह उद्देश्य है, न कि वे चन्द्रवरदायी, जायसी, कबीर, सूर एवं तुलसी के साहित्य का परिपाक कर लें। यह कार्य वे उच्च स्तर पर ही करें, न कि माध्यमिक स्तर पर। साहित्य से भाषा की शिक्षा में सरलता होती है किंतु इसका तात्पर्य यह नहीं कि छात्र कबीर और जायसी के विषय में अनेक सूचनाएँ एकत्र कर लें, किंतु हिंदी में वे शुद्ध लिख व बोल न सकें, जैसा कि उनके भारतीय विद्यार्थी अंग्रेजी के संबंध में करते हैं जबकि वे मिल्टन व शेक्सपियर के विषय में अनेक बातें बता देते हैं, किंतु अवकाश के लिए प्रार्थना-पत्र लिखने में वे अनेक अशुद्धियाँ करते हैं।

प्रश्न 9. द्वितीय भाषा शिक्षण के लिए किन-किन विधियों को प्रयोग में लाया जाता है? विस्तार से बताइए।

उत्तर— आजकल द्वितीय भाषा के लिए अनेक विधियों का प्रयोग किया जाता है। कुछ विधियाँ इस प्रकार हैं—प्रत्यक्ष विधि, अनुवाद/व्याकरण विधि, अभिक्रमित-स्मरण विधि, इकाई विधि, चयन विधि, ध्वनि वैज्ञानिक विधि, प्रयोगशाला विधि, वाचन विधि, सैनिक विधि, मनोभाषिक विधि, श्रव्य-भाषिक विधि इत्यादि। इनमें अधिकांश को विधि की अपेक्षा संरचना आयाम कहना अधिक समीचीन होगा।

अन्य भाषा के रूप में हिंदी शिक्षण की प्रमुख विधियों का उल्लेख निम्न प्रकार है—

(1) अनुवाद/व्याकरण विधि—छात्र का मातृभाषा पर अधिकार पहले से ही होता है। अत: यह माना जाता है कि अन्य भाषा को मातृभाषा अनुदित करके सीखना सरल होगा। इस विधि में अन्य भाषा का शब्दश: अनुवाद किया जाता है और अन्य भाषा के व्याकरण की मातृभाषा के व्याकरण के साथ तुलना करके शुद्ध भाषा सीखी जाती है। इसलिए इसे व्याकरण अनुवाद विधि भी कहा जाता है।

इसके अंतर्गत सर्वप्रथम व्याकरण का ज्ञान कराया जाता है। इसमें शब्द, वाक्य संरचना, संज्ञा, सर्वनाम, विशेषण, कारक आदि का ज्ञान दिया जाता है। संस्कृत पढ़ने में भी इसी व्याकरण विधि का अनुसरण किया जाता है। इस प्रणाली में बोलने की अपेक्षा लिखने और पढ़ने पर तथा भाषा की अपेक्षा भाषा के तत्त्वों के ज्ञान पर अधिक बल दिया जाता है। यही इस प्रणाली का सबसे बड़ा दोष भी है कि भाषा शिक्षण का अधिकांश समय व्याकरण ज्ञान में समाप्त हो जाता है। वस्तुत: उस समय का उपयोग हमें भाषा शिक्षण के लिए करना चाहिए। भाषा सिखाना हमारा

उद्देश्य है, भाषा विज्ञान सिखाना नहीं। भाषा कौशलों की दक्षता प्रदान करना हमारा उद्देश्य होना चाहिए न कि भाषा के नियमों का ज्ञान कराना। बालक को द्वितीय भाषा के ढाँचों (ध्वनियों, शब्दों, पदों एवं वाक्यों के ढाँचे) का प्रयोग आना चाहिए न कि इन ढाँचों का नियम। व्याकरण पद्धति का दोष यह भी है कि भाषा शिक्षण की जगह भाषाशास्त्र (व्याकरण) का शिक्षण साध्य बन जाता है। इससे भाषा का सैद्धांतिक ज्ञान भले ही हो जाए व्यावहारिक ज्ञान एवं कौशल नहीं प्राप्त होता। इस पद्धति में मौखिक अभ्यास की तो बहुत ही अपेक्षा होती है।

अनुवाद इस प्रणाली का अनिवार्य अंग है। मातृभाषा के अवतरणों का द्वितीय भाषा में अनुवाद कराया जाता है और इसके अभ्यास द्वारा द्वितीय भाषा के शब्दों एवं वाक्य रचनाओं का ज्ञान प्रदान किया जाता है। अनुवाद करना एक जटिल कार्य है। अनुवाद करते समय शिक्षार्थी मातृभाषा के शब्दों के आधार पर द्वितीय भाषा के शब्दों को रखने का प्रयत्न करता है। पर सत्य तो यह है कि किन्हीं दो भाषाओं के दो शब्द पूर्ण रूप से पर्यायवाची नहीं होते हैं। प्रत्येक भाषा की अपनी सांस्कृतिक परंपरा होती है और इस कारण उस भाषा के शब्दों का अपना विशिष्ट अर्थ होता है। अतः शब्दानुवाद से भावों का ठीक-ठीक संप्रेषण नहीं हो पाता है।

अनुवाद में समानार्थी शब्दों के ढूँढ़ने की समस्या के अतिरिक्त भाषा के गठन की भी समस्या बड़ी भारी है। दो भाषाओं के गठन समान नहीं होते हैं। अतः एक भाषा के गठन को दूसरी भाषा के गठन में परिवर्तित करना एक दुष्कर कार्य है, जिसे द्वितीय भाषा सीखने वाला विद्यार्थी पूरा नहीं कर सकता है। सही अनुवाद तो वही व्यक्ति कर सकता है जिसका दोनों भाषाओं पर पूर्ण अधिकार होता है, अतः व्याकरण एवं अनुवाद पद्धति द्वितीय भाषा शिक्षण की वैज्ञानिक पद्धति नहीं हो सकती।

उपर्युक्त दोषों के कारण व्याकरण एवं अनुवाद पद्धति के स्थान पर द्वितीय भाषा शिक्षण की किसी वैज्ञानिक पद्धति के लिए प्रयत्न आरंभ हुआ है। 17वीं शताब्दी में प्रसिद्ध शिक्षाविद् **जॉन कमेनियस** ने इस दिशा में कुछ कार्य भी किया। 18वीं सदी में जॉन बेसड़ो ने व्याकरण पद्धति का विरोध किया और कहा कि "भाषा शिक्षण में पहले बोलने और पढ़ने पर बल देना चाहिए, व्याकरण पर बाद में।" आगे चलकर इसी विचार से प्रत्यक्ष पद्धति का आधार तैयार किया, जिसमें मौखिक वार्ता पर अधिक बल दिया गया।

इस विधि में बोलने का अभ्यास नहीं हो पाता और छात्र भाषा के प्रयोग में सक्षम नहीं हो पाता। व्याकरण के नियमों को रटने पर अधिक बल होता है। भाषा का व्यावहारिक पक्ष उपेक्षित रहा है।

(2) प्रत्यक्ष विधि–अनुवाद पद्धति के दोषों को देखकर पश्चिमी देशों में प्रत्यक्ष पद्धति का सूत्रपात हुआ। वहाँ के अनुकरण पर भारत में भी इस शताब्दी के प्रथम दशक में प्रत्यक्ष पद्धति अपनाई गई और बंगाल में श्री टिपिंग को, बंबई में श्री फ्रेजर को और मद्रास में श्री येट्स को इस पद्धति को सर्वप्रथम अपनाने का श्रेय दिया जाता है। इस पद्धति में वार्तालाप, मौखिक कार्य एवं बोलने के अभ्यास पर बल दिया जाता है। इस पद्धति में अन्य भाषा को स्वतंत्र एवं पृथक् भाषा के रूप में पढ़ाया जाता है। इस पद्धति में मातृभाषा के प्रयोग को सीमित कर दिया जाता है और संपूर्ण वाक्य को इकाई माना जाता है। सीमित शब्द-ज्ञान का प्रयोग करके शब्दावली को नियंत्रित कर दिया जाता है। प्रत्यक्ष पद्धति में अन्य भाषा के अध्ययन के समय अन्य भाषा में से आदेश, निर्देश लिए जाते हैं और उसी में विचारों की अभिव्यक्ति की जाती है।

किंतु इस विधि से सीमित शब्दावली का ही ज्ञान दिया जा सकता है। अनेक शब्द ऐसे होते हैं, जिनकी प्रत्यक्ष व्याख्या नहीं हो सकती। सौंदर्य, न्याय, लज्जा, शोक, श्रद्धा आदि शब्दों को प्रत्यक्ष विधि से समझना कठिन हो जाता है। सुनने और बोलने पर अधिक बल होने से वाचन और लेखन गौण हो जाते हैं। अत: इस पद्धति की ये सीमाएँ हैं।

भारतवर्ष में अंग्रेजी विद्यालयों में प्रत्यक्ष विधि का ही प्रयोग किया जाता है। पूर्व प्राथमिक कक्षाओं से ही अंग्रेजी का शिक्षण आरंभ करते हैं। अंग्रेजी को बोलने, पढ़ने तथा लिखने के कौशलों का विकास सुगमता से किया जाता है।

अहिंदी भाषी भी हिंदी को प्रत्यक्ष विधि से सरलता से सीख लेते हैं। प्रत्यक्ष विधि का अर्थ होता है—

(क) वस्तुओं को प्रत्यक्ष रूप में दिखाना,
(ख) वस्तुओं व जीव-जंतुओं का चित्र अथवा प्रतिमान दिखाना, तथा
(ग) क्रियाओं को करके दिखाना।

यह वही प्रारंभिक ज्ञान है, जो बच्चे को आ से आम और इ से इमली लाकर या चार्ट के साथ इन अक्षरों को लिखकर दिया जाता है।

प्रत्यक्ष विधि की आलोचना करते हुए कहा जा सकता है कि इसके द्वारा केवल संज्ञा या उन शब्दों का ज्ञान दिया जा सकता है जिनका चित्र आदि बन सके या जिन चीजों को कक्षा तक लाया जा सके, जैसे—शंख सिखाते समय शंख लाकर दिखाना, बजाकर सुनाना आदि।

दूसरी कठिनाई यह पड़ती है कि वाक्य विचार करते समय हम पहले अपनी मातृभाषा में ही वाक्य बना लेते हैं, तदनंतर अनुवाद करके द्वितीय भाषा ग्रहण करते हैं। बंगाली पहले वाक्य बना लेगा—जल खावो/फिर हिंदी में बोलना सीखेगा—मैं जल पीता हूँ या मैं पानी पीता हूँ। जल तो हिंदी और बंगला दोनों में प्रयुक्त किया जा सकता है किंतु 'खावो' न कहकर पीना कहना हिंदी वाक्य रचना के लिए अनिवार्य होगा। प्रत्यक्ष पद्धति से पढ़ाने में लेखन तथा व्याकरण का ज्ञान नहीं होता है।

(3) **संघटनात्मक विधि**—प्रत्यक्ष विधि के दोषों का निवारण बहुत कुछ संघटनात्मक विधि द्वारा किया गया है। शब्दावली पर बहुत बल देने की जगह भाषा संघटन पर बल देना और स्वाभाविक संवादों द्वारा मौखिक कथनों द्वारा अभ्यास इस विधि की विशेषता है। आरंभ में इसे सेना विधि कहा जाता है क्योंकि द्वितीय महायुद्ध के समय अमेरिकन सैनिकों को द्वितीय भाषा सिखाने के लिए इस विधि का प्रयोग किया गया। मौखिक अभ्यास पर बल देने से इसे श्रव्य भाष्य विधि भी कहते हैं। भाषा विज्ञान का आधार होने के कारण इसे भाषा वैज्ञानिक विधि भी कहते हैं।

(4) **रूपगठन पद्धति**—अंग्रेजी सिखाने में इस पद्धति का व्यवहार अधिकता से होता रहा है। वाक्यों के कुछ गठन बालक के सामने रखे जाते हैं। प्रत्येक भाषा के वाक्य गठनों के माध्यम से छात्र आसानी से नवीन भाषा को ग्रहण करते चलते हैं।

हिंदी में संज्ञा के लिंग का प्रभाव क्रिया पर पड़ता है, जो बात अन्य भारतीय भाषाओं में नहीं है, अत: हिंदी की वाक्य संरचना छात्रों के सामने रखी जानी चाहिए, जैसे—

(क) मोहन स्कूल गया (संज्ञा-एकवचन, पुल्लिंग)
(ख) राधा स्कूल गई (संज्ञा-एकवचन, स्त्रीलिंग)

(ग) मोहन और राधा स्कूल गए (संज्ञा-बहुवचन)

(5) वेस्ट पद्धति–इस पद्धति को भी **डॉ. वेस्ट** ने अंग्रेजी पढ़ाने हेतु ही विकसित किया। इस पद्धति में शिक्षण वाचन से आरंभ होता है। वेस्ट की दृष्टि से किसी भी नई भाषा को पढ़ाना सीखना या वाचन सीखना सबसे कठिन है। भाषा का बोलना और लिखना सीखना सरल होता है। वेस्ट विधि में वाचन, लेखन तथा वार्तालाप की शिक्षा पृथक्-पृथक् विधियों द्वारा दी जाती है। मनोवैज्ञानिक दृष्टि से वाचन, लेखन और वार्तालाप को साथ-साथ ही सिखाया जाना चाहिए, पृथक्-पृथक् नहीं। कहीं-कहीं आवश्यकता पड़ने पर इसमें अनुवाद विधि का सहारा भी लेना पड़ता है।

(6) संरचनात्मक विधि–अंग्रेजी शिक्षण में संरचनात्मक विधि का बहुत उपयोग होता है और कुछ विद्वान अन्य भाषा के रूप में हिंदी शिक्षण के लिए भी इस विधि को उपयुक्त बताते हैं। इस विधि के आधारभूत सिद्धांत निम्नलिखित हैं–

(क) मौखिक कार्य को भाषा शिक्षण का आधार बनाया जाए।
(ख) वाक्यों की रचनाएँ इनके रूप के आधार पर चयन की जानी चाहिए, अर्थ के आधार पर नहीं।
(ग) शब्दों की व्याख्या और वाक्यों के गठन को कंठस्थ करा देना चाहिए।
(घ) छात्र के भाषा अधिगम के लिए स्वत: सक्रिय होना पड़ता है। निष्क्रियता भाषा अधिगम में बाधक है।
(ङ) कक्षा में अन्य भाषा का उपयोग अधिक होना चाहिए।
(च) संरचनाओं का स्तरीकरण कर लेना चाहिए।
(छ) छात्र की उच्चारण संबंधी, व्याकरण संबंधी एवं अर्थ संबंधी कठिनाइयों का भी स्तरीकरण कर लेना चाहिए।
(ज) शब्दावली सीमित होनी चाहिए। उसे नियंत्रित करना आवश्यक है।
(झ) भाषा शिक्षण का अर्थ है–कौशलों का अर्जन, न कि सूचना, पहचान या जानकारी मात्र। अत: संरचनाओं का अभ्यास बहुत आवश्यक है।

यह विधि अहिंदी प्रदेशों में हिंदी सिखाने के लिए कुछ सीमा तक प्रयुक्त हो सकती है, किंतु इनका अधिक उपयोग लाभप्रद नहीं है। इसमें शब्द-रचना पर ध्यान नहीं दिया जाता, जिससे शब्द भंडार को बढ़ाने का द्वार ही बंद हो जाता है। इस विधि में मौखिक कार्य पर अधिक बल होने से भाषा के अन्य अंग अपेक्षित रह जाते हैं।

(7) मौखिक विधि–इस विधि में छात्रों को बोलने और वार्तालाप करने के विशेष अवसर मिल जाते हैं। कक्षा में सजगता रहती है और छात्रों में उत्साह। इसमें वाक्य पहले सिखाए जाते हैं। राष्ट्रभाषा में बोलना सिखाने से उच्चारण भी शुद्ध होता है तथा राष्ट्रभाषा पर अच्छा अधिकार हो जाता है। अनुवाद पद्धति के दोष भी इस पद्धति द्वारा कम हो जाते हैं।

प्रश्न 10. क्या मातृभाषा में प्राप्त कौशल हस्तांतरणीय हैं?

उत्तर– शोध से यह सिद्ध हो चुका है कि मातृभाषा या प्रथम भाषा में सीखे गए कौशल हस्तांतरणीय होते हैं। इसे दूसरी भाषा में आसानी से हस्तांतरित किया जा सकता है। उदाहरण के लिए, अगर कोई शिक्षार्थी पंजाबी में पाठन कौशल विकसित करता है तो वह इस कौशल

का प्रयोग अंग्रेजी सीखने में भी कर सकता है। किंतु भारत में अंग्रेजी में पढ़ाने का चलन बढ़ गया है जो हजारों बच्चों को उनकी मातृभाषा सीखने से वंचित कर देता है।

प्रश्न 11. 'बहुभाषिकता एक संसाधन है।' स्पष्ट कीजिए। बहुभाषावाद को एक संसाधन के रूप में प्रयोग करने के विभिन्न परिणामों को प्रस्तुत कीजिए।

उत्तर– बहुभाषावाद या बहुभाषिता से आशय एक से अधिक भाषाओं के समन्वय से है। मातृभाषा से भाषा के प्राथमिक ज्ञान के उपरांत जब बालक अन्य भाषाओं के संपर्क में आता है, तब यह स्थिति बहुभाषावाद की स्थिति कहलाती है।

बहुभाषिता को एक मानवीय संसाधन भी माना गया है और एक व्यूह रचना भी। मानवीय साधन इस कारण माना गया है क्योंकि बहुभाषी होने पर भाषा विवाद स्वत: ही समाप्त हो जाएँगे। बहुभाषिता के लिए सरकार ने त्रिभाषी सूत्र दिया है। उनका मत है कि अहिंदी भाषी राज्यों में मातृभाषा तथा हिंदी का अनिवार्य अध्ययन हो। मातृभाषा तथा हिंदी के साथ वे सरल संस्कृत का अनिवार्य अध्ययन कर सकते हैं। अंग्रेजी तथा अन्य विदेशी भाषाएँ तथा संस्कृत एवं अन्य भारतीय भाषाएँ वैकल्पिक स्थान प्राप्त करेंगी।

बहुभाषी व्यक्ति को कई भाषाओं का ज्ञान होता है। इस कारण वह एक देश का संसाधन माना जा सकता है।

बहुभाषिता की अवधारणा लाने का विचार इस कारण आया क्योंकि भारतवर्ष में बहुत-सी भाषाएँ हैं। सभी भाषाओं के हजारों समर्थक हैं जो अपनी-अपनी भाषा की वकालत करते हैं। यहाँ एक प्रश्न यह भी है कि विभिन्न भाषाएँ होने के कारण राष्ट्रभाषा के रूप में अहिंदी भाषी क्षेत्र के लोग हिंदी का विरोध करते हैं, वे अपनी भाषा को राष्ट्रभाषा के रूप में आसीन करना चाहते हैं। यद्यपि भाषाएँ तो अनेक हैं लेकिन भारतवर्ष में हिंदी ही एक ऐसी भाषा है जो राष्ट्रभाषा, राजभाषा अथवा संपर्क भाषा बन सकती है। लोकतंत्र की भावना की दृष्टि से यह आवश्यक है कि संपर्क भाषा के रूप में हिंदी का अध्ययन अनिवार्य कर दिया जाए। परंतु यह भी सत्य है कि दक्षिण भारत में संपर्क भाषा के रूप में लोग अंग्रेजी को अपनाए हुए हैं। यद्यपि लोगों का तर्क यह है कि अंग्रेजी विदेशी भाषा है साथ ही विश्वभाषा है। इसलिए यह हिंदी से अधिक महत्त्वपूर्ण है। दक्षिण अमेरिका में स्पेनिश भाषा समझी और पढ़ाई जाती है अंग्रेजी नहीं। पूरे यूरोप में फ्रांसीसी भाषा सभी देशों में समझी जाती है, अंग्रेजी नहीं। सबसे अधिक जनसंख्या वाला देश चीन, सारा अफ्रीका, रूस, जर्मनी, फ्रांस, स्पेन, इटली, जापान कोई भी आंग्ल भाषी देश नहीं है। उच्च शिक्षा की प्राप्ति के लिए जो भी छात्र वहाँ जाते हैं, उन्हें पहले 6 माह वहाँ की भाषा सीखनी होती है क्योंकि वहाँ शिक्षा का माध्यम अंग्रेजी नहीं बल्कि वहाँ की अपनी भाषा है। ऐसी स्थिति में यह कैसे कहा जा सकता है कि अंग्रेजी विश्वभाषा है। जहाँ तक समृद्ध साहित्य का संबंध है, जर्मनी, फ्रेंच, रूसी भाषाएँ आदि भाषाएँ भी इस दिशा में बहुत आगे हैं। भारतवर्ष में बंगला, मराठी आदि भाषाएँ बहुत समृद्ध हैं। हिंदी भी बहुत समृद्ध हो चली है। पहले भाषा प्रयोग में लाई जाती है बाद में उसका साहित्य समृद्ध बनता है। जब इंग्लैंड तथा अमेरिका में अंग्रेजी को अनिवार्य किया गया तभी धीरे-धीरे उसका साहित्य समृद्ध बना।

सबसे अधिक समृद्ध भाषा तो संस्कृत है। अत: अंग्रेजी की समृद्धि की दुहाई देना उचित नहीं है।

भारतवर्ष में लगभग दो सौ वर्षों तक अंग्रेजों का राज्य रहा। उन्होंने अंग्रेजी को भी प्रश्रय दिया। आज भी प्रशासकीय पक्षों पर बैठे लोग इसको प्रश्रय दे रहे हैं। दक्षिण भारतीय लोग अंग्रेजी का विरोध नहीं करते लेकिन हिंदी को राजभाषा के पद पर नहीं देखना चाहते हैं। अत: इसे अनिवार्य बनाने की तुक सही नहीं है। यहाँ पर सवाल किसी विदेशी भाषा के विरोध का नहीं है, केवल अंग्रेजी ही क्यों, विदेशी भाषा को एक संसाधन मानकर तथा देश के नागरिकों को एक संसाधन के रूप में बहुभाषी बनाने के लिए जर्मन, फ्रेंच, रूसी, जापानी भाषाएँ भी वैकल्पिक रूप से पढ़ाई जा सकती हैं। जिन राष्ट्रभाषियों की मातृभाषा हिंदी नहीं है उन्हें बहुभाषी बनाने के लिए त्रिभाषा सूत्र के अनुसार तीन भाषाएँ सीखनी होंगी परंतु जिनकी मातृभाषा हिंदी है, उन्हें दो भाषाएँ ही पढ़नी होंगी। अत: हिंदी भाषी क्षेत्रों में एक ओर भाषा अनिवार्य कर दी जाए। वह दक्षिण भारत की कोई भाषा हो सकती है। बहुत से लोगों का मत है कि हिंदी भाषा ही संपर्क भाषा क्यों हो? इसका कारण यह है कि सभी भारतीय भाषाओं में हिंदी ही ऐसी भाषा है जिसके बोलने वाले और जिसे समझने वाले सबसे अधिक हैं, जिन्हें और कोई भाषा नहीं आती है, वे भी टूटी-फूटी हिंदी में अपना काम चला लेते हैं। बहुत से राष्ट्र ऐसे हैं जहाँ संपर्क भाषा अंग्रेजी है परंतु विभिन्न राज्यों में बहुभाषी व्यक्ति मिल जाएँगे, जैसे—कोई जर्मनी भाषी है, कोई फ्रेंच भाषी है, कोई इतालवी भाषी है। परंतु संपर्क भाषा के रूप में अंग्रेजी होने का कारण यह है कि वहाँ अंग्रेजी बोलने वाले तथा समझने वाले अधिक हैं।

राष्ट्रीय एकता की दृष्टि से यह देखा जाए तो यदि हिंदी भाषी प्रदेशों में कोई अन्य आधुनिक भारतीय भाषा अनिवार्य बनाई जाती है, तो यह भी अच्छी बात ही है। परंतु, यह आग्रह नहीं होना चाहिए कि कुछ विशेष भाषाओं को ही अनिवार्य बनाया जाए। यह सभी राज्यों पर छोड़ देना चाहिए कि राज्य की जनता के हित में किन भाषाओं को अनिवार्य बनाया जाए। दक्षिण मध्य प्रदेश के लोग तेलुगू भाषा सीखना चाहेंगे, पूर्व मध्य प्रदेश के लोग गुजराती सीखना चाहेंगे और शेष लोगों को मराठी भाषा का अध्ययन करना चाहिए। इसलिए मध्य प्रदेश में तेलुगू, गुजराती और मराठी भाषाओं के अध्ययन की व्यवस्था की जाए और यह छात्रों पर छोड़ दिया जाए कि वे कौन-सी भाषा पढ़ना चाहते हैं। यदि किसी अन्य भाषा को अनिवार्य बनाया जाएगा तो लोग उसे क्यों पढ़ना चाहेंगे। कुछ लोग यह भी आग्रह करते हैं कि त्रिभाषा सूत्र में संस्कृत को शामिल न किया जाए बल्कि उसे चतुर्थ भाषा के रूप में ग्रहण किया जाए।

इसका दुष्परिणाम यह हुआ है कि संस्कृत की उपेक्षा हो गई है, कुछ विद्वानों का यह भी मानना है कि हमारी प्रगति संस्कृत में ही निहित है। संस्कृत एक अत्यंत प्राचीन भाषा है। इसका साहित्य भी बहुत ही समृद्ध है तथा हमारे वेद, पुराण, उपनिषद् आदि ज्ञान के खजाने इसी भाषा में छिपे हैं और यह जन-जन तक तभी पहुँचेंगे जब संस्कृत आम जनता तक पहुँचेगी। इसमें कोई शक नहीं है कि संस्कृत एक अत्यंत समृद्ध और संपन्न भाषा है। यह भारत की सांस्कृतिक भाषा है। रामायण, महाभारत, भगवद्गीता आदि ग्रंथ संस्कृत भाषा में ही हैं। भारतीय भाषाओं का साहित्य संस्कृत साहित्य पर ही आधारित है। संस्कृत भाषा की अवहेलना करने पर हम अपनी संस्कृति से कट जाएँगे। आज भी भारतीय भाषाओं को जब नए-नए विषयों के लिए नए-नए शब्दों की आवश्यकता पड़ती है तो वे संस्कृत का ही सहारा लेते हैं। अत: संस्कृत की उपेक्षा किसी भी सूरत में नहीं करनी चाहिए। उसे तो अनिवार्य बनाया जाना चाहिए। हमारे विचार से बहुभाषा को विवाद का प्रश्न न बनाकर उसे संसाधन के रूप में देखना चाहिए और बहुभाषी

व्यक्ति को एक मानवीय संसाधन समझना चाहिए जो देश की समृद्धि में सहायक हो सकता है।

बहुभाषावाद को एक संसाधन के रूप में प्रयोग करने के परिणाम—इस तरह के, गतिविधि पर आधारित दृष्टिकोण का उपयोग करने के लाभ उन सामान्य दृष्टिकोणों की तुलना में कहीं ज्यादा और चुनौतीपूर्ण होंगे जो साधारणत: सीखने के नियमों पर ही केंद्रित रहते हैं। ये लाभ एवं चुनौतियाँ निम्नलिखित हैं–

- कक्षा में छात्रों की भाषाएँ अधिक रचनात्मक रूप से उपयोग की जा सकेंगी। छात्रों को एक ही समय में कई भाषाओं के प्रयोग के बहुल अवसर प्राप्त होंगे।
- छात्र एक अनुकरणशील वातावरण में सभी भाषाओं में नियम बनाना सीख पाएँगे, जो उनकी अवलोकन व अनुमान लगाने की क्षमता और तर्क करने के अपने कौशल को तेज करने में मदद करेगा और इस प्रकार वे अधिक भाषायी और संज्ञानात्मक लचीलेपन की ओर अग्रसर हो सकेंगे।
- छात्रों में सहभागिता और भागीदारी के स्तर में वृद्धि होगी और उन्हें अपनी मातृभाषाओं के भाषायी आँकड़ों को साझा करने में योगदान देने के लिए कहा जा सकेगा।
- कक्षा के भीतर से उत्पन्न होने वाले आँकड़े, प्रभाव में, किसी मानकीकृत पाठ्यपुस्तक से बेहतर हो सकते हैं। यह सीखने की सामग्री, छात्रों के अनुभवों और उनके संप्रेषण की जरूरतों के आधार पर, कहीं अधिक गतिशील होंगे।
- शिक्षक की भूमिका एक सुविधाप्रदाता और एक अधिगमकर्त्ता दोनों की होगी। संज्ञानात्मक नियोजन के अतिरिक्त ये छात्रों को चुनौतीपूर्ण कार्य भी प्रदान कर सकेंगे। शिक्षक एक अच्छे श्रोता एवं पर्यवेक्षक बनकर भी सीख सकेंगे एवं धीरे-धीरे छात्रों और स्वयं के बीच की खाई को भी पाट सकेंगे। भाग लेने और योगदान करने के लिए अपने छात्रों को मौका देकर, शिक्षक उनके आत्मविश्वास और आत्मसम्मान को बढ़ावा देने में मदद कर सकते हैं।
- शिक्षकों को चिंतनशील बनना होगा जिससे निरंतर उनके अनुभव प्रतिबिंबित हो सकें और कक्षा में उन गतिविधियों का विकास करना होगा, जिनसे छात्रों का भाषायी विकास हो सके। छात्रों की संप्रेषण की जरूरतों को पूरा करने के लिए शिक्षक को पर्याप्त रूप से संवेदनशील होना होगा।
- शैक्षिक कौशल पर ध्यान केंद्रित करने के बजाय, पूरा शिक्षक-शिक्षण उद्यम अंग्रेजी में कार्यात्मक प्रवीणता के विकास के इर्द-गिर्द घूमेगा।
- अंतिम परिणाम एक सामाजिक बदलाव हो सकता है जिसमें छात्रों को पता चल जाएगा कि सभी भाषाएँ प्रारूपित, लचीली और नियमों के अनुसार संचालित होती हैं और अंग्रेजी की तुलना में उनकी अपनी भाषा कम जटिल या हीन नहीं है।

प्रश्न 12. भाषा के संबंध में भारतीय संविधान के प्रावधानों पर चर्चा कीजिए।

उत्तर– भारतीय संविधान के सत्रहवें भाग में धारा 343 से 351 तक तथा 8वीं अनुसूची में भाषाओं के मुद्दों को सम्मिलित किया गया है। धारा 343 (1) के अनुसार, "भारत की

राजभाषा देवनागरी लिपि में हिंदी होगी" साथ ही हिंदी के विकास के लिए कुछ दिशा-निर्देश भी दिए गए हैं–"हिंदी भाषा का इस तरह विकास और प्रोत्साहन दिया जाए ताकि यह भारत की सामासिक संस्कृति के सभी तत्त्वों को अभिव्यक्ति प्रदान कर सकने वाला माध्यम बन सके।" (धारा 351)

यहाँ गौरतलब है कि हिंदी हमारी राजभाषा है, संविधान की धारा 343 (2) के अनुसार सभी कार्यालयी कार्यों के संपादन हेतु अंग्रेजी को पंद्रह वर्षों तक प्रयोग करने की बात की गई है। लेकिन, 1965 तक आते-आते हिंदी व आर्य-वर्चस्व के खतरे को भाँपते हुए दक्षिण भारत में व्यापक स्तर पर दंगे-फसाद हुए। इससे पता चला कि अंग्रेजी को राजभाषायी पद से पूर्णतः त्यागना संभव नहीं होगा। 1965 में इसे सहायक कार्यालयी भाषा का दर्जा मिला। संविधान में इस बात का भी प्रावधान है कि उच्च न्यायालय, सर्वोच्च न्यायालय और संसद के अधिनियम की भाषा अंग्रेजी ही रहेगी। साथ ही संविधान प्रत्येक नागरिक को अपनी भाषा में राज्य को संबोधित करने का अधिकार प्रदान करता है। धारा 350 ए (सातवें संशोधन अधिनियम, 1956) में, प्राथमिक स्तर की शिक्षा के लिए भाषिक अल्पसंख्यक समुदाय के बच्चों को उनकी मातृभाषा में पठन-पाठन की बात की गई है। 8वीं अनुसूची का शीर्षक 'भाषाएँ' है। इसके खुलेपन का सबूत है कि पिछले पचास वर्षों में इसमें शामिल भाषाओं की संख्या 14 से 22 हो गई। ऐसा प्रतीत होता है कोई भी भाषा जो देश में कहीं भी प्रयुक्त हो रही है वैधानिक रूप से 8वीं अनुसूची का भाग हो सकती है।

हिंदी हमारी राजभाषा है, संविधान प्रत्येक नागरिक को अपनी भाषा में राज्य को संबोधित करने का अधिकार प्रदान करता है। भाषाओं की बहुलता और कई महत्त्वपूर्ण कार्यों में अंग्रेजी की बढ़ती जा रही उपयोगिता ने साबित कर दिया है कि बहुभाषी समाज में भागीदारी सुनिश्चित कराने वाली और जनतांत्रिक व्यवस्था के बने रहने के लिए भाषा के मामले में कई सीधा-सरल समाधान प्रस्तुत नहीं किया जा सकता। औपनिवेशिक शासन की अवधि के दौरान प्रयुक्त अंग्रेजी ने इतना लंबा सफर तय कर लिया है कि इससे आती औपनिवेशिकता की गंध अब खत्म हो गई है और इसलिए इसके प्रति प्रतिक्रियावादी रुख भी तेजी से लुप्त होते गए हैं। अब रोजगार के अवसर प्रदान कराने एवं अंतर्राष्ट्रीय स्तर पर संपर्क भाषा के रूप में बढ़ रहे इसके प्रयोग ने इसकी महत्ता को और बढ़ा दिया है। दूसरी तरफ, देश के शैक्षणिक और सत्ता संरचना में अनेक अल्पसंख्यक व आदिवासी भाषाएँ अपनी प्रबल दावेदारी के साथ शामिल होने के लिए उभकर सामने आ रही हैं। साथ ही राष्ट्रीय स्तर पर संपर्क भाषा के रूप में हिंदी भी लगातार फैल रही है।

प्रश्न 13. भाषा कौशल से क्या अभिप्राय है? संक्षेप में बताइए।

उत्तर– भाषा कौशल से तात्पर्य भाषा प्रयोक्ता द्वारा प्रयोग या व्यवहार में प्राप्त योग्यता से है। तात्पर्य यह कि व्यक्ति-विशेष भाषा का प्रयोग किस दृष्टि से कर रहा है। कुशल प्रयोग भाषा में दक्षता प्राप्त करने के पश्चात् ही संभव है। भाषा कौशल के दो प्रमुख भेद माने जाते हैं–(1) प्रधान कौशल, (2) गौण कौशल। भाषा के उच्चारण से संबंधित कौशल को प्रधान कौशल कहा जाता है। इनमें दो कौशल आते हैं–पहला–सुनना और दूसरा–बोलना। गौण कौशल का संबंध भाषा के लिखित रूप से है। गौण कौशल दो हैं–पहला–पढ़ना और

दूसरा–लिखना अर्थात् अन्य भाषा सीखने-सिखाने का काम इस प्रकार होना चाहिए– (1) सुनना, (2) बोलना, (3) पढ़ना (वाचन), (4) लिखना।

इनमें प्रथम दो भाषा के उच्चरित रूप से संबद्ध हैं जबकि अंतिम दो भाषा के लिखित रूप से। उच्चरित भाषा से संबंधित कौशल में भाषा के बोलीगत रूप से संबंधित दो प्रधान कौशलों – सुनना तथा बोलना के अंतर्गत निम्नलिखित भाषिक पक्ष लिए जाते हैं– (1) ध्वनियों में भेद करने की योग्यता, (2) उच्चारण में अनुकरण की सामर्थ्य, (3) उपवाक्य संरचना, (4) वाक्य संरचना के नियमों का ज्ञान, (5) मुक्त भाषण, (6) पदबंध, (7) शब्दावली, (8) श्रवण बोधन, (9) मुक्त बोधन, (10) वार्तालाप। वस्तुत: प्रथम दो सुनने से संबंधित हैं और शेष बोलने से।

लिखित भाषा से संबंधित प्रधान कौशलों – पढ़ना और लिखना के अंतर्गत निम्नलिखित भाषिक पक्ष आते हैं–(1) लिपि चिह्नों की पहचान, (2) लिपि चिह्नों का लेखन, (3) संकेतों की सहायता से लेखन, (4) संदर्भ व्याकरण, (5) मुक्त लेखन, (6) मुक्त पठन, (7) संदर्भों की पहचान, (8) पत्राचार, (9) वर्ण बोधन, (10) कोश देखने का अभ्यास।

मातृभाषा में भाषा कौशल को उद्देश्य के अनुसार निम्नलिखित चार हिस्सों में बाँटा गया है–(1) ग्राह्यात्मकता अर्थात् ग्रहण करना, (2) अभिव्यंजनात्मकता अर्थात् भाषा की अभिव्यक्ति में पूर्ण सामर्थ्य प्राप्त करना, (3) श्लाघात्मकता अर्थात् भाषा सीखने के प्रति रागात्मक भाव को उत्पन्न करना, और (4) रचनात्मकता अर्थात् भाषा की रचना में समर्थ बनना।

स्तर के अनुरूप भाषा कौशल का स्वरूप समृद्ध होता रहता है। प्राथमिक, माध्यमिक तथा स्नातकीय स्तर पर यही कौशल भिन्न-भिन्न रूपों में सामने आते हैं। वस्तुत: स्तर के अनुरूप सामग्री और साहित्य का स्तर बढ़ता जाता है।

प्रश्न 14. क्या अधिगम के लिए भाषा आवश्यक है? शोध से साक्ष्य प्रस्तुत करते हुए समझाइए।

उत्तर– न्यूजीलैंड में किए गए शोध-अध्ययनों (गैर-स्थानीय वक्ताओं के लिए अंग्रेजी भाषा एवं गणित अधिगम के बीच संबंध) से प्राप्त निष्कर्षों के अनुसार–

(1) शोधकर्त्ताओं पिप नेविली बार्टन एवं बिल बार्टन ने इस सामान्य दृष्टिकोण के साथ अपना प्रकरण प्रस्तुत किया कि एशियाई देशों विशेषकर चीन, से आने वाले विद्यार्थी गणित में अच्छी पृष्ठभूमि के साथ न्यूजीलैंड की शिक्षा-प्रणाली में प्रवेश करते हैं तथा उन्हें लगता है कि गणित भाषा कौशल पर कम निर्भर है।

शोध शुरू करने का दोहरा उद्देश्य था–

(क) अंग्रेजी में निपुणता की कमी के कारण अधिगमकर्त्ताओं को गणित अधिगम में आने वाली कठिनाइयों का पता लगाना।

(ख) समस्या उत्पन्न कर सकने वाले भाषा के विशिष्ट लक्षणों की खोज करना।

शोधकर्त्ताओं ने बताया कि अंग्रेजी में निपुणता की कमी के कारण होने वाली अपनी हानि के प्रति विद्यार्थी जागरूक नहीं थे तथा यह मानते थे कि गणित का अधिगम भाषा-मुक्त है (इन अधिगमकर्त्ताओं के शिक्षण का माध्यम अंग्रेजी था जबकि इनकी प्राथमिक भाषा चीनी (मन्दारिन, टोंगन तथा सैमुअन) थी)। शोधकर्त्ता सीनियर सैकेंडरी तथा अंडरग्रेजुएट स्तरों पर

गणित के अधिगम में, सामान्य भाषा में निपुणता की तुलना में तकनीकी ज्ञान के सापेक्ष महत्त्व का भी पता लगाना चाहते थे।

पाँच भिन्न-भिन्न स्कूलों में किए गए अध्ययनों से ज्ञात हुआ कि आमतौर पर विद्यार्थियों का प्रदर्शन अध्यापकों एवं शोधकर्त्ताओं के अनुमान से काफी खराब था। अंग्रेजी बोलने वाले इन गैर-स्थानीय छात्रों द्वारा अनुभव की गई इन समस्याओं में सामान्य एवं तकनीकी अंग्रेजी दोनों ही कारक थे। सभी स्तरों पर समस्याएँ उत्पन्न करने वाले प्रमुख कारक–संबंध सूचक अव्यय (पूर्वसर्ग) (prepositions) तथा शब्द-क्रम थे। तार्किक संरचनाएँ जैसे कि निरूपणों, प्रतिबंधों (condition) तथा अस्वीकृतियों (negations) का प्रयोग भी, इन कारणों में शामिल थे। विद्यार्थियों ने बताया कि उन्हें जटिल वाक्यांशों, वाक्य-विन्यास (syntex) एवं तकनीकी गणितीय शब्दावली वाले प्रासंगिक प्रश्नों को समझने में सबसे अधिक कठिनाई आई। दैनिक-जीवन के संदर्भ से जुड़ी गणित में भी उन्हें समस्याएँ आईं। शोधकर्त्ताओं ने यह भी अवलोकन किया कि जिन विद्यार्थियों को भाषा में कठिनाई थी, उन्होंने पाठ्य-सामग्री अथवा हैंडआउट्स पर विश्वास कर लिया। वे प्रक्रियाओं (procedures) पर ध्यान केंद्रित करते हैं तथा संदर्भ को समझने का प्रयास किए बिना उपयुक्त प्रक्रिया को पहचानने की कोशिश करते हुए परीक्षाओं में गणित की समस्याओं को हल करने का प्रयास करते हैं, जैसे कि लैस (less) शब्द का अर्थ वे घटाना ही समझेंगे, चाहे वह गलत ही क्यों न हो। भाषा संबंधी कठिनाइयाँ विद्यार्थियों की गणितीय समस्याएँ हल करने की तकनीकों को सीमित कर देती हैं, जैसे कि ऐसे विद्यार्थियों को डायग्राम बनाने में कठिनाई होती थी तथा वे संकेतात्मक विधि तक ही सीमित रहते थे। इसके अतिरिक्त भाषा के कारण छात्रों के गणितीय कौशल पर भी प्रभाव पड़ रहा था।

एक अध्यापक/शोधकर्त्ता के शब्दों में, इस प्रोजेक्ट ने एक हिमशैल (iceberg) का खुलासा किया था। संस्तुतियों में गणितीय पाठ्यचर्या के अंतर्गत केवल आगे के शोध (विद्यार्थी की मातृभाषा में) का ही सुझाव नहीं दिया गया, बल्कि विद्यार्थियों के लिए अंग्रेजी में गणित के अधिगम की विधि के एक भाग के रूप में उनकी मातृभाषा में गणित संबंधी चर्चा के अवसरों की उपयुक्तता एवं उसकी प्रभावशीलता पर विचार करने का भी सुझाव दिया गया था। यह प्रोजेक्ट उन अध्यापकों में क्षमता-निर्माण के लिए बढ़ाया गया कदम भी था जो गणित के गैर-देशी अधिगमकर्त्ताओं के लाभ के लिए बेहतर व्यवस्था बनाने के प्रति जागरूक थे। इसकी पुष्टि करने वाले अध्यापकों से प्राप्त प्रतिपुष्टियाँ नीचे दी जा रही हैं–

(क) मैं अब धीरे-धीरे बोलने का प्रयास करता हूँ तथा शब्दों का स्पष्ट उच्चारण करता हूँ।

(ख) मैं बोर्ड पर शब्दार्थ लिखता हूँ। उन अर्थों को स्पष्ट करता हूँ। इन प्रमुख शब्दों को दोहराना महत्त्वपूर्ण है।

(ग) विद्यार्थियों के मध्य गणितीय चर्चा को प्रोत्साहन दिया जाना चाहिए।

(घ) मैं उनकी गणितीय भाषा में आने वाली रिक्तियों के प्रति और अधिक प्रशंसात्मक हूँ तथा उन्हें सहायता की माँग करने के लिए प्रोत्साहित करता हूँ या कहता हूँ कि उन्हें जब भी कोई शब्द समझ में न आए तो मुझे बताएँ।

(2) शिक्षा पर वार्षिक स्थिति रिपोर्ट (ASER, 2014) (प्रथम द्वारा प्रस्तुत) के अनुसार, पाँचवीं कक्षा में नामांकित सभी बच्चों में से लगभग आधे तो कक्षा-II के स्तर की 'हिंदी' ही

नहीं पढ़ सकते हैं, जो कि उनकी प्रथम भाषा (L1) है। 48% विद्यार्थी ही कक्षा II के (या उच्च) स्तर के पाठ्य को पढ़ सकते हैं। ठीक प्रकार से पढ़ने की योग्यता प्राप्त किए बिना ये विद्यार्थी कैसे शिक्षा प्रणाली में प्रगति कर सकते हैं? इसके अतिरिक्त यह रिपोर्ट उन बच्चों के आँकड़े भी प्रस्तुत करती है जिनका नामांकन कक्षा-V में सरकारी स्कूलों में हुआ है, तथा यह भी सूचित करती है कि 2010 तथा 2012 के बीच अध्ययन (पढ़ने) के स्तर में आई कमी के अतिरिक्त समय बीतने के साथ-साथ अध्ययन के स्तर में और 'कमी' आई है या फिर वह एक ही जगह पर आकर रुक गया है। यद्यपि प्राइवेट स्कूलों में कक्षा-V के विद्यार्थियों का अध्ययन (पढ़ने) का स्तर बहुत अच्छा नहीं है, फिर भी, सरकारी एवं प्राइवेट स्कूलों के विद्यार्थियों के बीच पढ़ने के स्तर में फासला (समय के साथ-साथ) बढ़ता हुआ प्रतीत हो रहा है। रिपोर्ट में यह सुझाव दिया गया है कि बोलने के लिए, चर्चा करने के लिए, अपने विचार व्यक्त करने के लिए तथा एक साथ मिलकर समस्याएँ हल करने के लिए छात्रों को प्रोत्साहित करने की जरूरत है। इसमें उन सभी अध्यापकों के लिए पर्याप्त निहितार्थ हैं जिन्हें सभी विषयों के अधिगम में भाषा की भूमिका के संदर्भ में अपनी स्वयं की भूमिका जानने की आवश्यकता है।

प्रश्न 15. अधिगम एवं अध्यापन के संदर्भ में भाषा-कौशल की संपूरकता एवं अध्यापकों के विषय-ज्ञान के बारे में विस्तृत वर्णन कीजिए।

उत्तर– जॉन क्लैग के शब्दों में, "सबसे ज्यादा समस्या शहरी गरीबों के साथ आती है (छोटे शहरों में या ग्रामीण क्षेत्रों में) जहाँ बच्चों को अंग्रेजी भाषा के संपर्क में आने का बहुत कम या न के बराबर अवसर मिलता है ... विद्यार्थियों के लिए उस भाषा में स्कूली ज्ञान का अधिगम करना कठिन हो जाता है, जिसके लिए वे अभी भी संघर्ष कर रहे होते हैं या जो उनके लिए कठिन होती है। ऐसी स्थिति में अध्यापकों के लिए भी शिक्षण कठिन हो जाता है, तथा वे भी भाषा के साथ लगभग उतना ही संघर्ष कर रहे होते हैं, जितना कि उनके विद्यार्थी...। इसमें कोई छिपाने वाला तथ्य नहीं है कि संतोषजनक ढंग से स्कूल की विषय-सामग्री के ज्ञान का अधिगम करना उस स्थिति में लगभग असंभव हो जाता है जबकि न तो अध्यापक और न ही विद्यार्थी वास्तव में अंग्रेजी बोलने में पर्याप्त कुशल होते हैं और शिक्षा लेने तथा देने के माध्यम के रूप में इसका प्रयोग नहीं किया जा सकता है।"

बचमैन (1984) के द्वारा उनकी पुस्तक में दिया गया कथन इस ओर इशारा करता है कि जब शिक्षक को विषय का ही ज्ञान नहीं होगा, तब उससे पाठ-योजना की अपेक्षा करना व्यर्थ होगा, उदाहरणार्थ-यदि कोई अध्यापक लेखन के बारे में तथा विज्ञान के बारे में अनजान है तथा उसे विज्ञान की रिपोर्ट लिखने में विद्यार्थी की प्रगति के बारे में समझ नहीं है, तब विज्ञान में रिपोर्ट लिखने तथा संबंधित विद्यार्थी के असाइनमेंट्स का मूल्यांकन करने की उससे अपेक्षा करना व्यर्थ होगा।

अध्यापकों को अपने पाठ्यक्रम के विशिष्ट विषयों से परे व्यापक विषय-सामग्री के बारे में भी जानकारी रखनी चाहिए, उदाहरणार्थ, अंग्रेजी के अध्यापकों को विशिष्ट लेखकों, उनकी रचनाओं, साहित्यिक भाषाओं एवं शैलियों के बारे में तो जानकारी होनी ही चाहिए, इसके साथ-साथ उन्हें व्याख्या एवं समालोचना के बारे में भी जानकारी होनी चाहिए। एक इतिहास के अध्यापक को पाठ्य-सामग्री का ज्ञान तो होना ही चाहिए किंतु उसे यह भी समझना चाहिए

कि इतिहास क्या है : यह ऐतिहासिक ज्ञान की प्रकृति है एवं अतीत के बारे में कुछ जानने या पता लगाने का अर्थ क्या होता है। इतिहास के अध्यापक यह भी चाहते हैं कि उनके विद्यार्थी यह समझें कि इतिहास मूल रूप से व्याख्यात्मक विषय है। इतिहास के अधिगम का तात्पर्य है अतीत की घटनाओं का अध्ययन करना, जिनका निर्माण पहले ही हो चुका है एवं उसी घटना के विकल्प के बारे में अधिगम करना तथा यह जानना कि ऐसी घटनाओं का निर्माण किस प्रकार होता है। फिर भी अध्यापक किसी पाठ्य-सामग्री के शिक्षण के लिए अध्यापक-केंद्रित एवं अध्यापक-मुखी शिक्षण विधि को अपना सकता है या उसी पाठ्य-सामग्री के शिक्षण के लिए विद्यार्थी-केंद्रित उपागम को अपना सकता है।

अध्यापकों को यह जानकारी होती है कि प्रत्येक विषय की अपनी खुद की शब्दावली होती है तथा वाक्यों की अपनी ही पद्धतियाँ होती हैं। जैसा कि जूलिया स्ट्रांग अपने पेपर, "संपूर्ण पाठ्यचर्या के दौरान साक्षरता" में स्पष्ट करती हैं कि विज्ञान में व्याख्या करने की भाषा इतिहासकारों द्वारा तर्क करने की पद्धति से भिन्न होती है। वे अवलोकन करती हैं कि, '... बात करना ही अधिगम का केंद्रीय बिंदु है।' समस्याओं के माध्यम से बात करते हुए समझ में वृद्धि की जा सकती है। किसी भी विषय में विचारों की गहराई एवं स्पष्टता लाने के लिए चर्चा करना, व्याख्या करना, प्रश्न पूछना एवं बात करना तथा लिखना आदि सभी संघर्ष के पहलू हैं। यदि अध्यापक ध्यानपूर्वक चर्चा करके तथा साथी के साथ एवं समूह चर्चा करवाकर मुक्त प्रश्नों की रचना करना तथा अपने विद्यार्थियों की सोच का विस्तार करना जानते हैं, तो वे न केवल छात्रों की विचारशीलता को बढ़ावा दे सकते हैं, बल्कि अधिगम को भी प्रोत्साहित कर सकते हैं। इसी प्रकार, विद्यार्थियों में सहयोग की भावना बढ़ाकर, सक्रिय अधिगम को प्रोत्साहन देकर, शीघ्र प्रतिपुष्टि देकर, विद्यार्थियों से अत्यधिक अपेक्षाएँ रखकर अध्यापक उनको प्रभावित कर सकता है। इसका निष्कर्ष हम इस प्रकार दे सकते हैं कि विषय सामग्री अध्यापक के ज्ञान का एक अनिवार्य घटक है, इस बारे में कोई संदेह नहीं है, किंतु भाषा के प्रयोग के साथ इसे समेकित करना भी महत्त्वपूर्ण है। सभी इस बात को स्वीकार करते हैं कि शिक्षण में केवल किसी विशिष्ट तथ्य या अवधारणा का प्रसार करना ही शामिल नहीं है, बल्कि इसकी बजाय कई अंतर्संबंधित अवधारणाओं को इस प्रकार से करना भी अध्यापक की जिम्मेदारी होती है, जिससे विद्यार्थी कठिन संबंध को समझने में सक्षम बन सकें। यह काम भाषा एवं विषय सामग्री के बीच संबंध स्थापित करके किया जा सकता है। विचारोत्तेजक प्रश्नों की रचना करने की अध्यापक की योग्यता एवं सही मार्गदर्शन मिलने पर निश्चित रूप से विद्यार्थी आत्म-निर्भर विचारक बनने के लिए (अर्थात् स्वतंत्र रूप से विचार करने के लिए) प्रोत्साहित होंगे।

HERE, 'WILL' is the only thing needed to become an 'AUTHOR'

We, at Gullybaba, will guide you at every step of self-publishing of your book and promote this at Global level.

amazon.in   amazon.com   flipkart.com
SHOPCLUES.com   Paytm   kindle direct publishing

Call: 8130886000 or Visit: Gullybaba

3 पाठ्यचर्यापर्यंत भाषा की समझ
Understanding Language Across the Curriculum

भूमिका

भाषा की आवश्यकता हर प्रकार के अधिगम में होती है। यदि हम ध्यान दें तो प्रत्येक स्तर पर जैसे कि परिवार में, मित्रों के साथ, समाज में तथा विद्यालय में बात करते समय हमारी भाषा में भिन्नताएँ पाई जाती हैं और वास्तविकता तो यह है कि हम आपस में उस भाषा को आसानी से समझ भी लेते हैं। स्कूल में विषय क्षेत्र के अनुसार भाषा के प्रयोग में भी भिन्नता होती है। शिक्षण में अध्यापक को भिन्न-भिन्न विषयों के लिए भिन्न-भिन्न प्रकार की भाषा को अपनाना पड़ता है। पृथक्-पृथक् विषयों के बारे में समझने के लिए विद्यार्थियों को विशिष्ट सूचियों को समझना होता है, ताकि वे उस विषय में आने वाली आवश्यकताओं को समझ सकें। भिन्न-भिन्न प्रकार के कार्यों के लिए भिन्न-भिन्न प्रकार की भाषाओं की आवश्यकता होती है। उदाहरणार्थ, जब भी कोई रोगी या रोगी की देखभाल करने वाला व्यक्ति किसी डॉक्टर से बात करता है, तो आमतौर पर डॉक्टर के द्वारा बोली जाने वाली चिकित्सकीय भाषा उसकी समझ में नहीं आती है, क्योंकि अपनी भाषा में डॉक्टर तकनीकी शब्दों का प्रयोग करते हैं। इसी प्रकार, अधिवक्ताओं, व्यापारिक संस्थानों की भाषा का भी अपना विशिष्ट स्वरूप होता है। इसलिए किसी भी व्यावसायिक क्षेत्र के लिए उस व्यवसाय से संबंधित भाषा का ज्ञान होना आवश्यक है जो कि संपूर्ण पाठ्यक्रम का विशद अध्ययन करके ही प्राप्त हो सकता है, जिसके लिए सुविज्ञ अध्यापकों का मार्गदर्शन आवश्यक है।

प्रश्न 1. मौखिक व लिखित प्रयुक्तियों में अंतर स्पष्ट कीजिए।

अथवा

मौखिक व लिखित प्रयुक्तियों से क्या तात्पर्य है? संक्षिप्त में बताइए।

उत्तर— किसी भी भाषा में अभिव्यक्ति दो रूपों में होती है—मौखिक रूप में और लिखित रूप में। भाषा के इन दोनों रूपों में काफी अंतर होता है। इस तरह प्रत्येक भाषा की मौखिक तथा लिखित प्रयुक्तियाँ होती हैं। उदाहरण के लिए, बोलचाल की हिंदी या आकाशवाणी और दूरदर्शन में बिना लिखित आधार के प्रयुक्त हिंदी (जैसे—प्रश्नोत्तर या परिचर्या आदि में) मौखिक प्रयुक्ति का उदाहरण है तो साहित्य, समाचार-पत्र या कार्यालय में प्रयुक्त हिंदी लिखित प्रयुक्ति का उदाहरण है। मौखिक तथा लिखित प्रयुक्तियों में मुख्यत: निम्नांकित अंतर होते हैं—

- मौखिक प्रयुक्ति के वाक्य प्राय: शब्द चयन, पदक्रम तथा संयोजन आदि की दृष्टि से लिखित प्रयुक्ति के वाक्य की तरह बहुत शुद्ध नहीं होते, क्योंकि मौखिक प्रयुक्ति में उसे सुधारने का अवसर नहीं मिलता।
- मौखिक प्रयुक्ति के वाक्य प्राय: अधूरे होते हैं जिन्हें श्रोता प्रसंग के पूरे वाक्य में परिवर्तित करके समझ लेता है। लिखित प्रयुक्ति के वाक्यों में यह बात नहीं होती। नाटकों के संवाद या कथा साहित्य में प्रयुक्त कथोपकथन के वाक्य अपवाद हैं जो लिखित प्रयुक्ति में आकर भी एक सीमा तक मौखिक प्रयुक्ति का ही प्रतिनिधित्व करते हैं।
- इस संबंध में यह बात भी उल्लेखनीय है कि मौखिक प्रयुक्ति बोलने वाले की आंगिक चेष्टाओं के कारण बहुत प्रभावशाली हो जाती है बल्कि लिखित प्रयुक्तियों में यह बात नहीं होती।

प्रश्न 2. 'प्रयुक्तियों की भाषा विशेषताओं में अंतर एकपक्षीय नहीं हैं।' टिप्पणी कीजिए।

उत्तर— उपदेश एवं दो अथवा अधिक लोगों के बीच होने वाली बातचीत पर विचार करें तो ज्ञात होगा कि हालाँकि दोनों ही बातचीत के रूप हैं, लेकिन उनकी अंत:क्रिया का स्तर भिन्न है। दो या अधिक लोगों के बीच बातचीत उच्च रूप से परस्पर संवादात्मक होती है, जबकि उपदेश एक व्यक्ति द्वारा दिया जाता है। बातचीत किसी भी विषय पर हो सकती है एवं यह भी जरूरी नहीं है कि इसका उद्देश्य विशिष्ट हो। यह सहभागियों के बर्ताव एवं भावनाओं के अनुरूप बदली भी जा सकती है। वहीं दूसरी ओर उपदेश, विषय (धर्म, जीवन-शैली, दर्शन-शास्त्र) एवं उद्देश्य (सूचनात्मक, प्रेरक) के आधार पर कहीं अधिक विशिष्ट होते हैं। बातचीत की भाषा में कई मध्यम पुरुष सर्वनाम प्रयुक्त होते हैं, जबकि उपदेश की भाषा में अधिक जटिल वाक्य एवं उनके दुहराव होते हैं।

भाषा की विधाएँ, जैसे कि शब्द, शब्दावली वितरण, व्याकरण के वर्ग, वाक्य रचनाएँ आदि मनमाने ढंग से प्रयोग नहीं की जा सकतीं, और विभिन्न प्रयुक्तियों (लहजों) में ये संरचनाएँ विविध प्रकार से प्रयोग की जाती हैं। जी.पी.एच. की पुस्तकों का मुख्य उद्देश्य ज्ञान के साथ-साथ अच्छे नम्बर दिलाना है।

प्रश्न 3. 'एक ही व्यक्ति विभिन्न परिस्थितियों में विभिन्न प्रयुक्तियों का प्रयोग करता है।' टिप्पणी कीजिए।

उत्तर– एक ही व्यक्ति भिन्न-भिन्न परिस्थितियों में भिन्न-भिन्न बोलियों का प्रयोग करता है। प्रयुक्ति (रजिस्टर) अर्थात् लहजा, दी गई सामाजिक परिस्थितियों के अनुरूप प्रयुक्त भाषायी रूपों का एक समूह है।

सामान्यतया, एक ही व्यक्ति भिन्न-भिन्न परिस्थितियों में भिन्न-भिन्न लहजों (रजिस्टर) का प्रयोग करने में निपुण होता है। ये भाषायी रूप (लहजे) अनौपचारिक से लेकर औपचारिक तक हो सकते हैं। छोटे बच्चे वयस्कों की तुलना में कम प्रकार के रजिस्टर प्रयोग कर पाते हैं। रजिस्टर की यह निपुणता उम्र एवं सामाजिक-आर्थिक स्थितियों पर भी निर्भर करती है। इन सबके अतिरिक्त एक ही व्यक्ति भिन्न-भिन्न परिस्थितियों में भिन्न-भिन्न भाषाओं अथवा लहजों का प्रयोग करता है, उदाहरण के लिए, एक ही व्यक्ति घर में अलग तथा दुकान या आरक्षण खिड़की पर अलग प्रकार के लहजे का प्रयोग करता है और ऑफिस में कार्य करने वाला व्यक्ति अपने साथियों से बात करते समय अलग लहजे का प्रयोग करता है तथा अपने से ऊँचे ओहदे वाले व्यक्ति से बात करते समय अलग लहजे का प्रयोग करता है। इस प्रकार, एक ही दिन में अलग-अलग समय पर एक ही व्यक्ति एक ही भाषा को भिन्न-भिन्न लहजों में बोल सकता है अथवा एक ही भाषा के अलग-अलग रूपों का इस्तेमाल कर सकता है। लहजा बदलने पर ध्वनि, संरचना एवं शब्दावली (lexicon) भी बदल जाती है।

प्रश्न 4. शैक्षिक प्रयुक्ति (Academic register) क्या है? इसकी प्रमुख विशेषताएँ बताइए।

उत्तर– शैक्षिक प्रयुक्ति (लहजा) पद का, शैक्षिक भाषा की विशेषताओं का वर्णन करने के लिए प्रयोग किया जाता है। रोजमर्रा में प्रयोग की जाने वाली भाषा, विद्यालय में प्रयोग की जाने वाली भाषा से भिन्न होती है।

पहला अंतर यह है कि विद्यालय में प्रयुक्त भाषा, रोजमर्रा में प्रयुक्त भाषा की तुलना में अधिक औपचारिक होती है। विद्यालय में प्रयुक्त भाषा वह होती है, जिसका प्रयोग छात्र सोचने के लिए, विशिष्ट विषयों के अंतर्गत आने वाले मतों के निर्धारण एवं तुलना के लिए, अपनी समझ की जाँच हेतु अपने साथियों के साथ संवाद करने के लिए एवं सीखे हुए का अभिप्राय ज्ञात करने के लिए करते हैं। शिक्षा से संबंधित प्रत्येक क्षेत्र में सफलता पाने के लिए छात्रों को विद्यालयी भाषा में विशेषज्ञता हासिल होनी चाहिए।

यद्यपि क्यूमिन्स ने इस मॉडल में, संवादात्मक योग्यता एवं उन्नत शिक्षा के लिए प्रयुक्त भाषाओं के मध्य विभेद की आलोचना की है, लेकिन इस विषय पर समझ को और अधिक स्पष्ट करने के लिए अनेक विद्वानों द्वारा दिए गए और भी अनेक मत हैं, जो इस प्रकार हैं–

(1) शैक्षिक भाषा वह है जो अध्यापक एवं विद्यार्थियों के द्वारा नया ज्ञान एवं कौशल अर्जित करने के लिए प्रयुक्त की जाती है एवं जो नई-नई सूचनाओं से अवगत करवाती है, अमूर्त विचारों की व्याख्या करती है और छात्रों की वैचारिक समझ को विकसित करती है। (Chamot & O'Malley, 1994, P-40)

(2) शैक्षिक अंग्रेजी कक्षा की भाषा होने के साथ-साथ शैक्षिक विषयों (विज्ञान, साहित्यिक विषय, इतिहास) एवं साहित्य तथा तार्किक प्रवचनों की भाषा है। संवादात्मक अंग्रेजी की तुलना में यह ज्यादा अमूर्त एवं अप्रासंगिक है। (Gersten, Baker, Shanahan, Linan-Thompson, Collins & Scarcella, 2007, P-16)

दूसरे शब्दों में, उपर्युक्त परिभाषाओं से यह निष्कर्ष निकाला जा सकता है कि–

(1) शैक्षिक भाषा मौखिक एवं लिखित, दृश्य, श्रव्य आदि किसी भी प्रकार की हो सकती है, जिसकी छात्रों को आवश्यकता है–

(क) समझने (सुनने व सोचने) के लिए।

(ख) संप्रेषण (सुनने, बोलने, लिखने व जुड़ने) के लिए।

(ग) प्रदर्शन (सोचने, पढ़ने, लिखने, सुनने, बोलने, हल करने व रचना करने) के लिए।

(2) शैक्षिक भाषा, विषय-वस्तु के बारे में–

(क) सोचने,

(ख) प्रश्न करने,

(ग) बातचीत करने एवं

(घ) सीखने के लिए भी आवश्यक है।

भाषा	
शैक्षिक	**प्रतिदिन**
• औपचारिक एवं आधिकारिक • ज्ञान एवं विचारों का प्रदर्शन अधिकतर लिखित कार्यों के माध्यम से • लंबे एवं जटिल वाक्यों का प्रयोग • विचारों के निर्माण के लिए कार्य को संज्ञा में बदलना (जैसे–प्रदूषण) • आमतौर पर कर्मवाच्य का प्रयोग (उसके द्वारा कितना पैसा खर्च किया गया?) • लंबे संज्ञा वाक्यांश (शहरों में प्रदूषण के कारण...)	• आरामदायक एवं मैत्रीपूर्ण • मौखिक, अनौपचारिक, दिन-प्रतिदिन के कार्यों के अर्थ में होती है। • छोटे एवं साधारण वाक्यों का प्रयोग • कार्य को क्रियाओं के माध्यम से दर्शाना (जैसे–धूल, धुआँ) • ज्यादातर कर्तृवाच्य का प्रयोग (उसने कितना खर्चा किया?) • छोटे संज्ञा वाक्यांश (जैसे–प्रदूषित शहर..)

शैक्षिक भाषा का प्रयोग अधिगमकर्त्ताओं की विशेषताओं, जैसे कि उम्र आदि के अनुसार अलग-अलग स्तर के बच्चों के लिए अलग-अलग प्रकार से किया जाता है। वह भाषा, जिसमें एक पाँच वर्ष का बच्चा प्रवीण हो सकता है, वह जटिलता एवं विशेषज्ञता की दृष्टि से उस भाषा से बिल्कुल भिन्न हो सकती है जो एक वयस्क द्वारा किसी अनुसंधान की थीसिस लिखते समय प्रयोग की जाती है। अतः शैक्षिक भाषा प्रकृति से विकासशील होती है, क्योंकि यह सरलता से जटिलता की ओर अग्रसर होती है।

विद्यालयी भाषा में प्रवीणता हासिल करना, सभी छात्रों के लिए एक कठिन कार्य है। शिक्षार्थियों के लिए यह अत्यंत महत्त्वपूर्ण है कि किसी विशेष विषय के अधिगम के लिए उनको सिखाई जाने वाली भाषा के समुचित प्रयोग के लिए वे उसमें दक्षता हासिल करें। विद्यालयी भाषा का शिक्षण एक जटिल प्रक्रिया है एवं इसके लिए शिक्षार्थियों की भाषा संबंधी जरूरतों और सामग्री की भाषा की माँग को समझना आवश्यक है। अत: शिक्षकों को भाषा की माँगों को पहचानने एवं उस पर विचार करने की आवश्यकता है, क्योंकि वे ही विषय-वस्तु को सिखाने में छात्रों की मदद करते हैं।

शैक्षिक प्रयुक्ति की विशिष्ट विशेषताएँ निम्नलिखित हैं–

(1) उच्च शाब्दिक घनत्व–प्रत्येक वाक्यांश में क्रिया की बजाय शब्दावली से मिलने वाले पदों का अधिक उपयोग होता है (उदाहरण–चर्चा के अनुसार कार्यवाही की जाए)।

(2) अत्यधिक नामों वाली शैली–अर्थ बताने के लिए एवं वाक्य को सघन बनाने के लिए क्रिया की बजाय संज्ञा का अधिक प्रयोग होता है (रेखांकित शब्द) (उदाहरण–एक हस्तलिपि बनाने के लिए तुम्हें समय के सक्षम प्रयोग पर विचार करने की आवश्यकता है)।

(3) निर्वैयक्तिक रचना–इस भाषा रूप में व्यक्ति की अपेक्षा 'पदनाम' प्रमुख होता है। यहाँ कर्त्ता स्वयं पर जिम्मेदारी नहीं लेना चाहता। व्यक्ति सापेक्ष वाक्यों की बजाय व्यक्ति निरपेक्ष वाक्यों का प्रयोग बहुतायत से किया जाता है (उदाहरण–इस संदर्भ में आपको सूचित किया जाता है कि–)।

(4) जोर देना–कथनों को और अच्छा बनाने के लिए क्रिया वाक्यांशों का प्रयोग किया जाता है (उदाहरण–चाहिए, आवश्यकता है, ऐसा प्रतीत होता है कि, संभवतया, हो सकता है कि आदि)।

प्रश्न 5. 'शैक्षिक भाषा' क्या है? इसके विभिन्न घटकों की विवेचना कीजिए।

उत्तर– शैक्षिक भाषा को उन भाषायी विधाओं के रूप में चिह्नित किया जा सकता है जो किसी शैक्षिक विषय (गणित, कला, विज्ञान, समाज विज्ञान एवं भाषा) के लिए विशिष्ट होती है, जिसमें भाषा के चारों क्षेत्र – पठन, लेखन, वाचन एवं श्रवण में प्रयुक्त व्याकरण, शब्दावली एवं पठन संबंधी सभी विशेषताएँ शामिल होती हैं।

एक विषय का पठन, लेखन, वाचन एवं श्रवण दूसरी भाषा के पठन, लेखन, वाचन एवं श्रवण से भिन्न हो सकता है। विभिन्न विषयों की संरचना से जुड़े विचार कौशल भी भिन्न-भिन्न हो सकते हैं। विज्ञान, भाषा एवं साहित्य की विषय-वस्तु खोजपरक एवं परिकल्पनात्मक हो सकती है। वहीं समाज विज्ञान की भाषा एवं साहित्य क्रमानुगत अथवा वर्णनात्मक हो सकते हैं। जहाँ शारीरिक शिक्षा की भाषा अनुदेशात्मक होती है एवं इसमें क्रिया-विशेषणात्मक वाक्यांशों का प्रयोग किया जाता है, वहीं एक विषय के रूप में, अंग्रेजी में, साहित्यिक भाषा पर जोर दिया जाता है, जिसमें रूपक अलंकार एवं उपमा अलंकार जैसी अनेकों विधाएँ शामिल हो सकती हैं।

शिक्षण में प्रयुक्त विद्यालयी प्रयुक्तियाँ (रजिस्टर)–गणित की कक्षा में विशेष प्रकार की भाषा के प्रयोग की आवश्यकता होती है जो कि विज्ञान की कक्षा में प्रयुक्त भाषा से बिल्कुल अलग होती है। गणित के अधिगम में गणित के लहजे में अधिगम करवाया जाता

है, वहीं विज्ञान के अधिगम में विज्ञान के लहजे में तथा इतिहास के अधिगम में इतिहास के लहजे में। किसी विषय की भाषा से केवल यह तात्पर्य नहीं है कि उससे संबंधित शब्दावली की सूची या विशिष्ट अर्थों वाले विशेष शब्द, बल्कि उसमें प्रभावी संप्रेषण की एवं उस विषय के ज्ञान के वितरण (मौखिक एवं लिखित) की क्षमता होना भी आवश्यक है।

विज्ञान की कक्षा में भाषा

उदाहरण—डाल्टन के परमाणु सिद्धांत के अनुसार सभी द्रव्य चाहें तत्त्व, यौगिक या मिश्रण हों, सूक्ष्म कणों से बने होते हैं, जिन्हें परमाणु कहते हैं। डाल्टन के सिद्धांत की विवेचना निम्न प्रकार से की जा सकती है–

- सभी द्रव्य परमाणुओं से बने होते हैं।
- परमाणुओं में अविभाज्य सूक्ष्मतम कण होते हैं जो रासायनिक अभिक्रिया में न तो सृजित होते हैं और न ही उनका विनाश होता है।
- किसी भी दिए गए तत्त्व के सभी परमाणुओं का द्रव्यमान एवं रासायनिक गुण समान होते हैं।
- भिन्न-भिन्न तत्त्वों के परमाणुओं के द्रव्यमान एवं रासायनिक गुणधर्म भिन्न-भिन्न होते हैं।
- किसी भी यौगिक में परमाणुओं की सापेक्ष संख्या एवं प्रकार निश्चित होते हैं।
- एक रासायनिक प्रतिक्रिया परमाणुओं की एक पुनर्व्यवस्था है।

रेखांकित वाक्यों, वाक्यांशों को देखने पर पता चलता है कि वे सभी कर्मवाच्य (passive voice) अथवा साधारण वर्तमान काल में दिए गए हैं। यह दर्शाता है कि विज्ञान का लहजा तटस्थता को अभिव्यक्त करने वाला होता है, अर्थात् यह उन तथ्यों को दर्शाता है, जिन्हें सिद्ध किया जा चुका है, जिन पर प्रयोग किया जा चुका है अथवा जिनका परीक्षण किया जा चुका है एवं जिन्हें सार्वभौमिक सत्य के रूप में स्वीकार किया जा चुका है। विज्ञान की पाठ्य भाषा कर्मवाच्य पर जोर देती है, अत: लोग शायद ही कभी विज्ञान चर्चा में मौजूद रहते हैं। घटनाओं, खोजों अथवा अवधारणाओं के पीछे प्रामाणिकता का कोई न कोई तत्त्व एवं मनुष्य अथवा स्वयं का कोई संदर्भ छिपा हुआ होता है। साधारण वर्तमान काल एवं कर्मवाच्य का प्रयोग करते हुए विज्ञान का पठन-पाठन संक्षिप्त होता है न कि विवरणात्मक। इसमें प्रदत्त सूचनाएँ विशेष होती हैं। इसमें संज्ञाओं से निर्मित अमूर्त संज्ञात्मक वाक्यांशों का प्रयोग किया जाता है, जैसे–सूर्य के चारों ओर पृथ्वी का परिक्रमण। जटिल पाठ्य को, लंबे और जटिल संज्ञात्मक वाक्यांशों एवं उपवाक्यों की मदद से छोटे-छोटे वाक्यों के रूप में लिखा जाता है एवं ज्यादा गहन सूचनाओं को प्रभावी ढंग से प्रस्तुत करने के लिए तकनीकी शब्दावली का प्रयोग किया जाता है, जैसे–एक निश्चित रासायनिक संरचना के साथ एक प्राकृतिक ठोस, गर्मी एवं पृथ्वी की गहराई में दाब। कथात्मक, नाटकीय एवं बोलचाल के शब्दों को दूर रखा जाता है।

उपर्युक्त चर्चा के आधार पर कहा जा सकता है कि विज्ञान के प्रति विद्यार्थियों की समझ का विकास करने में भाषा (विज्ञान की भाषा) प्रमुख भूमिका निभाती है। लेकिन अधिकांश विद्यार्थियों के लिए वैज्ञानिक भाषा के प्रयोग में अनुभव की जाने वाली समस्याएँ, विज्ञान को सीखने, समझने एवं उसकी तार्किकता के संबंध में एक प्रमुख बाधा हो सकती

हैं। अच्छे अध्यापकों को इस बात की जानकारी होती है कि उनके विद्यार्थी वैज्ञानिक शब्दों को कितना समझ रहे हैं। उनके पास विशिष्ट शब्दों के लिए साझा समझ-बूझ का विकास करने के लिए कार्यनीतियाँ होती हैं एवं उन्हें विज्ञान व उसकी प्रक्रियाओं (परीक्षण, अवलोकन आदि) का ज्ञान होता है। एक शिक्षक के लिए यह आवश्यक हो जाता है कि वह अपने पाठों के बीच समय का अंतराल रखे, जिससे विद्यार्थी नए शब्दों को सीख सकें और उनका अभ्यास कर सकें। यदि वे इन शब्दों को नहीं समझेंगे तो वैज्ञानिक अवधारणाओं को समझना भी उनके लिए कठिन कार्य हो जाएगा। विज्ञान के पठन में उपन्यास के पठन की तुलना में अलग प्रकार के कौशलों की आवश्यकता होती है अर्थात् विज्ञान में प्रयुक्त अनन्य शब्दों एवं वाक्यांशों को समझना आवश्यक है, ताकि वे प्रारूपों, संरचनात्मक ढाँचों एवं पाठ्यपुस्तक के पाठ्य को समझ सकें, कारण एवं प्रभाव के संबंधों को जान सकें तथा निष्कर्षों को निकाल सकें। विशिष्ट एवं तकनीकी होने के कारण वैज्ञानिक शब्दावली में निम्न प्रकार के शब्द होते हैं, जिन्हें छात्रों को समझने में कठिनाई हो सकती है–

- **अपरिचित शब्द–**चिर-परिचित वस्तुओं के लिए अपरिचित शब्दों का प्रयोग, जैसे–छोटा के लिए 'व्यष्टि (micro)' शब्द का प्रयोग।
- **विशेषज्ञतापूर्ण अर्थ वाले शब्द–**दैनिक जिंदगी में प्रयुक्त होने वाले वे शब्द, जिनके विशिष्ट वैज्ञानिक अर्थ होते हैं, जैसे–ऊर्जा, क्षमता आदि। इन शब्दों को भिन्न-भिन्न संदर्भों में पढ़ाने की आवश्यकता होती है।
- **कठिन अवधारणाएँ–**गैर-तकनीकी शब्द जैसे–'घटक (फैक्टर)' या 'सिद्धांत (थ्योरी)'। इन शब्दों का आशय जटिल कठिन वैज्ञानिक अवधारणाओं से होता है, जिनकी उन्हें गलत अथवा आंशिक समझ होती है।
- **जटिल संयुक्त शब्द–**अनेक वैज्ञानिक शब्द जो ग्रीक या लैटिन शब्दों के उद्गम या सूत्रों के संयोजन से व्यवस्थित रूप से तैयार किए गए हैं, इससे उन्हें समान शब्दों को समझने में मदद मिलती है तथा वे पाठ्यक्रम के विभिन्न हिस्सों के बीच संबंध भी बना सकते हैं, उदाहरण के लिए 'फोटो (photo)' का संबंध जीव विज्ञान में 'फोटोसिंथेसिस (photosynthesis)' से और भौतिकी में, 'फोटोन (photon)' से होता है। इनमें से प्रत्येक शब्द में दो हिस्से हैं। इसलिए शब्दों के अर्थ को समझने में विद्यार्थियों की मदद करने के लिए प्रयोग की जाने वाली यह अच्छी कार्यनीति है।

नए शब्द का अर्थ समझने के साथ-साथ कभी-कभी उसका उच्चारण भी कठिन हो सकता है। लिखित कार्यों में शब्दों के इस्तेमाल से भी विद्यार्थियों को उचित वैज्ञानिक अर्थों को समझने में मदद मिलती है एवं तथ्यों का वर्णन करने में वे सक्षम होते हैं।

विज्ञान में शब्द तो महत्त्वपूर्ण हैं ही, इसके अतिरिक्त, अन्य विषयों की तुलना में, इसकी समझ के लिए विज्ञान में, गैर-भाषीय तरीकों जैसे–तस्वीरों, चित्रों, इमेजों, एनीमेशन, ग्राफ, समीकरणों, सारणियों एवं चार्टों की कहीं अधिक आवश्यकता होती है। ये सभी तरीके अलग-अलग तरह से अर्थों को प्रस्तुत करने में सक्षम होते हैं।

गणित की कक्षा में भाषा–सभी स्कूली विषयों में गणित ऐसा है जिसका दर्जा अनोखा पर अंतर्विरोधी है। एक तरफ इसे स्कूली भाषा का एक अत्यावश्यक अंश माना जाता है।

कक्षा 1 से 10 तक इसे अनिवार्य विषय के रूप में पढ़ाया जाता है। वहीं दूसरी तरफ इसके प्रति लोगों में भय भी व्याप्त होता है। अत: गणित की भाषा सार्वभौमिक होने के बावजूद, इसकी शैक्षिक भाषा गणित के शिक्षण में महत्त्वपूर्ण भूमिका निभाती है। गणित की अपनी अलग भाषा, व्याकरण संबंधी विशेषताएँ एवं भाषायी संरचना होती है, जो गणित के पाठ्य को अधिक सटीक, आधिकारिक एवं तकनीकी बनाती है। ये वे चुनौतियाँ हैं, जो विद्यार्थी अधिगम में बाधा डाल सकती हैं। डेल एवं क्यूवास, 1992 के अनुसार गणित की चुनौतियों में विशिष्ट शब्दावली एवं पठन संबंधी विशेषताओं के अतिरिक्त दिन-प्रतिदिन की वह शब्दावली भी शामिल है, जिसका गणित की दृष्टि से अलग अर्थ होता है।

नीचे कक्षा VI की एन.सी.ई.आर.टी. की गणित की पाठ्यपुस्तक में दिया गया कॉर्पस आधारित विश्लेषण प्रस्तुत है, जो दर्शाता है कि गणित की भाषा का संचालन किस प्रकार होता है। समस्या समाधान एवं अमूर्तता की गणितीय अवधारणा को परिभाषित करने में निर्धारकों एवं पदों का कहाँ इस्तेमाल किया जाता है। सबसे अधिक बार प्रयुक्त शब्द विषय-वस्तु से संबंधित न होकर क्रियात्मक शब्द होते हैं, जैसे—आर्टिकल (a, an, the), प्रोपोजिशन (पूर्व सर्ग) आदि। 'संख्या (number)' शब्द सबसे अधिक बार प्रयुक्त शब्दों की श्रेणी में 9वें स्थान पर आता है। यह दर्शाती है कि गणितीय विचारों एवं अवधारणाओं को किस प्रकार मान्यताओं, गणनाओं, तार्किक अनुक्रमण एवं वैचारिक भाषा में अभिव्यक्त किया जा सकता है। प्रोपोजिशन, निर्धारक एवं कंजंक्शन (संयोजक), गणना को प्रभावी बनाने में मदद करते हैं, उदाहरणतया—जब हम गुणा करते हैं, तो उसके लिए into प्रोपोजिशन का अधिकांशत: प्रयोग करते हैं।

गणित की पाठ्यपुस्तक का कॉर्पस विश्लेषण: कक्षा VI के पाठ-1 के लिए आवृत्ति संख्याएँ

N	Word	Freq.	%	Texts	%	mmas
2	THE	410	5.19	1	100.00	
3	TO	179	2.26	1	100.00	
4	IS	165	2.09	1	100.00	
5	AND	164	2.07	1	100.00	
6	IN	153	1.93	1	100.00	
7	OF	143	1.81	1	100.00	
8	A	133	1.68	1	100.00	
9	NUMBER	122	1.54	1	100.00	
10	NUMBERS	113	1.43	1	100.00	
11	WE	103	1.30	1	100.00	
12	DIGIT	72	0.91	1	100.00	
13	YOU	63	0.80	1	100.00	
14	ARE	50	0.63	1	100.00	
15	AS	50	0.63	1	100.00	
16	FOR	47	0.59	1	100.00	
17	OFF	46	0.58	1	100.00	
18	IT	45	0.57	1	100.00	
19	PLACE	44	0.56	1	100.00	
20	CAN	43	0.54	1	100.00	
21	THIS	41	0.52	1	100.00	
22	DIGITS	39	0.49	1	100.00	
23	AT	38	0.48	1	100.00	
24	GREATEST	38	0.48	1	100.00	
25	HOW	38	0.48	1	100.00	

इतिहास की कक्षा में भाषा—इतिहास विषय की अपनी खास शब्दावली, शैली एवं व्याकरण संबंधी प्रारूप है। इतिहास की शब्दावली में समय (दशाब्दी, शताब्दी, मध्यकालीन, आधुनिक, प्राचीन) एवं ऐतिहासिक प्रक्रियाओं और ऐतिहासिक अवधारणाओं (उपनिवेशवाद, क्रांति, आक्रमण, पुरातत्व) का वर्णन करने वाली वस्तुओं (कलाकृतियों, स्मारक) के लिए प्रयुक्त शब्द शामिल हैं। उपयोग किए जाने वाली दूसरी पंक्ति के कुछ शब्द – विश्लेषण, वर्णन, व्याख्या, तुलना एवं इसके विपरीत में, आदि हैं। इतिहास की भाषा की छात्रों के बीच भारी माँग है, क्योंकि यह मुख्य रूप से पाठ्य के माध्यम से निर्मित है और विज्ञान के विपरीत अवलोकन के माध्यम से इसकी क्रियाशीलता एवं व्यावहारिकता को अनुभव नहीं किया जा सकता है। इतिहास के पाठ्यों में ऐसी जानकारी होती है, जो कई मायनों में गहनता लिए होती है, जिसमें पूर्व की घटनाओं की पृष्ठभूमि की जानकारी प्रस्तुत की जाती है जो कि शेष पाठ्य के लिए महत्त्वपूर्ण होती है। इसके बाद घटनाओं का एक घटनाक्रम या रिकॉर्ड दिया होता

है और अंतिम भाग घटनाओं के ऐतिहासिक महत्त्व को दर्शाता है, क्योंकि इतिहास, विद्यालय में पढ़ाए जाने वाले सर्वाधिक पाठ्य-युक्त विषयों में से एक है, अत: छात्र जो कुछ भी सीखते है, वह उन्हें पाठ्यपुस्तकों, लोकप्रिय पत्रिकाओं, प्राथमिक एवं द्वितीयक स्रोतों एवं संपूरक अध्ययनों से प्राप्त होता है तथा यह विद्यार्थियों के लिए एक बड़ी चुनौती है।

विद्यार्थी चाहे जो भी विषय सीखें – गणित, भूगोल अथवा विज्ञान, भाषा ही अधिगम का प्रमुख उपकरण है। पठन, श्रवण, लेखन एवं वाचन अधिगम प्रक्रिया के अपरिहार्य उपकरण हैं, क्योंकि छात्रों को संपूर्ण पाठ्यचर्या को पढ़ना है। विभिन्न राष्ट्रीय एवं अंतर्राष्ट्रीय स्तर की एजेंसियों द्वारा प्रत्येक वर्ष किए गए सर्वेक्षण विभिन्न विषयों में छात्रों की खराब उपलब्धि को दर्शाते हुए, पढ़ने, समझने एवं लेखन के क्षेत्र में उनके खराब प्रदर्शन का उल्लेख करते हैं।

लेखन के कौशल में सबसे कमजोर क्षेत्र यह है कि अधिकांश बच्चे इस महत्त्वपूर्ण क्षेत्र में आशा से भी कम सफलता प्राप्त कर रहे हैं। इससे पता चलता है कि गणित, विज्ञान और सामाजिक अध्ययन, जैसे–विषय-क्षेत्रों में छात्रों की भाषायी आवश्यकताओं को पूरा करने हेतु उनकी शब्दावली, व्याकरण और वाक्य संरचनाओं में सुधार के लिए उन्हें अधिक पढ़ने एवं रणनीतियाँ सिखाए जाने की आवश्यकता है।

विषयों की भाषा की क्या माँग है एवं भाषा के माध्यम से पाठ्यचर्या की विषय-वस्तु को किस प्रकार पढ़ाया व सिखाया जाता है, इस बात पर ध्यान देने से मुख्यधारा के शिक्षक, इन जरूरतों के लिए योजना बनाने में समर्थ होते हैं। किसी भी गतिविधि या विषय के भीतर, पाठ्य-सामग्री को छात्रों तक पहुँचाने के लिए और भाषा संरचनाओं एवं सामग्री विशिष्ट शब्दावली का उपयोग करते हुए छात्रों के विचार कौशल के विकास के लिए शिक्षक रणनीतियों की योजना बनाई जा सकती है।

शैक्षिक भाषा के चार घटक हैं–

(1) **शब्दावली**–भाषा विकास की यह सबसे पहली अवस्था है जिसमें शिशुओं को दूसरों की भाषा को समझना होता है। इसके लिए यह आवश्यक है कि शिशु परिवार के सदस्यों द्वारा बोले जाने वाले वाक्यों तथा शब्दों का अर्थ समझे। भाषा समझने के लिए यह भी आवश्यक है कि वह शब्दों का सही-सही प्रयोग करे।

बच्चों द्वारा शब्दावली का निर्माण करना प्रमुख कार्य है। शब्दावली निर्माण में बच्चों को शब्दों तथा उसके अर्थ को समझना आवश्यक होता है। सामान्यत: बच्चे वैसे शब्दों को पहले सीखते हैं जो उनकी भूख प्रेरणा से संबंधित होते हैं। जैसे-जैसे बच्चा नए-नए शब्दों को सीखता है तथा पुराने शब्दों के लिए नए-नए अर्थ समझता है उसकी शब्दावली भी बढ़ती जाती है। बच्चों द्वारा दो तरह की शब्दावली का निर्माण होता है–एक को साधारण शब्दावली (general vocabulary) तथा दूसरे को विशिष्ट शब्दावली (specific vocabulary) कहते हैं। इन दोनों का वर्णन इस प्रकार है–

(क) **सामान्य शब्दावली**–सामान्य शब्दावली वह होती है, जिनका प्रयोग आमतौर पर अनेक परिस्थितियों में किया जाता है; जैसे–अच्छा, बुरा, सुंदर, खाना, जाना, दादा, नाना आदि। बालक उन शब्दों को पहले ग्रहण करता है, जो उसके लिए उपयोगी होते हैं। पहले बालक संज्ञा शब्द सीखता है, बहुत बाद में सर्वनाम सीखता है। अधिकतर शुरू में वह वे शब्द सीखता है, जिनमें

ध्वनियों की आवृत्ति होती है, जैसे—'पा-पा', 'माँ-माँ' आदि। 18 माह का शिशु विशेषण शब्द सीखता है, जैसे—अच्छा, सुंदर, गंदा आदि। 2 वर्ष तक वह क्रियाओं और सर्वनाम भी सीखने लगता है। वह 200 से 300 शब्द सीख जाता है। अधिकतर वह 'मैं' शब्द का इस्तेमाल करता है।

(ख) **विशिष्ट शब्दावली**—तीन वर्ष का बालक विशिष्ट शब्दावली सीखने लगता है, जैसे—विभिन्न रंगों के नाम, फूलों के नाम, मुद्राओं के नाम आदि। किशोर तो गुप्त भाषाओं का प्रयोग भी करने लगते हैं।

(2) **वाक्य विन्यास**—किसी भाषा में जिन सिद्धांतों एवं प्रक्रियाओं के द्वारा वाक्य बनते हैं, उनके अध्ययन को भाषा विज्ञान में वाक्य विन्यास, 'वाक्य विज्ञान' या सिंटैक्स (syntax) कहते हैं। वाक्य के क्रमबद्ध अध्ययन को 'वाक्य विन्यास' कहते हैं। वाक्य विज्ञान, पदों के पारस्परिक संबंध का अध्ययन है। वाक्य भाषा का सबसे महत्त्वपूर्ण अंग है। मनुष्य अपने विचारों की अभिव्यक्ति वाक्यों के माध्यम से ही करता है। अतः वाक्य भाषा की लघुतम पूर्ण इकाई है। वाक्य विज्ञान के अंतर्गत निम्नलिखित बातों का विचार किया जाता है—वाक्य की परिभाषा, वाक्यों और भाषा के अन्य अंग का संबंध, वाक्यों के प्रकार, वाक्यों में परिवर्तन, वाक्यों में पदों का क्रम, वाक्यों में परिवर्तन के कारण आदि।

शब्दों को मिलाकर वाक्य बनाना और इसे बोलना बच्चों के लिए एक कठिन कार्य है। फिर भी 2 वर्ष की आयु में बच्चे शब्दों को वाक्यों में गठन करने का सबसे पहला प्रयास करते हैं। परंतु ऐसा करने में उन्हें इस उम्र में आंशिक सफलता मिलती है। ऐसे शब्दों को बोलने के साथ-साथ वे कुछ हाव-भाव (gesture) भी दिखलाते हैं जिनमें उन शब्दों का अर्थ स्पष्ट हो जाता है, जैसे—यदि बच्चा 'दो' (give) शब्द बोलते हुए अपना हाथ मिठाई की ओर बढ़ाता है तो इसका अर्थ हुआ कि वह मिठाई माँग रहा है। जब बच्चा 2½ साल का हो जाता है, तो संज्ञा तथा क्रिया शब्दों को मिलाकर एक छोटा वाक्य बनाने की कोशिश करता है परंतु अक्सर छोटा वाक्य भी अधूरा ही रह जाता है। जब बच्चा पाँच साल का हो जाता है, तो सभी शब्द-भेद (parts of speech) को मिलाकर छोटे-छोटे वाक्य बोल देता है और 7-8 वर्ष की आयु में वह इनका प्रयोग बिना किसी रुकावट के कर लेता है। प्रत्येक आनुक्रमिक वर्षों (successive years) में बच्चे वाक्यों का प्रयोग अधिक प्रवीणता के साथ करते जाते हैं और वाक्यों में व्याकरण संबंधी दोष कमते जाते हैं।

(3) **भाषा कार्य**—एक ही विषय क्षेत्र के भीतर तथा वक्ता-श्रोता की समान स्थिति में भी अभिव्यक्ति की स्थितियाँ सदैव समान नहीं होतीं, कभी वे औपचारिक होती हैं तो कभी अनौपचारिक। इन दोनों ही स्थितियों में भाषा व्यवहार का रूप अलग-अलग होता है। उदाहरण के लिए, दो मित्र जब सामान्य जीवन के विषय में अनौपचारिक बातचीत कर रहे हों तब उनकी भाषा का रूप और होता है और जब वे राजनीतिक परिस्थितियों या काव्य रचना प्रक्रिया पर विचार-विमर्श कर रहे हों तो उनकी भाषा का रूप और होता है। इसी तरह राजनीतिक गतिविधियों पर मित्रों के बीच होने वाली चर्चा तथा किसी संगोष्ठी में होने वाली चर्चा में भाषा व्यवहार के भिन्न-भिन्न रूप होते हैं। एक अन्य उदाहरण निम्न प्रकार है—दो देशों के प्रधानमंत्री जब मिलते हैं तो परस्पर राजनयिक संबंधों के बारे में उनके बीच हुई चर्चा में जो भाषा व्यवहार होता है उसमें और प्रेस कॉन्फ्रेंस के समय जो भाषा व्यवहार होता है, उसमें काफी अंतर होता है।

(4) **लिखित अथवा मौखिक व्याख्या (शब्दावली, वाक्य विन्यास, भाषा कार्य)**—लिखित अथवा मौखिक व्याख्या (discourse) से तात्पर्य है कि किसी विषय क्षेत्र के सदस्य अपनी विषय-वस्तु को किस प्रकार बोलते अथवा लिखते हैं। व्याख्यान, जटिल विचारों की स्पष्ट रूप से व्याख्या करने के लिए, शब्दों एवं वाक्यों को एक साथ रखता है। इसमें संरचना एवं व्यवस्था, बोलने का तरीका, जटिलता, बोधगम्यता एवं श्रोता जैसे कई तत्त्व शामिल हैं। व्याख्यान को संप्रेषण की एक प्रक्रिया के रूप में समझा जा सकता है। यह संप्रेषण की एक विशिष्ट शैली है जिसका प्रयोग ज्यादातर शिक्षाविदों की दुनिया में किया जाता है। पाठ्यपुस्तक, शोध लेख, शोध प्रबंध, विज्ञान पत्रिकाएँ, लॉग इत्यादि विभिन्न प्रकार के व्याख्यानों के उदाहरण हैं।

प्रश्न 6. शैक्षिक भाषा के विकास पर चर्चा कीजिए।

उत्तर— आरंभिक वर्षों में, बच्चे के द्वारा घर पर प्रयुक्त भाषा एवं विद्यालय में प्रयुक्त भाषा के बीच स्पष्ट अतिच्छादन दिखाई देता है। धीरे-धीरे स्कूल में इस्तेमाल की जाने वाली भाषा के परिष्करण (sophistication) एवं जटिलता (complexity) के स्तर में वृद्धि होती जाती है। शैक्षिक भाषा की विशेषताएँ सामाजिक भाषा की विशेषताओं से भिन्न नहीं होती हैं, अतः कक्षाकक्ष परिस्थितियों में इन दोनों भाषाओं के रजिस्टर, कक्षा की भाषा एवं सामाजिक संपर्क की भाषा के रूप में अतिच्छादित होते हैं। इसके अतिरिक्त शैक्षिक अध्ययन की भाषा में भी यह अतिच्छादन व्याप्त रहता है।

शैक्षिक भाषा में प्रवीणता एक लंबे समय के बाद प्राप्त होती है। शोध अध्ययन बताते हैं कि विषय-वस्तु एवं भाषा दोनों पर एक साथ फोकस (द्वैती फोकस) एवं अर्थपूर्ण निवेश करते हुए भाषा के प्रयोग में अभ्यास के द्वारा तथा भाषा के स्वरूप एवं भाषायी कार्यों की तरफ छात्रों का ध्यान आकर्षित करते हुए शैक्षणिक भाषा सर्वोत्तम तरह से सीखी जा सकती है।

प्रश्न 7. ब्लूम द्वारा शैक्षिक उद्देश्यों को कितनी श्रेणियों में वर्गीकृत किया गया है? संक्षिप्त में ज्ञानात्मक पक्ष के उद्देश्यों का वर्गीकरण कीजिए।

उत्तर— ब्लूम 'महाविद्यालयों व विश्वविद्यालय परीक्षकों की एक अमेरिकी समिति' के द्वारा प्रस्तुत की गई 'शैक्षिक उद्देश्यों का वर्गीकरण' (Taxonomy of Educational Objectives) नामक रचना के संपादक थे। ब्लूम ने शैक्षिक उद्देश्यों का वर्गीकरण करने में अपनी कार्यकुशलता का परिचय देकर शैक्षिक उद्देश्यों को बहुत ही सहज एवं स्पष्ट बना दिया है। इन उद्देश्यों का वर्गीकरण इस प्रकार किया गया है कि शिक्षण-अधिगम प्रक्रिया किसी पाठ्यपुस्तक या अधिगम अनुभव द्वारा विद्यार्थियों के व्यवहार में परिवर्तन लाने का एक प्रयास है। ब्लूम ने 'शैक्षिक उद्देश्यों का वर्गीकरण' निम्न प्रकार से किया है—

- ज्ञानात्मक उद्देश्य
- भावात्मक उद्देश्य
- क्रियात्मक उद्देश्य

ब्लूम ने ज्ञानात्मक पक्ष के उद्देश्यों को सरल से कठिन (Simple to Complex) और शिक्षण-अधिगम के निम्न स्तर से शुरू करके ऊँचे-से-ऊँचे स्तर तक ले जाने के दृष्टिकोण को ध्यान में रखते हुए छह वर्गों में विभाजित किया है। ये वर्ग हैं—ज्ञान, बोध, प्रयोग,

विश्लेषण, संश्लेषण और मूल्यांकन। साथ ही उन्होंने हर वर्ग के अधिगम परिणामों को भी स्पष्ट करने का प्रयास किया है।

ब्लूम द्वारा प्रस्तुत किए गए ज्ञानात्मक पक्ष के वर्गीकरण को हम इस प्रकार से स्पष्ट कर सकते हैं–

- **ज्ञान (Knowledge)**–इस वर्ग में विद्यार्थियों को पाठ्यवस्तु के विशिष्ट तथ्यों, पदों, परंपराओं, प्रचलनों, वर्गों, कसौटियों, विधियों, प्रनियमों, सामान्यीकरणों, सिद्धांतों एवं संरचनाओं का प्रत्यभिज्ञान (Recognition) और प्रत्यास्मरण (Recall) कराने का प्रयास किया जाता है तथा कक्षा में इसके लिए समुचित परिस्थितियाँ उत्पन्न की जाती हैं।
- **बोध (Comprehension)**–ज्ञान वर्ग में जिन तथ्यों, पदों, परंपराओं, वर्गों और प्रनियमों आदि का ज्ञान कराया जाता है यहाँ इस वर्ग में उनके बारे में भली-भाँति अवबोध या समझ विकसित की जाती है जिससे विद्यार्थी उस प्राप्त ज्ञान को अपने शब्दों में अनुवाद करके व्यक्त कर सकें और उनकी व्याख्या, गणना तथा उल्लेख कर सकें। ज्ञान के बिना बोध नहीं हो सकता है। अतः ज्ञान वर्ग इस वर्ग के लिए आवश्यक आधार है।
- **प्रयोग (Application)**–किसी भी तथ्य, नियम या सिद्धांत का सामान्यीकरण करने, उनकी कमजोरियों का निदान करने तथा पाठ्यवस्तु का प्रयोग करने के लिए यह आवश्यक है कि पहले उस वस्तु का ज्ञान व बोध होना चाहिए, तब ही विद्यार्थी उचित ढंग से, अपनी योग्यतानुसार व्यक्तिगत परिस्थितियों में उस ज्ञान का प्रयोग कर सकेंगे। अतः ज्ञान व बोध वर्ग इस वर्ग के आधार हैं।
- **विश्लेषण (Analysis)**–इस वर्ग में विद्यार्थियों को तथ्यों, नियमों या सिद्धांतों आदि का विश्लेषण, उनके संबंधों का विश्लेषण तथा उनका व्यवस्थित सिद्धांतों के रूप में विश्लेषण करना होता है। सीखी गई वस्तु के तत्त्वों को इस प्रकार अलग-अलग करने और उनका संबंध स्थापित करने के लिए ज्ञान, बोध व प्रयोग के उद्देश्यों की प्राप्ति आवश्यक है।
- **संश्लेषण (Synthesis)**–विद्यार्थी पहले चार वर्गों के उद्देश्यों की प्राप्ति के पश्चात् ही सीखी गई पाठ्यवस्तु के तथ्यों, नियमों, सिद्धांतों आदि के तत्त्वों को एक नवीन रूप में व्यवस्थित करके एक नया अनोखा संप्रेषण, योजना का प्रारूप तैयार करते हैं।
- **मूल्यांकन (Evaluation)**–किसी भी शिक्षण कार्य की सफलता इस बात पर निर्भर करती है कि विद्यार्थी यह निर्णय ले सकें कि उन्होंने जो भी अधिगम किया है, वह मूल्य की दृष्टि से उपयोगी है या अनुपयोगी। अतः इस स्तर पर अंतःसाक्ष्यों व बाह्य कसौटियों के आधार पर बच्चों में पाठ्यवस्तु के तथ्यों, सिद्धांतों और नियमों आदि के बारे में निर्णय लेने की योग्यता विकसित की जाती है।

इस प्रकार विभिन्न शिक्षण विषयों में निहित तथ्यों, सिद्धांतों आदि के ज्ञान से लेकर मूल्यांकन तक के उद्देश्यों की प्राप्ति करके ज्ञानात्मक पक्ष को विकसित करने का प्रयास किया जाता है।

तालिका 3.1: ज्ञानात्मक पक्ष से संबंधित कार्यपरक क्रियाओं की सूची

उद्देश्य (ब्लूम के वर्गीकरण पर आधारित)	संबंधित कार्यपरक क्रियाएँ
1. ज्ञान	परिभाषा देना, सूची देना, लेबल लगाना, मापन करना, नाम देना, प्रत्यास्मरण करना, पहचानना, पुनः उत्पादन करना, चुनना, कथन देना, लिखना, रेखांकित करना आदि।
2. बोध	बदलना, वर्गीकरण करना, भेद करना, व्याख्या, प्रतिपादन करना, पहचानना, उदाहरण देना, संकेत करना, व्याख्या करना, न्याय करना, निर्णय लेना, नाम देना, प्रतिनिधित्व करना, चयन करना, सारांश देना, रूपांतर करना, अनुवाद करना इत्यादि।
3. प्रयोग	जाँच करना, बदलना, चुनना, संचालित करना, निर्माण करना, गणना करना, प्रदर्शित करना, खोज करना, व्याख्या करना, स्थापित करना, पाना, उत्पन्न करना, उदाहरण देना, संशोधित करना, परिपालन करना, चयन करना, समाधान करना, उपयोग करना आदि।
4. विश्लेषण	विश्लेषण करना, संबंधित करना, तुलना करना, निष्कर्ष निकालना, अंतर बताना, आलोचना करना, विभेद करना, पहचानना, पुष्टि करना, इंगित करना, निर्णय लेना, चयन करना, अलग करना आदि।
5. संश्लेषण	तर्क करना, निष्कर्ष देना, मिलाना, निकालना, वाद-विवाद करना, सामान्यीकरण करना, समन्वित करना, संगठित करना, संक्षिप्त करना, सिद्ध करना, संबंधित करना, पुनः कथन देना, चयन करना, सारांश देना, संश्लिष्ट करना आदि।

6. मूल्यांकन	संबंधित करना, चुनना, तुलना करना, आलोचना करना, निष्कर्ष देना, बचाव करना, निश्चित करना, मूल्यांकन करना, निर्णय लेना, पहचानना, अभिज्ञान करना, संबंध स्थापित करना, चयन करना, सारांश देना, समर्थन करना, जाँच करना आदि।

प्रश्न 8. "भाषा ही अधिगम की नींव है।" टिप्पणी कीजिए।

उत्तर– विज्ञान, गणित अथवा सामाजिक विज्ञान की भाषा के लेखन एवं पठन में छात्र दक्षता हासिल करें, इस उद्देश्य की प्राप्ति हेतु एक शिक्षक के लिए यह महत्त्वपूर्ण है कि उसे साक्षरता प्राप्ति के विभिन्न स्वरूपों का ज्ञान हो।

शानहन एवं शानहन (2008) ने इस दिशा में महत्त्वपूर्ण कार्य किए। उन्होंने परीक्षण किया कि साक्षरता का विकास किस प्रकार तीन चरणों में संपन्न होता है–बुनियादी साक्षरता (सभी पठन कार्यों में बार-बार दिखाई देने वाले शब्दों का ज्ञान एवं उनका कूटानुवाद (decoding) करना), मध्यवर्ती साक्षरता (सामान्य शब्दार्थ, बुनियादी प्रवाह) एवं विषयक साक्षरता (इतिहास, विज्ञान, गणित, साहित्य आदि विशिष्ट विषयों में साक्षरता कौशल)। विषयक साक्षरता के चरण में कौशल औपचारिक रूप से नहीं पढ़ाए जाते हैं, बल्कि इन्हें सीखना कठिन होता है, क्योंकि विशिष्ट विषयक पाठ्यों का स्वरूप कठिन एवं सार रूप में होता है। इन तीनों अवस्थाओं को पिरामिड के रूप में बनाए गए ग्राफ के द्वारा प्रदर्शित किया जा सकता है। इन तीनों स्तरों के विशेषज्ञों के लिए पठन में प्रवीणता हासिल करना महत्त्वपूर्ण है। प्रत्येक स्तर में प्रवीणता तभी हासिल की जा सकती है, जब पाठक नए पाठ्य के पठन के लिए, अपने पिछले ज्ञान की समझ को बार-बार दोहराएँ।

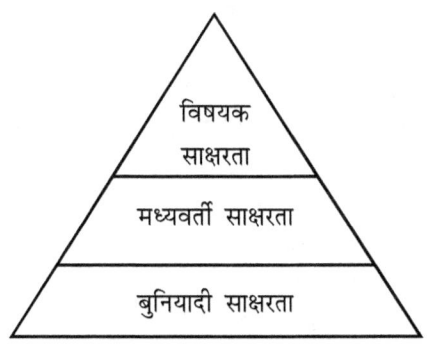

चित्र 3.1: साक्षरता विकास की बढ़ती हुई विशेषज्ञता

पिरामिड को देखने पर पता चलता है कि बुनियादी कौशल सभी पठन कार्यों की नींव होते हैं, ये कौशल हैं–कूटानुवाद का कौशल, प्रिंट एवं साक्षरता की परंपरा की समझ एवं उच्च बारंबारता के शब्दों को पहचानना।

उच्च प्राथमिक स्तर पर, छात्र द्वितीय चरण में प्रवेश करते हैं, अर्थात् मध्यवर्ती साक्षरता। इस स्तर पर छात्र समझने में अधिक कुशल होते हैं एवं समझ के लिए विभिन्न रणनीतियों को अपनाते हुए, समझने में आने वाली समस्त कमजोरियों को दूर कर सकते हैं। वे अलग-अलग पाठ्य-संरचनाओं अर्थात् कारण और प्रभाव, तुलना, समस्या-समाधान आदि को पहचानने एवं समझने में सक्षम होते हैं।

विषयक साक्षरता वह तीसरा चरण है, जिसमें छात्र द्वितीय चरण में होते हैं एवं इस स्तर पर, कौशलों के विकास में शिक्षक की दखलअंदाजी की सबसे अधिक आवश्यकता होती है। तृतीय स्तर पर पिरामिड का संकुचन यह दर्शाता है कि पठन एवं अधिगम विशिष्ट प्रकृति का है एवं यह विशिष्ट विषय की आवश्यकता पर ज्यादा ध्यान केंद्रित करता है एवं अन्य क्षेत्रों के प्रति कम सामान्य है।

इस स्तर पर, विषयक-विशिष्ट पाठ्य ज्यादा सार रूप में एवं जटिल हो जाते हैं एवं छात्रों के लिए पाठ्यपुस्तकों एवं अन्य पठन सामग्रियों की सार प्रकृति को समझना मुश्किल होता है। छात्र साधारणतया पाठ्य में प्रयोग की जाने वाली भाषा पर ज्यादा ध्यान केंद्रित नहीं कर पाते हैं, वास्तव में, यह एक ऐसा तथ्य है जिसकी छात्रों एवं शिक्षकों दोनों के द्वारा अवहेलना की जाती है। छात्र पढ़ते हैं, लेकिन वे सामने आने वाले शब्दों के अर्थों पर ज्यादा विचार नहीं करते हैं। यदि वे पाठ्य को समझते हैं तो उसके केवल अर्थ के बारे में सोचते हैं एवं गहरी समझ हेतु उस पाठ्य की व्याकरण संबंधी अथवा शब्द-भंडार संबंधी विशेषताओं के बारे में वे चिंता नहीं करते हैं। विषय के शिक्षक छात्रों को औपचारिक तौर पर किसी भी प्रकार के कौशल नहीं सिखाते हैं एवं भाषा के शिक्षक, जो कि साहित्य संबंधी शैक्षिक कौशलों के शिक्षण में प्रशिक्षित होते हैं, छात्रों को गणित के पाठ्य से बहुपद (polynomials) या विज्ञान की पत्रिका (journal) से बल (force) शब्द का अर्थ समझाने में शायद सहजता का अनुभव नहीं करते हैं। इसे समझने के लिए एक उदाहरण निम्न प्रकार से है—

शैक्षिक विकास में भाषा—माना कि 8वीं कक्षा की एन.ए.ई.पी. की परीक्षा में अग्रलिखित प्रश्न पूछा जाता है—यदि एक आयत जितना चौड़ा (wide) है, उसका दोगुना लंबा (long) है, तो उसकी चौड़ाई (width) से उसके परिमाप (perimeter) का क्या अनुपात होगा?

हालाँकि यह प्रश्न इतना कठिन नहीं लग रहा है, पर फिर भी अमेरिका के 8वीं कक्षा के केवल 11% छात्र ही इसका सही उत्तर दे पाते हैं, जबकि सिंगापुर में 8वीं कक्षा के 56% बच्चे इसका सही उत्तर दे पाते हैं। इस प्रश्न को करने में क्या कठिनाई आई होगी? जबकि भाषा भी काफी सरल है एवं गड़बड़ी वाली भी ऐसी कोई संख्या नहीं है। यहाँ पर कुछ तकनीकी शब्द हैं—परिधि एवं आयत, लंबा, चौड़ा। शायद उन्हें इन शब्दों को समझने में असुविधा रही होगी। यदि हम यह मानें कि छात्र 'अनुपात' शब्द से भली-भाँति परिचित हैं तथा 8वीं कक्षा का भी यहाँ कोई मतलब नहीं है तो इस स्थिति में हमें छात्रों को, 'परिधि' की सर्वव्यापक परिभाषा – लंबाई (length) एवं चौड़ाई (width) के दोगुने के रूप में समझाने की आवश्यकता पड़ेगी। अगला कदम है—इस समस्या का हल ज्ञात करना, यह प्रश्न का शायद सबसे कठिन कार्य रहा होगा।

उपर्युक्त उदाहरण से स्पष्ट है कि लोगों के विश्वास के विपरीत, गणित का अधिगम केवल तकनीकी पदों से ही संबंधित नहीं है। यहाँ यह समझना भी महत्त्वपूर्ण है कि गणित

पाठ्यचर्यापर्यंत भाषा की समझ   79

में कई बार प्रयुक्त साधारण पदों का अर्थ समझना भी छात्रों के लिए समस्या में दिए गए संबंधों को समझने के लिए जरूरी होता है। कभी-कभी वे इन शब्दों का सही अर्थ नहीं समझ पाने के कारण समस्या का सही से विश्लेषण नहीं कर पाते हैं कि वास्तव में उनसे पूछा क्या जा रहा है। इस कारण उनसे अपेक्षा कुछ और की जाती है और वे करते कुछ हैं। अतः इन शब्दों का ज्ञान होना भी छात्रों के लिए आवश्यक है।

प्रश्न 9. शिक्षण-अधिगम प्रक्रिया में भाषा के महत्त्व पर प्रकाश डालिए।

उत्तर— शिक्षण-अधिगम प्रक्रिया में भाषा का महत्त्वपूर्ण योगदान होता है क्योंकि भाषा ही शिक्षण-अधिगम प्रक्रिया को प्रभावी, सरल एवं सहज बनाती है। शिक्षण में अधिगम निहित होता है और अधिगम की प्रक्रिया भाषा के बिना संभव नहीं है। शिक्षण-अधिगम प्रक्रिया में भाषा अधिगम की प्रक्रिया को इस प्रकार समझाया गया है—

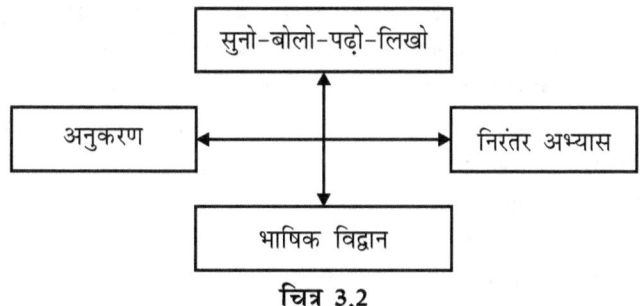

चित्र 3.2

शिक्षण का मुख्य उद्देश्य विद्यार्थी के व्यवहार को उचित दिशा में प्रभावित करना या परिवर्तन करना अर्थात् उसके अधिगम को उचित दिशा में प्रभावी बनाना होता है। अधिगम को प्रभावी बनाने तथा व्यवहार को परिवर्तन करने की उचित दिशा क्या हो, इसका निर्णय विद्यालय और अध्यापक मिलकर करते हैं। शिक्षा के लक्ष्य एवं उद्देश्य अध्यापक को भी पता होने चाहिए। शैक्षिक उद्देश्यों के आधार पर ही शिक्षक शिक्षण कार्य करता है तथा विद्यार्थी शैक्षिक उद्देश्यों की प्राप्ति के अनुकूल ही अधिगम करते हैं। शिक्षण-अधिगम प्रक्रिया के तीन मुख्य बिंदु हैं—(1) उद्देश्य, (2) अधिगम अनुभव क्रियाएँ, (3) विद्यार्थी का मूल्य निर्धारण।

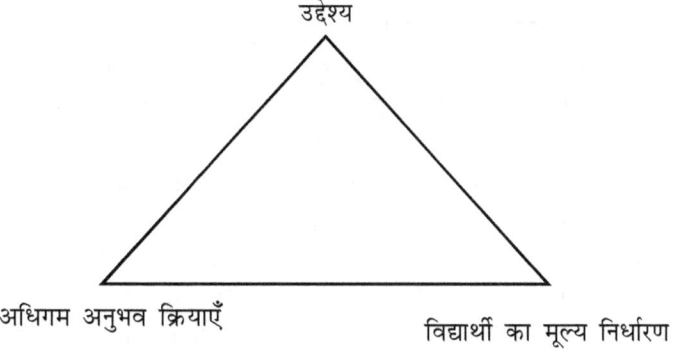

चित्र 3.3

उपरोक्त चित्रण गतिमय है। इसमें तीनों मुख्य अंगों की पारस्परिक अंत:क्रिया दिशा तीरों के द्वारा बताई गई है। उद्देश्य यह निर्धारित करते हैं कि विद्यार्थी को कौन से वांछित व्यवहार को प्राप्त करने की दिशा में चलना चाहिए? अधिगम अनुभव क्रियाएँ और अनुभव हैं जो वांछित व्यवहार प्राप्त करने के लिए विद्यार्थी को करने चाहिए। अध्यापन अनुभव प्रदान करने में अध्यापक का योगदान महत्त्वपूर्ण होता है। शिक्षण व अधिगम अनुभव में विद्यार्थी और विषय सामग्री के बीच अंत:संबंध स्थापित करना निहित है। अध्यापक विद्यार्थियों को अधिगम अनुभव प्रदान करने के लिए विभिन्न तरीके अपनाता है। इन अनुभवों से विद्यार्थियों में व्यवहारगत परिवर्तन होते हैं। अत: अधिगम में विद्यार्थियों के व्यवहार में आया परिवर्तन शामिल है। अध्यापन के अतिरिक्त शैक्षिक अनुभवों को प्राप्त करने के और भी साधन अपनाए जा सकते हैं, जैसे—भाषा यंत्र लाइब्रेरी, प्रयोगशाला, रेडियो, फिल्में, विज्ञान क्लब और भ्रमण इत्यादि जीवन में सीखने से संबंधित हैं। इन सब प्रक्रियाओं में भाषा का महत्त्व और भी बढ़ जाता है क्योंकि शिक्षक शिक्षार्थी के बीच इस क्रिया को संपन्न करने में एवं संवाद संप्रेषण को पूर्ण करने में भाषा एक साधन के रूप में कार्य करती है। शिक्षक को भाषा का पूर्व ज्ञान एवं समझ होनी चाहिए तब ही वह शिक्षार्थी की भाषा को समझ सकता है और शिक्षार्थी की भाषा एवं रुचि के अनुसार प्रभावी शिक्षण-अधिगम करा सकता है। भाषा का अधिगम अनुकरण द्वारा होता है। बालक अपने वातावरण में जिस प्रकार के लोगों को बोलते हुए सुनता है, लिखता हुआ देखता है उसे अनुकरण द्वारा सीखने का प्रयास करता है। भाषा अधिगम का विकास एक प्रकार का संज्ञानात्मक विकास ही है। मानसिक योग्यता, अनुकरण, वातावरण के साथ अनुक्रिया, शारीरिक, सामाजिक एवं मनोवैज्ञानिक आवश्यकताओं की पूर्ति की माँग भाषायी योग्यता के विकास में विशेष भूमिका निभाती है। शिक्षकों को भाषा के विकास की प्रक्रिया का सही ज्ञान होना इसलिए अनिवार्य है क्योंकि इसी के आधार पर वे बालक की भाषा से संबंधित समस्याएँ, जैसे—अस्पष्ट उच्चारण, गलत उच्चारण, तुतलाना, हकलाना, तीव्र अस्पष्ट वाणी इत्यादि का अपने शिक्षण-अधिगम प्रक्रिया के माध्यम से समाधान कर सकते हैं। चौमस्की के अनुसार भाषिक क्षमता जन्मजात ही होती है वरना भाषा को सीखने की प्रवृत्ति संभव नहीं हो सकती। जीन पियाजे और वाइगोत्स्की मनोवैज्ञानिकों ने मस्तिष्क को एक "कोर्शस्लेट" माना, वहीं चौमस्की ने माना कि भाषा मानव मस्तिष्क में पहले से ही विद्यमान थी, सार्वभौम व्याकरण के रूप में बुनी हुई थी। पियाजे के अनुसार भाषा अन्य संज्ञानात्मक तंत्रों की भाँति परिवेश के साथ अंत:क्रिया के माध्यम से ही विकसित होती है। दूसरी ओर वाइगोत्स्की के अनुसार बच्चे की भाषा समाज के साथ संपर्क का ही परिणाम है साथ ही बच्चा अपनी भाषा के विकास के दौरान दो तरह की बोली बोलता है – पहली आत्मकेंद्रित तथा दूसरी सामाजिक। उदाहरण के लिए, वाइगोत्स्की ने यह देखा कि छोटे बच्चे न केवल स्वयं का सामाजिक रूप से रचित भाषा तंत्र विकसित कर लेते हैं बल्कि काफी जटिल पूर्व लेखन तंत्र भी विकसित कर लेते हैं। समय के साथ उन्हें जरूरत होती है जटिल वाचिक तंत्र विकसित करने की ताकि वे विश्व के साथ अंत:क्रिया करने हेतु अपना खजाना जोड़ सकें। स्कूली पाठ्यचर्या में भाषा शिक्षण के उद्देश्य तय किए जाने चाहिए। सबसे महत्त्वपूर्ण लक्ष्य बच्चे को इस प्रकार साक्षर बनाना है कि बच्चे समझने के साथ पढ़ने व लिखने की क्षमता हासिल कर सकें। साथ ही द्विभाषिकता और पराभाषिक चेतना को बढ़ावा देना हमारा प्रयास होना चाहिए। साथ ही विद्यार्थियों में विनम्रता

व नम्यता की भावना विकसित करना जरूरी है ताकि वे सभी प्रकार की स्थितियों में सहिष्णुता व आत्म-सम्मान के साथ संवाद स्थापित कर सकें। चौमस्की की मानसिक धारणा का भाषा सीखने की प्रक्रिया में बहुत प्रभाव दिखाई पड़ता है लेकिन शिक्षा क्षेत्र में पियाजे का सर्वाधिक प्रभाव पड़ता है। चौमस्की के अनुसार भाषा सीखे जाने के क्रम में वैज्ञानिक पड़ताल भी साथ-साथ चलती है। इस अवधारणा से आँकड़ों का अवलोकन, वर्गीकरण, संकल्पना निर्माण व उनका सत्यापन करने के क्षेत्र में महत्त्वपूर्ण योगदान हो सकता है। अत: हम कह सकते हैं कि भाषा-अधिगम शिक्षण प्रक्रिया में भाषा का महत्त्वपूर्ण योगदान होता है।

प्रश्न 10. संपूर्ण पाठ्यक्रम के दौरान भाषा के विकास के लिए शिक्षक द्वारा कौन-कौन सी गतिविधियाँ अपनाई जाती हैं? चर्चा कीजिए।

उत्तर– संपूर्ण पाठ्यक्रम के दौरान, भाषा के विकास के लिए शिक्षक द्वारा अपनाई जाने वाली विभिन्न गतिविधियाँ निम्नलिखित हैं–

(1) **भाषाओं के संपन्न (rich) एवं विविध (varied) अनुभव प्रदान करना**–यदि चर्चा एवं लेखन के लिए छात्रों को पठन-सामग्री विविध पाठ्यों के रूप में प्राप्त हुई है, तो चर्चा एवं लेखन के समय कई नए एवं अपरिचित शब्द उनके सामने आ सकते हैं। चूँकि संस्कृति की दृष्टि से पुस्तक एवं पठन दोनों ही विशिष्ट होते हैं, इसलिए हो सकता है कि छात्र पाठ्य का अर्थ निकालने में, अपनी पृष्ठभूमि के ज्ञान का उपयोग करने में सक्षम न हों, क्योंकि वे दोनों को आपस में संबद्ध नहीं कर पाते हैं। अत: छात्रों द्वारा पुस्तकों के चयन का विशेष ध्यान रखा जाना चाहिए एवं शिक्षक को भी चर्चा एवं पठन पूर्व गतिविधियों के द्वारा छात्रों की मदद करनी चाहिए, ताकि वे पाठ्य को अच्छी तरह से समझ सकें।

(2) **व्यक्तिगत शब्दों का शिक्षण**–वे व्यक्तिगत शब्द जो विषय-सामग्री के लिए महत्त्वपूर्ण हैं, उनका शिक्षण एक चुनौतीपूर्ण कार्य है। इस प्रकार के शब्दों के लिए शिक्षक जोर से बोलने की रणनीति अपना सकते हैं एवं प्रॉप्स (props), इशारों, हाव-भावों तथा छवियों (images) का प्रयोग करके इन्हें छात्रों के लिए समझने योग्य बना सकते हैं। पाठ्य में दिए गए विषयों को दोहराया जा सकता है और इतिहास, राजनीति विज्ञान, भूगोल, साहित्य आदि जैसे विभिन्न विषयों में शब्द-निर्माण, पढ़ने और समझने हेतु कक्षा में भूमिका निभाने, पाठ प्रबोधन, चर्चा आदि के लिए अवसर उत्पन्न किए जा सकते हैं।

शब्द चेतना को बढ़ावा देना–शिक्षक अपने छात्रों में शब्दों के प्रति उत्सुकता एवं रुचि को बढ़ा सकते हैं। शब्दों के प्रति चेतना को बढ़ाने वाली गतिविधियों का यह लाभ है कि छात्र जोश एवं आनंद का अनुभव करते हैं एवं उनके पास पहले से ही शब्दों के जो समूह उपलब्ध हैं, उनके आधार पर ही आगे बढ़ सकते हैं। शब्दों से संपन्न वातावरण निर्मित करते हुए, शब्दों से संबंधित खेलों को बढ़ावा देकर छात्रों को शब्दों का शिक्षण प्रदान करते हुए शिक्षक शब्द चेतना को बढ़ावा देने के लिए एक रूपरेखा तैयार कर सकते हैं।

शब्द-भाग (Morphemes) – उपसर्ग, धातु, प्रत्यय (Prefixes, Roots, Suffixes)–अंग्रेजी भाषा में अनेक शब्द, शब्द-भाग (रूपिम) अर्थात् उपसर्ग, धातु एवं प्रत्यय से मिलकर बने होते हैं। इन शब्द-भागों के विशिष्ट अर्थ होते हैं एवं एक साथ मिलकर ये संपूर्ण

शब्द का एक अलग से पूरा अर्थ निकालने में मदद करते हैं। हालाँकि यह आवश्यक नहीं है कि शब्दों के सदैव ही उपसर्ग एवं प्रत्यय हों।

उपसर्ग–उपसर्ग उस शब्दांश या अव्यय को कहते हैं, जो किसी शब्द के पहले आकर उसका विशेष अर्थ प्रकट करता है।

दूसरे शब्दों में जो शब्दांश शब्दों के प्रारंभ में जुड़ कर उनके अर्थ में कुछ विशेषता लाते हैं, वे उपसर्ग कहलाते हैं, जैसे–प्रसिद्ध, अभिमान, विनाश, उपकार आदि। इनमें क्रमशः 'प्र', 'अभि', 'वि' और 'उप' उपसर्ग हैं।

यह दो शब्दों (उप+सर्ग) के योग से बनता है। 'उप' का अर्थ 'समीप', 'निकट' या 'पास में' है। 'सर्ग' का अर्थ है सृष्टि करना। 'उपसर्ग' का अर्थ है पास में बैठाकर दूसरा नया अर्थ वाला शब्द बनाना। 'हार' के पहले 'प्र' उपसर्ग लगा दिया गया, तो एक नया शब्द 'प्रहार' बन गया, जिसका नया अर्थ हुआ 'मारना'। उपसर्गों का स्वतंत्र अस्तित्व न होते हुए भी वे अन्य शब्दों के साथ मिलाकर उनके एक विशेष अर्थ का बोध कराते हैं।

उपसर्ग शब्द के पहले आते हैं, जैसे–'अन' उपसर्ग 'बन' शब्द के पहले रख देने से एक शब्द 'अनबन' बनता है, जिसका विशेष अर्थ 'मनमुटाव' है। कुछ उपसर्गों के योग से शब्दों के मूल अर्थ में परिवर्तन नहीं होता, बल्कि तेजी आती है, जैसे–'भ्रमण' शब्द के पहले 'परि' उपसर्ग लगाने से अर्थ में अंतर न होकर तेजी आई। कभी-कभी उपसर्ग के प्रयोग से शब्द का बिल्कुल उल्टा अर्थ निकलता है। उपसर्ग के प्रयोग से शब्दों की तीन स्थितियाँ होती हैं–

- शब्द के अर्थ में एक नई विशेषता आती है।
- शब्द के अर्थ में प्रतिकूलता उत्पन्न होती है।
- शब्द के अर्थ में कोई विशेष अंतर नहीं आता।

अंग्रेजी विषय के लिए कुछ सामान्य उपसर्ग निम्न हैं–

क्रम	उपसर्ग	अर्थ	शब्द
1.	सब	अधीन, नीचे	सब-जज सब-कमेटी, सब-इंस्पेक्टर
2.	डिप्टी	सहायक	डिप्टी-कलेक्टर, डिप्टी-रजिस्ट्रार, डिप्टी-मिनिस्टर
3.	वाइस	सहायक	वाइसराय, वाइस-चांसलर, वाइस-प्रेसीडेंट
4.	जनरल	प्रधान	जनरल मैनेजर, जनरल सेक्रेटरी
5.	चीफ	प्रमुख	चीफ-मिनिस्टर, चीफ-इंजीनियर, चीफ-सेक्रेटरी
6.	हेड	मुख्य	हेडमास्टर, हेड क्लर्क

अन्य विषयों के लिए कुछ सामान्य उपसर्ग निम्न हैं–

समाज विज्ञान का शिक्षक 'पुरा' उपसर्ग का प्रयोग करते हुए पुरातन, पुरातत्त्व, पुरावृत्त एवं सम उपसर्ग का प्रयोग करते हुए समकालीन, समकालिक, समदर्शी आदि शब्दों का प्रयोग कर सकता है।

इसी प्रकार हिंदी का शिक्षक 'अन' उपसर्ग का प्रयोग करते हुए अनमोल, अनजान, अनकहा, अनदेखा इत्यादि शब्दों का प्रयोग कर सकता है।

जीव-विज्ञान का शिक्षक, कोशिकीय, कोशिका द्रव्य, कोशिकाक्षय आदि शब्दों पर कक्षा में चर्चा कर सकता है एवं अपने विषय-क्षेत्र से बाहर जाकर इन शब्दों के बीच संबंध स्थापित कर सकता है। वह छात्रों को यह समझाते हुए कि इन सभी शब्दों का निर्माण कोशिका (cell) उपसर्ग द्वारा किया गया है, जिसका तात्पर्य शरीर की सबसे छोटी इकाई से है, उनसे इसी प्रकार के अन्य नए शब्दों के निर्माण के लिए कह सकता है।

संख्यात्मक उपसर्ग–गणित एवं विज्ञान के शिक्षक कुछ विशेष संख्यात्मक उपसर्गों का भी प्रयोग करते हैं, जैसे–मोनो (एकल), बाइ (द्वि), ट्राई (त्रि), टेट्रा (चतुर्थ), हेक्सा (षट्) आदि। शिक्षक सरल शब्दों से इन उपसर्गों का प्रयोग शुरू कर सकता है, जैसे–बाइसिकल, ट्राइएंगल (त्रिकोण), हेक्सागन (षट्कोण) आदि एवं बाद में अधिक जटिल शब्दों, जैसे–टेट्राहेड्रन, पोलीकार्बोनेट आदि का प्रयोग कर सकता है। ऐसे कुछ शब्दों के उदाहरण नीचे दी गई सारणी में प्रस्तुत हैं–

संख्यात्मक उपसर्ग			
अर्थ	**ग्रीक**	**लेटिन**	**उदाहरण**
1.	मोनो	यूनि	मोनोटोन, मोनोक्साइड, यूनिकॉर्न
2.	डाइ	बाइ	डाइऑक्साइड, बाइनोक्यूलर्स
3.	ट्राइ	ट्राइ	ट्राइएंगल, ट्राइसाइकल
4.	टेट्रा	क्वाड	टेट्राहेड्रन, क्वार्टर, क्वाडरेंट
5.	पेंटा	क्विंट	पेंटागन, पेंटामीटर, क्विंटेट
6.	हेक्सा	सेक्स्ट	हेक्सागन
8.	ऑक्टो		ऑक्टोपस, अक्टूबर, ऑक्टागन, ऑक्टेव

अस्पष्ट लंबे वाक्य–

- शिक्षकों को उन लंबे एवं अस्पष्ट वाक्यों पर ध्यान देने की जरूरत होती है, जिनमें बहुत सारे उपवाक्य, विस्तारित संज्ञा वाक्यांश, सशर्त वाक्य, कर्मवाच्य आदि होते हैं और इस प्रकार वे छात्रों की वाक्य के विभिन्न हिस्सों को अलग-अलग करने में (वाक्य को सरल बनाने में) मदद करते हैं।
- छात्रों को विभिन्न पाठ्यों में दिए गए लंबे वाक्यों को छोटे वाक्यों में तोड़कर उन वाक्यों के अर्थ निकालने के लिए कहा जा सकता है।
- शिक्षक छात्रों से परिवर्ती शब्द (transitional words) एवं वाक्यांशों को रेखांकित करने के लिए कह सकते हैं एवं उन्हें यह बता सकते हैं कि वे वाक्य से किस प्रकार संबंधित हैं एवं उनमें किस प्रकार का संबंध है।
- शिक्षक छात्रों को रिक्त स्थानों से युक्त अनुच्छेद दे सकते हैं एवं उनसे इन रिक्त स्थानों की पूर्ति संज्ञा वाक्यांशों, क्रिया वाक्यांशों, परिवर्ती शब्दों एवं विराम-चिह्नों आदि से करने के लिए कह सकते हैं।

प्रश्न 11. भाषा विकास में विविधता के कारकों पर चर्चा कीजिए।

उत्तर– भाषा विकास में विविधता के कारक निम्नलिखित हैं–

- **सामान्य संज्ञानात्मक शक्तियाँ–**भाषा उपार्जन में भाषा के प्रयोग एवं व्यवहार की कुशलता का संबंध सामान्य संज्ञानात्मक शक्तियों, यथा–बुद्धि, स्मृति, चिंतन, अवधान आदि से जोड़ा जाता है। भाषा अधिगमन संबंधी विविध अनुसंधानों के द्वारा भाषायी विकास की त्वरित गति एवं भाषा अधिगम की योग्यता में संबंध प्रमाणित किया गया है। बालक के भाषायी विकास की गति में पर्याप्त विविधता पाई जाती है। इस विविधता एवं भिन्नता का कारण संज्ञानात्मक शक्तियों के विकास से संबंधित भिन्नता है।
- **पर्यावरणगत विविधता–**भाषा उपार्जन में निकटवर्ती पर्यावरण की विशेष भूमिका है। पर्यावरण की उत्कृष्टता भाषायी विकास की उत्कृष्टता की द्योतक मानी जा सकती है। भाषा उपार्जन की गति का अध्ययन सामान्यत: सामाजिक स्तंभ के संदर्भ में किया जाता रहा है। वैसे भाषा विकास सामाजिक स्तर का समानुपातिक परिणाम है। समाजशास्त्रियों के मत में बालकों में केवल भाषायी प्रयोगों की भिन्नता है, भाषा व्यवहार संदर्भों के संबंध में भी उनकी विशेष गति नहीं होती। निष्कर्ष यह है कि बालक जिस प्रकार भाषा का प्रयोग करना सीखता है उस पर पर्यावरण का पर्याप्त प्रभाव पड़ता है।
- **व्यक्तिगत भिन्नताएँ–**भाषायी उपार्जन के क्रम में व्यक्तिगत भिन्नताएँ दृष्टिगत होती हैं। भाषा का उपार्जन मानव शिशु विशिष्ट व्यक्तित्व से संयुक्त प्राणी है। अत: भाषा विकास में व्यक्तिगत भिन्नता का होना स्वाभाविक है। भाषायी विकासगत भिन्नता का अध्ययन मुख्यत: ध्वनि तथा व्याकरणिक व्यवस्था से संबंधित विकास के संदर्भ में किया गया है। अध्ययन के आधार पर ध्वनि विकास की गति और समय में पर्याप्त भिन्नता पाई गई है, परंतु ध्वनि कोटियों के अनुक्रम और विकास कालक्रम में पर्याप्त समानता दृष्टिगत हुई। जी.पी.एच. की पुस्तकों का मुख्य उद्देश्य ज्ञान के साथ-साथ अच्छे नम्बर दिलाना है।

प्रश्न 12. आठवीं कक्षा के विद्यार्थियों के लिए 'विज्ञान' से संबंधित पाठ योजना तैयार कीजिए। इससे संबंधित उद्देश्यों और प्रस्तावना प्रश्नों का भी उल्लेख कीजिए।

उत्तर–

विषय: विज्ञान | **कक्षा:** VIIIth

उपविषय: 'धातु और अधातु' | **समयावधि:** 35–40 मिनट

दिनांक: ....

सामान्य उद्देश्य (General Objectives):

- विकास से संबंधित तत्त्वों का गहन अध्ययन कराना।
- कल्पना शक्ति का विकास करना।
- विज्ञान के प्रति उत्सुकता जागृत करना।

- विज्ञान के प्रयोग कर परिणाम निकालने की क्षमता का विकास करना।
- प्रयोगशाला संबंधी दक्षता का विकास करना।

विशिष्ट उद्देश्य (Specific Objectives): शिक्षणोपरांत छात्र–
- धातु एवं अधातु पदार्थों एवं तत्त्वों से परिचित हो जाएँगे।
- धातुओं एवं अधातुओं को परिभाषित कर सकेंगे।
- धातुओं एवं अधातुओं में अंतर करने योग्य हो जाएँगे।
- धातुओं एवं अधातुओं के भौतिक गुणों से परिचित हो जाएँगे।
- धातुओं एवं अधातुओं के रासायनिक गुणों की व्याख्या कर सकेंगे।

प्रस्तावना प्रश्न (Introductory Questions):
- यदि लोहे की छड़ को पीटा जाए तो क्या होगा?
- मिठाइयों को सजाने के लिए जो वर्क प्रयोग किया जाता है वह कैसे बनता है?
- क्या एल्युमीनियम को पीटने पर उसके आकार में कोई परिवर्तन होता है?
- आघातवर्धनीयता से आप क्या समझते हैं?

पूर्व ज्ञान (Previous Knowledge): छात्र लोहे, एल्युमीनियम, कोयले जैसे तत्त्वों से परिचित हैं।

उद्देश्य कथन (Statement of Topic): छात्रों, आज हम धातु एवं अधातु तत्त्वों पर चर्चा करेंगे।

प्रस्तुतीकरण (Presentation):

शिक्षण बिंदु	व्यवहारगत उद्देश्य	छात्राध्यापक क्रियाकलाप	छात्र क्रियाएँ	सहायक सामग्री/विधि	श्यामपट्ट कार्य	मूल्यांकन प्रश्न
धातु एवं अधातु वस्तुओं की सूची	छात्र धातु एवं अधातु वस्तुओं से परिचित हो जाएँगे।	छात्राध्यापक छात्रों को कुछ पदार्थों एवं वस्तुओं के नाम सारणी में निरूपण करने को कहेगा। पदार्थ एवं तत्त्व–कोयला, एल्युमीनियम, ताँबा, पेंसिल लेड, लोहे की कील आदि।	सारणी का निर्माण करते हैं।	कार्य विधि	**सारणी** नरम | कठोर | बहुत कठोर	
		बच्चों, इसमें से कौन-सी धातु और कौन सी अधातु वस्तुएँ एवं पदार्थ हैं?	समस्यात्मक			
धातु एवं अधातु की परिभाषा	धातु एवं अधातु का अर्थापन कर सकेंगे।	**अध्यापक कथन** कुछ पदार्थ कठोर, चमकीले, आघातवर्ध, तन्य, ध्वानिक और ऊष्मा तथा विद्युत के सुचालक होते हैं। पदार्थ जिनमें सामान्यतया ये गुण होते हैं, धातु कहलाते हैं। धातुओं के उदाहरण हैं–आयरन, कॉपर, एल्युमीनियम, कैल्सियम, मैग्नीशियम इत्यादि तथा जिन तत्त्वों में यह गुण नहीं होते वे अधातु कहलाते हैं।	अपनी पुस्तिका में लिखते हैं।	कथन विधि	**धातु**–आयरन, कॉपर, कैल्सियम, इत्यादि। **अधातु**–कोयला, सल्फर इत्यादि।	**प्रश्न**–धातु एवं अधातु वस्तुओं और पदार्थों में क्या अंतर है?

शिक्षण बिंदु	व्यवहारगत उद्देश्य	छात्राध्यापक क्रियाकलाप	छात्र क्रियाएँ	सहायक सामग्री/ विधि	श्यामपट्ट कार्य	मूल्यांकन प्रश्न
धातु एवं अधातु में अंतर	धातु एवं अधातु में अंतर कर सकेंगे।	छात्राध्यापक उत्तर देगा—बच्चों, धातुओं और अधातुओं में कुछ भौतिक एवं रासायनिक गुण पाए जाते हैं जिसके आधार पर उनमें अंतर कर पाना आसान हो जाता है।	**प्रश्न**—हम धातु और अधातु में अंतर किस प्रकार कर सकते हैं?		धातु एवं अधातु में अंतर	
धातु एवं अधातु के भौतिक गुण	धातु एवं अधातु के भौतिक गुणों को स्पष्ट कर सकेंगे।	क्या आपने लोहार को लोहे के टुकड़े अथवा लोहे से निर्मित वस्तु, जैसे—फावड़ा, बेलचा, कुल्हाड़ी आदि को पीटते हुए देखा है? क्या इन वस्तुओं को पीटने पर आप इनके आकार में कोई परिवर्तन पाते हैं? बच्चों, धातुओं का गुण जिसके कारण उन्हें पीटकर शीट में परिवर्तित किया जा सकता है, आघातवर्धनीयता कहलाता है। कोयले और पेंसिल लेड जैसे पदार्थ यह गुण प्रदर्शित नहीं करते।	पुस्तिका में लिखते हैं।	कथन विधि	धातु एवं अधातु के भौतिक गुण	**प्रश्न**—भौतिक गुणों के द्वारा आप धातु एवं अधातु तत्त्वों में अंतर किस प्रकार करेंगे?
		प्रयोग विधि—एक विद्युत परिपथ का निर्माण कीजिए।	विद्युत परिपथ का निर्माण करते हैं।	क्रियाकलाप विधि **सामग्री**—सेल, बल्ब तार एवं कुछ धातु एवं अधातु वस्तुएँ	विद्युत परिपथ का निर्माण	

शिक्षण बिंदु	व्यवहारगत उद्देश्य	छात्राध्यापक क्रियाकलाप	छात्र क्रियाएँ	सहायक सामग्री/ विधि	श्यामपट्ट कार्य	मूल्यांकन प्रश्न
		अब पदार्थों को सारणी में लिखिए–		विद्युत परिपथ	क्र. सं. | पदार्थ | सुचालक/ कुचालक 1. | लोहे की छड़/कील | 2. | गंधक | 3. | कोयला | 4. | ताँबे की तार |	
धातुओं एवं अधातुओं के रासायनिक गुण	रासायनिक गुणों को समझ सकेंगे।	इस प्रकार हम कह सकते हैं कि धातु ऊष्मा और विद्युत के सुचालक होते हैं। बच्चों, 1. धातुओं में चमक होती है जबकि अधातुओं में नहीं होती। 2. सामान्यत: धातु ऊष्मा और विद्युत के सुचालक होते हैं परंतु अधातु नहीं होते। 3. कुछ धातु क्षारों से अभिक्रिया कर हाइड्रोजन गैस देते हैं। 4. धातुओं और अधातुओं का दैनिक जीवन में व्यापक उपयोग होता है।	श्रवण कार्य	कथन विधि व्याख्यान विधि	**धातु एवं अधातु के रासायनिक गुण–** 1. ऑक्सीजन से अभिक्रिया 2. जल के साथ अभिक्रिया 3. अम्लों से अभिक्रिया 4. क्षारों से अभिक्रिया	**प्रश्न**–धातुओं एवं अधातुओं के रासायनिक गुण क्या हैं?

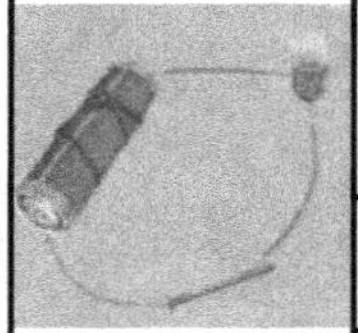

पुनरावृत्ति (Recapitulation):

प्रश्न 1. निम्नलिखित में से किसको पीटकर पतली चादरों में परिवर्तित किया जा सकता है?
(क) जिंक
(ख) फॉस्फोरस
(ग) सल्फर
(घ) ऑक्सीजन

प्रश्न 2. निम्नलिखित में से कौन-सा कथन सही है?
(क) सभी धातुएँ तन्य होती हैं।
(ख) सभी अधातुएँ तन्य होती हैं।
(ग) सामान्यतः धातुएँ तन्य होती हैं।
(घ) कुछ अधातुएँ तन्य होती हैं।

प्रश्न 3. नीचे दी गई सारणी में गुणों की सूची दी गई है। इन गुणों के आधार पर धातुओं और अधातुओं में अंतर कीजिए–

गुण	धातु	अधातु
1. दिखावट		
2. कठोरता		
3. आघातवर्धनीयता		
4. तन्यता		
5. ऊष्मा चालन		
6. विद्युत चालन		

गृह कार्य (Home Work):

प्रश्न 1. कॉलम I के पदार्थों का कॉलम II से सही मिलान कीजिए–

कॉलम I कॉलम II
(क) गोल्ड   (i) थर्मामीटर
(ख) आयरन   (ii) बिजली के तार
(ग) एल्युमीनियम   (iii) खाद्य सामग्री लपेटना
(घ) कार्बन   (iv) आभूषण
(ङ) कॉपर   (v) मशीनें
(च) मर्करी   (vi) ईंधन

प्रश्न 2. धातु एवं अधातु तत्त्वों का संग्रह कर सूची तैयार कीजिए।

WE'D LOVE IT IF YOU'D LIKE US!

/gphbooks

We're now on Facebook!

Like our page to stay on top of the useful, greatest headlines & exciting rewards.

Our other awesome Social Handles:

gphbook	9350849407	bookgph	+Gullybabagphbook	gphbook
For awesome & informative videos for IGNOU students	Order now through WhatsApp	We are in pictures	Adding something in you	Words you get empowered by

4. कक्षाकक्ष: एक प्रवचन स्थल
The Classroom as a Space for Discourse

भूमिका

कक्षाकक्ष में होने वाली बातचीत के माध्यम से ही अधिगम किया जाता है, जिससे विद्यार्थियों के लिए अधिगम सुगम हो जाता है और अधिगमकर्त्ता को अधिगम करने के अधिक अवसर प्राप्त होते हैं। कक्षाकक्ष में होने वाला संभाषण अध्यापक एवं अधिगमकर्त्ता दोनों के लिए लाभदायक होता है, क्योंकि संभाषण (प्रवचन) या बातचीत के दौरान अधिगमकर्त्ता अपने पाठ्यक्रम से जुड़ जाता है तथा अध्यापक भाषा, संभाषण एवं अधिगम के बीच संबंध पर ध्यान केंद्रित करके कक्षाकक्ष को निकट से समझ सकता है और अपने व्यावसायिक कौशल को विकसित करता है। कक्षाकक्ष के अंदर अध्यापक तथा अधिगमकर्त्ता आमने-सामने होते हैं तथा भाषा का अधिगम संभव हो जाता है। हालाँकि भाषा का यह अधिगम अध्यापक एवं अधिगमकर्त्ता की पारस्परिक बातचीत का ही परिणाम होता है। अतः कहा जा सकता है कि भाषा के अधिगम में कक्षाकक्ष की भूमिका महत्त्वपूर्ण होती है।

प्रश्न 1. कक्षाकक्ष अंतःक्रिया (Classroom Interaction) का संक्षेप में वर्णन कीजिए। साथ ही इसमें छात्रों की पृष्ठभूमि का प्रभाव स्पष्ट कीजिए।

उत्तर— अध्यापक जब कक्षा में पाठ पढ़ाता है तो उसका अध्यापन अधिकांशतः अध्यापक कथन होता है। इसके बीच कभी-कभी छात्रों के प्रश्न व उत्तर अवश्य सम्मिलित होते हैं। अध्यापक व छात्रों की यह शाब्दिक अंतर्क्रिया अध्यापन व्यवहार की प्रमुख विशेषता है। इस अंतर्क्रिया के विश्लेषणात्मक अध्ययन से इसके स्वरूप के विभिन्न आवश्यक पक्ष स्पष्ट होते हैं जिन्हें अध्यापन प्रक्रिया में समाविष्ट करने पर अध्यापन की प्रभावशीलता को बढ़ाया जा सकता है।

पिछले दशक में इस क्षेत्र में बहुत कार्य हुआ है। अध्यापक-छात्र शाब्दिक अंतर्क्रिया को परिभाषित करने और विश्लेषण की गतिविधियों के विकास की दिशा में बहुत प्रगति हुई है। इस समय अध्यापक-वार्ता के विश्लेषण के अनेक तरीके हैं, जिनमें से यहाँ केवल अंतर्क्रिया विश्लेषण के नाम से प्रसिद्ध विधि पर ही विचार किया गया है। सूक्ष्म अध्यापन में इसका ही व्यापक प्रयोग होता है। यह विश्लेषण अध्यापक की शाब्दिक अंतर्क्रिया पर आधारित है जबकि उसकी अशाब्दिक अंतर्क्रिया का भी विश्लेषण होना चाहिए क्योंकि अध्यापन में उसका भी महत्त्वपूर्ण स्थान है।

अंतर्क्रिया विश्लेषण फ्लैण्डर्स (Flanders) के नाम से जुड़ा है, क्योंकि उसी ने अध्यापक के प्रभाव व छात्रों की अभिवृत्तियों एवं उपलब्धियों से संबंधित शोध हेतु इस विधि का विकास किया था। फ्लैण्डर्स की विधि का संबंध केवल कक्षा में हुई शाब्दिक अंतर्क्रिया से है। उसका विश्वास है कि व्यक्ति का शाब्दिक कृत्य उसके पूर्ण कर्त्तव्य का पर्याप्त एवं पूर्ण प्रतिनिधित्व करना है, यद्यपि इसका तात्पर्य यह नहीं है कि अन्य कृत्य महत्त्वपूर्ण नहीं हैं।

फ्लैण्डर्स ने कक्षा में होने वाले संपूर्ण शाब्दिक व्यवहार का वर्गीकरण तीन खंडों में किया—(1) अध्यापक वार्ता, (2) छात्र कथन, एवं (3) अन्य शाब्दिक प्रक्रिया। इनका विस्तृत वर्गीकरण एवं परिचय इस प्रकार है—

फ्लैण्डर्स की शाब्दिक अंतर्क्रिया का वर्गीकरण
(Categories of Flanders' Interaction Analysis)

अध्यापक कथन (Teacher Talk)	परोक्ष (Indirect Talk)	(1) अनुभूति स्वीकृति (Accepting Feeling)
		(2) प्रशंसा अथवा प्रोत्साहन (Praising or Encouraging)
		(3) विचार स्वीकार करना (Accepting Ideas)
		(4) प्रश्न पूछना (Asking Questions)
	प्रत्यक्ष (Direct Talk)	(5) भाषण वक्तव्य (Lecturing)
		(6) निर्देश देना (Giving Direction)

	(7)	आलोचना अथवा औचित्य निर्धारण (Criticising or Justifying Authority)
छात्र कथन (Pupil Talk)	(8)	अध्यापक को उत्तर देना (Responding to Teacher)
	(9)	प्रारंभिक कथन (Initiatory Talk)
अन्य घटना (Other Events)	(10)	मौन अथवा भ्रम (Silence or Confusion)

इन वर्गों का विस्तृत परिचय इस प्रकार है–

वर्ग 1 : अनुभूति स्वीकृति–अध्यापक बालकों की अनुभूति एवं भावना को समझता है और उसे स्वीकार करता है। उन्हें अपने भाव व्यक्त करने की स्वतंत्रता देता है, सजा नहीं। अध्यापक इस तरह की स्वीकृति के भाव व्यक्त करता है, जैसे उसने छात्रों की बात को महत्त्व दिया है या माना है।

वर्ग 2 : प्रशंसा अथवा प्रोत्साहन–छात्रों के सही उत्तर देने अथवा उच्च भावना व्यक्त करने पर अध्यापक साधारणतया 'अच्छा', 'शाबाश', 'उत्तम' आदि शब्द कहता है। कभी-कभी अध्यापक कहता है 'आप सही कह रहे हैं'। यह सब प्रशंसा है।

प्रोत्साहन इससे अलग होता है। छात्र उत्तर देते हुए झिझक रहा है, अध्यापक उसे कहता है, 'हाँ! हाँ! ठीक है! आगे बोलिए।' अथवा 'आगे बताइए, क्या हुआ?' इस प्रकार अध्यापक छात्रों को अपनी बात और आगे कहने के लिए प्रोत्साहित करता है।

वर्ग 3 : विचार स्वीकृति–यह वर्ग लगभग वर्ग 1 के समान है, किंतु वर्ग 1 में छात्रों की अनुभूति की स्वीकृति थी और इस वर्ग में उनके विचारों की स्वीकृति है। छात्र कोई सुझाव देता है, अध्यापक उसकी व्याख्या करता है या उसके विभिन्न पहलुओं को समझाता है अथवा छात्र के सुझाव को संक्षेप में दोहराता है या छात्र की कही बात के विषय में कहता है, "बात तो ठीक है पर मेरा विचार है कि"।

वर्ग 4 : प्रश्न पूछना–इस वर्ग में अध्यापक द्वारा पूछे जाने वाले प्रश्न आते हैं जिनका छात्रों से उत्तर अपेक्षित हो। यदि अध्यापक प्रश्न पूछकर फिर भाषण देने लग जाए तो ऐसा प्रश्न उत्तर के लिए नहीं है। अतः इस वर्ग में केवल वही प्रश्न आएँगे जिनका उत्तर छात्रों को देना होगा, ऐसे प्रश्न नहीं आएँगे जो आलोचनात्मक हैं अथवा आदेशात्मक हैं।

वर्ग 5 : भाषण वक्तव्य–छात्रों को सूचनाएँ, अभिमन, ज्ञान एवं विचार (शाब्दिक अंतर्क्रिया द्वारा) प्रदान करने हेतु भाषण का सहारा लिया जाता है। महत्त्वपूर्ण विषय पर ध्यान केंद्रित करने हेतु अध्यापक व्याख्या करता है। भाषण व्याख्या, टीकाएँ या शंका समाधान के साथ-साथ चलता है। जब भी छात्रों को अध्यापक द्वारा व्याख्या कर कोई बात समझाई जाती है, वह इसी वर्ग में अंकित होती है।

वर्ग 6 : निर्देश देना–अध्यापक द्वारा छात्रों को सोचने व विचार व्यक्त करने हेतु दिशा-निर्देश दिए जाते हैं, यथा–अध्यापक एक छात्र को बोर्ड पर प्रश्न लिखने को कहता है या पुस्तक खोलकर पढ़ने या आगे सोचने की बात कहता है। ऐसे निर्देश इसी वर्ग में आते हैं।

वर्ग 7 : आलोचना अथवा औचित्य निर्धारण—आलोचनात्मक बात का उद्देश्य छात्रों द्वारा अस्वीकार्य तथ्य को स्वीकार कराने हेतु उनके व्यवहार में परिवर्तन लाना होता है। 'यह गलत कर रहे हो, इसे इस तरह से करो तो ठीक होगा' जैसे कथनों से अध्यापक कई बार अनेक तथ्यों, विभिन्न विधियों का औचित्य सिद्ध करता है। ये सभी कथन इसी वर्ग में आते हैं।

वर्ग 8 : छात्रों के उत्तर—अध्यापक द्वारा पूछे गए प्रश्नों के उत्तर में छात्रों द्वारा कहे गए वाक्य इसी वर्ग में आएँगे।

वर्ग 9 : छात्र प्रारंभिक कथन—छात्रों द्वारा अपने विचार व्यक्त करना इस वर्ग में अंकित होगा।

वर्ग 10 : मौन अथवा भ्रम—जो कुछ उपरोक्त किसी वर्ग में नहीं आता वह सब इसी वर्ग में रखा जाता है।

कक्षाकक्ष अंत:क्रिया में छात्रों की पृष्ठभूमि का प्रभाव—कक्षाकक्ष वह स्थल है जहाँ छात्र एवं शिक्षकों के मध्य अंत:क्रिया होती है। यह कार्य भाषा के माध्यम से ही होता है। कक्षाकक्ष अंत:क्रिया में छात्रों की पृष्ठभूमि का प्रभाव इस प्रकार पड़ता है—

- **छात्रों के भौगोलिक क्षेत्र का प्रभाव**—कक्षाकक्ष में विभिन्न भौगोलिक क्षेत्रों के छात्र होते हैं। कुछ छात्र शीतोष्ण प्रदेशों से आए होते हैं और कुछ छात्र ग्रीष्म प्रदेशों से आए होते हैं। उच्च कक्षाओं में तो अधिकांश छात्र भिन्न-भिन्न भौगोलिक क्षेत्र से आकर अच्छे विद्यालयों में प्रवेश लेते हैं तथा छात्रावास में निवास करते हैं। इन सभी छात्रों के रीति-रिवाज, भाषा, राज्य तथा लहजा, उच्चारण आदि एक-दूसरे से भिन्न होता है। इस आधार पर उनमें व्यक्तिगत भिन्नता भी दृष्टिगोचर होती है। इन सभी को एक ही कक्षा में अपने सहकर्मियों तथा शिक्षकों से अंत:क्रिया करनी पड़ती है।

- **सामाजिक क्षेत्र का प्रभाव**—एक ही कक्षाकक्ष में विभिन्न सामाजिक क्षेत्रों के छात्र होते हैं। कुछ छात्र ग्रामीण क्षेत्रों के होते हैं तथा कुछ छात्र शहरी क्षेत्रों के होते हैं। इन दोनों ही प्रकार के छात्रों की भाषा में भिन्नता पाई जाती है। इनके बोलने के लहजे, उच्चारण, वाक्यों में व्याकरण की शुद्धता आदि में भी भिन्नता स्पष्ट दृष्टिगोचर होती है। ग्रामीण बालकों की भाषा में शिष्टता तथा शालीनता कम होती है, उनकी बोली उनके क्षेत्र की बोली होती है, शहरी बालकों के उच्चारण से उनका उच्चारण भिन्न होता है। उनकी भाषा में उनके सामाजिक परिवेश की छाप होती है। यद्यपि कक्षाकक्ष के सभी छात्र भाषा के माध्यम से ही अंत:क्रिया करते हैं, क्योंकि भाषा ही सामाजिक आदान-प्रदान की वस्तु होती है। यद्यपि मनुष्य एक सामाजिक प्राणी है। वह मिलकर रहना चाहता है तथा एक-दूसरे के साथ अंत:क्रिया करके संबंधों में बँधे रहना चाहता है परंतु सामाजिक क्षेत्र का उसकी भाषा पर प्रभाव पड़ता है। उसके बोलने का ढंग उसके सामाजिक क्षेत्र के अनुरूप होता है। क्षेत्र के आधार पर उसके बोलने की भाषा में तथा लहजे में कुछ-न-कुछ अंतर अवश्य पाया जाता है जो उसके सामाजिक क्षेत्र का प्रभाव माना जाता है।

- **आर्थिक क्षेत्र का प्रभाव**—किसी कक्षाकक्ष में विभिन्न आर्थिक स्तर के छात्र होते हैं। कुछ छात्र उच्च आर्थिक स्तर के होते हैं जिनसे सभी शिक्षक तथा छात्र

प्रभावित रहते हैं, ऐसे छात्र सभी पर अपने धन का प्रभाव डालने का प्रयास करते हैं, इसके विपरीत कुछ छात्र निम्न आर्थिक क्षेत्र के भी होते हैं जिनके पास धनाभाव होता है। ऐसे छात्रों को उच्च आर्थिक स्तर वाले छात्र सदैव प्रभावित करने का प्रयास करते हैं। धनी छात्र कक्षा में निर्धन छात्रों पर अपने धन का रौब जताते हैं वहीं निर्धन छात्र विभिन्न कारणों से धनी छात्रों के दबाव में आ जाते हैं। धनी छात्र शिक्षकों को भी प्रभावित करने का प्रयास करते हैं जिसमें कुछ शिक्षक भी उनसे प्रभावित हो जाते हैं और उन्हें अतिरिक्त सुविधाएँ प्रदान कर देते हैं। कक्षाकक्ष में इस प्रकार का भेदभाव उचित नहीं है परंतु छात्रों की आर्थिक पृष्ठभूमि कक्षाकक्ष को प्रभावित करती रही है। समाज में उच्च, मध्यम तथा निम्न तीन आर्थिक स्तर पाए जाते हैं। अधिकांशतः उच्च आर्थिक स्तर के छात्र अन्य स्तर के छात्रों से स्वयं को अधिक श्रेष्ठ मानते हैं। वे कक्षाकक्ष की गतिविधियों को प्रभावित करने का प्रयास करते हैं। शिक्षकों पर भी प्रभाव डालने का प्रयास करते हैं। इस प्रकार आर्थिक क्षेत्र का प्रभाव भी कक्षाकक्ष की गतिविधियों पर पड़ता है।

- **राजनैतिक क्षेत्र का प्रभाव**–कक्षाकक्ष की अंत:क्रिया पर राजनैतिक क्षेत्र का भी प्रभाव पड़ता है। समाज में राजनीतिक पहुँच वाले बहुत से लोग ऐसे होते हैं जो उच्च वर्ग से संबंध रखते हैं, ऐसे लोगों के बच्चे कक्षाकक्ष को ही राजनीति का अखाड़ा बना देते हैं, वे शिक्षण के वातावरण को प्रभावित करते हैं तथा उसमें राजनीति के बीज बो देते हैं। राजनैतिक पहुँच वाले लोगों के बच्चे कक्षाकक्ष में सामान्य छात्रों की भाँति शिक्षण ग्रहण नहीं करते हैं। वे सदैव अपनी राजनीतिक पहुँच से अन्य छात्रों तथा शिक्षकों को प्रभावित करने का प्रयास करते हैं। वे किसी-न-किसी राजनैतिक दल से जुड़े होते हैं जिसके कारण कक्षाकक्ष में राजनीति के चर्चे करते हैं तथा विद्यालय को राजनीति का अखाड़ा बना देते हैं। विद्यालयों में छात्र संघों के चुनाव होते हैं उनमें भी ऐसे राजनीतिक लोगों के बच्चे ही अधिकतर भाग लेते हैं जिनके पर्यावरण में राजनीति होती है। राजनैतिक पृष्ठभूमि वाले बच्चे सदैव उच्चता के भाव से प्रेरित रहते हैं, वे सामान्य बच्चों की भाँति कक्षाकक्ष में शिक्षा ग्रहण नहीं कर पाते हैं। वे कक्षाकक्ष का वातावरण राजनीति से प्रेरित बना देते हैं। अतः राजनैतिक क्षेत्र का भी कक्षाकक्ष की गतिविधियों पर प्रभाव पड़ता है।
- **सांस्कृतिक क्षेत्र का प्रभाव**–कक्षाकक्ष की अंत:क्रिया पर सांस्कृतिक क्षेत्र का भी प्रभाव पड़ता है। मानव विज्ञानवादियों के अनुसार भाषा एक सांस्कृतिक वस्तु है जिसे हम परंपरा से प्राप्त करते हैं। किसी भी सांस्कृतिक उपलब्धि के समान परंपरा से प्राप्त मातृभाषा अथवा जातीय भाषा का संरक्षण करना, हम सबका कर्त्तव्य है। परंतु अन्य सांस्कृतिक उपलब्धियों के समान जैसे-जैसे संस्कृतियों में कुछ हेर-फेर होता रहता है उससे भाषा भी प्रभावित होती है। कक्षाकक्ष में भिन्न-भिन्न संस्कृतियों के छात्र आते हैं उनकी भाषा, उच्चारण, शब्दों की रचना, शब्द भंडार आदि में भी अंतर आ जाता है। भिन्न सांस्कृतिक परिवेश के

लोगों के लहजे में भी भिन्नता पाई जाती है। उदाहरण के लिए, उत्तर प्रदेश के निवासियों के हिंदी उच्चारण एवं बिहार के लोगों के हिंदी उच्चारण तथा लहजे में पर्याप्त भिन्नता पाई जाती है। इसी प्रकार हरियाणवी हिंदी उत्तर प्रदेश की हिंदी से भिन्न लहजा लिए होती है। एक ही राज्य के भिन्न-भिन्न नगरों की भाषा के लहजे में भी भिन्नता देखी जा सकती है। इलाहाबाद की हिंदी का लहजा आगरा की हिंदी के लहजे से भिन्न होता है। सांस्कृतिक भिन्नता के साथ-साथ भाषा भी अनेक नए रूप ग्रहण करती है।

प्रश्न 2. कक्षा प्रवचन (Classroom Discourse) से क्या अभिप्राय है? इसकी प्रकृति पर प्रकाश डालिए।

उत्तर– संकेतों के द्वारा संप्रेषण होते हुए भी मौखिक तथा लिखित भाषा ही मनुष्यों में संप्रेषण का एक श्रेष्ठ माध्यम है।

कक्षा प्रवचन की परिभाषा (Definition of Classroom Discourse)– "व्यक्तियों के व्यवहार को नियंत्रित करने के लिए भाषा हर प्रकार से एक शक्तिशाली प्रविधि है। भाषा के समान शक्तिशाली कोई भी ऐसी चीज नहीं है जिसकी खोज मनोवैज्ञानिक अपनी प्रयोगशाला में कर सकें।"

कक्षा प्रवचन की प्रकृति (Nature of Classroom Discourse)– भाषा के प्रभाव के कारण एक व्यक्ति वह कार्य कर सकता है जिसके संबंध में उसने विचार तक न किया हो। भाषा संप्रेषण के द्वारा लोगों के विचार और विश्वासों को सरलता से बदला जा सकता है। इसके कारण लोगों को धोखा दिया जा सकता है, खुश किया जा सकता है और दुःखी भी किया जा सकता है। भाषा संप्रेषण के द्वारा लोगों में नए विचार उत्पन्न किए जा सकते हैं, एक व्यक्ति को उन वस्तुओं की आवश्यकता का अनुभव कराया जा सकता है, जो उसके पास नहीं हैं। इतना ही नहीं इसके द्वारा व्यक्ति स्वयं को भी नियंत्रित कर सकता है, प्रत्येक दृष्टि से यह सार्वभौमिक स्तर का एक शक्तिशाली औजार है।

जुड़वाँ बालक जिनका साथ-साथ पालन-पोषण हुआ है या समान आयु के बच्चे जिनमें आपस में घनिष्ठ मित्रता है, ये लोग अपनी भाषा के आधार पर भाषा के कुछ निजी संकेत बना लेते हैं और भाषा के इन निजी संकेतों के आधार पर आपस में संप्रेषण करते हैं। इन लोगों की यह भाषा अन्य लोगों की समझ में नहीं आती है। उदाहरण के लिए, एक घनिष्ठ समूह में डाचिलालोरा शब्द प्रचलित था जिसका अर्थ एक बेवकूफ और गंदा व्यक्ति था। इस शब्द का अर्थ और प्रयोग उस 18 सदस्यों वाले समूह तक ही सीमित था। बहुधा देखा गया है कि अलग-अलग रहने वाले समूह संप्रेषण के लिए अपनी एक निजी भाषा बना लिया करते हैं।

ब्राउन तथा लेनीबर्ग (1954) ने रंगों की पहचान तथा उनकी शाब्दिक कूट योजना के संबंध का अध्ययन किया। उन्होंने अपने इस अध्ययन में 24 रंगीन टुकड़ों को दिखाकर प्रयोज्य लोगों की प्रतिक्रिया नोट की। उन्होंने अपने अध्ययन में यह देखा कि कुछ विषयी लोगों ने रंगों के लिए तुरंत एकपदीय नाम दिया। अन्य रंगों के संबंध में मन में अवरोध भी उत्पन्न हुआ और रंगों का बहुपदीय नाम भी दिया गया। ब्राउन तथा लेनीबर्ग अपने इस

अध्ययन के आधार पर इस निष्कर्ष पर पहुँचे कि जिन रंगों के नाम सरल थे उनकी पहचान भी सरल थी। **ब्राउन** (1954) ने पूर्व पाठशालीय बच्चों के संज्ञान (cognition) का अध्ययन करके यह निष्कर्ष निकाला कि संप्रेषण पर भाषा का अवश्य प्रभाव पड़ता है।

बहुधा यह देखा गया है कि व्यक्तियों में भाषा द्वारा संप्रेषण के अनेक कारण हो सकते हैं, जैसे–वे सूचना या जानकारी के लिए संप्रेषण कर सकते हैं। वे दूसरों से सहायता, दूसरों को आज्ञा देना, दूसरों से वायदा करने या अपने विचार व्यक्त करने के लिए संप्रेषण करते हैं। यह भी देखा गया है कि भाषा द्वारा संप्रेषण इसलिए किया जाता है कि लोग राजी (Persuade) हो जाएँ एक विशेष ढंग से व्यवहार करने के लिए या अपने विचारों को बदलने के लिए। प्रत्यापन (Persuasion) संप्रेषण का सामान्य किंतु महत्त्वपूर्ण कारक है। इस प्रकार की समस्याओं का अध्ययन सामाजिक अंत:क्रियाओं में रुचि रखने वाले मनोवैज्ञानिकों ने किया है।

साधारण भाषा में नई-नई वस्तुओं के लिए शब्द नहीं होते हैं। विशेष रूप से उन वस्तुओं के लिए जो आधुनिक विज्ञान की खोजें हैं। इन वस्तुओं के लिए नए-नए शब्द भी अपनाए या खोजे जाते हैं, ताकि संप्रेषण में कठिनाई न हो। नए-नए शब्दों के बढ़ने के कारण भाषा का रूप दिन-प्रतिदिन विशाल होता जा रहा है और साथ-ही-साथ भाषा की अस्पष्टता और असमर्थता दिन-प्रतिदिन दूनी होती जा रही है। इस प्रकार दिन-प्रतिदिन भाषा की शक्ति बढ़ती जा रही है और बढ़ती जाएगी। आज भी उच्च तकनीकी साधनों द्वारा संप्रेषण सरल हो गया है और इसका दायरा बढ़ गया है।

भाषा का एक सबसे बड़ा दोष देखा गया है जिसके कारण संप्रेषण में कठिनाई होती है, वह यह कि संसार के व्यक्ति कई प्रकार की भाषाएँ बोलते हैं जिसके कारण बहुत से व्यक्ति दूसरे व्यक्तियों के विचारों को समझ नहीं सकते हैं। विश्व के कुछ महान और सभ्य व्यक्तियों का यह स्वप्न रहा है कि प्रत्येक व्यक्ति को अपनी राष्ट्र भाषा के साथ-साथ एक अंतर्राष्ट्रीय भाषा को भी सीखना चाहिए। कुछ व्यक्तियों का यह विचार है कि रहस्यमय ज्ञान (Mystical Insight) को भाषा द्वारा व्यक्त करना कठिन है। इस प्रकार की सहायता बहुधा उन व्यक्तियों द्वारा की जाती है, जिन्होंने विभिन्न मादक पदार्थों का सेवन किया है। ये व्यक्ति अपने उन अनुभवों को संप्रेषित करने के लिए भाषा चाहते हैं क्योंकि उन्हें यह साधारण भाषा अपूर्ण दिखाई देती है। ऐसे व्यक्ति बहुधा अपने रहस्यमय विचारों को अलंकारों या गीतों द्वारा संप्रेषित करते हैं।

प्रश्न 3. कक्षा प्रवचन में शिक्षक की भूमिका का वर्णन कीजिए।

उत्तर– हिंदी शिक्षक रवीन्द्रनाथ के शब्दों में–"दीप से दीप जले", इसका तात्पर्य शिक्षक एक जलते हुए दीपक के समान है जो अपनी लौ से जलता रहता है। छात्र उस दीपक से संपन्न है जिसमें तेल तथा बत्ती है परंतु लौ नहीं है, उसे एक जलता हुआ दीपक ही प्रज्ज्वलित कर सकता है। शिक्षक की उपमा 'प्रज्ज्वलित दीपक' से की है। तेल तथा बत्ती से तात्पर्य छात्रों की योग्यताओं एवं क्षमताओं से है। छात्रों की क्षमताओं तथा योग्यताओं का विकास करना शिक्षक का मुख्य उत्तरदायित्व होता है। एक प्रभावशाली शिक्षक को तीन भूमिकाओं का निर्वाह करना होता है–

- दार्शनिक
- निर्देशक
- मित्र

अंग्रेजी में शिक्षक के लिए दो शब्द प्रयुक्त किए गए हैं–'जॉनलैटिन'। जॉन से तात्पर्य छात्र और लैटिन का अर्थ विषय का ज्ञान है। शिक्षकों को अपने छात्रों के संबंध में अधिक-से-अधिक जानकारी होनी चाहिए और अपने विषय का स्वामित्व होना चाहिए, तभी वे प्रभावशाली शिक्षक हो सकते हैं। हिंदी शिक्षक में भाषा का ज्ञान, बोध तथा कौशल आवश्यक है और साहित्य गद्य, पद्य, नाटक, उपन्यास और निबंध ज्ञान बोध, सौंदर्यानुभूति, रसानुभूति तथा समालोचना की योग्यता होनी चाहिए।

आज शिक्षक के उत्तरदायित्व बढ़ते जा रहे हैं। शिक्षक को 'व्यवस्थापन' भी मानते हैं, क्योंकि शिक्षा की व्यवस्था शिक्षक को ही करनी होती है, जिसे चार सोपानों का अनुसरण करना होता है–

- नियोजन
- व्यवस्था
- अग्रसरण
- नियंत्रण

शिक्षक की प्रभावशीलता के आकलन–

- शिक्षक की योग्यताएँ एवं क्षमताओं से संबंधित मानदंड,
- कक्षा में शिक्षण की प्रभावशीलता तथा शाब्दिक व अशाब्दिक अंतः प्रक्रिया से संबंधित मानदंड प्रयुक्त किए जाते हैं,
- छात्रों में परीक्षाफल तथा छात्रों की शिक्षक की अभिवृद्धि के मानदंड अधिक महत्त्वपूर्ण होते हैं।

गुण–हिंदी शिक्षक के गुण निम्नलिखित हैं–

- हिंदी भाषा का ज्ञान एवं कौशल।
- हिंदी साहित्य की विधाओं का ज्ञान तथा बोध होना।
- साहित्य के प्रति रुचि एवं अभिवृत्ति का होना।
- हिंदी के प्रति गौरव एवं अपने उत्तरदायित्व की भावना तथा संवेदना का होना।
- भाषा एवं साहित्य शिक्षण की विधियों का ज्ञान तथा कौशल का होना, सहायक सामग्री का समुचित प्रयोग आना चाहिए।
- भाषा एवं साहित्य के उद्देश्यों एवं व्यावहारिक रूप का बोध होना।
- भाषा एवं साहित्य शिक्षक की मूल्यांकन विधियों एवं प्रविधियों का ज्ञान तथा उपयोग की क्षमता हो।

प्रश्न 4. कक्षा प्रवचन की विभिन्न विशेषताओं का उल्लेख कीजिए।

उत्तर– कक्षा प्रवचन की प्रमुख विशेषताएँ निम्नलिखित हैं–

अभिव्यक्ति की तकनीकें–अभिव्यक्ति एक ऐसी तकनीक है, जिसके द्वारा ज्ञान प्रदान करने के लिए अध्यापकों को विद्यार्थी प्राप्त होते हैं, न कि उसके द्वारा वह विद्यार्थियों को

ज्ञान प्रदान करता है, उदाहरणार्थ—एक अध्यापक अधिगमकर्त्ताओं से कुछ उदाहरण देखने के लिए कहकर 'पहली प्रतिबंधात्मक संरचना' (The structure of first conditional) के लिए नियमों को समझाता है, फिर बोर्ड पर लिखते हुए कहता है, "हमने अंग्रेजी में पहला प्रतिबंध समझा, किसके साथ...?"

कक्षाकक्ष में अभिव्यक्ति कई कारणों से एक महत्त्वपूर्ण तकनीक है। यह एक अधिगमकर्त्ता-केंद्रित क्रिया विकसित करने में सहायता करती है, यह अधिगम को स्मरणीय बनाती है, क्योंकि अधिगमकर्त्ता नई एवं पुरानी जानकारियों को जोड़ सकते हैं तथा यह क्रियात्मक एवं उत्साहवर्धक अधिगम-वातावरण तैयार करने में सहायता कर सकती है।

प्रतीकात्मक रूप से कक्षा प्रवचन पर 'प्रश्न एवं उत्तर' से युक्त दिनचर्या का प्रभाव पड़ता है, जिसमें अध्यापक अधिकांश प्रश्न एक ऐसी प्रमुख विधि के रूप में पूछते हैं, जिसमें वे विमर्श को नियंत्रित करते हैं।

भाषा-अध्यापकों के द्वारा चयनित एवं प्रयुक्त प्रश्नों में से कई बंद पद वाले (closed-variety) प्रश्न होते हैं तथा विद्यार्थी केवल लघु उत्तर देते हैं, जो कि 'संप्रेषणात्मक' होते हैं। कक्षाकक्ष में प्रयोग किए जा सकने वाले विभिन्न प्रकार के प्रश्न निम्नलिखित हैं—

प्रदर्शन प्रश्न—प्रदर्शन प्रश्न वह प्रश्न होता है जिसका उत्तर अध्यापक पहले से ही जानता है। अधिकांश मामलों में अधिगमकर्त्ता भी यह जानता है कि शिक्षक को उत्तर का पता है, किंतु फिर भी वह शिक्षक को संतुष्ट करने के लिए उसका उत्तर देता/देती है—

उदाहरण—
- महात्मा गाँधी का जन्म कब हुआ था?
- यह कुर्सी है या मेज?

प्रदर्शन प्रश्न आमतौर पर नई जानकारी नहीं देते हैं। उनमें सोचने की बहुत कम जरूरत होती है। तथापि, यदि उनका प्रयोग किसी विशेष ज्ञानात्मक उद्देश्य के लिए किया जाता है, तो वे अत्यधिक उपयोगी उद्देश्य की पूर्ति कर सकते हैं। उदाहरणार्थ, यदि हम कक्षा में कोई ऐसा काम करते हैं जिसमें सटीकता की आवश्यकता होती है तथा हमारा ज्ञानात्मक लक्ष्य एक नई प्राप्त हुई ध्वनि या शब्द का अभ्यास करना है या फिर नए सीखे हुए वाक्य के पैटर्न को दोहराना या शब्द पर जोर देना है, तो ऐसी स्थितियों में प्रदर्शन प्रश्न सफलतापूर्वक कार्य कर सकते हैं। कक्षा-प्रबंधन (अपनी कक्षा पर नियंत्रण रखना) के उद्देश्य से भी प्रदर्शन प्रश्नों का प्रयोग किया जा सकता है।

सूचनात्मक प्रश्न—सूचनात्मक प्रश्नों या वास्तविक प्रश्नों में वास्तविक उत्तरों की आवश्यकता होती है। उनमें प्रायः विचार करने या प्रयास करने की आवश्यकता होती है। इस प्रकार के प्रश्न में किसी विद्यार्थी से अर्थ का अनुमान लगाने के लिए कहा जा सकता है, किसी कथन का मूल्यांकन करने के लिए कहा जा सकता है या वास्तविक तथ्य को कल्पना से पृथक् करने के लिए कहा जा सकता है।

उदाहरण—
- जॉगिंग करने की अपेक्षा तैरना किस प्रकार से कम या अधिक संतोषजनक है?
- बंदरों की अपेक्षा कुत्ते किस प्रकार से आसान पालतू जानवर बन जाते हैं?

- इन प्रश्नों के लिए वास्तविक उत्तरों की आवश्यकता होती है। उनके लिए व्याख्या करनी होती है। ये प्रश्न प्राय: नई सोच पैदा करते हैं तथा उनके पृथक् उत्तर दिए जा सकते हैं।

प्रदर्शन बनाम सूचनात्मक प्रश्न—सूचनात्मक प्रश्न, प्रदर्शन प्रश्नों की अपेक्षा संभव तथा अधिक 'स्वाभाविक' प्रतिक्रिया उत्पन्न करते हैं।

पारंपरिक रूप से, प्रदर्शन प्रश्न (जैसे कि, 'go (जाते हैं)' का भूतकाल (past tense) क्या है) जिनके उत्तर अध्यापक पहले से ही जानता है, क्रियात्मक रूप से संदर्भ-सूचक प्रश्नों से भिन्न होते हैं, जिनके उत्तर अध्यापक को पहले से ज्ञात नहीं होते हैं (जैसे कि, क्या तुम्हारे कोई भाई या बहन है?)।

प्रदर्शन प्रश्नों के अधिगमकर्त्ताओं से प्रतीकात्मक रूप से छोटे और आसान उत्तर मिलते हैं। यह स्वीकार करते हुए कि सभी प्रश्नों का उद्देश्य उत्तरों को अभिव्यक्त करना होता है, प्रदर्शन/संबंधसूचक का भेद जानना महत्त्वपूर्ण है।

बंद पद वाले प्रश्न—एक बंद पद वाले प्रश्न का एकमात्र सही उत्तर होता है।

उदाहरण—

- मुंबई महाराष्ट्र की राजधानी है, या गुजरात की?
- क्वालालमपुर सिंगापुर का भाग है या मलेशिया का?

मुक्त पद वाले प्रश्न—मुक्त पद वाले प्रश्न विचार करने का अवसर प्रदान करते हैं, क्योंकि इसके एक से अधिक सही उत्तर होते हैं।

उदाहरण—

- शहर के सभी बैंकों में एक जैसी सेवाएँ प्रदान की जाती हैं। वर्णन कीजिए।
- वायुयान से यात्रा करने की अपेक्षा रेल या सड़क मार्ग से यात्रा करना कब बेहतर होता है?

ये प्रश्न भिन्न-भिन्न अनुभवों के आधार पर भिन्न-भिन्न प्रकार के उत्तरों की अनुमति देते हैं।

तथ्यात्मक प्रश्न—इस प्रकार के प्रश्न यह निर्धारित करने में सहायता करते हैं कि क्या विद्यार्थियों को कुछ आवश्यक तथ्यों या सूचनाओं की भी आवश्यकता है, उनमें आमतौर पर घटनाओं, व्यवहारों या मान्यताओं पर प्रतिक्रिया देने की आवश्यकता नहीं होती है।

उदाहरण—

- संयुक्त राष्ट्र अमेरिका का राष्ट्रपति कौन है?
- दिल्ली से चेन्नई कितनी दूर है?

प्रश्नों का उपरोक्त वर्गीकरण स्पष्ट रूप से यह दर्शाता है कि इस प्रकार के प्रश्न ओवरलैप कर सकते हैं। अत: प्रश्नों का वर्गीकरण करते समय हमें कई पदों का प्रयोग करना पड़ सकता है। एक प्रदर्शन प्रश्न तथ्यात्मक या बंद पद वाला भी हो सकता है। एक सूचनात्मक प्रश्न मुक्त पद वाला भी हो सकता है।

बेंजामिन ब्लूम ने प्रश्नों के प्रकार का एक अन्य वर्गीकरण प्रस्तुत किया। उसने प्रश्नों को छह प्रकारों में विभाजित किया तथा उन्हें निम्न प्रकार से परिभाषित किया—

- ज्ञान प्रदान करने वाले प्रश्न, जो कि विद्यार्थियों से अपनी पुस्तक में या ज्ञान के किसी अन्य स्रोत में दी गई जानकारी प्राप्त करने के लिए कह सकते हैं। उदाहरण–'गिर' जंगल कहाँ है?
- समझ प्रदान करने वाले प्रश्न, जो कि समझने के लिए कह सकते हैं। उदाहरण–'समर्पण मूल्य' से लेखक का क्या तात्पर्य है?
- उपयोग संबंधी प्रश्न, जिसमें व्यक्ति की समझ का प्रयोग शामिल होता है। उदाहरण–'एकाग्रता के निर्माण में योग' किस प्रकार सहायता करता है?
- विश्लेषण करने वाले प्रश्न, जो किसी स्थिति के भागों को देखने के लिए कहते हैं। उदाहरण–'एक सौर ऊष्मक (Solar Heater)', 'एक विद्युत ऊष्मक (Electric Heater)' से किस प्रकार बेहतर या बदतर है?
- संश्लेषण करने वाले प्रश्न, जो विद्यार्थियों से अपने कौशलों को मिलाने के लिए कहते हैं ताकि नए विचार उत्पन्न किए जा सकें। उदाहरण–'दृष्टि बाधा से पीड़ित व्यक्तियों के लिए सड़क मार्ग को सुरक्षित बनाने हेतु हम क्या कर सकते हैं?'
- मूल्यांकन संबंधी प्रश्न, जो लोगों से मूल्यांकन (निर्णय) करने के लिए कहते हैं। उदाहरण–'क्या बड़े-बड़े बाँध जल एवं विद्युत की कमी के लिए सर्वोत्तम समाधान हैं?'

कक्षाकक्ष में प्रश्नों का समुचित रूप में प्रयोग करना–शिक्षक द्वारा प्रश्न पूछने की रणनीति के चयन का अधिगमकर्त्ता की भागीदारी पर बहुत अधिक प्रभाव पड़ सकता है। प्रश्न संकेतों में परिवर्तन करने का काम कर सकते हैं, समझने में सहायता करते हैं, अधिगमकर्त्ताओं को अवसर प्रदान करते हैं, भागीदारी के लिए दबाव भी डालते हैं। शिक्षक का प्रश्नों का प्रयोग करने का ढंग प्रवचन के संशोधन में उसकी सहायता करता है तथा अधिगमकर्त्ताओं की भागीदारी बनाए रखता है। दूसरे शब्दों में, प्रयोग किए गए प्रश्नों की संख्या एवं उनके कार्य के संदर्भ में, कक्षाकक्ष का प्रवचन सामान्य संप्रेषण से भिन्न होता है।

यदि प्रश्न का प्रकार ज्ञानात्मक लक्ष्य से मिलता-जुलता है, तो उपरोक्त प्रकार के प्रश्नों में से प्रत्येक, कक्षाकक्ष-प्रवचन में सकारात्मक योगदान करेगा। ज्ञानात्मक लक्ष्य, अधिगम के परिणाम होते हैं, जो कि पाठों के प्रति शिक्षक के दिमाग में रहते हैं।

एक अध्यापक के ज्ञानात्मक लक्ष्य के अनुसार, प्रश्नों के भिन्न-भिन्न प्रकार कम या ज्यादा उचित ही होते हैं। एक प्रश्न किस हद तक संप्रेषणीय प्रतिक्रिया उत्पन्न करेगा, यह उतना महत्त्वपूर्ण नहीं होता है जितना कि यह महत्त्वपूर्ण होता है कि पाठ के किसी विशिष्ट बिंदु पर इस प्रश्न से किस हद तक उसका उद्देश्य पूरा हो जाता है। संक्षेप में, प्रश्न पूछने की रणनीतियों के समुचित प्रयोग के लिए यह भी आवश्यक है कि जो भी पढ़ाया जा रहा है उसके संबंध में प्रश्न के कार्य की समझ भी होनी चाहिए (नन, 1999)।

निम्न तालिका में भिन्न-भिन्न प्रकार के ज्ञानात्मक लक्ष्यों को दर्शाया गया है, जिनके लिए विशेष प्रकार के प्रश्नों की आवश्यकता होती है–

ज्ञानात्मक लक्ष्य	प्रश्न का प्रकार
• स्वयं को स्पष्ट रूप से अभिव्यक्त करने में अधिगमकर्त्ताओं को सक्षम बनाना। • चर्चा के लिए संदर्भ स्थापित करना। • मौखिक प्रवाह को बढ़ावा देना।	संदर्भ-सूचक प्रश्न/प्रतिबंधात्मक प्रश्न

'क्यों'-प्रश्न–जो प्रश्न 'क्यों' से प्रारंभ होते हैं, उन्हें 'क्यों'-प्रश्न कहा जाता है। उदाहरणार्थ–यदि कोई विद्यार्थी कहता/कहती है कि उसे मार-धाड़ वाली फिल्में अच्छी लगती हैं तो हम पूछ सकते हैं कि, "उसे मार-धाड़ वाली फिल्में क्यों अच्छी लगती हैं?"

'क्यों'-प्रश्न जितने अधिक होंगे, कक्षाकक्ष के संवाद की गुणवत्ता उतनी ही बेहतर होगी। 'क्यों'-प्रश्न लंबी प्रतिक्रियाओं की पहल करेंगे तथा कक्षा में चर्चा को शुरू करने में तथा उसे जारी रखने में हमारी सहायता करेंगे। अधिकांश कक्षाकक्ष में अध्यापकों एवं विद्यार्थियों के बीच 'क्यों'-प्रश्नों की आवृत्ति अत्यधिक कम होती हैं, जिससे ज्ञात होता है कि विद्यार्थी के योगदान की मात्रा एवं गुणवत्ता दोनों ही संभवतया मध्यम श्रेणी की होती हैं।

शिक्षक को यह ध्यान में रखना चाहिए कि उसके प्रश्न कक्षाकक्ष में समान रूप से वितरित किए जाने चाहिए। जो अध्यापक अपने प्रश्नों को कक्षा के सिर्फ एक भाग तक ही सीमित रखता/ती है (उदाहरणार्थ, अगली पंक्ति में बैठने वालों तक या अधिक होशियार विद्यार्थियों तक) वह शायद शेष कक्षा को सम्मिलित करने में असफल रहता है। प्रश्नों के उत्तर देने का या पहल करने का अवसर कक्षा के प्रत्येक वर्ग को दिया जाना चाहिए।

प्रतीक्षा-काल–अध्यापक विद्यार्थियों को विचार करने के लिए या उत्तर बनाने के लिए जो समय देता है, उसे प्रतीक्षा-काल कहते हैं। अध्ययन से यह ज्ञात हुआ है कि अध्यापक द्वारा पूछे गए प्रश्न का उत्तर देने से पहले विचार करने हेतु विद्यार्थियों को अपर्याप्त समय दिया जाता है। इसके परिणामस्वरूप उत्तर पूर्णता से काफी दूर तथा प्रायः पर्याप्त विचार किए बिना ही दिए जाते हैं। शोध से ज्ञात होता है कि प्रतीक्षा-काल में 1 सेकेंड से 3 या 4 सेकेंड तक की वृद्धि कर देने से अधिगमकर्त्ताओं की भागीदारी में वृद्धि होती है तथा उच्च गुणवत्ता वाले कक्षाकक्ष प्रवचन में महत्त्वपूर्ण योगदान मिलता है। विशेष रूप से प्रतीक्षा-काल में वृद्धि के परिणामस्वरूप निम्न में भी वृद्धि होती है–

- विद्यार्थी के उत्तरों की औसत लंबाई।
- विचारपूर्ण उत्तरों की संख्या।
- विद्यार्थी द्वारा शुरू किए गए प्रश्न।
- विद्यार्थी-विद्यार्थी का आपस में संवाद।
- अनुमान के आधार पर कथन एवं प्रतिक्रियाएँ।
- संवादात्मक माहौल, जिसके कारण बारी आने की गति धीमी हो जाती है अर्थात् अगले विद्यार्थी का उत्तर देर में मिलता है।
- विचार करने या पूर्वाभ्यास करने का समय।

अध्यापक की ईको (Echo)—अध्यापक की ईको (echo) से तात्पर्य है कि अध्यापक के द्वारा कक्षा में बोले गए कथनों (वाक्यों) को दोहराना। जब एक अध्यापक अपने पिछले कथन को या अधिगमकर्त्ता की राय (contribution) को दोहराता है, तो उसे अध्यापक की ईको कहा जाता है।

अध्यापक की प्रतिध्वनि के कई कार्य हो सकते हैं–

- अधिगमकर्त्ता की बात को शेष कक्षा तक पहुँचाना।
- शुद्धता को सुनिश्चित करना।
- अभिव्यक्ति की प्रासंगिकता को स्वीकार करना।

हालाँकि, जब अध्यापक की ईको का अधिक बार प्रयोग किया जाता है, तो वह प्रतिध्वनि विमर्श के प्रवाह को बाधित करती है तथा अधिगमकर्त्ताओं के संवाद को कम करती है। इसलिए अध्यापकों को ईको के कार्य के प्रति सजग रहने की जरूरत है तथा इसके अधिक प्रयोग से होने वाली 'हानियों' के प्रति भी सजग रहने की आवश्यकता है। सीमित ईको (दोहराव) को एक सकारात्मक रणनीति के रूप में देखा जाता है, क्योंकि यह कक्षाकक्ष में अधिगम के अवसरों को सुविधाजनक बनाने में महत्त्वपूर्ण भमिका निभाती है। इस बारे में एक दृढ़-विश्वास है कि अध्यापक की सीमित (कम) ईको का विमर्श पर वही प्रभाव पड़ता है जो कि विस्तारित प्रतीक्षा-काल का पड़ता है।

उपर्युक्त दोनों ही रणनीतियाँ अधिगमकर्त्ताओं के संवाद में वृद्धि करती हैं तथा कक्षा में उनकी भागीदारी के अवसरों में भी वृद्धि करती हैं। अत: कक्षाकक्ष के विमर्श को सुगम बनाने के लिए शिक्षक को प्रतीक्षा-काल में विस्तार करने तथा अपनी ईको को कम करने का प्रयास करना चाहिए।

सुधार—प्रश्न करने के अतिरिक्त जो गतिविधि कक्षाकक्ष के विमर्श को सर्वाधिक विशिष्टता प्रदान करती है, वह है गलतियों का सुधार। सुधार को गलतियाँ ठीक करना भी कहा जाता है। 'गलतियों का सुधार' एक व्यापक शब्द है जिसमें अध्यापकों की सभी प्रकार की प्रतिपुष्टियाँ समाहित हो जाती हैं। गलतियों का सुधार प्रत्यक्ष या अप्रत्यक्ष, प्रकट या अप्रकट हो सकता है।

जिस प्रकार शिक्षक के प्रश्न उनके ज्ञानात्मक लक्ष्यों से मिलते-जुलते होने चाहिए, उसी प्रकार उनकी विशिष्ट सुधार संबंधी रणनीतियाँ भी उनके लक्ष्यों से मिलती हुई होनी चाहिए। सुधार 'भाषा-केंद्रित सुधार' या 'विषय-वस्तु केंद्रित सुधार' हो सकता है। जो कुछ भी किया जा रहा है, 'सुधार' (repair) का उससे निकट संबंध होता है। निहितार्थ यह है कि 'सुधार' कक्षाकक्ष विमर्श के अन्य पहलुओं की भाँति ज्ञानात्मक लक्ष्यों से संबंधित होना चाहिए।

(1) प्रत्यक्ष सुधार—इसका तात्पर्य है प्रकट रूप से सुधार करना। प्रत्यक्ष सुधार में किसी गलती को शीघ्रतापूर्वक तथा प्रत्यक्ष रूप से सुधारना शामिल होता है।

उदाहरण–

विद्यार्थी–मेरा भाई बाइक्स पसंद करते हैं....

अध्यापक–'करते हैं' नहीं...... करता है.... वह बाइक्स पसंद करता है।

(2) अप्रत्यक्ष सुधार—सुधार की यह रणनीति 'अप्रकट' या 'अप्रत्यक्ष' होती है। इस रणनीति में किसी गलती को प्रत्यक्ष रूप से सुधारने के बजाय अध्यापक अधिगमकर्त्ताओं को

संकेत देकर उन्हीं से सही उत्तर प्राप्त करने का प्रयास करता है। दूसरे शब्दों में प्रश्नों के समुचित संकेतों के माध्यम से अध्यापक सही उत्तर प्राप्त करने का प्रयास करता है।

उदाहरण–

विद्यार्थी–मेरा भाई बाइक्स पसंद करते हैं.....

अध्यापक–तुम्हारा भाई......?

विद्यार्थी–बाइक्स पसंद करते हैं...

अध्यापक–वह....तुम अपने भाई के बारे में बात कर रहे हो....वह.....

विद्यार्थी–बाइक्स पसंद करता है...

स्वरूप-केंद्रित प्रतिपुष्टि–इसे भाषा-केंद्रित सुधार भी कहा जाता है। यह संदेश को नहीं, प्रयुक्त शब्दों पर दी गई प्रतिपुष्टि को संदर्भित करता है। निम्न उदाहरण को देखें–

विद्यार्थी–मैं दिल्ली से संबंधित हूँ।

अध्यापक–मैं दिल्ली से हूँ.....। दिल्ली से संबंधित नहीं.....

विषय-वस्तु प्रतिपुष्टि–इसे विषय-वस्तु-केंद्रित सुधार भी कहा जाता है। यह प्रयुक्त शब्दों की बजाय संदेश पर दी गई प्रतिपुष्टि को संदर्भित करता है।

विद्यार्थी–गर्मियों के दौरान मैं अपनी दादी माँ के घर जाता हूँ... मुझे वहाँ समय बिताना अच्छा लगता है।

अध्यापक–तुम वहाँ क्या करते हो?

विद्यार्थी–मैं फुटबॉल खेलना और दादी माँ की कहानियाँ सुनना पसंद करते हैं।

अध्यापक–ठीक है..... यह तो दिलचस्प है... दादी माँ की कहानियाँ हमेशा ही दिलचस्प होती हैं.... क्या वे कहानियाँ तुम्हारी दादी माँ बनाती हैं या वे उन्हें किसी किताब से पढ़ती हैं?

जैसा कि हम यहाँ देख सकते हैं कि अध्यापक संदेश पर प्रतिपुष्टि देता है तथा अधिगमकर्त्ताओं की भाषा संबंधी अशुद्धियों को नजरअंदाज कर देता/ती है। इसके पश्चात् वह संदेश की पाठ्य-सामग्री से संबंधित वास्तविक प्रश्न पूछता/ती है। इस संवाद (अंतर्क्रिया) में अध्यापक का उद्देश्य स्पष्ट रूप से प्रवाह को बढ़ावा देना तथा अधिगमकर्त्ताओं से बुलवाना होता है।

यदि शिक्षक का ज्ञानात्मक लक्ष्य प्रवाह को विकसित करना है, तो प्रत्यक्ष सुधार की स्वीकृति नहीं दी जाती है। तथापि, यदि शिक्षक का लक्ष्य सटीकता (शुद्धता) का विकास करना है, तो प्रत्यक्ष सुधार के रूप में व्याकरण संबंधी निर्विष्टि (इनपुट) की आवश्यकता होती है। दूसरे शब्दों में सटीकता (शुद्धता) आधारित कार्यों के लिए भाषा-आधारित प्रतिपुष्टि उचित है, जबकि विषय-वस्तु आधारित प्रतिपुष्टि से अधिगमकर्त्ता सामान्य रूप से (बिना किसी सतर्कता के) स्वयं को स्वतंत्रतापूर्वक अभिव्यक्त कर सकते हैं। प्रवाह-आधारित कार्यों के लिए शिक्षक को प्रत्यक्ष सुधार से बचना चाहिए। इसलिए संवाद को सुविधाजनक बनाने के लिए शिक्षक को अपने ज्ञानात्मक लक्ष्यों का सुधार संबंधी रणनीतियों के साथ ठीक उसी प्रकार मिलान करना चाहिए, जिस प्रकार शिक्षक अपनी प्रश्न संबंधी रणनीतियों का अपने वांछित ज्ञानात्मक लक्ष्यों से मिलान करते हैं।

अधिगमकर्त्ताओं के लिए वाणी में संशोधन—कक्षाकक्ष प्रवचन (विमर्श) का दो-तिहाई भाग तो अध्यापक की बातों से ही भरा होता है। इसलिए यह सुनिश्चित करने के लिए कि कक्षाकक्ष में अध्यापक का विमर्श अधिगम के अवसरों में वृद्धि कर सकता है, हमें अधिगमकर्त्ताओं की वाणी में सुधार करना चाहिए। लिंच (1996) ने, अधिगमकर्त्ताओं की भाषा में सुधार के लिए अध्यापकों में रुचि उत्पन्न होने के कारणों का निम्न प्रकार से वर्णन किया है–

पहला, कक्षाकक्ष में शिक्षक की वाणी में सुधार करना इसलिए महत्त्वपूर्ण है, क्योंकि दूसरी भाषा के अधिगम में समझ एवं प्रगति के बीच संबंध होता है। यदि विद्यार्थी मिलने वाले इनपुट को नहीं समझते हैं, तो उनकी प्रगति करने की कोई संभावना नहीं है (क्राशेन, 1985)।

दूसरा, अधिगमकर्त्ता की भाषा पर अध्यापक की भाषा का गहरा प्रभाव पड़ता है। द्वितीय भाषा के अध्यापक द्वारा किए जाने वाले सर्वाधिक महत्त्वपूर्ण कार्यों में से एक है अपने अधिगमकर्त्ताओं के लिए लक्षित भाषा का मॉडल तैयार करना। कई मामलों में अधिगमकर्त्ताओं द्वारा प्राप्त किया जाने वाला यह भाषा का केवल विवरण हो सकता है।

लिंच द्वारा प्रस्तावित वाणी में सुधार का तीसरा कारण यह है कि अधिगमकर्त्ताओं को प्राय: अपने अध्यापक द्वारा कही गई बात (वक्तव्य) को समझने में कठिनाई होती है। बिना कोई सरलीकरण द्वारा कक्षाकक्ष में कही गई बात को समझना लगभग नामुमकिन होता है।

शोध अध्ययन यह दर्शाते हैं कि भाषा के अध्यापक आमतौर पर अपनी वाणी के चार पहलुओं में सुधार करते हैं, जो कि निम्नलिखित हैं–

- शब्दावली सरलीकृत होती है तथा मुहावरेदार वाक्यांशों के प्रयोग से बचा जाता है।
- छोटे-छोटे आसान कथनों एवं वर्तमान काल (present tense) का अधिक से अधिक प्रयोग करके व्याकरण को सरल बनाया जाता है।
- धीमी एवं अधिक स्पष्ट वाणी का प्रयोग करके तथा मानक स्वरूपों का व्यापक प्रयोग करके उच्चारण में सुधार किया जाता है।
- अंत में, अध्यापक शारीरिक हाव-भाव तथा चेहरे के भावों का अधिकाधिक प्रयोग करते हैं।

यह ध्यान देना जरूरी (महत्त्वपूर्ण) है कि वाणी में उपरोक्त सुधार जो कि द्वितीय भाषा के कक्षाकक्ष में किए जाते हैं, उनकी तुलना उन सुधारों से की जा सकती है जो पहली भाषा सीखते समय बच्चों से बात करते हुए माता-पिता द्वारा किए जाते हैं। आमतौर पर, सरल शब्दावली, छोटे-छोटे वाक्य एवं कुछ मुहावरेदार वाक्यांशों का प्रयोग किया जाता है, इसके साथ-साथ चेहरे के हाव-भाव एवं इशारों का प्रयोग भी किया जाता है।

टारडिफ (1994) ने संशोधन की पाँच रणनीतियों की पहचान की–

- आत्म-पुनरावृत्ति;
- भाषा संबंधी मॉडलिंग;
- सूचना प्रदान करना;
- कथन का विस्तार करना;

- जहाँ प्रश्नों को ग्रेड दिए जाते हैं तथा उनका समायोजन किया जाता है, वहाँ व्यापक उत्कटता का प्रयोग करना।

विमर्श में इनमें से प्रत्येक की अपनी भूमिका होती है एवं वांछित अधिगम परिणामों के अनुसार इनका थोड़ा या बहुत रणनीतिक प्रयोग अवश्य करना चाहिए।

टारफिड की भाँति ही लिंच (1996) ने कई विधियाँ बताईं जिनके द्वारा अध्यापक अपनी अंतर्क्रिया में संशोधन करते हैं। ये विधियाँ निम्नलिखित हैं–

- **पुष्टिकरण की जाँच**–जिसके द्वारा अध्यापक सुनिश्चित करते हैं कि वे अधिगमकर्त्ता को समझते हैं।
  उदाहरण–अतः आपका तात्पर्य है...?
- **समझ की जाँच**–सुनिश्चित करना कि अधिगमकर्त्ता अध्यापक की बात समझते हैं।
  उदाहरण–क्या आपकी समझ में आया?
- **पुनरावृत्ति (दोहराना)**–जिसमें अध्यापक अपने कथन को दोहराता/ती है या विद्यार्थी से अपने कथन को दोहराने के लिए कहता/ती है।
- **स्पष्टीकरण के लिए निवेदन**–विद्यार्थियों से स्पष्टीकरण के लिए कहना।
  उदाहरण–क्या आपका मतलब है....?
- **पुनः रचना**–एक अधिगमकर्त्ता के कथन को भिन्न प्रकार से व्यक्त करना।
- **पूर्ण करना**–एक अधिगमकर्त्ता के कथन को परिष्कृत करना।
- **बैकट्रेकिंग**–किसी संवाद के पूर्व भाग पर वापस आना।

अधिकांश कक्षाकक्ष में अध्यापक अधिगमकर्त्ताओं की वाणी में संशोधन के लिए नहीं कहते हैं, बल्कि अपनी खुद की व्याख्या आरोपित करने का प्रयास करते हैं। यही कारण है कि अध्यापक किसी पाठ के प्रवाह को बनाए रखने के साधन के रूप में या दोषरहित विमर्श के लिए स्थान खाली को भरने तथा अधिगमकर्त्ता की राय को आसान बनाने का आग्रह करते हैं। यह दुर्भाग्य ही होगा कि ऐसा करके अधिगमकर्त्ता अधिगम के बहुमूल्य अवसरों से वंचित हो सकते हैं। यकीनन स्पष्टीकरण की माँग करके तथा पुष्टिकरण के लिए कहकर, अधिगमकर्त्ताओं से उनके कथन को बार-बार कहलवाकर अधिगमकर्त्ताओं की भाषा के विकास को सुदृढ़ बनाया जाता है।

स्केफोल्डिंग–'स्केफोल्डिंग' एक संवादात्मक लक्षण है जिसमें एक संवाद के आदान-प्रदान के दौरान अध्यापक द्वारा एक भाषा प्रस्तुत की जाती है ताकि उसकी सहायता से अधिगमकर्त्ता स्वयं को और अधिक स्पष्ट रूप से अभिव्यक्त कर सकें। 'स्केफोल्डिंग' शब्द ऐसी विधियों को दर्शाता है जिनमें अध्यापक अधिगमकर्त्ताओं को स्व-अभिव्यक्ति में सहायता करने के लिए भाषायी संकेत प्रदान करता है। जब अधिगमकर्त्ता अपनी क्षमता से बाहर के कार्यों में संलग्न होते हैं, तो 'स्केफोल्डिंग' उन्हें संवाद के माध्यम से ज्ञानात्मक सहायता प्रदान करता है।

अपने अधिगमकर्त्ताओं को 'मचान' (स्केफोल्ड) प्रदान करते समय अध्यापक निम्न कार्यों में संलग्न रह सकते हैं–

- **पुनः रचना**–इसमें और अधिक उचित भाषा का प्रयोग करते हुए अधिगमकर्त्ता के 'कथन' पर पुनः काम किया जाता है।

- **प्रतिमानीकरण (मॉडलिंग)**–इसमें अधिगमकर्त्ता के 'कथन' को समुचित उच्चारण, के साथ जोर देकर या आवाज में उतार-चढ़ाव के साथ केवल दोहराया जाता है।
- **विस्तार**–इसमें कथन का विस्तार किया जाता है, और अधिक व्यापक बनाया जाता है या अन्य विद्यार्थियों के लिए अधिक समझने योग्य बनाया जाता है।

इनमें से प्रत्येक में अध्यापक की भूमिका अधिगमकर्त्ता के कथन को और अधिक स्वीकार्य बनाने हेतु 'स्वरूप' देने की है।

अध्यापक की बातचीत के निष्क्रिय लक्षण की अपेक्षा एक सतर्क रणनीति के रूप में 'स्केफोल्डिंग' अधिगम के अवसरों में वृद्धि करने के लिए बहुत कुछ कर सकता है।

अध्यापकों को अधिगमकर्त्ता के प्रथम कथन को स्वीकार न करने के महत्त्व के बारे में जागरूक होना चाहिए तथा जो भी कहा गया है उसको आगे बढ़ाने के महत्त्व को समझना चाहिए। कई बार तो अध्यापक अधिगमकर्त्ता द्वारा कही गई किसी भी बात से संतुष्ट हो जाते हैं तथा 'बारीक-जाँच' के महत्त्व एवं आवश्यक होने पर स्पष्टीकरण की जरूरत को भूल जाते हैं। कक्षाकक्ष के विमर्श को प्रभावी बनाने के लिए संशोधन की विभिन्न रणनीतियों का प्रयोग करना जरूरी है। 'स्केफोल्डिंग' कक्षाकक्ष में अधिगम के अवसरों में वृद्धि करने में शिक्षक की सहायता करता है। अधिगमकर्त्ता के कथन को समझने के कौशल, उसमें सुधार करने तथा अधिगमकर्त्ता के लिए इसकी प्रतिपुष्टि देने के कौशल के लिए, सतर्क प्रयास एवं मानसिक तत्परता की जरूरत होती है।

प्रश्न 5. "जब अध्यापक अपने कक्षाकक्ष संवाद को व्यवस्थित करने के लिए कई समुचित रणनीतियों का प्रयोग करते हैं, तो वे तर्कपूर्ण संवाद को बढ़ावा देने में सफल रहते हैं।" टिप्पणी कीजिए।

अथवा

तर्कपूर्ण संवाद के दौरान कौन-कौन से दो प्रकार के प्रबंधन सामने आते हैं? वर्णन कीजिए।

उत्तर– जब अध्यापक अपने कक्षाकक्ष संवाद के संचालन के लिए कई समुचित रणनीतियों का प्रयोग करते हैं, तो वे तर्कपूर्ण संवाद को बढ़ावा देने में सफल रहते हैं। प्रथम अधिगमकर्त्ता के कथन को स्वीकार करने के बजाय अध्यापक को चाहिए कि वह अधिगमकर्त्ताओं को अधिक से अधिक संवाद (तर्कपूर्ण संवाद) करने के लिए प्रेरित करे। वार्तालाप प्रबंधन एवं विषय-प्रबंधन के जरिए तर्कपूर्ण संवाद को भली-भाँति समझा जा सकता है–

वार्तालाप प्रबंधन–वार्तालाप प्रबंधन को कक्षाकक्ष-विमर्श की "एक गतिविधि" के रूप में परिभाषित किया जाता है। इसका तात्पर्य उन विधियों से है, जिनका प्रयोग भागीदार (शिक्षक एवं अधिगमकर्त्ता) अपने तात्कालिक अधिगम लक्ष्यों को प्राप्त करने के लिए कक्षाकक्ष वार्तालाप में करते हैं। सूचनाओं के आदान-प्रदान का ढाँचा (संरचना) उस विधि को निर्धारित करता है जिसके द्वारा वार्तालाप का प्रबंधन किया जाना है। दूसरे शब्दों में पूछे गए प्रश्नों के प्रकार एवं उत्तरों के प्रकार नियंत्रण की विधि तय करते हैं।

आई.आर.एफ. (IRF) क्रम को सूचनाओं के आदान-प्रदान की सर्वाधिक सामान्य संरचना माना जाता है, जिसमें 'I' से तात्पर्य है 'अध्यापक की पहल (Teacher's Initiation)' 'R' का मतलब है 'अधिगमकर्त्ता का उत्तर (Learner's Response)' तथा 'F' का अर्थ है, 'अध्यापक द्वारा दी गई प्रतिपुष्टि (Feedback Provided by the Teacher)'। इस संरचना में अधिगमकर्त्ता स्वतंत्र रूप से संवाद (अंतर्क्रिया) नहीं कर सकते या यथार्थ संप्रेषण नहीं कर सकते तथा अपने विचार व्यक्त नहीं कर सकते। कक्षाकक्ष में, जहाँ कि अध्यापक सख्ती से वार्तालाप को संचालित करता है, वहाँ संवाद IRF क्रम से प्रभावित होता है, जो कि बहुत अधिक सीमित होता है।

तर्कपूर्ण संवाद अध्यापकों की IRF पैटर्न को तोड़ने में सहायता करता है, क्योंकि उसमें अध्यापक संयुक्त कक्षाकक्ष वार्तालाप को सार्थक बनाने में संलग्न रहते हैं, उदाहरणार्थ, अध्यापक के प्रश्न अधिगमकर्त्ताओं के जवाबों को सामने लाते हैं, जो कि उनकी पाठ्यपुस्तक से लिए गए तथ्यों पर आधारित नहीं होते हैं, बल्कि उनके अपने स्वयं के विचारों पर आधारित होते हैं।

अध्यापकों को चाहिए कि वे अधिगमकर्त्ताओं को सही भाषा में एवं टूटी-फूटी भाषा में स्वयं से उत्तर देने हेतु कोशिश करने के लिए प्रोत्साहित करें। जिन कक्षाकक्ष में तर्कपूर्ण संवाद नहीं होता है, वहाँ अध्यापक स्वयं ही अपने प्रश्नों के उत्तर देकर समापन कर देते हैं या फिर वे सबसे पहले सही उत्तर मिलते ही रुक जाते हैं। इससे अन्य अधिगमकर्त्ताओं को अपना भाषायी प्रदर्शन करने का अवसर नहीं मिल पाता है, और इस प्रकार वे कक्षाकक्ष विमर्श में भी भाग नहीं ले पाते हैं।

अध्यापकों एवं अधिगमकर्त्ताओं को केवल अपनी भाषायी क्षमता प्रदर्शित करने तक ही सीमित रखने वाले प्रदर्शन-प्रश्न पूछने की अपेक्षा अधिक से अधिक सूचनात्मक प्रश्न पूछना सार्थक संवाद (अंतर्क्रिया) को सुगम बनाता है, क्योंकि सूचनात्मक प्रश्नों से जानकारी प्राप्त होती है तथा इससे मुक्तपद वाले उत्तर प्राप्त होते हैं।

कुमारवाडिवेलु (2003) स्पष्ट करते हैं कि यह आवश्यक नहीं कि केवल सूचनात्मक प्रश्न पूछने से ही IRF क्रम टूटता हो। अध्यापकों को नियमित एवं विधिवत् तरीके से, प्रश्नों एवं उत्तरों पर ध्यान देने की अपेक्षा, उत्तरों के अर्थों पर ध्यान देने की आवश्यकता होती है।

यथार्थ (real) तर्कपूर्ण संवाद केवल तभी हो सकते हैं, जबकि अध्यापक अधिगमकर्त्ताओं के उत्तरों का भाषायी तौर पर मूल्यांकन करते हुए आगे बढ़ते जाने के बजाय उनमें निहित अर्थों पर ध्यान दें। अध्यापकों को अपने वार्तालाप प्रबंधन को प्रभावी विषय-प्रबंधन से जोड़ना चाहिए।

विषय प्रबंधन—अधिगमकर्त्ताओं को विषय का नामांकन करने की स्वतंत्रता दी जानी चाहिए, क्योंकि इससे उन्हें संवादात्मक अवसरों के लिए प्रभावी आधार प्राप्त होता है। विषय-नामांकन को एक ऐसी प्रक्रिया के रूप में परिभाषित किया जाता है जिसके द्वारा अधिगमकर्त्ता अध्यापक या किसी अन्य अधिगमकर्त्ता की बात को ग्रहण करता है तथा इसे अगला विषय बनाने का प्रयास करता है। विषय पर अधिगमकर्त्ताओं का नियंत्रण रखने देने के निम्न लाभ होते हैं—

- इनपुट की भाषायी जटिलता को अधिगमकर्त्ता के अपने स्तर पर ठीक किया जा सकता है।
- जब कोई संप्रेषण संबंधी समस्या उत्पन्न होती है, तो इससे अर्थ के बारे में तर्क करने के लिए बेहतर अवसर उत्पन्न होते हैं।
- यह अधिगमकर्त्ताओं की तरफ से, ज्यादा जटिल तथा विस्तृत परिणामों के उत्पादन को सुगम बना सकता है।

शोध से यह ज्ञात हुआ है कि अधिगमकर्त्ता अध्यापक द्वारा नामित विषयों की अपेक्षा स्वयं अपने एवं साथियों द्वारा नामित विषयों से अधिक लाभान्वित होते हैं, क्योंकि इससे अधिगमकर्त्ताओं के प्रेरणा प्राप्त करने की तथा स्थायी रूप से प्रेरित बने रहने की संभावना बढ़ती है तथा इससे उनमें स्वतंत्रता की भावना उत्पन्न होती है तथा वे कक्षाकक्ष विमर्श के संचालन को भी नियंत्रित रख पाते हैं। यहाँ तक कि वे अधिगमकर्त्ता जो उत्तर की पहल करके संवाद में सीधे-सीधे भागीदारी नहीं करते हैं, वे अनजाने में ही अपने साथियों के योगदान से लाभान्वित होते हैं। इस प्रकार इससे केवल अभ्यास के लिए अवसर ही नहीं बढ़ते हैं, बल्कि यह अधिगम को भी सक्षम बनाता है।

विषय में तथा बारी के प्रबंधन में अध्यापक महत्त्वपूर्ण भूमिका निभाते हैं। इससे इंकार नहीं किया जा सकता कि आदान-प्रदान की गई सूचनाओं की संरचना (चाहे वह IRF हो या नहीं) काफी हद तक अध्यापक, उसके प्रश्नों, बारियों (Turns) को प्रबंधित करने की विधियों तथा विषय के नामांकन पर अध्यापक द्वारा अधिगमकर्त्ताओं को दी गई स्वतंत्रता के स्तर पर निर्भर करती हैं।

प्रश्न 6. कक्षाकक्ष अंत:क्रियात्मक क्षमता (CIC) क्या है? विस्तार से बताइए।

उत्तर– वाल्श (2006:132) के अनुसार कक्षाकक्ष अंत:क्रियात्मक (संवादात्मक) क्षमता (CIC) को निम्नवत् परिभाषित किया जा सकता है–

'अधिगम की मध्यस्थता एवं सहायता करने के लिए उपकरण के रूप में अंत:क्रिया को उपकरण के रूप में प्रयोग करने की अध्यापकों एवं अधिगमकर्त्ताओं की क्षमता', कक्षाकक्ष अंत:क्रियात्मक क्षमता (CIC) कहलाती है। CIC की इस अवधारणा के अनुसार अधिगम एवं अधिगम के अवसरों में सुधार करने के लिए अंत:क्रिया को शिक्षण एवं अधिगम के केंद्र में रखना होगा।

जब भी शिक्षक कक्षाकक्ष में संवाद करते हैं, तो वे प्राय: अर्थ पर बातचीत करने या उनके दृष्टिकोण या विचार को स्पष्ट करने की अपेक्षा अधिगमकर्त्ता के सही कथन को प्रस्तुत करने की योग्यता पर विशेष ध्यान देते हैं। अत: अध्यापकों को अधिगमकर्त्ता की अंत:क्रिया की प्रभावशीलता पर विचार करना चाहिए। दूसरे शब्दों में, अध्यापकों को यह समझने का प्रयास करना चाहिए कि एक विद्यार्थी दूसरे विद्यार्थियों एवं अध्यापक के साथ मिलकर अर्थ का सह-निर्माण कितने अच्छे ढंग से कर सकता है। अत: CIC के लिए पृथक् अधिगमकर्त्ता पर ध्यान देने के बजाय सामूहिक क्षमता पर ध्यान देना चाहिए। CIC की इस अवधारणा को प्रस्तावित करने वाले यह तर्क देते हैं कि बिल्कुल सही होना या अपने आप में धारा-प्रवाह वक्ता होना ही पर्याप्त नहीं है। अधिगमकर्त्ताओं को अंत:क्रिया के संदर्भ पर,

सुनने पर ध्यान देने में सक्षम होना चाहिए तथा यह दर्शाना चाहिए कि उन्होंने अर्थ को स्पष्ट करना, गलतियों को ठीक करना तथा अन्य सब कुछ समझ लिया है।

अंत:क्रियात्मक क्षमता पर ध्यान केंद्रित करने से अध्यापक अधिगमकर्त्ताओं की अभीष्ट अर्थ व्यक्त करने की क्षमता एवं कक्षाकक्ष में संयुक्त समझ स्थापित करने की योग्यता पर ध्यान केंद्रित कर सकते हैं। अनिवार्यत: अंत:क्रियात्मक क्षमता का संबंध उससे होता है, जो भागीदारों (एक अंत:क्रिया) के बीच चल रहा होता है तथा उस संप्रेषण का जिस प्रकार से प्रबंधन किया जाता है। प्रवाह की बजाय, CIC का संबंध संप्रवाह (confluence) से भी होता है; जो कि एक अन्य वक्ता के साथ मिलकर भाषा को प्रवाहपूर्वक बोलने के कारण उत्पन्न होता है। संप्रवाह उन विधियों को प्रकाश में लाता है, जिस प्रकार से वक्ता एक-दूसरे के कथनों को सुनते हैं तथा सामूहिक अर्थ-निर्माण पर ध्यान केंद्रित करते हैं। संप्रवाह की इसी अवधारणा के इर्द-गिर्द संप्रेषण चलता है, जहाँ कि भागीदार (अधिगमकर्त्ता एवं अध्यापक) एक-दूसरे के अर्थ को समझने, अर्थों पर बातचीत करने, सहायता करने एवं पूछताछ करने, समर्थन करने, स्पष्ट करने तथा ऐसे ही अन्य कार्यों की निरंतर प्रक्रिया में संलग्न रहते हैं। इस प्रकार, कक्षाकक्ष के अंदर एवं बाहर दोनों स्थानों पर प्रवाहशील वक्ता होने की बजाय संप्रवाही वक्ता होना अधिक महत्त्वपूर्ण है।

CIC के चलते किसी प्रवचन में भाग लेने वाले सह-निर्मित अंत:क्रियाओं के माध्यम से अधिगम को दर्शा सकते हैं तथा अधिगम के अनुकूल संयुक्त प्रवचन को अधिगम-उन्मुख बनाने के लिए रचनात्मक क्षमताओं को दर्शा सकते हैं। CIC अध्यापकों एवं अधिगमकर्त्ताओं के निर्णय लेने के तरीकों एवं उनके परिणामस्वरूप अधिगम को बढ़ाने वाली क्रियाओं पर ध्यान केंद्रित करता है।

CIC का विकास–अपने कक्षाकक्ष के प्रवचन को प्रभावी बनाने तथा अधिगम को सुगम बनाने के लिए एक शिक्षक को CIC को सावधानीपूर्वक विकसित करने की आवश्यकता है। जो अध्यापक पर्याप्त रूप से कक्षाकक्ष अंत:क्रियात्मक क्षमता (CIC) का उपयोग करता है, वह ऐसी भाषा का प्रयोग करता है जो कि उसके शिक्षण उद्देश्यों के लिए उपयुक्त होती है। अनिवार्यत:, यह शिक्षण उद्देश्यों के लिए उपयुक्त भाषा के प्रयोग के महत्त्व पर जोर देती है, पाठ के अर्थ के सह-निर्माण एवं कार्य-सूची के खुलासे के साथ जिसका समायोजन किया जाता है। दूसरा, CIC अंत:क्रियात्मक विस्तार को सुगम बनाती है। प्रवचन में अधिगमकर्त्ताओं की भागीदारी के लिए कक्षा-वार्ता में योगदान करने के लिए तथा उनके कथनों पर प्रतिपुष्टि प्राप्त करने के लिए पर्याप्त समय दिया जाता है। तीसरा, अंत:क्रियात्मक रूप से सक्षम अध्यापक स्केफोल्डिंग के द्वारा सांकेतिक रूप में परिवर्तित करके, दोहराकर तथा अन्य कार्यों के द्वारा अधिगमकर्त्ता के कथनों को स्वरूप प्रदान करने में सक्षम होता है। अनिवार्यत:, प्रवचन को स्वरूप प्रदान करने के लिए एक अध्यापक सर्वाधिक उपयुक्त भाषा का प्रयोग करके अर्थपूर्ण बात करने में अधिगमकर्त्ताओं की सहायता करता है। अंत में, CIC अभिव्यक्ति की प्रभावी रणनीतियों का प्रयोग करती है। प्रश्नों को पूछने की योग्यता, उन प्रश्नों का परिष्करण एवं समायोजन करना तथा अधिगमकर्त्ताओं के लिए उन्हें स्पष्ट करना CIC की अवधारणा का केंद्र-बिंदु है।

विकसित CIC के परिणामस्वरूप और अधिक अधिगम-उन्मुख अंत:क्रियाएँ होती हैं तथा यह अंत:क्रियात्मक विस्तार को सुगम बनाता हैं। चुप्पी को न तोड़कर (अध्यापक की गूँज को कम करके), अधिगमकर्त्ता की विस्तारित बारी को बढ़ावा देकर तथा योजना-काल की अनुमति देकर, प्रतीक्षा-काल में वृद्धि करके अध्यापक अपने कक्षाकक्ष में अंत:क्रियात्मक समय में वृद्धि कर सकते हैं। अधिगमकर्त्ता के समय में वृद्धि करके अध्यापक कक्षाकक्ष संवाद की आत्मा अर्थात् अर्थों के सह-निर्माण की प्रक्रिया में योगदान देने में अधिगमकर्त्ताओं को सक्षम बना सकते हैं।

प्रश्न 7. 'बेंजामिन ब्लूम' ने प्रश्नों का वर्गीकरण किस प्रकार किया? उदाहरण सहित व्याख्या कीजिए।

उत्तर– 'बेंजामिन ब्लूम' ने प्रश्नों को छह प्रकारों में विभाजित किया तथा उनमें से प्रत्येक को निम्न प्रकार से परिभाषित किया–

- **ज्ञानात्मक प्रश्न–**जो विद्यार्थियों से उनकी पुस्तक में दी गई जानकारी तथा ज्ञान के किसी अन्य स्रोत से जानकारी प्राप्त करने के लिए कहते हैं।
  उदाहरण–'गिर' के जंगल कहाँ हैं?
- **धारणात्मक (बोध-ग्राही) प्रश्न–**जो 'समझ' के बारे में प्रश्न पूछते हैं।
  उदाहरण–'समर्पण मूल्य' से लेखक का क्या तात्पर्य है?
- **प्रयोगात्मक प्रश्न–**जिनमें व्यक्ति की समझ का प्रयोग सम्मिलित होता है।
  उदाहरण–एकाग्रता के निर्माण में 'योग' किस प्रकार सहायक है?
- **विश्लेषणात्मक प्रश्न–**जिनमें परिस्थितियों के भिन्न-भिन्न भागों पर नजर रखने के लिए कहा जाता है।
  उदाहरण–एक 'सौर ऊष्मक' (Solar Heater) किस प्रकार एक 'विद्युत ऊष्मक' (Electric Heater) से बेहतर या बेकार है?
- **संश्लेषणात्मक प्रश्न–**जिनमें विद्यार्थियों से अपने नए विचारों के रचना कौशल को शामिल करने के लिए कहा जाता है।
  उदाहरण–दृष्टि-बाधित व्यक्तियों के लिए सड़क को सुरक्षित बनाने हेतु हम क्या कर सकते हैं?
- **मूल्यांकन संबंधी प्रश्न–**जिनमें लोगों से निर्णय करने के लिए कहा जाता है।
  उदाहरण–"क्या बड़े-बड़े बाँध, जल एवं विद्युत समस्या का सर्वोत्तम समाधान है?"

'गुल्लीबाबा' नाम क्यों?

'गुल्लीबाबा' दो महत्त्वपूर्ण शब्दों के मेल से बना है–'गुल्ली' तथा 'बाबा'। 'गुल्ली' शब्द प्राचीन भारतीय खेल गुल्ली-डंडा से आया है। यह खेल 'एकाग्रता' तथा 'बल' का एक अच्छा प्रतीक है। 'बाबा' शब्द 'आदर' और 'सम्मान' को बताता है। 'एकाग्रता', 'बल' और 'दूसरों के प्रति सम्मान' जीवन में सफलता की ऊँचाइयों को छूने के लिए आवश्यक हैं। अतः शिक्षा के क्षेत्र में अच्छी उपलब्धि प्राप्त कराने तथा सबको आदर और सम्मान देने के लिए ही 'गुल्लीबाबा' नाम रखा गया है।

और अधिक जानकारी के लिए देखें
GullyBaba.com/why-name-gullybaba.html

5. पाठ्यचर्यापर्यंत श्रवण का शिक्षण
Teaching Listening Across the Curriculum

भूमिका

श्रवण (सुनने) की प्रक्रिया को तभी प्रभावी कहा जा सकता है, जबकि सुनने वाला व्यक्ति बोले गए शब्दों को समझ सके तथा प्रासंगिक एवं अप्रासंगिक सूचनाओं को अलग कर सके। श्रवण करना अर्थात् सुनना अधिगम एवं भाषा के अधिगम का आधार है। हमें जितनी भी जानकारियाँ या सूचनाएँ प्राप्त होती हैं, उनमें से अधिकांश सुनकर ही प्राप्त होती हैं, चाहे वे व्याख्यान के दौरान हों, मीडिया के माध्यम से हों या कहानियों आदि के रूप में हों। व्यक्तियों को भाषा का ज्ञान अधिकांशत: सुनकर ही प्राप्त होता है। किसी भाषा के शिक्षण का उद्देश्य ही यह होता है कि सुनने वाला व्यक्ति उसे समझ सके और सार्थक ढंग से शैक्षणिक, औपचारिक या सामाजिक परिस्थितियों में उसका प्रयोग कर सके। और तो और दैनिक जीवन के कार्यों को, चाहे वे व्यापार से संबंधित हों या अन्य जरूरतों से संबंधित हों, हम तभी ठीक से कर सकते हैं, जबकि हम उनसे संबंधित बातों को ध्यानपूर्वक सुनें और समझें। यथार्थ में साक्षरता का आधार ही है 'सुनना अर्थात् श्रवण करना'। वास्तव में भिन्न-भिन्न विषयों के अध्यापक अपने-अपने विषय की शब्दावली के माध्यम से कक्षाकक्ष में अधिगमकर्त्ताओं को श्रवण-कौशल का अभ्यास करवाते हैं, जो कि शिक्षण का सबसे महत्त्वपूर्ण पहलू है।

प्रश्न 1. श्रवण कौशल का क्या अर्थ है? इसके विभिन्न प्रकारों की व्याख्या कीजिए।

उत्तर— श्रवण कौशल (Listening skill) का अर्थ बच्चों में ऐसी क्षमता का विकास करने से है जिससे कि बच्चा किसी कथन को ध्यान से सुनकर उसका सही अर्थ समझ सके, सुनी हुई बात पर चिंतन एवं मनन कर सके और उचित निर्णय ले सके।

श्रवण कौशल भाषायी ज्ञान का प्रमुख कौशल है। भाषा शिक्षण की प्रक्रिया सामान्य रूप से विद्यालयों में इसके माध्यम से ही प्रारंभ होती है। शिक्षक द्वारा सर्वप्रथम बालक में श्रवण कौशल का विकास किया जाता है, क्योंकि जब तक छात्र किसी भी तथ्य को ध्यानपूर्वक श्रवण नहीं करेगा तब तक वह ज्ञान को आत्मसात् नहीं कर सकता है। इसलिए शिक्षक द्वारा श्रवण कौशल को विकसित करने के लिए छात्रों की रुचि का ध्यान रखते हुए उसके समक्ष सामग्री प्रस्तुत की जाती है, क्योंकि रुचिपूर्ण तथ्यों को छात्र ध्यानपूर्वक श्रवण करता है।

श्रवण कौशल के प्रकार (Types of listening skill)—श्रवण प्रक्रिया के मुख्य तीन प्रकार हैं—

- **अवधानात्मक श्रवण—**अवधानात्मक श्रवण का अर्थ है—विद्यार्थी जो भी विषय सुने उसे अच्छी तरह समझ सके। इसके लिए विद्यार्थियों से श्रुत सामग्री के मुख्य विचार सुनने चाहिए एवं उन्हें श्यामपट्ट या कॉपियों पर लिखने के लिए कहना चाहिए। अवधानात्मक श्रवण शेष दो श्रवण के प्रकारों का आधार है।
- **रसात्मक श्रवण—**उचित भावभंगिमा एवं लहजे में सुनाई गई विषयवस्तु में श्रोता द्वारा आनंद की अनुभूति करना ही रसात्मक श्रवण है। कविता ही इसका सर्वश्रेष्ठ साधन है। कविता द्वारा ही इस कौशल का विकास किया जा सकता है।
- **विश्लेषणात्मक श्रवण—**इसमें श्रोता सुने हुए विषय पर तुलनात्मक दृष्टि से विचार करता है तथा उसका मूल्यांकन करके निष्कर्ष निकालता है। हिंदी शिक्षक को इस शक्ति के विकास का अवसर बच्चों को देना चाहिए।

कुछ शिक्षाशास्त्रियों का सुझाव है कि अवधानात्मक श्रवण एवं रसात्मक श्रवण के समय श्रोता व वाचक के बीच कोई व्यवधान न हो जिससे विद्यार्थी ध्यानपूर्वक वाचक की बात को सुन सके। विश्लेषणात्मक श्रवण में यह आवश्यक है कि विद्यार्थी वाचक के साथ-साथ स्वयं भी पुस्तक पढ़ता रहे तभी वह विषयवस्तु का तुलनात्मक विश्लेषण कर सकता है।

प्रश्न 2. श्रवण कौशल के प्रमुख उद्देश्यों और सिद्धांतों को बताते हुए इसके महत्त्व को समझाइए।

उत्तर— श्रवण कौशल के उद्देश्य (Aims of Listening Skills)—श्रवण कौशल के विकास का उद्देश्य छात्रों में विभिन्न प्रकार की भाषायी दक्षताओं का विकास करना है। श्रवण कौशल भाषायी कौशलों में महत्त्वपूर्ण स्थान रखता है। श्रवण कौशल के विकास के मूल में निम्नलिखित उद्देश्य समाहित होते हैं—

- श्रवण कौशल के विकास का प्रमुख उद्देश्य छात्रों को विभिन्न प्रकार की ध्वनियों के मध्य अंतर समझाना है। प्राथमिक स्तर पर छात्रों को आ, ई तथा ऊ

वाले शब्दों के मध्य अंतर समझाने के लिए विभिन्न प्रकार के शब्द एवं वाक्य सुझाए जाते हैं।
- श्रवण के माध्यम से छात्रों में विभिन्न प्रकार के शब्दों को सुनकर उनके मूल भाव को समझने की दक्षता का विकास किया जाता है, जैसे—दूध शब्द को सुनकर छात्र एक पेय वस्तु के बारे में समझ लेता है तथा भोजन शब्द का श्रवण करके उसके मूल भाव रोटी, सब्जी, दाल तथा चावल आदि की अवधारणा को समझ लेता है।
- श्रवण किए जाने वाले विभिन्न प्रकार के शब्द एवं वाक्यों के मध्य संबंध स्थापित करने का प्रयास किया जाता है, जैसे—कमल, चमेली एवं गुलाब आदि शब्दों को सुनकर छात्रों के मन में फूलों के विभिन्न प्रकार के बारे में अवबोध होना।
- श्रवण कौशल के विकास का प्रमुख उद्देश्य वक्ता के भावों को समझकर उनके अनुरूप अपनी क्रियाओं को निश्चित करना है अर्थात् छात्रों में उस योग्यता का विकास करना है जिससे छात्र श्रवण की जाने वाली विषयवस्तु के अनुरूप अपनी क्रियाओं को निर्धारित कर सकें।
- छात्रों में श्रवण कौशल के विकास का उद्देश्य श्रवण की जाने वाली विषयवस्तु को अपने दैनिक जीवन से संबद्ध करने की योग्यता प्रदान करना है, जैसे—प्राथमिक स्तर के छात्र गाय, भैंस एवं ऊँट आदि जानवरों के नाम सुनकर अपने परिवेश में पाए जाने वाले जानवरों से उनकी तुलना कर सकें।
- छात्रों द्वारा श्रवण की जाने वाली सामग्री को आवश्यकता के अनुसार अपने दैनिक जीवन में प्रयोग करने की दक्षता प्रदान करना भी श्रवण कौशल के विकास का प्रमुख उद्देश्य है, जैसे—छात्र सड़क के नियमों के बारे में सुनता है तथा उनका उपयोग सड़क पर चलते समय करता है।

उपर्युक्त विवेचन से यह स्पष्ट होता है कि श्रवण कौशल के विकास द्वारा छात्रों में उन सभी दक्षताओं का विकास किया जाता है, जिनकी एक भाषा के छात्र से अपेक्षा की जाती है। इसलिए छात्रों में प्राथमिक स्तर से ही चित्त को एकाग्र करने तथा ध्यानपूर्वक तथ्यों को श्रवण करने की क्षमता विकसित की जाती है। भाषा शिक्षण में श्रवण कौशल, कहानी, कविता एवं एकांकी आदि के श्रवण में अपनी महत्त्वपूर्ण भूमिका का निर्वहन करता है।

श्रवण कौशल का महत्त्व (Importance of listening skill)—बालक के व्यक्तित्व के विकास और भाषा शिक्षण की दृष्टि से श्रवण कौशल की बहुत आवश्यकता व महत्त्व है। प्रत्येक बालक जन्म के उपरांत विभिन्न ध्वनियों को सुनना प्रारंभ कर देता है। इन ध्वनियों से उसका मस्तिष्क प्रभावित होने लगता है। ये ध्वनियाँ बालक के भाषा ज्ञान के लिए आधारशिला का कार्य करती हैं। ध्यान से सुनने पर ही बालक इन ध्वनियों के अंतर को समझने लगता है। श्रवण कौशल अन्य भाषायी कौशलों के विकास के लिए बहुत महत्त्वपूर्ण है। बालक परिवार में रहते हुए अपने से बड़े सदस्यों को बोलते हुए देखकर उनका अनुसरण करता है और इस प्रकार से वह मौखिक अभिव्यक्ति भी करने लग जाता है।

हमें यह नहीं समझना चाहिए कि श्रवण कौशल केवल मौखिक अभिव्यक्ति के लिए आवश्यक है, बल्कि इससे पठन कौशल और लेखन कौशल का भी विकास होता है। उदाहरण के रूप में, शिक्षक द्वारा आदर्श वाचन सुनकर बालक उसका अनुसरण करके वाचन करने लग जाता है। श्रवण कौशल विकास से लेखन कौशल का विकास भी संभव है क्योंकि बालक शिक्षक द्वारा बोले गए शब्दों को सुनकर ही लिखता है। यह देखा गया है कि जो बालक ध्यान से नहीं सुनते, वे लिखने में भी पीछे रह जाते हैं। इस प्रकार श्रवण कौशल अन्य भाषायी कौशलों का विकास करने की दृष्टि से और भाषा शिक्षण के उद्देश्यों की प्राप्ति के लिए भी आवश्यक है। इन सब बातों के अतिरिक्त श्रवण कौशल के द्वारा ही विभिन्न साहित्यिक क्रियाकलापों का आनंद प्राप्त किया जा सकता है।

श्रवण कौशल के सिद्धांत (Principles of listening skills)—शिक्षक को विद्यार्थी में श्रवण कौशल के विकास के समय निम्नलिखित सिद्धांतों को ध्यान में रखना चाहिए—

- सुनाने के लिए भाषा, श्रोता के स्तरानुकूल होनी चाहिए।
- श्रोता को प्रयुक्त शब्दावली का ज्ञान होना चाहिए।
- वक्ता का उच्चारण स्पष्ट व शुद्ध होना चाहिए अन्यथा शब्द साम्य या शब्द भ्रम से अर्थ बदल सकता है।
- वक्ता को श्रोता की रुचि, जिज्ञासा, उत्सुकता का ध्यान रखना चाहिए।
- अपनी बात समझाने के लिए वातावरण का निर्माण आवश्यक है जिसके संकेत, मुद्रा, ध्वनि आदि का प्रयोग संभव है।
- श्रोता को सुनने के लिए विवश नहीं करना चाहिए।
- श्रोता को भय नहीं दिखाना चाहिए।
- वक्ता का उच्चारण भावानुकूल होना चाहिए जिससे श्रोता को आनंद प्राप्त हो। ऐसी अभिव्यक्ति श्रोता में संवेगात्मक विकास में भी सहायक होती है।
- सुनाने के द्वारा श्रोता में "एकाग्रता", स्मरणशीलता, धैर्य के गुण विकसित करने चाहिए।
- विषय की स्पष्टता के लिए सहायक सामग्री का अतिशय प्रयोग नहीं होना चाहिए।
- सुनाने का तरीका ऐसा हो जो श्रोता को सोचने, कुछ नया करने, कहने के लिए प्रेरित करे तथा कल्पनाशीलता को समृद्ध करे।

प्रश्न 3. श्रवण कौशल को प्रभावित करने वाले विभिन्न कारकों को बताते हुए इसकी शिक्षण विधियों पर चर्चा कीजिए।

उत्तर— श्रवण कौशल को प्रभावित करने वाले कारक (Factors affecting listening skill)—निम्नलिखित कारकों से श्रवण कौशल प्रभावित होता है—

(1) भाषिक ध्वनियों का ज्ञान होना "सुनना" क्रिया को संभव करता है।

(2) शब्दावली पर अधिकार होना सुनाए गए विषय को समझने में सहायक होता है।

(3) क्रम को समझने की योग्यता होने से घटना/कहानी सुनने में विषय से संबंध बनाने और सुनकर समझने में सहायता मिलती है।

(4) स्मरण योग्यता, क्रम को समझने में सहायक होती है।

(5) उपयुक्त वातावरण "सुनने" की क्षमता को बढ़ाता है और अनुपयुक्त वातावरण बाधक बनता है।

(6) अरुचि और उदासीनता "श्रवण" में बाधा उत्पन्न करते हैं।

(7) अस्वस्थता के कारण "सुनने" के प्रति अनिच्छा, शिथिलता होती है।

(8) श्रोता एवं वक्ता के बीच तालमेल, विश्वास न होने पर सुनने की क्रिया सार्थक नहीं होती है।

(9) श्रोता के अनुभव के दायरे में विषय को कहने/समझने की संभावना "सुनना" को सहज बनाती है।

(10) कही गई बात को समग्रता में समझना "सुनने" का "अर्थ" पूरा करता है।

(11) "सुनने" को संभव बनाने के लिए श्रोता को "परिचित" विषय से "अपरिचित" विषय की ओर जाना, समझाना श्रवण कौशल को प्रभावित करता है।

(12) श्रोता के व्यक्तित्व में धैर्य, ग्रहणशीलता का गुण "सुनने" की क्रिया को प्रभावित करता है।

(13) श्रवणेंद्रिय में दोष सुनने की क्रिया में बाधक होता है।

(14) शिक्षक के अशुद्ध उच्चारण का शिक्षार्थी पर गलत प्रभाव पड़ता है, अतः उसका उच्चारण शुद्ध और मानक होना चाहिए ताकि शिक्षार्थी को प्रेरणा मिले।

श्रवण कौशल की शिक्षण विधियाँ (Teaching methods of listening skills)–श्रवण कौशल शिक्षण की निम्नांकित विधियाँ हैं–

(1) सस्वर वाचन (Loud reading)–शिक्षण के द्वारा किए आदर्श वाचन और कक्षा के किसी छात्र द्वारा किए जाने वाले अनुकरण को ध्यानपूर्वक सुनकर अन्य छात्र शुद्ध उच्चारण, बलाघात, गति आदि का ज्ञान प्राप्त करते हैं। इसमें शिक्षक को यह पता चलता रहेगा कि छात्र-छात्राओं का श्रवण कौशल किस दिशा में कितना विकसित कर रहा है।

(2) श्रुतलेख (Dictation)–श्रुतलेख शुद्ध लेखन के अभ्यास हेतु सशक्त और सार्थक विधि है। इस विधि का प्रयोग श्रवण कौशल के विकास के लिए करना भी उपयुक्त रहता है। श्रुत लेखन में विद्यार्थी को सुनकर लिखना पड़ता है। परंतु जो विद्यार्थी ध्यानपूर्वक सुनेगा वही समस्त सामग्री को शुद्ध लिख सकेगा। जो विद्यार्थी ध्यान से नहीं सुनेगा तो वह समस्त सामग्री को लिखने में सफल नहीं हो सकेगा। ध्यान से न सुनने के कारण लिखने में कुछ-न-कुछ अवश्य ही छूट जाएगा।

(3) भाषण (Speech)–भाषण बालकों में मौखिक अभिव्यक्ति का विकास करने के लिए सर्वश्रेष्ठ साधन है। भाषण श्रवण का विकास करने के लिए भी उत्तम साधन है। बालकों को पहले ही यह बता देना चाहिए कि वे भाषण को ध्यानपूर्वक सुनें क्योंकि बाद में उनसे प्रश्न पूछे जाएँगे और उन्हें इन प्रश्नों का सही-सही उत्तर देना होगा। ऐसी स्थिति में प्रश्नों का उत्तर देने हेतु सभी छात्र भाषण को ध्यान से सुनते हैं।

(4) वाद-विवाद (Discussion)–श्रवण कौशल का विकास करने की दृष्टि से वाद-विवाद लाभप्रद एवं सार्थक क्रिया है, क्योंकि जो विद्यार्थी इस क्रिया में भाग लेते हैं उनको प्रत्येक बात को ध्यान से सुनना पड़ता है। अगर वे ऐसा नहीं करते हैं तो वे प्रतिपक्षी

वक्ता की बातों का उत्तर देने में सक्षम नहीं होंगे। वाद-विवाद के समापन के बाद समस्त कक्षा में प्रश्न पूछने चाहिए जिससे श्रवण कौशल के विकास का परीक्षण हो जाएगा।

(5) प्रश्नोत्तर विधि (Question-answer method)–यह विधि बहुत पुरानी है लेकिन बहुत सार्थक एवं कारगर है। शिक्षक को पाठ के विकास के साथ-साथ बालकों से प्रश्न पूछने चाहिए या यूँ कहिए कि पाठ का विकास प्रश्नोत्तर विधि से किया जाए। ऐसा करने से कक्षा के सभी छात्र शिक्षक को ध्यान से सुनते हैं और कक्षा में सावधान रहते हैं।

(6) कहानी कहना और सुनना (Story telling and listening)–इससे श्रवण कौशल के साथ-साथ मौखिक कौशल का भी शिक्षण होता है। शिक्षक बालकों में बैठकर उनको सर्वप्रथम कहानी सुनाता है और बालक शिक्षक को ध्यानपूर्वक सुनते हैं। शिक्षक स्वयं कहानी सुनाने के बाद बालकों से कहता है कि उनमें से कोई बालक कहानी सुनाए। ऐसा करने से पता चल जाता है कि बालकों ने कहानी ध्यान से सुनी है या नहीं। कहानी कहना श्रवण कौशल शिक्षण का सशक्त एवं प्रभावपूर्ण साधन है, क्योंकि छोटे बालक कहानी सुनने में बहुत आनंद प्राप्त करते हैं।

(7) श्रव्य-दृश्य सामग्री का प्रयोग (Use of audio-visual aids)–श्रव्य-दृश्य सामग्री के यथा आवश्यकता प्रयोग करने से श्रवण कौशल शिक्षण एवं विकास में पूर्ण सहायता मिलती हैं; जैसे–

(क) ग्रामोफोन (Gramophone)–ग्रामोफोन श्रवण कौशल का विकास करने में बहुत लाभकारी है। इसके द्वारा बालक कहानी, कविता, नाटक आदि सुनकर साहित्य की ओर आकर्षित होते हैं। शुद्ध उच्चारण की दृष्टि से भी ग्रामोफोन बहुत लाभदायक श्रव्य सामग्री है।

(ख) टेपरिकॉर्डर (Tape-recorder)–इसके द्वारा साहित्यिक गतिविधियों से संबंधित कार्यक्रम को रिकॉर्ड करके कभी भी सुना जा सकता है। इस प्रकार के कार्यक्रमों को सुनने के बाद छात्रों से विषय से संबंधित वार्तालाप किया जा सकता है और इस प्रकार से विद्यार्थियों के श्रवण कौशल की जाँच भी की जा सकती है।

(ग) चलचित्र (Movies)–चलचित्र मनोरंजन के साधनों के साथ श्रवण विकास में भी सहायक सिद्ध होते है। इनका संबंध केवल सुनने मात्र से नहीं बल्कि जो कुछ सुनते हैं, उसको दृश्य रूप में देखा भी जा सकता है। बालक चलचित्र देखने के साथ-साथ ध्यान से सुनते भी हैं। इसलिए श्रवण कौशल के विकास हेतु चलचित्र एक अच्छा, सशक्त एवं सार्थक साधन है जिसे बालक बहुत पसंद करते हैं।

(घ) दूरदर्शन (Television)–दूरदर्शन आज के विज्ञान की अनोखी देन है जो अनेक दृष्टिकोणों से उपयोगी है। वह श्रवण कौशल का विकास करने हेतु दिलचस्प साधन भी है।

(ङ) वीडियो (Video)–जिस प्रकार टेपरिकॉर्डर का प्रयोग किया जाता है उसी प्रकार किसी कार्यक्रम विशेष या प्रोग्राम विशेष को वीडियो के द्वारा रिकॉर्ड करके उसको टी.वी. पर दिखा सकते हैं। इसके माध्यम से विद्वानों के भाषणों

और विभिन्न शैक्षणिक कार्यक्रमों की कैसेट तैयार की जा सकती है। जब बालक इनको बाद में सुनते हैं और देखते हैं तो केवल श्रवण कौशल की दृष्टि से ही लाभ नहीं बल्कि अभिव्यक्ति की दृष्टि से भी बालक बहुत कुछ सीखते हैं।

प्रश्न 4. श्रवण कौशल के विकास की क्या समस्याएँ हैं? इसके विकास हेतु उपाय एवं समस्याओं के समाधान बताइए।

उत्तर—सामान्य रूप से यह देखा जाता है कि अनेक छात्र शिक्षक द्वारा दी गई विषयवस्तु को ध्यानपूर्वक नहीं सुनते हैं। इससे शिक्षक क्रोधित होकर उन पर अनुशासनहीनता का आरोप लगाते हैं तथा उनको दंड प्रदान करते हैं। इससे उनका मनोबल टूट जाता है तथा छात्र विद्यालयी व्यवस्था से अरुचि करने लगते हैं। श्रवण कौशल के विकास में कुछ प्रमुख समस्याएँ हैं जिनका वर्णन निम्नलिखित रूप में किया जा सकता है—

- **शैक्षिक वातावरण का अभाव (Lack of educational environment)**—प्राय: यह देखा जाता है कि शिक्षक द्वारा कक्षा में शैक्षिक वातावरण तैयार किए बिना ही अपना कथन प्रारंभ कर दिया जाता है अर्थात् शिक्षण प्रारंभ कर दिया जाता है। इस स्थिति में छात्र पूर्ण मनोयोग के साथ श्रवण नहीं कर पाते हैं, क्योंकि वे मानसिक रूप से श्रवण करने के लिए तैयार नहीं होते हैं।

- **कठिन भाषा का प्रयोग (Use of difficult language)**—जब शिक्षक द्वारा अपने कथन में या प्रस्तुतीकरण में कठिन भाषा का प्रयोग किया जाता है, तो इस स्थिति में छात्र विषयवस्तु के भाव को समझ नहीं पाता है और ध्यानपूर्वक श्रवण नहीं करता है, क्योंकि उस श्रवण के प्रति उसकी कोई रुचि नहीं होती है।

- **अशुद्ध उच्चारण (Improper pronunciation)**—सामान्य रूप से अनेक शिक्षकों में ही उच्चारण संबंधी दोष पाए जाते हैं जिसके आधार पर छात्र उनके द्वारा प्रस्तुत विचारों को ध्यानपूर्वक नहीं सुनते हैं। प्रत्येक छात्र यह जान जाता है कि प्रस्तुत सामग्री बोधगम्य एवं स्पष्ट नहीं है, तो उसके प्रति वे ध्यान नहीं देते हैं।

- **रुचि के अनुसार सामग्री का अभाव (Lack of materials according to interest)**—अनेक अवसरों पर छात्रों की रुचि की ओर शिक्षक द्वारा ध्यान नहीं दिया जाता है। इस स्थिति में छात्र जिस विषयवस्तु का श्रवण करना चाहते हैं वह उनको उपलब्ध नहीं होती है। इसके परिणामस्वरूप वे ध्यानपूर्वक शिक्षक के प्रस्तुतीकरण एवं विचारों को नहीं सुनते हैं।

- **योग्यता के अनुसार शिक्षण का अभाव (Lack of teaching according to ability)**—सामान्य रूप से शिक्षक छात्रों की योग्यता का आकलन किए बिना ही शिक्षण कार्य प्रारंभ करते हैं। इस स्थिति में जो छात्र उस विषयवस्तु को समझने की योग्यता रखते हैं, वे उसका ध्यानपूर्वक श्रवण करते हैं, जो छात्र उस विषयवस्तु को समझने की योग्यता नहीं रखते हैं उनमें श्रवण कौशल का विकास नहीं हो पाता है।

- **शिक्षण अधिगम सामग्री के प्रयोग का अभाव (Lack of use of teaching learning material)**—श्रवण कौशल के विकास में उस समय बाधा उत्पन्न होती है जब शिक्षक द्वारा विषयवस्तु के प्रस्तुतीकरण में शिक्षण अधिगम सामग्री का प्रयोग नहीं किया जाता है। शिक्षण अधिगम सामग्री के अभाव में छात्र एक मूक श्रोता की भाँति कार्य करते हैं तथा उनकी प्रस्तुत सामग्री में कोई रुचि नहीं होती है। परिणामस्वरूप छात्रों में श्रवण कौशल का विकास नहीं हो पाता है।

- **छात्रों की समस्याओं के समाधान का अभाव (Lack of solution of students' problems)**—सामान्य रूप से यह देखा जाता है कि शिक्षक कक्षा में जाकर शिक्षण कार्य प्रारंभ कर देते हैं तथा छात्रों की शैक्षिक एवं अशैक्षिक समस्याओं की ओर कोई ध्यान नहीं देते हैं। इस स्थिति में छात्रों द्वारा प्रस्तुत सामग्री के श्रवण पर कोई ध्यान नहीं दिया जाता है, क्योंकि छात्र स्वयं अपनी समस्याओं से ग्रसित होता है। इस प्रकार छात्रों में श्रवण कौशल का विकास संभव नहीं हो पाता है।

श्रवण कौशल विकास हेतु उपाय एवं समस्याओं का समाधान (Measures and solution of problems of listening skills development)—भाषा शिक्षक का यह प्रमुख दायित्व होता है कि वह भाषा संबंधी कौशलों के विकास में अपना पूर्ण योगदान प्रस्तुत करे। श्रवण कौशल भाषा का प्रथम एवं महत्त्वपूर्ण कौशल है। इसलिए कक्षाकक्ष एवं विद्यालयी स्तर पर श्रवण कौशल के विकास हेतु तथा इसके विकास मार्ग में आने वाली विभिन्न समस्याओं के समाधान के लिए निम्नलिखित उपाय करने चाहिए—

- छात्रों की योग्यता के अनुसार शिक्षण प्रदान करना चाहिए अर्थात् प्रस्तुत सामग्री का स्वरूप छात्रों की योग्यता के अनुरूप होना चाहिए जिससे छात्र उसको पूर्ण रूप से सुन सकें।
- श्रवण कौशल विकसित करने के लिए शिक्षक द्वारा प्रस्तुत सामग्री छात्रों की रुचि के अनुरूप होनी चाहिए जिससे छात्र रुचिपूर्ण ढंग से श्रवण कर सकें।
- श्रवण कौशल का विकास करने के लिए भाषा शिक्षण की सामग्री के प्रस्तुतीकरण में शिक्षण अधिगम सामग्री का प्रयोग अनिवार्य रूप से करना चाहिए जिससे छात्रों में विषय के प्रति रुचि उत्पन्न हो सके तथा ध्यानपूर्वक श्रवण कर सकें।
- छात्रों के समक्ष सामग्री के प्रस्तुतीकरण से पूर्व कक्षाकक्ष का वातावरण इस प्रकार का होना चाहिए जिससे छात्र शिक्षक के प्रस्तुतीकरण को ध्यानपूर्वक सुन सकें, जैसे—बैठने की उचित व्यवस्था तथा शांत वातावरण आदि।
- श्रवण कौशल के विकास हेतु छात्र की मनोदशा का ज्ञान करना भी एक शिक्षक के लिए आवश्यक है, क्योंकि छात्र मानसिक रूप से जब तक श्रवण के लिए तैयार नहीं होगा तब तक श्रवण कौशल का विकास संभव नहीं होगा।
- शिक्षक को सामग्री के प्रस्तुतीकरण से पूर्व छात्रों की सभी समस्याओं का समाधान कर देना चाहिए। इससे छात्रों को दो प्रकार से लाभ होता है। प्रथम

अवस्था में छात्र शिक्षक के प्रति विश्वास रखने लगता है तथा द्वितीय अवस्था में वह उसके तथ्यों को ध्यानपूर्वक सुनने लगता है।
- छात्रों के समक्ष प्रस्तुत सामग्री का प्रस्तुतीकरण प्रभावी रूप में संपन्न किया जाएगा, तो छात्र उसको ध्यानपूर्वक सुनने का प्रयास करेगा। इसके विपरीत स्थिति में वह ध्यानपूर्वक तथ्यों का श्रवण नहीं करेगा।
- श्रवण कौशल के विकास हेतु मानक भाषा में ही छात्रों के समक्ष विषयवस्तु को प्रस्तुत करना चाहिए, क्योंकि मानक भाषा कर्णप्रिय होती है तथा सभी को अच्छी लगती है। यह भाषा छात्रों का ध्यान अपनी ओर आकर्षित करेगी।
- श्रवण कौशल के विकास हेतु शिक्षक को अपने प्रस्तुतीकरण में शुद्ध उच्चारण करना चाहिए। अशुद्ध उच्चारण से अर्थ का अनर्थ हो सकता है तथा छात्र शब्द एवं वाक्यों के वास्तविक अर्थ को समझ नहीं पाते हैं।

उपर्युक्त विवेचन से यह स्पष्ट होता है कि शिक्षक द्वारा पूर्ण रूप से प्रयास किया जाए तो छात्रों में श्रवण कौशल का विकास सरलता से संभव हो सकता है। जब छात्र यह समझता है कि शिक्षक द्वारा जो विषयवस्तु प्रस्तुत की जा रही है वह उसके भविष्य के लिए महत्त्वपूर्ण है, तो वह उन तथ्यों को ध्यानपूर्वक सुनेगा।

प्रश्न 5. एक अच्छे श्रोता में क्या गुण होने चाहिए? श्रवण कौशल के मूल्यांकन के आधारों को बताइए।

उत्तर– एक अच्छे श्रोता में निम्नलिखित गुण होने चाहिए–
- श्रोता सुनाए जा रहे विषय में रुचि लेता है तथा जिज्ञासा होने पर प्रश्न पूछता है।
- श्रोता के पास अर्थ निर्णय की क्षमता होती है।
- वक्ता का सम्मान करता है और उसकी कही बात सुनकर, समझकर चिंतन करता है और तद्नुरूप व्यवहार करता है।
- अधीर और आक्रामक नहीं होता है।
- बात/घटना/कहानी को ध्यान से सुनता है।
- "सुनने" की क्रिया निष्क्रिय नहीं होती, अतः मानसिक रूप से सक्रिय श्रोता इसे ध्यान से सुनता है, वह सार ग्रहण कर निरर्थक का त्याग करता है।
- श्रोता भाषा का "अधिकारी" होता है।

श्रवण कौशल के मूल्यांकन के आधार (Basis of evaluation of listening skills)–मूल्यांकन करते समय परीक्षक कुछ आधार बना सकता है, जैसे–
- प्रयुक्त शब्दों को समझने की सामान्य योग्यता है, पर सुसंबद्ध आशय को नहीं समझ पाता।
- छोटे सुसंबद्ध कथनों को समझने की योग्यता है।
- परिचित संदर्भों में ही समझने की योग्यता रखता है।
- अपरिचित संदर्भों में ही समझने की योग्यता रखता है।
- लघु/दीर्घ कथनों को पर्याप्त शुद्धता से समझ पाता है और उपयुक्त निष्कर्ष निकाल पाता है।

- कठिन और जटिल कथनों को समझ सकने की योग्यता रखता है।
- पठित या कथित अंशों में से अपने अनुकूल सामग्री का उचित उपयोग करने की क्षमता रखता है।

प्रश्न 6. भाषा शिक्षण के श्रव्य-दृश्य साधनों की विस्तारपूर्वक व्याख्या कीजिए।

उत्तर– दृश्य और श्रव्य पद्धति बालक की स्वाभाविक प्रक्रिया है। दृश्य अर्थात् देखने से संबंधित, श्रव्य अर्थात् सुनने से संबंधित और बालक प्रारंभ से यह करता है। अगर इस प्रक्रिया का पूरा लाभ उठाया जाए तो निश्चय ही शिक्षा का सही रूप सामने आ जाएगा। चलचित्र, संग्रहालय, जिंदा अजायबघर इत्यादि इसी रीति की शिक्षा व्यवस्था में आते हैं। यहाँ बालक देख-सुनकर उस वस्तु या जीव के बारे में जानते हैं। जहाँ इनकी व्यवस्था न हो सके तो चलचित्र के माध्यम से इनको दिखाया जा सकता है। वास्तव में चलचित्र का काफी उपयोग एवं सहयोग शिक्षा प्रसार में हो सकता है। चलचित्र में वस्तु को चलते-फिरते प्रस्तुत किया जा सकता है, फिर उसमें वातावरण के अनुकूल ध्वनि भी की जा सकती है। पाश्चात्य देशों में इसका पर्याप्त प्रयोग होने लगा है। भारत में जो चलचित्र निर्माण होते हैं उनमें बहुसंख्यक जनता के मनोरंजन के लिए होते हैं।

श्रव्य-दृश्य साधनों का तात्पर्य–भाषा शिक्षण के समय कुछ कठिन शब्दों या स्थलों का स्पष्टीकरण करने के लिए मौखिक उदाहरणों की सहायता ली जाती है। मौखिक रूप से शब्द-चित्र प्रस्तुत करने वाले साधनों को मौखिक उदाहरण कहा जाता है। जिन सामग्रियों के प्रयोग से छात्र सुनकर मन में शब्द-चित्र का निर्माण करता है और दुरुह स्थल को समझता है, उन उपकरणों को श्रव्य उपकरण कहा जाता है।

कुछ साधन दृश्य होते हैं। इन साधनों को देखकर शब्द, अर्थ या भाव को समझा जाता है। श्रव्य उपकरणों में श्रवणेंद्रिय का प्रयोग है तो दृश्य उपकरणों को साक्षात् चक्षुओं से देखा जाता है। कुछ उपकरण ऐसे होते हैं, जो श्रव्य-दृश्य, दोनों होते हैं। ऐसे उपकरण बहुत कम हैं। श्यामपट्ट, चार्ट, पोस्टर आदि दृश्य उपकरण हैं। रेडियो, ग्रामोफोन आदि श्रव्य उपकरण हैं। टेलीविजन, अभिनय आदि कुछ श्रव्य-दृश्य दोनों हैं किंतु "श्रव्य-दृश्य उपकरण" नाम व्यापक है और केवल श्रव्य या दृश्य को भी सामान्यतः श्रव्य-दृश्य उपकरण कह दिया जाता है।

भाषा शिक्षण में प्रमुख साधनों का प्रयोग–श्रव्य-दृश्य उपकरणों का भाषा शिक्षण में भी प्रयोग किया जा सकता है। जिन उपकरणों का उपयोग भाषा शिक्षण में संभव है, उनका नीचे उल्लेख किया जा रहा है–

- **श्यामपट्ट–**प्राचीन पट्टी या पट्टिया का यह आधुनिक रूप है। प्रत्येक कक्षा के लिए यह अनिवार्य उपकरण है। भाषा शिक्षण का कक्ष श्यामपट्ट से यदि रहित है तो उसे शिक्षण कक्ष कहा ही नहीं जा सकता। इसे अध्यापक का मित्र या ज्योतिषी कहा जाता है। इसे गुजरात व महाराष्ट्र में कृष्ण फलक कहते हैं। श्यामपट्ट का रंग श्याम, पीत, हरित या नीला हो सकता है, किंतु बहु-प्रचलित रंग काला ही है। इस पर सफेद चॉक से लिखने पर अक्षर स्पष्ट दिखाई पड़ते हैं। इसका आकार न बहुत बड़ा न बहुत छोटा होना चाहिए।

श्यामपट्ट सर्वसुलभ उपकरण है। गद्य-पाठ को पढ़ाते समय कठिन शब्द व उनके अर्थ, कविता शिक्षण के समय तुलनात्मक कविता या अध्यापक कथन, व्याकरण शिक्षण के समय उदाहरणार्थ वाक्य और परिभाषा, निबंध शिक्षण के समय रूपरेखा तथा कहानी शिक्षण के समय सारांश को श्यामपट्ट पर लिखकर शिक्षक अध्यापन को मूल्यवान, व्यवस्थित एवं आकर्षक बना देता है। श्यामपट्ट पर चित्र, रेखाचित्र, मानचित्र आदि को खींचकर शिक्षक पाठ को रोचक बना देता है।

- **वास्तविक पदार्थ**—वास्तविक पदार्थ भी सहायक दृश्य उपकरण है। इसके संपर्क में छात्र को लाया जा सकता है। कुछ पदार्थ सरलता से कक्षा में अध्यापक ले जा सकते हैं। स्थूल वस्तुओं के साक्षात् संपर्क में आकर बालक पाठ को अच्छी तरह समझता है और सूक्ष्म चिंतन की ओर अग्रसर होता है। मान लीजिए कक्षा में फलों के नाम या फूलों के विषय में कुछ जानकारी देनी है। इन वस्तुओं को मूल रूप से कक्षा में ले जा सकते हैं, किंतु यहाँ इस बात का ध्यान रहे कि पदार्थ ऐसे न हों कि कक्षा के बालकों के लिए तमाशा हो जाए और वे पढ़ना-लिखना छोड़कर इन्हें ही देखने लगें।

- **चित्र**—पाठ को आकर्षक व रोचक बनाने के लिए अध्यापक चित्र का प्रयोग कर सकता है। रेखाओं और रंगों का वह संयोग जो अपनी मूक भाषा में किसी तथ्य, भाव योजना की अभिव्यक्ति करे, चित्र कहलाता है। यह आँखों को सौंदर्य प्रदान करता है, चित्र में वस्तुओं का चित्रण रहता है। कला का प्रदर्शन, मनोरंजन, भावाभिव्यक्ति, सौंदर्याभिव्यक्ति, मूल, वर्णन सूचना, ज्ञान, शिक्षा, धार्मिक भावना, अध्यात्मवाद, मत प्रचार आदि इसके अनेक उद्देश्य हैं। साधारण तस्वीरों और शैक्षिक चित्रों में अंतर होता है। शैक्षिक चित्र केवल मनोरंजन, कौतूहल, आनंद या सौंदर्य के लिए न होकर अनुभव, भाव, तथ्य, ज्ञान एवं शिक्षा प्रदान करने के लिए होते हैं।

    पाठ्यपुस्तकों में भी चित्र होते हैं, किंतु वे चित्र छोटे होते हैं। शिक्षण के लिए बाहर से बड़े चित्र ले जाने पड़ते हैं। ये सस्ते एवं सुलभ होने चाहिए। महापुरुषों के चित्र, स्थान के चित्र या युद्ध वर्णन अथवा सभा-सम्मेलनों के चित्र भाषा शिक्षण में सरलता से प्रयुक्त करने चाहिए। एक पीरियड में अनेक चित्रों की अपेक्षा एक या दो चित्र ही प्रयुक्त करने चाहिए। प्रत्येक चित्र सोद्देश्य हों और उन पर आवश्यक प्रश्न किए जाने चाहिए। चित्र को ऐसी जगह टाँगना चाहिए, जहाँ से वह सभी बालकों को सरलता से दिखाई पड़े। चित्र स्पष्ट होना चाहिए। इनमें कलात्मकता, स्पष्टता, प्रभाविता, शुद्धता, विश्वसनीयता, सत्यता एवं पूर्णता होनी चाहिए। इसे मनोरंजक, आकर्षक, उत्तेजक एवं व्यावहारिक होना चाहिए। इसका आकार इतना बड़ा हो कि पूरी कक्षा देख सके।

- **चार्ट**—चार्ट भी एक दृश्य साधन है जिसमें तथ्यों और चित्रों का समन्वय होता है। इसमें तार्किक रीति से क्रमबद्धता होती है। यह विचारों अथवा तथ्यों के पारस्परिक मूल की वह सुंदर व्यवस्था है, जिसमें तार्किक संगठन और क्रमिक

विकास की योजना एक बोधगम्य स्वरूप लिए होती है। अच्छे चार्ट में लेख सुंदर, सरल, आकर्षक और प्रभावशाली होता है। इससे अक्षरों की बनावट का अच्छा ज्ञान हो सकता है। हिंदी साहित्य का इतिहास पढ़ाते समय चार्ट, धारा चार्ट, तालिका चार्ट, वृक्ष चार्ट और संगठन चार्ट का प्रयोग किया जा सकता है। कवियों व लेखकों को पढ़ाते समय चित्रयुक्त चार्ट का प्रयोग हो सकता है। निबंध या व्याकरण को पढ़ाने के बाद कभी-कभी श्यामपट्ट सारांश चार्ट के रूप में प्रस्तुत किया जा सकता है।

- **पोस्टर**–पोस्टर एक प्रकार से विज्ञापन चित्र है। यह वह दृश्य है जो अचानक ही दृष्टि को आकर्षित कर लेता है और द्रष्टा का ध्यान अपनी ओर बरबस खींच लेता है। शीघ्र संदेश सुना देता है और कार्य की दिशा निश्चित कर देता है। हिंदी पढ़ाने में प्रस्तावना के समय पूर्व ज्ञान पर आधारित विषय सामग्री की ओर शीघ्रता से ध्यान आकृष्ट करने के लिए पोस्टर का प्रयोग किया जा सकता है। इसका प्रयोग हिंदी कक्ष को सजाने में भी किया जा सकता है, किंतु कक्षा शिक्षण में इसका अधिक प्रयोग नहीं हो सकता।
- **प्रतिमूर्ति**–किसी भी वस्तु का वह प्रतिनिध्यात्मक रूप जिसमें लंबाई, चौड़ाई, ऊँचाई, मोटाई, गोलाई आदि में से कम-से-कम तीन बातें हों, उसे प्रतिमूर्ति या मॉडल कहते हैं। मिट्टी, कुट्टी, कागज की लुग्दी, चूना, कागज, कार्ड-बोर्ड, लोहा, टीन, तार, कील, कपड़ा, ऊन, घास-फूस, पत्तियाँ, बाँस, सुतली, धागा, प्लास्टिक, हड्डी, चमड़ा, दाँत, सरकण्डा, रुई, बुरादा, रेत, खड़िया, कोयला आदि वस्तुओं के संयुक्त प्रयोग से मॉडल तैयार किया जाता है।

  प्रतिमूर्ति किसी बड़ी वस्तु का छोटा नमूना हो सकता है। मॉडल के प्रयोग में मितव्ययिता, दर्शनीयता, विभाजनशीलता, स्पष्टता एवं आकर्षण का ध्यान रखा जाना चाहिए। जिन वस्तुओं को कक्षा में लाना सरल नहीं होता, उनके विषय में यदि पाठ पढ़ाना है तो प्रतिमूर्ति का प्रयोग हो सकता है। ताजमहल, अशोक की लाट जैसे विषयों पर साहित्यिक पाठ पढ़ाना है या निबंध लिखना है तो इनकी प्रतिमूर्ति का प्रयोग किया जा सकता है। पशु-पक्षियों के विषय में पाठ को पढ़ाते समय भी प्रतिमूर्ति का प्रयोग हो सकता है, किंतु भाषा शिक्षण में यह अल्प प्रयुक्त साधन है।
- **रेखाचित्र**–वस्तु प्रतिमूर्ति या किसी अन्य साधन के अभाव में अध्यापक कभी-कभी रेखाचित्र का सहारा लेता है। रेखाचित्र अध्यापक द्वारा कुछ रेखाओं के माध्यम से भाव की मूक अभिव्यक्ति है। श्यामपट्ट पर चॉक के सहारे अध्यापक रेखाचित्र खींचकर पाठ को रोचक बना देता है। विभिन्न रेखाओं, कोणों, घुमावों आदि को श्यामपट्ट पर पढ़ाते समय बनाना स्वाभाविक भी है और सरल भी है। मंडलाकार, उच्चासन आदि शब्दों का स्पष्टीकरण रेखाचित्र द्वारा किया जा सकता है।
- **मानचित्र**–मानचित्र का सर्वाधिक प्रयोग इतिहास-भूगोल की कक्षाओं में होता है, किंतु भाषा के पाठों में कुछ ऐतिहासिक या भौगोलिक तथ्यों व प्रसंगों को

स्पष्ट करने के लिए मानचित्र का प्रयोग किया जा सकता है। नालंदा, ओदंतपुरी, विक्रमशिला, हिमगिरि, गोदावरी, केरल, नागालैंड जैसे पाठों को मानचित्र की सहायता से पढ़ाना सरल हो सकता है।

- **चित्र-प्रदर्शक यंत्र**—कुछ कलाकार अध्यापक स्वयं स्लाइड बना लेते हैं और अपनी इच्छानुसार इन्हें प्रदर्शित करते हैं। पहले मैजिक लैण्टर्न का भी प्रयोग होता था। मैजिक लैण्टर्न सबसे पुराना चित्र-प्रदर्शक यंत्र है। इसके बाद पाठ्यपुस्तक का चित्र, पृष्ठ, मानचित्र आदि को बड़े आकार में रजतपट पर प्रदर्शित करने के लिए एपिस्कोप आया। बाद में मैजिक लैण्टर्न और एपिस्कोप दोनों का काम देने वाला एपिडायस्कोप आया। इन यंत्रों द्वारा प्रदर्शित स्लाइडें अचल होती हैं और इनमें ध्वनि नहीं रहती। भाषा शिक्षण में प्राकृतिक दृश्यों, यात्रा वर्णनों, उत्सवों, त्यौहारों आदि के पाठ पढ़ाने में चित्र-प्रदर्शक यंत्रों का प्रयोग हो सकता है, किंतु ये साधन भाषा एवं साहित्य की शिक्षा में अत्यल्प प्रयुक्त साधन हैं।

- **खादी बोर्ड**—एक बड़े तख्ते पर फलालेन या खादी कपड़ा या ऊनी कपड़ा तानकर चिपका दिया जाता है, इस बोर्ड को फलालेन बोर्ड या खादी बोर्ड कहते हैं। इसमें चॉक से कुछ लिखा नहीं जाता वरन् कुछ चित्रों या चिह्नों की कटिंग चिपकाई जाती है। पाठ से संबंधित चित्रों को विभिन्न पोस्टरों, पुस्तकों, पत्रिकाओं या समाचार-पत्रों से काट लिया जाता है और उनके पीछे रेगमाल कागज लगा दिया जाता है। अब इन चित्रों को खादी बोर्ड पर चिपकाने पर ये चिपक जाते हैं और आवश्यकतानुसार निकाले जा सकते हैं। इन चित्रों या आकृतियों के पीछे अपनी जानकारी के लिए क्रम संख्या लिख दी जाती है जिससे कहानी का विकास करने में चित्रों को क्रमबद्ध रूप से प्रस्तुत किया जा सके। प्रारंभिक स्तर पर वर्णमाला सिखाने में, संयुक्ताक्षरों का ज्ञान कराने एवं माध्यमिक स्तर पर निबंध या कहानी का विकास करने में खादी बोर्ड का विकास किया जा सकता है।

- **लिंग्वाफोन तथा ग्रामोफोन**—श्रव्य उपकरणों में ग्रामोफोन का अपना महत्त्व है। ये उपकरण रिकॉर्डों की सहायता से बालकों का मनोरंजन करते हैं और शिक्षा भी देते हैं। मसाले के बने गोल तवे पर रेखाओं के रूप में ध्वनि भर ली जाती है और तब लिंग्वाफोन की सहायता से पाठ सुना दिए जाते हैं। ग्रामोफोन की सहायता से कविता, एकांकी, संवाद आदि की शिक्षा रोचक ढंग से दी जा सकती है। कविता का वाचन, वार्तालाप, संवाद एवं भाषण की शैलियों का ज्ञान इसके द्वारा सरलता से हो सकता है। ग्रामोफोन के रिकॉर्ड स्थायी होते हैं। अब बने-बनाए रिकॉर्ड बाजार से प्राप्त हो सकते हैं। सस्वर वाचन, शब्द उच्चारण, आदर्श वाचन आदि का अभ्यास इनके द्वारा सरलता से किया जा सकता है।

- **रेडियो**—रेडियो का प्रयोग अब भारतीय परिवार में भी बढ़ता जा रहा है। शिक्षालयों में यह साधन यदि सुलभ है तो इसके कार्यक्रमों की पहले से जानकारी प्राप्त करके भाषा शिक्षण में इसका उपयोग किया जा सकता है। भारत

के प्रत्येक विद्यालय में सभी विद्वान या भाषाविद् नहीं जा सकते। भाषा विशेषज्ञ आकाशवाणी द्वारा अपने वक्तव्य प्रसारित करते रहते हैं। इन वार्ताओं को सुनकर छात्र अपना साहित्यिक ज्ञान बढ़ा सकते हैं। ग्रामीण विद्यालयों में अभी भी यह साधन सुलभ नहीं है। रेडियो कार्यक्रमों को और अधिक शैक्षिक बनाने की आवश्यकता है।

- **टेपरिकॉर्डर**–यह ऐसा यंत्र है जो बिजली या बैटरी की सहायता से टेप पर पहले से संग्रहित ध्वनि को प्रसारित करता है। ग्रामोफोन के रिकॉर्ड स्थायी होते हैं, किंतु टेपरिकॉर्डर के टेप अस्थायी होते हैं। ये तार या फीते वाले रिकॉर्ड होते हैं और इन्हें जब चाहें तब समाप्त कर इन पर दूसरे रिकॉर्ड भर लें। वक्तव्य, भाषण, कविता, गीत, वार्तालाप आदि को टेप करके प्रसिद्ध विद्वानों के स्वर हम बार-बार सुन सकते हैं। यह रेडियो से कहीं अधिक प्रभावी एवं महत्त्वपूर्ण साधन है क्योंकि इसमें समय का बंधन नहीं होता।

  भाषा शिक्षण में टेपरिकॉर्डर का प्रयोग महत्त्वपूर्ण है। शुद्ध उच्चारण के अभ्यास में इससे बढ़कर दूसरा साधन नहीं है। बालक अपने उच्चारण को इसकी सहायता से स्वयं सुनकर अशुद्धि को दूर कर सकता है। पाठ को दोहराने या स्मरण कराने में इसकी सहायता ली जा सकती है। भारत जैसे गरीब देश में इसका प्रचलन नहीं के बराबर है, किंतु भाषा शिक्षण में इसकी उपादेयता को देखते हुए इसके प्रयोग का प्रयास करना चाहिए और इसकी व्यवस्था का भार सरकार को ग्रहण करना चाहिए। सुंदर वार्तालापों को कंठस्थ करने/कराने में टेपरिकॉर्डर उपयोगी सिद्ध होता है। कुछ छात्र सिनेमा के प्रिय संवादों के टेप भी सुरक्षित रखते हैं। प्रसिद्ध विद्वानों के भाषण के टेप भी विद्यालयों में सुरक्षित रखे जा सकते हैं। इनसे छात्र को सुंदर भाषा का व्यवहार करने की प्रेरणा मिलती है।

- **अभिनय**–विद्यालय में विशेष रूप से कभी-कभी नाटकों का आयोजन होता है। वार्षिकोत्सव, सम्मेलन या किसी विशेष दिन के आयोजन में आगंतुकों के मनोरंजनार्थ नाटक अभिनीत किए जाते हैं। हिंदी शिक्षण की दृष्टि से अभिनय महत्त्वपूर्ण हैं। अभिनय को देखकर एवं पात्रों के मुख से स्पष्ट एवं उचित आरोहावरोह युक्त वाणी को सुनकर छात्र भाषा का उचित प्रयोग सीखते हैं। अभिनय श्रव्य-दृश्य साधन है जिसे देखा और सुना जाता है। अभिनय के माध्यम से बालक को स्वाभाविक गति से बोलने की आदत पड़ जाती है। वह शब्दों एवं वाक्यों को सजीव ढंग से बोलना सीख जाता है।

- **चलचित्र**–चलचित्र आज मनोरंजन का सर्वप्रथम साधन बन गया है। पश्चिमी देशों में पाठ्यवस्तु को स्पष्ट करने के लिए चलचित्रों का खूब प्रयोग होने लगा है। साहित्य में वर्णित विभिन्न प्रकार के काल्पनिक दृश्यों को वर्णन द्वारा स्पष्ट किया जाता है, किंतु इन दृश्यों को फिल्मों में फोटोग्राफी की कला द्वारा सरलता से प्रदर्शित किया जा सकता है। नवीन खोजों के परिणामस्वरूप आज फोटोग्राफी की कला में बहुत विकास हो गया है और सूक्ष्म अंगों का दिखाया जाना संभव हो गया है।

आज सिनेमा के प्रति लोगों की अच्छी धारणा नहीं है, क्योंकि भारत में प्रचलित फिल्में बड़ी घटिया किस्म की हैं, किंतु इनमें सुधार किया जा सकता है और महान् पुरुषों के जीवन से चुनकर अच्छे साधन प्रस्तुत किए जा सकते हैं। भारत में शैक्षिक चलचित्र बहुत कम बनते हैं। दूसरी बात यह भी है कि यह साधन व्ययसाध्य है। कभी-कभी इस साधन का सुलभ होना कठिन होता है। विद्यालय में प्रोजेक्टर की व्यवस्था नहीं होती और कोई अच्छा अँधेरा कमरा या हॉल नहीं होता। अत: यह भाषा शिक्षण में प्रयुक्त नहीं किया जा सकता।

- **टेलीविजन**–रेडियो का अत्यंत विकसित रूप टेलीविजन है जिसमें ध्वनि के साथ-साथ चित्र भी आते हैं। टेलीविजन केंद्र में अध्यापक भाषा की शिक्षा देकर दूर-दूर तक बैठे श्रोता दर्शकों को भाषा सिखा सकता है। यह श्रव्य-दृश्य साधन है क्योंकि इसमें हम बोलने वाले को देख भी सकते हैं। कान और आँख दोनों इंद्रियों के प्रयोग के कारण यह साधन अधिक प्रभावशाली है। रेडियो सेट के साथ एक छोटे आकार का रजतपट लगा रहता है जिसमें सहस्रों किलोमीटर दूरी पर बैठे हुए व्यक्ति को कविता सुनाते हुए, भाषण देते हुए, वार्तालाप करते हुए देखा जा सकता है। रेडियो और चलचित्र, दोनों के लाभ इससे मिल सकते हैं।

प्रश्न 7. सुनना क्यों महत्त्वपूर्ण है? व्याख्या कीजिए।

अथवा

स्कूलों में सुनने को नजरअंदाज क्यों किया जाता है?

अथवा

श्रवण कौशल एवं इससे संबंधित कौशलों पर अपने विचार प्रकट कीजिए।

अथवा

सुनने के कौशल का विकास क्यों महत्त्वपूर्ण है? किसी विषय से एक उदाहरण दीजिए। [दिसम्बर-2017, प्रश्न सं.-3 (c)]

उत्तर– सुनना एक महत्त्वपूर्ण कौशल है, तथापि, स्कूलों में इसको नजरअंदाज किया जाता रहा है। इस महत्त्वपूर्ण कौशल की उपेक्षा के कई कारण हैं–

- भाषा के अध्यापकों ने महसूस किया कि कक्षा के लिए भाषा के नए-नए पदों को प्रस्तुत करना अधिक महत्त्वपूर्ण है, वे श्रवण-कौशल का प्रयोग केवल उन पदों का अभ्यास करने के लिए करते थे। इसकी बजाय उन्होंने उन कौशलों पर अधिक जोर दिया, जिनके लिए और अधिक व्यवस्थित शिक्षण एवं मूल्यांकन की आवश्यकता थी, जैसे कि व्याकरण, पठन (पढ़ना) एवं लेखन।
- विषयों के अध्यापकों ने फिर भी विषय-वस्तु विशिष्ट शब्दावली पर और अधिक विचारपूर्ण ढंग से ध्यान नहीं दिया। विद्यार्थियों ने उन्हें कक्षाकक्ष में की जा रही व्याख्याओं, चर्चाओं के दौरान या पाठ्यक्रम में दिए गए दृष्टांतों के माध्यम से सीखा।
- सुनने को एक महत्त्वहीन (निष्क्रिय) कौशल के रूप में देखा जाता रहा है, जिसका आकलन एवं मूल्यांकन कठिन होता है।

- अध्यापकों का मानना है कि श्रवण संबंधी कार्यों में शिक्षण-अधिगम का बहुत समय लगता है।
- कुछ लोगों का विश्वास है कि लक्षित भाषा के संपर्क में आने पर इस कौशल को स्वत: ही सीख लिया जाएगा, L1 में बोले गए शब्दों की प्रतिक्रिया के रूप में इस कौशल को स्वाभाविक रूप से सीखा जा सकता है।
- भाषा अध्यापकों के लिए पढ़ना एवं तथ्यों को सीखना, विषय-वस्तु के विभिन्न पहलुओं पर रिकॉर्ड किए गए विवरणों, बातों, साक्षात्कारों या चर्चाओं को सुनने की अपेक्षा अधिक महत्त्वपूर्ण है तथा भाषा अध्यापकों की भाँति ही ये काफी हद तक स्पष्ट रूप से अंतर्ग्राह्यता (प्राप्त किए गए) की गुणवत्ता को कम दर्शाते हुए कक्षाकक्ष का काफी समय लेते हैं।

सुनना एक महत्त्वपूर्ण कौशल है–

- बालपन एवं बचपन के प्रारंभ में सुनना साक्षरता की आधारशिला होती है। साक्षरता का उद्भव यहीं से होता है।
- बच्चा अपनी प्रथम शब्दावली अपनी देखभाल करने वालों एवं समाज में रहने वाले अन्य लोगों के द्वारा बोले गए शब्दों को सुनकर प्राप्त करता है। पढ़कर नए शब्दों का ज्ञान तो बहुत बाद में प्राप्त होता है।
- श्रव्य/मौखिक घटक के बिना भाषा ही नहीं होगी। संप्रेषण का एक बहुत बड़ा हिस्सा श्रव्य तथा मौखिक एवं प्राय: अ-शाब्दिक ही होता है।
- जीविका के प्रारंभिक व्यापार के लिए, अध्ययन एवं काम के लिए, यहाँ तक कि व्यापार एवं सरकार चलाने के लिए, शैक्षणिक भ्रमण के लिए एवं विशेषज्ञों से बातचीत करने के लिए, वीडियो देखने तथा व्यवसायियों की बातें सुनने में भी श्रवण-कौशल की जरूरत होती है, ताकि अधिगम सक्रिय, यादगार एवं ग्रहणीय बन सके।

किसी भाषा के शिक्षण का उद्देश्य शैक्षिक, औपचारिक या सामाजिक परिस्थितियों में अधिगमकर्त्ता को शिक्षा प्राप्त करने में तथा सार्थक ज्ञान का निर्माण करने में सक्षम बनाने हेतु तैयार करना है। श्रवण-कौशल दैनिक जीवनचर्या के कामों का एक महत्त्वपूर्ण भाग है तथा इसका व्यापक रूप में अभ्यास करने की जरूरत है। कक्षाकक्ष से बाहर प्रभावी श्रवण को सुनिश्चित करने में भी इससे सहायता मिलती है।

श्रवण एवं अन्य भाषा-कौशल– श्रवण-कौशल अनिवार्य रूप से अन्य भाषा-कौशलों के अभ्यास एवं विकास के साथ जुड़ा हुआ है। श्रवण प्रत्यक्ष रूप से बोलने से संबद्ध है। यद्यपि सुनना एक आंतरिक कार्य है, फिर भी जब श्रोता अपनी प्रतिक्रिया को वाणी के माध्यम से व्यक्त करता है, चाहे वह बातचीत के रूप में हो या विभिन्न औपचारिक एवं अनौपचारिक परिस्थितियों में प्रश्नों के उत्तर के रूप में हो, तो उसकी समझ का अनुमान लगाया जा सकता है।

यद्यपि सुनते समय मौखिक प्रतिक्रिया समझ का आकलन करने की महत्त्वपूर्ण विधि है, अत: यह भी ध्यान में रखा जा सकता है कि कई श्रोता अपनी समझ को वाणी के रूप में व्यक्त नहीं करते हैं। इस स्थिति में रिक्त-स्थान भरना, चयन करना एवं क्रमबद्ध करना आदि

अभ्यास यह निर्धारित करने में अध्यापक की सहायता कर सकते हैं कि अधिगमकर्त्ता ने बोले गए/रिकॉर्ड किए गए अवतरण को कितनी अच्छी तरह से समझा है।

सुनना एवं पढ़ना दोनों ही डिकोडिंग कौशल हैं–सुनना ध्वनियों पर निर्भर करता है तथा यह एक कर्ण संबंधी अनुभव है, जबकि पढ़ना लिखित अवतरण पर निर्भर करता है तथा यह दृष्टि संबंधी अनुभव है, रेखांकन पर आधारित। वास्तविकता यह है कि 'सुनना' पढ़ने के लिए आधार तैयार करता है–

- डिकोडिंग एवं श्रवण-विवेक पढ़ने का प्रथम चरण है, जहाँ कि शुरुआती पाठक शब्दों को बोलने का प्रयास करते हैं।
- पढ़ते समय अ-भाषिक संकेत, जैसे कि रुकना, आवाज का उतार-चढ़ाव तथा लचक अगली स्थिति में अर्थ के संकेत प्रदान करते हैं।
- एक बच्चा अपनी श्रवण-शब्दावली का प्रयोग पठन के आधार के रूप में करता है तथा सीमित श्रवण-शब्दावली वाले बच्चों की पठन एवं लेखन की शब्दावली भी सीमित हो सकती है।

इस प्रकार वर्गीकृत कार्यों के माध्यम से, उपरोक्त सभी कौशलों के अभ्यास के लिए विद्यार्थियों को अवसर प्रदान किए जाने चाहिए।

हम सभी जानते हैं कि भाषा के अन्य सभी कौशलों के द्वारा लेखन मजबूत होता है और यह भी जानते हैं कि पाठ्य-सामग्री आधारित विषयों में हम जो भी श्रवण-शब्दावली एवं भाषा सुनते हैं, वह लेखन-कौशल को प्रभावित करती है।

अधिगमकर्त्ता संबंधी मुद्दे–जब अधिगमकर्त्ताओं से उनकी कठिनाई के क्षेत्रों के बारे में पूछा जाता है तो उनमें से अधिकांश अधिगमकर्त्ता 'श्रवण' (सुनने) को ही सर्वाधिक असुरक्षित क्षेत्र बताते हैं, इसके निम्न कारण हो सकते हैं–

- उनके पास इस बात का, कोई ठोस सबूत नहीं होता है कि वे अपने कौशल में प्रगति कर रहे हैं।
- श्रवण वास्तविक समय में ही घटित होता है, अर्थात् उपयुक्त प्रतिक्रिया या प्रत्युत्तर देने के लिए सुनी गई बात को उसी पल समझना चाहिए। कोई भी व्यक्ति इसका अर्थ समझने के लिए बिना सुने उन बातों को दुबारा अपने दिमाग में नहीं ला सकता।
- उन्होंने प्रमुख शब्दों एवं अभिव्यक्तियों पर ध्यान केंद्रित करना नहीं सीखा है या तथ्य एवं विचार में अंतर करना नहीं सीखा है।
- उन्हें शब्दों के मजबूत एवं कमजोर स्वरूपों पर ध्यान देने का कम अभ्यास है।

अच्छे श्रवण व्यवहार के लिए प्रतिमानीकरण (मॉडलिंग) की जरूरत–बच्चों के साथ भिन्न-भिन्न प्रकार की आकस्मिक मौखिक बातचीत के दौरान कई वयस्क सक्रिय श्रवण का मॉडल प्रस्तुत करने में असफल रहते हैं, जिसमें नेत्र-संपर्क, रुचि दर्शाना, लघु-टिप्पणियों में उत्तर देना, समझ को स्पष्ट करने के लिए बच्चे की कही हुई बात का संक्षेपीकरण करना या स्पष्ट करने के लिए प्रश्न पूछना आदि शामिल होते हैं। ऐसे मामलों में प्रायः बच्चे भी चुप रह जाते हैं या जब उनसे सुनने के लिए कहा जाता है या जब उनके सामने कोई अवतरण बोला जाता है, तो वे उसे एकाग्रचित्त होकर नहीं सुन पाते हैं।

प्रश्न 8. पूरी पाठ्यचर्या के दौरान सुनने में प्रवाह एवं सटीकता से आप क्या समझते हैं?

उत्तर— बोलने में प्रवाह एवं सटीकता विकसित करना पूरे पाठ्यक्रम में श्रवण का महत्त्वपूर्ण लक्ष्य होता है। बोलने की भाँति ही श्रवण का भी अपना प्रवाह एवं सटीकता होती है, जिसके बिना संप्रेषण में अवरोध आ सकता है।

- **प्रवाह—**श्रवण विधियाँ ग्रहण करना, जैसे कि अर्थ समझने (अर्थ-निर्माण कौशल) के लिए प्रमुख शब्दों पर ध्यान देना, दृष्टव्य संकेतों पर ध्यान देते हुए ('viewing', H.J. Vollmer) एवं शारीरिक गतिविधियों पर ध्यान देते हुए ('watching', H.J. Vollmer) गैर-भाषायी संकेतों का प्रयोग करना।
- **सटीकता—**सुनी हुई बातों के अंशों को शब्द-सीमाओं पर ध्यान देते हुए शब्दशः डिकोड करने की योग्यता तथा उपसर्गों एवं प्रत्ययों की समझ (डिकोडिंग कौशल)।

अतः अध्यापक को विशेष लक्ष्यों एवं प्रक्रियाओं को दिमाग में रखते हुए कक्षाकक्ष में अभ्यास करवाना चाहिए। जी.पी.एच. की पुस्तकों का मुख्य उद्देश्य ज्ञान के साथ-साथ अच्छे नम्बर दिलाना है।

प्रश्न 9. श्रवण के विभिन्न प्रकार क्या हैं? उल्लेख कीजिए।

अथवा

सार तत्त्व को सुनने एवं विस्तारपूर्वक सुनने में क्या अंतर है? किसी विषय से एक उदाहरण द्वारा स्पष्ट कीजिए। [दिसम्बर-2017, प्रश्न सं.-3 (e)]

उत्तर— श्रवण पारस्परिक या गैर-पारस्परिक हो सकता है अथवा यह शैक्षणिक या संवादात्मक भी हो सकता है। प्रत्येक परिस्थिति में श्रवण के विभिन्न कौशलों की आवश्यकता होती है। एक शिक्षक को संप्रेषण में होने वाले विभिन्न प्रकार के 'श्रवण' कौशलों को समझना अनिवार्य है। इससे अध्यापक को कार्यों को व्यवस्थित करने में मदद मिलेगी, ताकि विभिन्न प्रकार के श्रवण कौशलों का अभ्यास एवं विकास किया जा सके। ये विभिन्न श्रवण कौशल निम्नलिखित हैं—

(1) निष्क्रिय या अत्यल्प श्रवण—इस प्रकार का श्रवण तब होता है जब हमारा ध्यान थोड़ा बँटा हुआ होता है, जैसे कि पीछे टी.वी. चलाकर बच्चों का होमवर्क करना या कक्षाकक्ष में सामूहिक चर्चा करते हुए विद्यार्थी दूसरे समूह के विद्यार्थियों की बातें भी सुन सकते हैं। इसमें क्षणिक रूप से ध्यान भंग होता है, किंतु पर्याप्त चैतन्यता होने के कारण शीघ्र ही ध्यान अपने काम पर आ जाता है। कक्षाकक्ष में विद्यार्थी अध्यापक की आवाज सुनकर भी सावधान एवं सतर्क हो जाते हैं। ऐसा हमारे वास्तविक जीवन में भी कई बार होता है।

(2) ध्यानपूर्वक सुनना—जीवन में ऐसी कई परिस्थितियाँ होती हैं, जहाँ कि समझ की सटीकता जरूरी होती है, क्योंकि उस समय प्राप्त होने वाली सूचना महत्त्वपूर्ण होती है, जैसे कि निर्देशन, घोषणाओं एवं परिचय आदि में। सूचना के किसी भी अंश को समझने में या याद रखने में असफल होने पर समस्याएँ हो सकती हैं। श्रोता को कही गई बात पर पूरा ध्यान देना पड़ता है तथा प्रश्न पूछना बंद करना होता है, वक्ता की कही गई बात को ठीक से समझ

लिया गया है, इस बात की पुष्टि करने के लिए उसका मूल्यांकन करना पड़ता है या वक्ता से उस बात को दोहराने का अनुरोध करना पड़ता है।

इस प्रकार के श्रवण का अभ्यास करने के लिए जिसमें विद्यार्थी प्रयोग कर सकें तथा क्रमशः निर्देशों का पालन करते हुए काम कर सकें, अध्यापक निर्देशों तथा हिदायतों पर आधारित गतिविधियों का निर्माण कर सकते हैं।

(3) **प्रतिक्रियात्मक श्रवण**–प्रतिक्रियात्मक श्रवण पारस्परिक श्रवण की श्रेणी के अंतर्गत आता है, क्योंकि इसमें संप्रेषण जारी रखने के लिए श्रोता की तरफ से प्रत्युत्तर की अपेक्षा की जाती है। इस प्रकार यह ध्यानपूर्वक सुनने जैसा ही होता है, क्योंकि इसमें समुचित प्रत्युत्तर देने के लिए श्रोता को वक्ता की बात ध्यानपूर्वक सुननी पड़ती है। इसके लिए एक भिन्न प्रकार की मानसिकता की जरूरत होती है तथा ऐसी परिस्थितियों का निर्माण करके इसका अभ्यास किया जा सकता है, जहाँ जबकि विद्यार्थी

(क) भागीदारी करते हैं
(ख) वार्तालाप करते हैं
(ग) चर्चा करते हैं

विद्यार्थियों के द्वारा कहानी सुन लेने के पश्चात् अथवा कोई गद्यांश या समाचार पढ़ लेने के पश्चात् अध्यापक उन्हें चर्चा के लिए कोई विषय या स्थिति दे देते हैं। जीवन की विभिन्न परिस्थितियों पर आधारित संवादों के द्वारा भी विद्यार्थी अभ्यास कर सकते हैं।

(4) **विशिष्ट सूचनाओं के लिए श्रवण**–इस प्रकार का श्रवण तब होता है, जब श्रोता सुनाए जाने वाले अवतरण के किसी भाग में सूचना के किसी विशेष भाग की खोज करता है। ऐसा तब भी होता है, जब अध्यापक किसी प्रक्रिया या पदार्थ के भागों की व्याख्या करता है तथा विद्यार्थी उसमें से कुछ विशेष खंडों का चयन करते हैं। अध्यापक विद्यार्थियों से समझाए जाने वाले अवतरण के कुछ खास भागों पर ध्यान देने के लिए कह सकते हैं, या पहले से ही कुछ प्रश्न दे सकते हैं ताकि विद्यार्थी यह जान लें कि अवतरण में से क्या खोजना है और उस भाग के आने से पहले ही सतर्क हो जाते हैं, तब भी इसी प्रकार का श्रवण होता है।

(5) **प्रशंसात्मक श्रवण**–प्रशंसात्मक श्रवण एक आनंदित करने वाली क्रिया है, जिसमें श्रोता नाटक, कहानी या कविता का आनंद लेने के लिए बैठ जाता है। इसका परिणाम उस समय एक भावनात्मक प्रतिक्रिया के रूप में सामने आता है, जब श्रोता स्वयं को पात्र के साथ जोड़ लेता है या कहानी में परिस्थितियों के साथ चल रही भावनाओं को साझा करता है।

सीडी पर दी गई या अध्यापक द्वारा सुनाई गई कविताओं, कहानियों या नाटक को सुनने के बाद विद्यार्थियों से विषय, कहानी, परिस्थिति, पात्र, उद्देश्य तथा संबंधों के बारे में उनकी प्रतिक्रिया पूछी जा सकती है।

(6) **रचनात्मक श्रवण**–'बोले गए शब्दों के माध्यम से, प्रस्तुत की गई समस्याओं के लिए नए तथा मूल समाधानों' को विकसित करने की प्रक्रिया रचनात्मक श्रवण कहलाती है। यह किसी कहानी में काल्पनिक रूप से अनुभव प्राप्त करने, पात्रों को सेट करने तथा महसूस करने का काम भी है। भले ही यह रेडियो पर या स्टेज पर कही जा रही हो, जोर-जोर से

पढ़ी जा रही हो, श्रोता परिस्थिति को सुन सकता है तथा समाधानों का सुझाव दे सकता है या कहानी सुनने के पश्चात् कहानी की समाप्ति को एक भिन्न स्वरूप प्रदान कर सकता है।

(7) विश्लेषणात्मक या समालोचनात्मक श्रवण–विश्लेषणात्मक श्रवण में श्रोता से एक बड़ी अपेक्षा होती है, क्योंकि परिस्थिति, प्रक्रिया, स्थानों, व्यक्तियों या वस्तुओं के संबंध में अनुमान लगाने तथा महत्त्व का निर्णय करने के लिए श्रोता को सावधान, सटीक एवं सतर्क होना चाहिए। समालोचनात्मक श्रवण तब होता है, जब श्रोता दूसरे व्यक्ति के द्वारा कही गई बात को समझना चाहते हैं, इसके साथ-साथ उससे 'जो कहा गया है' और 'जिस ढंग से कहा गया है' उसका मूल्यांकन के पीछे कोई कारण होता है या कोई जिम्मेदारी होती है।

श्रोता जो कुछ सुनता है, उसे अपने निजी अनुभव के आधार पर तोलता है (या मूल्यांकन करता है) और अपनी राय बनाता है। समालोचनात्मक ढंग से सुनते समय श्रोता प्रचार-प्रसार के उपकरणों या विज्ञापनों की भाँति अतिश्योक्ति के माध्यम से स्वयं की राय को भटकाने के वक्ता के प्रयासों के प्रति सतर्क रहता है।

(8) निष्कर्ष (सार तत्त्व) के लिए सुनना–किसी अवतरण में विशिष्ट सूचनाओं को समझने, पता लगाने के साथ-साथ विद्यार्थियों को व्याख्यान, वार्तालाप या रिपोर्ट के निष्कर्ष (सार) या प्रमुख अवधारणा को भी समझना चाहिए, उदाहरणार्थ–इतिहास, सामाजिक अध्ययन, राजनीति विज्ञान या साहित्य के कक्षाकक्ष में, विद्यार्थी घटनाओं के कालक्रम (अर्थात् घटनाओं के घटित होने के क्रम), प्रमुख तर्क, निष्कर्ष एवं विषय के बारे में अध्यापक के स्वयं के विचार या दृष्टिकोण को सुनते हैं। स्पष्टतया विद्यार्थियों के लिए, बोले गए एक-एक वाक्य को लिखना या याद करना न तो संभव है और न ही अनिवार्य है। उनके लिए सबसे अधिक जरूरी केवल अध्यापक के वक्तव्य (व्याख्यान) का सार समझना है। यही नियम उस समय भी लागू होते हैं, जब विद्यार्थी टी.वी. तथा रेडियो पर सूचनाएँ सुनते हैं।

(9) विवरण (विस्तार) के लिए सुनना–विद्यार्थी के लिए आवश्यक सर्वाधिक महत्त्वपूर्ण अध्ययन-कौशल किसी व्याख्यान में या गद्यांश में प्रस्तुत विवरण को समझना तथा इसे पाठ्यक्रम संबंधी गतिविधि में लागू करना है, उदाहरणार्थ–जब पोटेशियम क्लोरेट का प्रयोग करके ऑक्सीजन बनाने की प्रक्रिया को अध्यापक जोर-जोर से पढ़ता है या किसी अन्य प्रक्रिया को अध्यापक समझाता है, तब विद्यार्थियों को प्रयोगशाला में किए जाने वाले उन प्रयोगों की प्रक्रिया को ध्यानपूर्वक सुनना चाहिए एवं फिर उसके आधार पर अपना प्रयोग करना चाहिए। इस स्थिति को विवरण के लिए सुनना कहा जा सकता है।

प्रश्न 10. शुद्धता और धारा प्रवाहिता को अपने शब्दों में स्पष्ट कीजिए।

अथवा

प्रवाहयुक्त एवं त्रुटिरहित बोलने में क्या अंतर है? अपने उत्तर को स्पष्ट करने हेतु किसी विषय से उदाहरण दीजिए। **[जून-2017, प्रश्न सं.-3 (ङ)]**

उत्तर– भाषा में शुद्धता (त्रुटिरहित बोलना) या धारा प्रवाहिता (प्रवाहयुक्त बोलना) के लिए विशेष प्रयासों की आवश्यकता होती है। भाषायी प्रवीणता में दो तत्त्व शामिल हैं–त्रुटिरहित बोलना एवं प्रवाहयुक्त बोलना। वह क्षमता जिसमें सीखने वाला सही व्याकरण एवं शब्दावली का उपयोग करते हुए वाक्य का सही-सही उच्चारण करता है 'शुद्धता'

कहलाती है। प्राथमिक स्तर के बच्चे की शुद्धता का स्तर किसी वयस्क की शुद्धता के स्तर से भिन्न होता है। बच्चा बोलने के हर स्तर पर गलतियाँ करते हुए भाषा सीखता है। बच्चे कि ये गलतियाँ उसके सीखने में तो सहायक होती ही हैं साथ ही वह गलतियाँ करते हुए भी भाषा के नियमों का पालन कर रहा होता है। उदाहरण के लिए, एक तीन साल का बच्चा अपनी इच्छा जाहिर करते हुए बोलता है–'पापा कार चाहिए है।', 'पानी चाहिए है।' बच्चे को यह पता है कि प्रत्येक वाक्य के अंत में 'है' बोला जाता है और इसलिए वह 'चाहिए' के बाद 'है' का प्रयोग करता है। भाषायी नियम की अगर बात की जाए तो 'चाहिए' अपने आप में एक सहायक क्रिया है, जैसे–'हमें रसगुल्ला खाना चाहिए' इस वाक्य में 'चाहिए' सहायक क्रिया है और 'चाहिए' के साथ दूसरी सहायक क्रिया का प्रयोग 'था' के रूप में भूतकाल में ही किया जाता है, जैसे–'मुझे वहाँ जाना चाहिए था।' चाहे भले ही बच्चे को इस नियम की जानकारी न हो लेकिन फिर भी वह इसका उपयोग करता है।

भाषा में 'धारा प्रवाहिता' का अर्थ उस क्षमता से है, जिसके द्वारा बालक सहजता के साथ बोल, पढ़ और लिखकर अपने आपको अभिव्यक्त कर सकता है। इसमें व्याकरणिक गलतियों की बजाय अर्थ एवं संदर्भ पर ध्यान केंद्रित किया जाता है।

भाषायी शुद्धता (Accuracy) व प्रवाहिता (Fluency) के संदर्भ में, परंपरावादी शिक्षक भाषा सीखने में शुद्धता को ज्यादा महत्त्व देते हैं। वे बच्चों पर व्याकरणिक दृष्टि से सही लिखने व बोलने पर जोर देते हैं। इसके लिए वे बार-बार अनेक अभ्यासों द्वारा बच्चों की जाँच करते हैं। ज्यादातर कक्षाओं में बच्चों को अपनी गलतियाँ पहचानकर सुधार करने के मौके न के बराबर दिए जाते हैं। परीक्षा केंद्रित पद्धति इसी शुद्धतावादी विचार से प्रभावित है। दूसरी ओर, शिक्षकों का दूसरा वर्ग मानता है कि भाषा, संप्रेषण और अनुभवों की अभिव्यक्ति का साधन है। वे प्रवाहिता को ज्यादा महत्त्व देते हैं। वे व्याकरण के बजाय अर्थ एवं संदर्भ को समझने पर ज्यादा ध्यान देते हैं तथा इस पर जोर देते हैं कि वे प्रवाह में बोलते हुए अपने विचारों को इस प्रकार अभिव्यक्त कर पाएँ कि सुनने वाला उसे सही अर्थ में ही समझे। इनका मानना है कि बच्चों में धारा प्रवाहिता का स्तर तभी बढ़ेगा, जब वे शुरू से ही भाषा को ज्यादा प्रयोग में लाएँगे।

यदि देखा जाए तो दोनों ही नजरिए अपनी जगह ठीक हैं। समग्र रूप से भाषा सीखने के लिए बच्चों को दोनों में कुशलता हासिल करना जरूरी है। परंतु प्रारंभिक स्तर पर बच्चों को द्वितीय भाषा में ज्यादा अवसर नहीं मिलते हैं, इसलिए हमें त्रुटिरहित होने पर जोर न देकर उन्हें ज्यादा से ज्यादा बोलने के मौके उपलब्ध करवाते हुए प्रवाहयुक्त बोलने पर ध्यान देना चाहिए। प्राथमिक स्तर के बाद हमें बच्चे की भाषा में शुद्धता एवं प्रवाहिता का संतुलन बनाए रखते हुए दोनों पर ध्यान देना जरूरी है। दसवीं तक आते-आते बच्चे प्रवाहयुक्त होकर भाषा का प्रयोग करने लगते हैं, तब हमें शुद्धता पर फोकस करना चाहिए, क्योंकि सही समय पर सही तरीके से की गई मदद बच्चों के भाषायी विकास में बहुत महत्त्वपूर्ण भूमिका निभाती है।

GULLYBABA PUBLISHING HOUSE PVT. LTD.
ISO 9001 & 14001 CERTIFIED CO.

शिक्षा में स्नातक (बी.एड.)

First Year

बी.ई.एस.-121: बाल्यावस्था और वृद्धि
बी.ई.एस.-122: समकालीन भारत और शिक्षा
बी.ई.एस.-123: अधिगम और शिक्षण
बी.ई.एस.-124: पाठ्यचर्यापर्यंत भाषा
बी.ई.एस.-125: शास्त्रों एवं विषयों की समझ

Optional

बी.ई.एस.-141: विज्ञान का शिक्षा शास्त्र
बी.ई.एस.-142: सामाजिक विज्ञान शिक्षण
बी.ई.एस.-143: गणित शिक्षण
बी.ई.एस.-144: अंग्रेजी शिक्षण
बी.ई.एस.-145: हिंदी शिक्षण प्रविधि

Second Year

बी.ई.एस.-126: ज्ञान एवं पाठ्यचर्या
बी.ई.एस.-127: अधिगम हेतु आंकलन
बी.ई.एस.-128: एक समावेशी विद्यालय का सृजन
बी.ई.एस.-129: लिंग, विद्यालय एवं समाज

Optional

बी.ई.एस.-131: मुक्त एवं दूरस्थ शिक्षा
बी.ई.एस.-132: निर्देशन एवं परामर्श
बी.ई.एस.-133: किशोर एवं परिवार शिक्षा
बी.ई.एस.-134: व्यावसायिक शिक्षा
बी.ई.एस.-135: सूचना एवं संप्रेषण प्रौद्योगिकी

6. बोलने की क्षमता का विकास
Developing the Speaking Abilities

भूमिका

अधिगम के सभी क्षेत्रों में भाषा की अनिवार्यता रहती है, अत: अध्यापकों के लिए यह आवश्यक है कि वे पाठ्यक्रम के सभी क्षेत्रों में पढ़ने, लिखने एवं बोलने के कौशल को प्रोत्साहन दें। संप्रेषण, अधिगम एवं समाजीकरण जैसे विभिन्न उद्देश्यों के लिए मौखिक भाषा एक बोलने एवं सुनने की संवादात्मक प्रक्रिया है। सामाजिक संबंधों को स्थापित करने, उन्हें बनाए रखने एवं सूचनाओं का आदान-प्रदान करने में बोलने की क्षमता का बहुत बड़ा योगदान है।

अत: एक सफल एवं सुखी सामाजिक जीवन के लिए बोलने की प्रभावी क्षमता का होना आवश्यक है। वक्तृत्व-क्षमता का विकास करने में क्रम-निर्धारण करना, सूचनाओं का आदान-प्रदान करना आदि क्रियाओं की महत्त्वपूर्ण भूमिका रहती है। अध्यापक इन कार्यों में विद्यार्थियों की पर्याप्त सहायता कर सकते हैं। अध्यापकों को कक्षाकक्ष में ऐसा वातावरण तैयार करना चाहिए कि सभी विद्यार्थी सुगमता से अपने साथियों के साथ चर्चा में भाग ले सकें तथा अपनी वक्तृत्व क्षमता का विकास कर सकें।

प्रश्न 1. वाचन के मुख्य प्रकारों का उल्लेख कीजिए।

उत्तर– वाचन के मुख्यत: दो प्रकार हैं–
- सस्वर वाचन
- मौन वाचन

सस्वर वाचन–सस्वर वाचन का अर्थ है–जोर से अथवा स्वर सहित वाचन करना। अनेक अनौपचारिक अवसरों पर व्याख्यान देते समय वाद-विवाद एवं गोष्ठियों में अपनी बात को प्रभावशाली ढंग से कहने के लिए यही वाचन का रूप प्रयुक्त होता है।

शुद्ध, प्रभावपूर्ण वाचन श्रोताओं पर विशिष्ट प्रभाव डालता है। यही नहीं, बल्कि वक्ता का अपना व्यक्तित्व भी निखर उठता है। किसी भी अवसर पर बातचीत करते समय जिसका वाचन अच्छा है, अन्य की अपेक्षा दूसरों को शीघ्र प्रभावित कर लेता है।

यदि कहीं कोई बच्चा जाए और श्रोताओं के मध्य उसे बोलना हो और वह शुद्ध प्रभावपूर्ण न बोल सके तो उसकी स्थिति मजाक बिना नहीं रह सकती। अपनी हास्यास्पद स्थिति को देखकर वह अपने वाचन को मन-ही-मन अवश्य कोसेगा।

चाहे सेमिनार, गोष्ठी, सम्मेलन हो; चाहे कोई सामाजिक या पारिवारिक उत्सव हो और चाहे अखंड रामायण का आयोजन हो; ऐसा व्यक्ति जिसका वाचन अच्छा न हो, जाने का साहस नहीं कर पाता। तात्पर्य यह है कि वाचन शब्द में ही सस्वर वाचन का भाव निहित है। अच्छे सस्वर वाचन से व्यक्ति में आत्मविश्वास जागृत होता है, भाषा प्रयोग की क्षमता विकसित होती है, संकोच समाप्त हो जाता है और नेतृत्व के गुणों का विकास होता है।

सस्वर वाचन के उद्देश्य–वाचन पर यदि बचपन से ही माता-पिता एवं शिक्षकों द्वारा ध्यान दिया जाए तो प्रभावी एवं त्रुटि रहित हो सकता है। अच्छे वाचन के लिए निम्नलिखित बातें आवश्यक हैं–

- बालक को पढ़ाते समय उसे बार-बार बीच में न टोकें। इससे वाचन में प्रवाह नहीं आ पाता तथा उनमें आत्मविश्वास नहीं पनप पाता।
- सस्वर वाचन में बड़ी कुशलता की जरूरत है। उच्चारण में भावानुकूल उतार-चढ़ाव शुद्धता अपेक्षित है।

मौन वाचन–जब बालक को सस्वर वाचन का अभ्यास हो जाए तब उसे मौन वाचन के लिए प्रेरित करना चाहिए, क्योंकि मौन वाचन भी अधिक उपयोगी है। लिखित सामग्री को मन-ही-मन बिना स्वर किए चुपचाप पढ़ना मौन वाचन कहलाता है। इसमें ओष्ठ तक नहीं हिलते, न ही पढ़ने की आवाज आती है। समाज में प्रत्येक स्थान पर प्रत्येक समय सस्वर वाचन नहीं किया जा सकता है।

मौन वाचन द्वारा अन्य लोगों के कार्यों में व्यवधान नहीं पड़ता है। जब बालक मौन वाचन में कुशलता प्राप्त कर लेता है तब सस्वर वाचन को छोड़ देता है। मौन वाचन में निपुणता वैचारिक प्रौढ़ता एवं भाषायी दक्षता का सूचक है। मौन वाचन का जीवन में अत्यंत महत्त्व है। मौन वाचन ही सबसे अधिक प्रचलित भी है, क्योंकि जीवन में सबसे अधिक मौन वाचन ही प्रयोग किया जाता है।

मौन वाचन के उद्देश्य–मौन वाचन का प्रमुख उद्देश्य है–वाचन गति का विकास एवं पठित सामग्री का अर्थ ग्रहण। माध्यमिक स्तर पर आते-आते बालकों में परिपक्वता आने लगती है। अत: इस स्तर पर मौन वाचन द्वारा निम्नलिखित उद्देश्यों की प्राप्ति होती है–

- अनावश्यक स्थलों को छोड़ते हुए प्रमुख भावों अथवा केंद्रीय भाव का अर्थ ग्रहण करते हुए वाचन करना।
- पठित सामग्री से तथ्यों, भावों एवं विचारों को ग्रहण करते हुए सारांश बताने की क्षमता का विकास करना।
- पढ़ी हुई सामग्री से प्रश्नों का सही उत्तर दे सकना।
- उपयुक्त शीर्षक चयन करने की क्षमता का विकास करना।
- भाषा एवं भाव संबंधी कठिनाइयों को चयन के अनुकूल नवीन शब्दों, उक्तियों एवं मुहावरों और लोकोक्तियों का अर्थ निकाल देना।
- संधि विच्छेद, उपसर्ग, प्रत्यय एवं शब्द धातुओं से शब्द का अर्थ निकाल देना।
- शब्दकोश को देखने एवं प्रसंगानुसार अर्थ निकालने की क्षमता का विकास।
- शब्द का लक्षणार्थ जान लेना।
- विभिन्न साहित्यिक विधाओं, जैसे—नाटक, निबंध, कहानी, उपन्यास, जीवन, संस्मरण आदि के प्रमुख तत्त्वों की पहचान कर लेना। शैली के अनुसार निबंधों का भेद कर लेना।
- लेखक के व्यक्तित्व की विशेषता उसकी शैली है जो उसकी पहचान भी है।

प्रश्न 2. मौन वाचन का महत्त्व बताइए।

उत्तर— मौन वाचन के महत्त्व को निम्न तथ्यों के आधार पर समझा जा सकता है—

- मौन वाचन में थकान कम होती है। वाक्यों पर बहुत जोर नहीं पड़ता।
- दूसरों को व्यवधान नहीं पहुँचता।
- समय की बचत होती है। **श्रीमती ग्रे** और **रीस** के परीक्षणों से पता चलता है कि कक्षा 5 के बालक एक मिनट के सस्वर वाचन में 170 शब्द बोलते हैं, जबकि मौन वाचन में 210 शब्द बोलते हैं।
- बालक का ध्यान केंद्रित रहता है।
- मौन वाचन के समय चिंतन प्रक्रिया चलती है। अत: पाठ को बालक समझते हुए पढ़ता जाता है।
- सामूहिक वाचन के लिए वाचन जरूरी है।
- मौन वाचन से स्वाध्याय की आदत पड़ जाती है। आनंद प्राप्त करने के लिए मौन रूप से पढ़ना नितांत आवश्यक है।
- उच्च कक्षाओं में मौन वाचन अधिक हितकर है।

प्रश्न 3. वाचन की शिक्षण विधियों का उल्लेख कीजिए।

उत्तर— वाचन शिक्षण में अनेक विधियों को प्रयुक्त किया जाता है। यहाँ वाचन की प्रमुख विधियों का उल्लेख किया गया है—

- **अक्षर-बोध विधि—**यह सबसे प्राचीन शिक्षण विधि है। इसमें सर्वप्रथम स्वर तथा व्यंजन शब्दों को पढ़ाया जाता है। इस विधि में अक्षर की ध्वनियों को प्रधानता दी जाती है। स्वर शिक्षा में बालक को शुद्ध उच्चारण का अभ्यास

कराया जाता है। इसके बाद बालक स्वर एवं व्यंजन का मिलान सीखता है। यही मिलान वाक्यों की रचना में सहायता करता है। बालक पूर्ण वाक्य की रचना करके वाचन करने लगता है। अक्षरों का मिलान सिखाया जाता है। इसके बाद शब्दों को मिलाकर वाक्य बनाया जाता है।

अक्षर-बोध विधि से बालकों का उच्चारण शुद्ध होता है। अक्षर शब्द तथा वाक्य का क्रमबद्ध ज्ञान होता है। अक्षरों में स्वरों व व्यंजनों को मिलाने से नए शब्दों की रचना होती है। इस विधि से व्याकरण तथा भाषा संबंधी नियम का बोध भी सरलता से होता है।

इस विधि का दोष यह है कि ध्वनि पर विशेष ध्यान दिया जाता है। अक्षर स्वरूप को महत्त्व नहीं देते हैं। बिना स्वर के व्यंजनों को निरर्थक मानते हैं। इस विधि में अक्षर-बोध में अधिक समय लगता है। बालकों में सीखने की रुचि उत्पन्न नहीं होती है।

- **देखो और कहो विधि**—इस विधि में अक्षरों के बोध के स्थान पर शब्द बोध कराया जाता है। चित्र देखकर बालक को स्वयं ही उस शब्द का ध्यान आ जाता है। चित्र ऊपर अथवा नीचे बना रहता है। उसे देखो और कहो। बालक देखकर समझने का प्रयास करता है। फिर बोलता है। चित्रों को श्यामपट्ट पर भी बनाया जा सकता है।

  इस विधि की विशेषता है—रोचकता, आकर्षण और मनोहरता। चित्रों के साथ शब्द चित्र बालकों के मानसिक पटल पर छा जाते हैं। इन शब्दों और चित्रों के आधार पर वर्णमाला का ज्ञान भी दे दिया जाता है। इसमें क्रिया विपरीत होती है। बालक शब्दों को सीखने के बाद उनके अक्षरों को सीखता है। इस विधि से बालक प्रचलित शब्दों का वाचन सरलता से सीख जाते हैं। परंतु क्रिया एवं भाव संबंधी शब्दों के चित्र नहीं बनाए जा सकते हैं। यह विधि अंग्रेजी के वाचन शिक्षण के लिए अधिक उपयुक्त है। हिंदी भाषा में वाचन शिक्षण के लिए अधिक उपयोगी नहीं है।

- **अनुकरण विधि**—बालक अनुकरण विधि से ही अधिक सीखते हैं, परंतु हिंदी में अंग्रेजी की अपेक्षा कम उपयोगी है। हिंदी में प्रत्येक अक्षर की ध्वनि निश्चित है, जबकि अंग्रेजी अक्षर की ध्वनि निश्चित नहीं है। एक ही अक्षर D का प्रयोग (द) तथा (ड) दोनों ध्वनियों के लिए होता है।

  शिक्षक के आदर्श वाचन का अनुकरण जीवनपर्यंत छात्रों के काम आता है। शिक्षक के उच्चारण के अनुकरण से ही बालक शुद्ध उच्चारण सीखते हैं जिससे वाचन में शुद्धता आती है और वे भावपूर्ण वाचन सीखते हैं। अनुकरण विधि के लिए शिक्षक के वाचन में भावपूर्ण और शुद्ध उच्चारण आना आवश्यक होता है। सामूहिक वाचन प्रविधि द्वारा अनुकरण विधि को अधिक प्रभावशाली बनाया जा सकता है। कविताओं एवं गीतों को सीखने में सामूहिक अभ्यास कराया जाता है। कठिन शब्दों को सामूहिक उच्चारण के अभ्यास से वाचन को भावपूर्ण तथा शुद्ध किया जा सकता है। संस्कृत भाषा के शिक्षण में भी इसका प्रयोग किया

जाता है। सामूहिक वाचन में बालक स्वाभाविक रूप से शुद्ध उच्चारण कर लेता है।

- **ध्वनि-साम्य विधि**—इस विधि के अंतर्गत ध्वनि की समानता रखने वाले शब्दों को साथ-साथ सिखाया जाता है। एक-सी ध्वनि के कारण छात्र एक साथ सरलता से सीख लेते हैं, जैसे—धर्म, कर्म, गर्म में समान ध्वनि होती है, इसी प्रकार क्रम, श्रम, भ्रम शब्दों में समान ध्वनि है। इस विधि में कभी-कभी अनावश्यक शब्द भी सीखने पड़ जाते हैं जिन्हें हम प्रयोग में नहीं लाते हैं तथा कुछ अशुद्ध भी होते हैं। इस विधि का प्रयोग सीमित शब्दों के उच्चारण सिखाने में ही किया जाता है। वाचन में इस विधि का उपयोग सीमित है।

- **भाषा शिक्षण की तकनीकी विधि**—आज शिक्षण के क्षेत्र में शिक्षा तकनीकी का विकास हुआ है। इसके परिणामस्वरूप शिक्षण में मशीनों तथा चित्रों का प्रयोग किया जाने लगा है। भाषा प्रयोगशाला का भी विकास हुआ है। इस प्रयोगशाला में वाचन तथा शब्दों के शुद्ध उच्चारण का विकास किया जाता है। इसके अतिरिक्त रेडियो, दूरदर्शन, ग्रामोफोन, टेपरिकॉर्डर आदि के द्वारा भी वाचन तथा भाषा सीखते हैं। भाषा शिक्षण के लिए ऑडियो टेप तथा वीडियो टेप का निर्माण किया गया है।

  दूरदर्शन तथा रेडियो छात्रों को विशिष्ट व्यक्तियों के भाषण सुनने में सहायता करते हैं। बालक संगीत को सुनकर तथा चित्रहार स्वाभाविक रूप में स्मरण कर लेते हैं। आजकल तो कंप्यूटर सहायक अनुदेशन का प्रयोग भाषा शिक्षण में सफलतापूर्वक किया जा सकता है।

- **कहानी विधि**—कहानी विधि में बालक अधिक रुचि लेते हैं। कहानी को चार-पाँच वाक्यों में पूर्ण करके सुनानी चाहिए। चित्रों की सहायता से कहानी विधि अधिक प्रभावशाली होती है। चित्रों को देखकर वाक्यों को पढ़कर कहानी का पूर्ण ज्ञान रोचकता से हो जाता है। भाषा प्रवाह कहानी से ही विकसित होता है। कहानी विधि में छात्र अनुकरण से सीखते हैं। कहानी कहते समय भाषा की शुद्धता तथा भाव पक्ष को भी ध्यान में रखना चाहिए। कहानी विधि से वाचन सीखते हैं तथा मनोरंजन भी होता है। कहानी विधि से उत्सुकता बढ़ती है और प्रेरणा मिलती है।

- **वाक्य-शिक्षण विधि**—अक्षर-बोध विधि में अक्षर की ध्वनि से, देखो और कहो विधि में शब्दों से शिक्षण आरंभ करते हैं। वाक्य विधि में शब्दों से प्रारंभ न करके वाक्यों से शिक्षण आरंभ किया जाता है। इस विधि में शिक्षण क्रम अवरोही होता है। वाक्य से शब्द अक्षर का बोध कराया जाता है। अक्षर बोध विधि में आरोही क्रम अक्षर से शब्द से वाक्य का प्रयोग किया जाता है। लिखने तथा पढ़ने के पूर्व ही बालक पूर्ण वाक्य बोलता और सुनता है। इसलिए शिक्षण वाक्य से करना मनोवैज्ञानिक प्रतीत होता है। आरंभ में वाक्यों का स्वरूप दो शब्दों का, फिर तीन शब्दों का होना चाहिए।

प्रश्न 4. बालक में 'बोलने की क्रिया का विकास' पर टिप्पणी कीजिए।

उत्तर— बालक में बोलने की क्रिया के विकास में अनुकरण (imitation) का महत्त्वपूर्ण स्थान है; बालक के सामाजिक परिवेश में उपस्थित अन्य लोग जिस प्रकार से बोलते दिखाई देंगे, बालक उन्हीं का अनुकरण करेगा। प्रारंभ में शिशु ध्वनियों का अनुकरण नहीं कर पाता, केवल सामान्य ध्वनियों का ही अनुकरण करता है, एक वर्ष की आयु के बाद वह विशेष ध्वनियों का भी अनुकरण करने लगता है, इसमें भी वह पहले स्वर वर्णों का अनुकरण करता है और बाद में व्यंजन वर्णों का अनुकरण करता है, अनुकरण के इस महत्त्व से स्पष्ट है कि प्रशिक्षण के द्वारा बालक के उच्चारण को शुद्ध बनाया जा सकता है। कभी-कभी बालक तुतलाना और हकलाना भी अनुकरण से ही सीखता है।

बालक विभिन्न शब्दों का अर्थ संबद्धता के द्वारा ग्रहण करता है—उदाहरण के लिए, जब उसे बिल्ली दिखाकर उसके सामने बिल्ली शब्द बोला जाता है तो बिल्ली की आकृति और बिल्ली शब्द में संबद्धता स्थापित करके वह बिल्ली शब्द का अर्थ जान जाता है, इसी प्रकार जब बालक को यह बताया जाता है कि अमुक व्यक्ति उसका मामा या दादा है तो उन जैसे सभी व्यक्तियों को वह मामा और दादा ही समझता है, संबद्धता के विकास के साथ-साथ बालक नए-नए अर्थों को सीखता जाता है।

बोलना सीखने में प्रेरणा (Motivation) का बड़ा महत्त्व है। यदि बिना बोले ही बालक की आवश्यकताएँ पूरी हो जाती हैं तो वह बोलने का प्रयास नहीं करेगा। यदि बालक की आवश्यकताएँ रोने से अथवा तुलनात्मक बोलने से पूरी हो जाती हैं, तो वह सही बोलने का प्रयास नहीं करता। बालक को बोलने के लिए प्रेरित करने वाली आवश्यकताओं में मुख्य हैं—अपनी आवश्यकताओं को बताना, मन में आए हुए विचारों को प्रकट करना, जिज्ञासा की शांति करने के लिए वातावरण संबंधी सूचनाएँ प्राप्त करना तथा अन्य बालकों से सामाजिक संबंध स्थापित करना। बालकों को उपर्युक्त प्रेरणा देकर बोलना सीखने में उसकी सहायता की जा सकती है।

प्रश्न 5. वाचन से पूर्व क्रियाओं पर टिप्पणी कीजिए।

उत्तर— भाषा में वाचन शिक्षा से पूर्व बालकों के हृदय में भाषा वाचन के प्रति अनुराग उत्पन्न होना चाहिए। वाचन की दृष्टि से बालकों की रुचि का विशेष महत्त्व है। यदि बालक किसी वस्तु, घटना या व्यक्ति में रुचि लेता है तो उनके विषय में वह अधिक-से-अधिक ज्ञान प्राप्त करना चाहता है। प्रेम एवं रुचि के आधार पर बालकों को जो भी अधिगम कराया जाता है वह अधिक स्थायी होता है। जब बालक यह समझ लेता है कि भाषा ज्ञान के अभाव में वह अन्य विषयों का ज्ञान भी प्राप्त नहीं कर सकता है तब वह भाषा ज्ञान के अध्ययन के लिए प्रेरित होता है। वर्तमान में केवल श्रवण कौशल से कार्य नहीं चल सकता। मुद्रण के आविष्कार के द्वारा वाचन अत्यधिक महत्त्वपूर्ण कौशल बन गया है। यदि बालकों की रुचि वाचन में नहीं होती तो शिक्षण प्रतिक्रिया व्यर्थ हो जाएगी।

अत: शिक्षकों का कर्त्तव्य है कि वे वाचन शिक्षण से पूर्व बालकों की वाचन के प्रति रुचि उत्पन्न करें। इसके लिए सहायक सामग्री के रूप में विषय से संबंधित दृश्य-श्रव्य सामग्री का प्रयोग किया जा सकता है। वाचन शिक्षण करते समय अन्य छोटी-छोटी बातें भी ध्यान में रखनी चाहिए जिससे बालकों में वाचन के प्रति रुचि जागृत की जा सके।

वाचन की शिक्षा प्रारंभ करने से पहले यह आवश्यक है कि बालक इस योग्य हो गया है या नहीं कि उसे वाचन शिक्षा दी जा सके। प्राथमिक स्तर पर बालक एवं बालिकाओं का शारीरिक विकास इतना हो जाता है कि वे विभिन्न ध्वनियों का उच्चारण कर सकें। प्रारंभ में यह आवश्यक होता है कि बालक के ध्वनि यंत्रों का इतना विकास अवश्य हो जाए कि वह प्रयास करने पर ध्वनियों का उच्चारण कर सके। वाचन के समय बालक को तालु, जिह्वा, ओष्ठ, कंठ, दाँत आदि का उचित रूप से उपयोग करना पड़ता है। बालक का शारीरिक विकास इतना हो जाने पर समझ लेना चाहिए कि वह वाचन आरंभ के लिए तैयार है।

वाचन आरंभ योग्यता के लिए केवल शारीरिक विकास ही पर्याप्त नहीं है, यह भी जानना आवश्यक है कि बालक के परिवार का शैक्षिक वातावरण कैसा है। यदि परिवार शिक्षित है तो बालक घर पर ही प्रारंभिक बहुत-सी बातें सीख जाता है। सामान्य वस्तुओं से बालक परिवार में ही परिचित हो जाता है। अतः उसकी वाचन शिक्षा सरलता से प्रारंभ की जा सकती है।

प्रश्न 6. उत्तर वाचन क्रियाएँ और उनकी अशुद्धियों के उपाय पर संक्षिप्त नोट लिखिए।

उत्तर– वाचन करने के पश्चात् बालकों में वाचन संबंधी अनेक अशुद्धियाँ होती हैं। कक्षा में कई बालक ऐसे होते हैं जो अन्य बालकों की अपेक्षा वाचन में कमजोर दिखाई पड़ते हैं, उनको न ठीक से पढ़ना आता है और न ही लिखना। ऐसे बालकों पर विशेष ध्यान देने की आवश्यकता पड़ती है। शिक्षक का यह कर्त्तव्य है कि वह बालक की विशेष कठिनाइयों का निदान करे, तत्पश्चात् कठिनाइयाँ दूर करने का उपाय करे। उनके तीन मुख्य कार्य हैं–

- कठिनाइयों का निदान करना।
- कठिनाइयों को दूर करने का उपाय ढूँढ़ना और तदनुसार विशेष सहायता प्रदान करना।
- कठिनाइयों के कारण ढूँढ़ना।

उत्तर वाचन क्रियाओं की अशुद्धियों के उपाय निम्नलिखित हैं–

- प्रत्येक बालक की वैयक्तिक कठिनाइयों पर विशेष ध्यान देना। यदि किसी बालक के दृष्टि दोष के कारण अशुद्धि हो रही है तो ऐनक लगाने का आदेश देना, यदि कोई बालक अनुपस्थित रहता है तो समय व नियम बनाने का आदेश देना।
- शिक्षक का प्रत्येक मंद बुद्धि बालक के साथ प्रेम एवं सहानुभूति के साथ व्यवहार करना, उसकी कठिनाइयों पर दंड न देना वरन् कठिनाइयाँ दूर करने का उपाय करना, उसे प्रोत्साहन देना और शांत भाव के साथ उसका वाचन सुधारना तथा अशुद्धियाँ दूर करना।
- यदि किसी छात्र में कोई संवेगात्मक दोष हो तो उसका उपचार करना, जैसे–बालक के मन में किसी प्रकार का भय हो तो उसे दूर करना, उसमें वाचन के प्रति रुचि उत्पन्न करना, उसको स्वावलंबी बनाना एवं उसमें स्वाभिमान की भावना जागृत करना।

- प्रत्येक बालक की कठिनाइयों के अनुसार शिक्षण विधि अपनाना। जो बालक जिस विधि से प्रगति कर सके, उसके लिए उसी विधि का प्रयोग करना। जो बालक वाचन के लिए जिस स्तर पर हो, वहीं से उसे आगे अग्रसर करना।
- यदि कोई बालक वाचन करते समय एक ही प्रकार की अशुद्धि बार-बार करता है तो उस पर ध्यान देना और उसकी अशुद्धि को दूर करना।

प्रश्न 7. मौखिक अभिव्यक्ति के विकास की विधियों एवं क्रियाकलापों को बताइए। एक अच्छे वक्ता के क्या गुण होते हैं? चर्चा कीजिए।

अथवा

मौखिक अभिव्यक्ति कौशल की शिक्षण विधियाँ कौन-कौन-सी हैं? व्याख्या कीजिए।

अथवा

'अच्छे वक्ता के गुण' पर एक संक्षिप्त नोट प्रस्तुत कीजिए।

उत्तर— विभिन्न शैक्षिक स्तरों पर शिक्षार्थी की मौखिक अभिव्यक्ति को विकसित करने के लिए निम्न तरीके अपनाए जा सकते हैं–

- **वार्तालाप (Conversation)**—शिक्षण सामग्री या पाठ्य विषय पढ़ाते हुए या अन्य मौकों पर छात्रों के साथ अध्यापक वार्तालाप करते हैं। अतः शिक्षक को चाहिए कि वह प्रत्येक छात्र को वार्तालाप में भाग लेने के लिए प्रेरित करे। वार्तालाप का विषय छात्रों के मानसिक, बौद्धिक स्तर के भीतर ही होना चाहिए।
- **सस्वर वाचन (Loud reading)**—पाठ पढ़ाते समय पहले शिक्षक को स्वयं आदर्श वाचन करना चाहिए, बाद में कक्षा के छात्रों से अनुकरण वाचन या सस्वर वाचन कराना चाहिए। सस्वर वाचन करने से छात्रों की झिझक व संकोच खत्म होता है।
- **प्रश्नोत्तर (Question-answer)**—सामान्य विषयों पर या पाठ्यपुस्तकों से संबंधित पाठों पर प्रश्न पूछने चाहिए। अगर छात्रों का उत्तर अपूर्ण या अशुद्ध है तो सहानुभूतिपूर्ण ढंग से उत्तर को पूर्ण व शुद्ध कराया जाए।
- **कहानी सुनाना (Story telling)**—मौखिक भाव प्रकाशन विकसित करने की एक विधि कहानी सुनाना भी है। छोटे बच्चे कहानियाँ सुनना पसंद करते हैं। अतः अध्यापक को पहले स्वयं कहानी सुनानी चाहिए, बाद में छात्रों से कहानी सुननी चाहिए।
- **चित्र वर्णन (Picture description)**—प्रायः छोटी कक्षाओं के बच्चे चित्र देखने में रुचि लेते हैं। उदाहरणार्थ, 'गाय' का चित्र दिखा कर गायों के बारे में छात्रों से पूछा जा सकता है व छात्रों को बताया जाता है। इसी प्रकार चित्र की सहायता से कहानी भी सुनाई जा सकती है।
- **कविता सुनना व सुनाना (Poem telling and listening)**—कविता पाठ मौखिक भाव प्रकाशन की शिक्षा देने का अन्य उपयोगी साधन है। छोटे बच्चे

कविता या बालोचित गीत सुनाने व सुनने में काफी रुचि लेते हैं, अत: कविताएँ कंठस्थ कराके उन्हें कविता पाठ के लिए प्रेरित करना चाहिए।

- **वाद-विवाद (Discussion)**—बालकों के मानसिक स्तर व बौद्धिक स्तर को ध्यान में रखकर वाद-विवाद करवाया जा सकता है। अपने विचारों का तर्कपूर्ण प्रतिपादन करने का प्रशिक्षण देने के लिए वाद-विवाद एक उत्तम साधन है।
- **भाषण (Speech)**—भाषण भाव प्रकाशन का एक सशक्त माध्यम है परंतु भाषण छात्रों के मानसिक एवं बौद्धिक स्तर के अनुकूल होना चाहिए।
- **नाटक (Drama)**—नाटक द्वारा भावाभिव्यक्ति का अच्छा अभ्यास हो जाता है। रंगशाला में बालक को आंगिक, वाचिक एवं भावों के अभिनय की दीक्षा सफलतापूर्वक मिल सकती है।
- **आत्म-अभिव्यक्ति (Self-expression)**—बालकों को विभिन्न घटनाओं, दृश्यों या व्यक्तिगत जीवन से जुड़े अनुभव सुनाने का अवसर देकर अध्यापक मौखिक भाषा का अभ्यास करा सकता है।
- **इलेक्ट्रॉनिक साधनों पर बोलने का अभ्यास (Practice of speaking with electronic medium)**—शिक्षा के प्रभावी माध्यम के रूप में श्रव्य, दृश्य साधनों का प्रयोग दिन-प्रतिदिन बढ़ता जा रहा है। आज दूरस्थ शिक्षा ज्ञानार्जन हेतु प्रभावी विकल्प के रूप में उभर कर आई है। अत: माध्यमिक एवं उच्च माध्यमिक स्तर पर अपने शिक्षार्थियों की मौखिक अभिव्यक्ति के सबल विकास के लिए उन्हें टेपरिकॉर्डर, वीडियो टेप तथा ध्वनि विस्तारक जैसे इलेक्ट्रॉनिक यंत्रों पर प्रभावी ढंग से बोलने के लिए उत्प्रेरित करें।

अच्छे वक्ता के गुण (Qualities of a good speaker)—अच्छे वक्ता में निम्नलिखित गुण अपेक्षित हैं–

- वक्ता को भाषिक ध्वनियों का ज्ञान होता है।
- वक्ता अपनी आवाज को सुनकर स्वयं को सुधारने की क्षमता रखता है।
- अभिव्यक्ति स्पष्ट होती है।
- श्रोता के स्तर, आयु के अनुसार भाषा का चयन करता है।
- श्रोता की प्रतिक्रिया के प्रति संवेदनशील होता है, उसकी रुचि, उदासीनता को समझता है।
- वक्ता क्रोधपूर्ण, आक्रामक व्यवहार नहीं करता है।
- श्रोता के साथ अपने अनुभव बाँटता है, कहानी, कविता आदि के द्वारा अपनी बात स्पष्ट करता है।
- श्रोता वर्ग की आलोचना या उपहास नहीं करता है।
- वक्ता श्रोता के प्रति विनम्र और मर्यादापूर्वक रहता है।
- वक्ता की दृष्टि श्रोता पर केंद्रित रहती है। वह बात करते हुए दाएँ-बाएँ नहीं झाँकता, इससे न तो उसका ध्यान विषय पर और न ही श्रोता पर रहता है। श्रोता भी ऐसे व्यवहार से अनाकर्षित हो जाता है।
- श्रोता के प्रश्न/संदेह का उत्तर धैर्य और शांति से देता है।

- वक्ता में भी श्रोता का गुण होता है। अच्छा "सुनने" वाला श्रोता ही सोच-समझ कर बात करने वाला अच्छा वक्ता होता है।
- वक्ता को अपनी बात स्वाभाविक, सहज तरीके से सटीक कहनी चाहिए, घुमा-फिरा कर कहने वाले वक्ता को श्रोता नहीं सुनता है।
- वक्ता में संवाद योग्यता, भावानुकूल अभिव्यक्ति व अभिनय का गुण होना चाहिए, इनसे अभिव्यक्ति प्रभावी बनती है।
- वक्ता का भाषा पर अधिकार होता है, व्यापक शब्दावली का ज्ञान उसकी अभिव्यक्ति को प्रभावपूर्ण बनाता है।
- वक्ता को ध्यान रखना चाहिए कि उसे एक या बहुत से श्रोता सुन रहे हैं, दोनों ही स्थितियों में उसे गैर-जिम्मेदार बातें नहीं करनी चाहिए।
- वक्ता स्वयं भी अपनी बात में रुचि रखे, शिथिल न हो।

प्रश्न 8. मौखिक कौशल का मूल्यांकन एक शिक्षक किस प्रकार कर सकता है? संक्षेप में बताइए।

उत्तर– शिक्षक विद्यार्थी के मौखिक कौशलों का मूल्यांकन निम्नलिखित प्रकार से कर सकता है–

- प्रश्नों के उत्तरों से बोलने की जाँच संभव है।
- कक्षा में औपचारिक क्रियाकलापों में भाग लेना, जैसे–व्याख्या, चर्चा करना, दृश्य सामग्री को पढ़कर बताना आदि बोलने को जाँचते हैं।
- मौखिक कौशल के लिए किसी कहानी, कविता, गीत, अनुभव, वर्णन या घटना का प्रयोग किया जाता है जिसमें बच्चे के शब्द प्रयोग, वाक्य रचना, प्रवाह आदि को जाँचा जाता है।
- पाठ्य विषय वाचन या समाचार वाचन के द्वारा पढ़कर बोलने, स्पष्ट और शुद्ध, भावानुक्रम अभिव्यक्ति की योग्यता की जाँच होती है।
- विभिन्न पाठ्य सहगामी क्रियाओं में प्रतिभागिता को अवसर, रुचि आदि तत्त्वतः समग्र एवं सतत् मूल्यांकन का आधार हैं।
- बोलने से पहले "सुनना" एवं सुनकर बोलने का गुण भी मौखिक परीक्षा द्वारा जाँचा जाता है।

"मौखिक परीक्षा" प्रायः प्राथमिक कक्षाओं के लिए भाषा मूल्यांकन के लिए ली जाती है किंतु वास्तविकता तो यह है कि मौखिक क्षमता की जाँच तो सामान्य व्यवहार में, औपचारिक, अनौपचारिक परिस्थितियों में होती ही रहती है। जी.पी.एच. की पुस्तकों का मुख्य उद्देश्य ज्ञान के साथ-साथ अच्छे नम्बर दिलाना है।

प्रश्न 9. मौखिक अभिव्यक्ति के विभिन्न रूप कौन-कौन से हैं? मौखिक अभिव्यक्ति की विशेषताओं को बताइए।

उत्तर– व्यावहारिक जीवन में मौखिक अभिव्यक्ति के अनेक रूप हैं। इनमें से कुछ निम्नलिखित हैं–

- **औपचारिक (Formal)** – शिक्षक-शिक्षार्थी के बीच आदान-प्रदान, प्रार्थना-पत्र, स्वागत समारोह, विवाहादि का निमंत्रण, भाषणादि औपचारिक अभिव्यक्ति के रूप हैं। ऐसे अवसर पर संप्रेषण शिष्टता, विनम्रता, आग्रह आदि से युक्त होता है।
- **अनौपचारिक (Informal)** – आपसी बातचीत, बैठने का ढंग, सहज वातावरण अनौपचारिक भाषा रूप की पहचान हैं। औपचारिक व्यवहार का न होना मर्यादा भंग होना नहीं होता है। आपसी मान-मर्यादा का ध्यान सदैव रखा जाना चाहिए।
- **वर्णन, विवरण (Explanation)** – घटना, कहानी का वर्णन, देखी हुई चीजों का विवरण अभिव्यक्ति का गुण है। मौखिक विवरण/वर्णन करने की क्षमता "अवलोकन", स्मरण, क्रमबोध भाषा ज्ञान पर निर्भर करती है।
- **चित्रण (Depiction)** – व्यक्ति, स्थान की शब्दों में रेखाएँ खींचना चित्रण कहलाता है। अभिव्यक्ति का यह रूप कल्पना, चिंतन से प्रेरित होता है। जीवनी, आत्मकथा इसी वर्ग में आते हैं।
- **इतिवृत्त (Chronicle)** – मौखिक अभिव्यक्ति का यह रूप तथ्यात्मक परिस्थिति का सटीक वर्णन कहलाता है। समाचार इसी वर्ग में आते हैं।
- **भाषण/वार्ता/चर्चा (Speech/talk/discussion)** – दिए गए विषय पर सोचना, विचारों को क्रमबद्ध करना, तर्क का औचित्य निश्चित करना, अपनी बात आत्मविश्वासपूर्वक उचित शब्दों में कहना इन अभिव्यक्ति रूपों के गुण होते हैं।

मौखिक अभिव्यक्ति की विशेषताएँ (Characteristics of verbal expression) – मौखिक अभिव्यक्ति की विशेषताएँ निम्नलिखित हैं–

- **स्वाभाविकता (Naturalness)** – बोलने में स्वाभाविकता हो, बनावटी बोली का प्रयोग हास्यास्पद हो सकता है। अस्वाभाविक भाषा वक्ता को अविश्वसनीय बना देती है। स्वाभाविक भाषा विश्वसनीय होती है।
- **स्पष्टता (Clearness)** – मौखिक अभिव्यक्ति का दूसरा गुण है–स्पष्टता। बोलने में स्पष्टता होना अति आवश्यक है। जो बात कही जाए वह स्पष्ट व साफ होनी चाहिए।
- **शुद्धता (Accuracy)** – बोलते समय शुद्ध उच्चारण होना चाहिए, अशुद्ध उच्चारण से अर्थ का अनर्थ हो जाता है।
- **बोधगम्य (Understandable)** – मौखिक अभिव्यक्ति में सरल व सुबोध भाषा का प्रयोग होना चाहिए।
- **सर्वमान्य भाषा (Reasonable language)** – मौखिक भाव प्रकाशन में सर्वमान्य भाषा का प्रयोग करना चाहिए। अप्रचलित शब्दों के प्रयोग से वार्तालाप नीरस हो जाता है।
- **शिष्टता (Elegancy)** – वार्तालाप करते समय शिष्टाचार का ध्यान रखना चाहिए। अशिष्टता संबंधों को बिगाड़ देती है। शिष्टता मौखिक भाव प्रकाशन का एक अन्य गुण है।

- **मधुरता (Sweetness)**—मौखिक भाव प्रकाशन का अन्य गुण है—मधुरता। कहा भी गया है—'कोयल काको देत है कागा काको लेत, वाणी के कारणेन मन सबको हर लेत।' मीठी वाणी का प्रयोग कर मनुष्य किसी (दुश्मन) को भी अपना बना सकता है।
- **प्रवाहमयी (Flowing)**—विराम चिह्नों के उचित प्रयोग से अभिव्यक्ति में सम्यक् गति आ जाती है। अतः मौखिक भाव प्रकाशन में उचित प्रवाहमयता होनी चाहिए।
- **अवसरानुकूल (Customised according to occasion)**—मौखिक भाव प्रकाशन की अन्य विशेषता है—अवसरानुकूल भाषा का प्रयोग। हर्ष, उल्लास, सुख-दुःख, दया, करुणा, सहानुभूति, प्यार आदि भावों को अवसर के अनुकूल व्यक्त करते हैं।
- **श्रोताओं के अनुकूल भाषा (Language according to audience)**—मौखिक अभिव्यक्ति की अन्य महत्त्वपूर्ण विशेषता यह है कि सुनने वाले कौन हैं, किस स्तर के हैं, के अनुकूल ही भाषा का प्रयोग करना चाहिए।

प्रश्न 10. बोलना कौशल संबंधी प्रमुख समस्याएँ क्या हैं? इसके विकास के उपाय एवं समस्याओं के समाधान बताइए।

उत्तर— **बोलना कौशल संबंधी प्रमुख समस्याएँ**—बोलना कौशल के विकास में अनेक प्रकार की समस्याएँ भाषा शिक्षक द्वारा अनुभूत की जाती हैं, इन समस्याओं के कारण ही बोलना कौशल का विकास संभव नहीं हो पाता इसलिए छात्रों में सर्वप्रथम बोलना कौशल के विकास हेतु उनके मार्ग की बाधाओं को जानना तथा उन्हें दूर करना एक भाषा शिक्षक का प्रमुख दायित्व है। बोलना कौशल की प्रमुख समस्याएँ निम्नलिखित हैं–

- बोलना कौशल की प्रमुख बाधा छात्रों में आत्मविश्वास के अभाव को माना जाता है। आत्मविश्वास के अभाव के कारण ही छात्र अपने कथन में ओजस्विता नहीं ला पाते हैं।
- अनेक अवसरों पर छात्रों द्वारा अपने वाचन में शब्दों का अशुद्ध उच्चारण किया जाता है जिससे कि वाचन में अर्थ का अनर्थ उत्पन्न होता है तथा वाचन की सार्थकता एवं प्रभावशीलता समाप्त हो जाती है।
- अनेक अवसरों पर छात्र अपने वाचन में दोषपूर्ण वाक्यों का प्रयोग करते हैं जिनमें कर्ता, क्रिया, कर्म एवं विशेषण को उचित स्थान नहीं मिलता है। इससे भी बोलना कौशल दोषपूर्ण हो जाता है।
- बोलना कौशल में सारगर्भित एवं स्पष्ट भाषा का प्रयोग न होने से भी वाचन दोषपूर्ण हो जाता है। दूसरे शब्दों में जिस वाचन में मानक भाषा का प्रयोग नहीं होता है वह भाषा दोषपूर्ण मानी जाती है तथा वह वाचन भी दोषपूर्ण होता है।
- वाचन में प्रकरण एवं विधा की आवश्यकता के अनुसार भाव एवं लय का अभाव भी वाचन को दोषपूर्ण बना देता है तथा वाचन प्रभावहीन हो जाता है।

- बोलना कौशल का विकास रुचि एवं अभ्यास से संबंधित होता है। यदि शिक्षक द्वारा छात्रों को बोलने का अवसर प्रदान नहीं किया जाता है, तो बोलना कौशल का विकास पूर्ण रूप से नहीं हो पाता है।

बोलना कौशल के विकास के उपाय एवं समस्याओं का समाधान—बोलना कौशल के विकास में भाषा शिक्षक एवं विद्यालयी व्यवस्था की महत्त्वपूर्ण भूमिका होती है। बोलना कौशल के विकास के प्रमुख उपायों को निम्नलिखित रूप में स्पष्ट किया जा सकता है—

- शिक्षक को बोलना कौशल के विकास हेतु बालक में आत्मविश्वास की भावना विकसित करनी चाहिए तथा उसके संकोच को समाप्त करना चाहिए।
- छात्रों को शिक्षक द्वारा उनके वाचन को सकारात्मक रूप से स्वीकार करना चाहिए तथा उनकी त्रुटियों को दूर करने में आत्मीय व्यवहार का सहारा लेना चाहिए।
- शिक्षक द्वारा छात्रों को वाचन संबंधी प्रतियोगिताओं में भाग लेने के लिए प्रेरित करना चाहिए तथा समय-समय पर उनको पृष्ठपोषण प्रदान करना चाहिए।
- छात्रों के अशुद्ध उच्चारण पर शिक्षक को विशेष रूप से ध्यान देना चाहिए तथा कठिन शब्दों का संधि विच्छेद करते हुए शुद्ध उच्चारण की व्यवस्था करनी चाहिए।
- बोलना कौशल के विकास के लिए छात्रों को सारगर्भित एवं छोटे-छोटे वाक्य बोलने में प्रवीण बनाना चाहिए जिससे कि वे प्रभावी रूप में तथ्यों का प्रस्तुतीकरण कर सकें। इससे छात्रों में प्रभावी प्रस्तुतीकरण का ढंग विकसित होता है।
- बोलना कौशल के विकास हेतु छात्रों को दोषपूर्ण भाषा के प्रयोग से रोकना चाहिए, क्योंकि दोषपूर्ण भाषा बोलना कौशल की प्रभावोत्पादकता को समाप्त कर देती है।
- विद्यालय में समय-समय पर वाद-विवाद संगोष्ठी, कहानी कथन एवं कविता पाठ जैसी प्रतियोगिताओं का आयोजन करना चाहिए जिससे कि छात्रों को बोलने का अधिक-से-अधिक अवसर प्राप्त हो सके।
- बोलना कौशल के विकास हेतु छात्रों को मानक भाषा का प्रयोग करने की सलाह देनी चाहिए, क्योंकि मानक भाषा में प्रस्तुत विचार प्रभाव उत्पन्न करने वाले होते हैं तथा दूसरों को प्रभावित करते हैं।
- छात्रों को बोलना कौशल के विकास हेतु अभ्यास के अधिक-से-अधिक अवसर प्रदान करने चाहिए, क्योंकि छात्रों को जितने अधिक बोलने के अवसर प्राप्त होंगे उतना ही अधिक बोलना कौशल का विकास होगा।
- छात्रों में उचित धारा प्रवाह एवं सार्थक शब्दों के प्रयोग को व्यावहारिक बनाने में शिक्षक को सहायता प्रदान करनी चाहिए जिससे बोलना कौशल का विकास हो सके।

उपर्युक्त विवेचन से यह स्पष्ट होता है कि भाषा में बोलना कौशल भाषा शिक्षण का प्रमुख आधार है। शिक्षक द्वारा प्रयास करने पर तथा विद्यालयी वातावरण को बोलना कौशल

के अनुरूप बनाकर छात्रों में बोलना कौशल का विकास किया जाता है। इसके लिए बोलना कौशल के विकास के मार्ग की बाधाओं को दूर करना आवश्यक है।

प्रश्न 11. निम्नलिखित पर संक्षिप्त टिप्पणी लिखिए–
(i) अधिगम के लिए बोलना तथा बोलने के लिए अधिगम करना

उत्तर– कक्षाकक्ष में अध्यापक द्वारा प्रयोग किए गए मौखिक अभ्यास, स्पष्ट विचार सृजन में विद्यार्थियों की सहायता करके, विभिन्न विषय-क्षेत्रों की सूचनाओं को धारण करने तथा समझने में उनकी सहायता करते हैं। विद्यार्थी अपने विचारों को प्रस्तुत करते हैं तथा अपने साथियों के विचारों के विपरीत अपने विचारों का परीक्षण करते हुए, वे क्या जानते हैं और क्या नहीं जानते हैं, के लिए स्वयं का मूल्यांकन करते हैं। इस प्रक्रिया में विद्यार्थियों को संगठन-क्षमता, विश्लेषण, तर्क एवं समालोचनात्मक विचार के कौशलों का विकास एवं प्रदर्शन करने का अवसर प्राप्त होता है। मौखिक अभ्यासों एवं विभिन्न प्रकार के प्रदत्त कार्यों (assignments) द्वारा विद्यार्थियों में भिन्न-भिन्न विषयों के लिए गहरी समझ की क्षमता विकसित होती है।

अधिगम के लिए बोलना शिक्षण का एक महत्त्वपूर्ण लक्ष्य होता है, किंतु बोलने के लिए अधिगम करना भी शिक्षण का उतना ही महत्त्वपूर्ण उद्देश्य होता है। विचारों की अभिव्यक्ति, तर्क-वितर्क करना, व्याख्या करना तथा सूचनाओं का आदान-प्रदान यह सब बोलकर ही होता है। ठीक प्रकार से बोलने में सक्षम होना एक ऐसा कौशल है जिसके होने से विद्यार्थी अपने जीवन के सभी क्षेत्रों, जैसे कि व्यक्तिगत जीवन, कार्यक्षेत्रों एवं सामाजिक अंत:क्रियाओं में पूर्ण क्षमता के साथ कार्य कर सकते हैं।

विषय विशिष्ट उद्देश्यों की पूर्ति हेतु, एक शिक्षक के लिए उपर्युक्त दोनों प्रकार की गतिविधियों को शामिल करना जरूरी है।

(ii) मौखिक भाषा, पठन एवं लेखन के बीच संबंध

उत्तर– पठन एवं लेखन का निर्माण मौखिक भाषा की नींव पर होता है। बच्चा ध्वनियों की व्यवस्था तथा उनके प्रयोग का विकास स्कूल से पूर्व के वर्षों में सीखता है तथा शिक्षण के साथ यह कार्यात्मक ज्ञान, बोले गए शब्दों की ध्वन्यात्मक (phonemic) रचना के प्रति सजग जागरूकता के रूप में दिखाई पड़ता है, जो कि पढ़ना सीखने के लिए आवश्यक है। इस अर्थ में लिखित शब्दों को पहचानने या उनका उच्चारण सीखने के लिए मौखिक भाषा नींव का काम करती है।

मौखिक भाषा का संबंध समझकर पढ़ने (समझने के लिए पढ़ने) से होता है, क्योंकि मौखिक भाषा एवं समझ-बूझकर पढ़ने में कई घटक सामान्य होते हैं। मौखिक एवं लिखित वाक्य रचना में शब्दों का क्रम एक जैसा ही होता है। सुने तथा पढ़े जाने वाले शब्दों का अर्थ समान ही होता है – पेड़ तथा पक्षी शब्द पढ़े जाएँ या सुने जाएँ, उनका मतलब एक ही होगा, यद्यपि अलग-अलग व्यक्तियों के लिए उनके अर्थ अलग-अलग हो सकते हैं। अधिगमकर्त्ता जो पूर्वज्ञान लेकर कक्षा में प्रवेश करता है, उसका मौखिक भाषा को समझने में तथा प्रयोग करने में एवं समझ-बूझकर पढ़ने में बहुत बड़ा योगदान होता है।

प्रश्न 12. अधिगमकर्त्ता स्वयं को अभिव्यक्त करने में सक्षम है, यह सुनिश्चित करने के लिए एक अध्यापक को क्या करना चाहिए? इस संबंध में कुछ गतिविधियों को स्पष्ट कीजिए।

अथवा

एक वृत्तांत को प्रस्तुत करने हेतु आवश्यक महत्त्वपूर्ण अभिव्यक्ति कौशलों को सूचीबद्ध कीजिए। किसी विषय से एक उदाहरण दीजिए।

[दिसम्बर-2017, प्रश्न सं.-3 (d)]

उत्तर– अधिगमकर्त्ता स्वयं को अभिव्यक्त करने में सक्षम बन सके, इसे सुनिश्चित करने के लिए एक अध्यापक द्वारा कक्षा में निम्नलिखित गतिविधियाँ की जा सकती हैं–

(1) पाठ्य का चयन करना–अधिगमकर्त्ताओं को पाठ्य के साथ संलग्न रखने के लिए अच्छे शिक्षक हमेशा नई रणनीतियाँ विकसित करने का प्रयास करते रहते हैं, ताकि पाठ्यपुस्तकों एवं अधिगमकर्त्ताओं के बीच अधिक से अधिक जुड़ाव बना रहे। इसके लिए शिक्षक विभिन्न प्रकार के पाठ्यों, जैसे–तस्वीर वाली पुस्तकों, कविता, गैर-कथा वाले पाठ्यों, पत्रिकाओं/अखबारों से लिए गए अनुच्छेद, विज्ञापनों, ग्राफिक उपन्यासों, फोटो के रूप में दिए गए निबंधों, फिल्म की कोई क्लिप, जाइन (एक विशेष प्रकार की गैर-वाणिज्यिक पत्रिका), ब्लॉग आदि का प्रयोग करते हैं। पाठ्य का चयन इस मानदंड के आधार पर किया जाना चाहिए कि वह पर्याप्त रूप से चर्चा अथवा बातचीत का उद्दीपन कर सके। पाठ्य इतना चुनौतीपूर्ण होना चाहिए कि छात्रों को उसका अर्थ समझने में काफी संघर्ष करना पड़े एवं उसमें प्रस्तुत अवधारणा को समझने में काफी प्रयास करना पड़े। पाठ्य ऐसा होना चाहिए, जिसकी विभिन्न प्रकार से व्याख्या की जा सके एवं जिसके बारे में विभिन्न प्रकार के विचार प्रस्तुत किए जा सकें। ऐसी पुस्तकों, जिनमें विस्तृत विवरण हों एवं रुचिकर बाते हों, का चयन श्रेयस्कर होता है। फिर भी, दिए गए पाठ्य की संरचना को और अधिक स्पष्ट बनाने में मदद के लिए एवं/या स्वतंत्र रूप से प्रयोग करने के लिए दृश्यात्मक पाठ्य, जैसे–कोई वास्तविक दृश्य, वीडियो, सारणी या चित्रादि का भी चयन किया जा सकता है। अभिव्यक्ति कौशलों के विकास में, क्रमानुगतता, पूर्वानुमान, सूचना स्थानांतरण एवं अन्य शामिल हो सकते हैं तथा इस प्रकार की वाचन एवं पठन गतिविधियों से लेखन कार्यों में भी मदद मिलती है।

(2) "सूचना-रिक्ति" कार्य–"सूचना-रिक्ति" कार्य, भाषा-शिक्षण की वह तकनीक है, जिसमें छात्रों को अधूरी सूचना दी जाती है एवं उनसे अपनी कक्षा के किसी साथी के साथ संप्रेषण करते हुए उस सूचना को पूरी करने के लिए कहा जाता है। यह एक प्रकार का कार्य (task) होता है, जिसे छात्रों को पूरा करना होता है। इसमें छात्र दी गई समस्या का समाधान ढूँढ़ते हैं अथवा अपने विचार एवं अवधारणाओं को अपने साथियों के साथ साझा करते हैं। इससे छात्र स्पष्ट रूप से अपनी बात को कह सकते हैं एवं अपने आप को अभिव्यक्त करने में सहजता का अनुभव करते हैं। यहाँ शिक्षण का प्रमुख उद्देश्य छात्रों के बोलचाल के कौशल को बढ़ाना होता है, अतः शिक्षक का प्रयास होता है कि छात्र स्वयं से अपने विचारों को अभिव्यक्त करें न कि सामान्य रूप से किसी अनुच्छेद को पढ़ दें। इस विधि में शिक्षक छात्रों को कुछ शैक्षणिक कार्य दे सकते हैं, जैसे–दिए गए बिंदुओं पर अपने विचार साझा करना, किसी विषय पर अपने दृष्टिकोण के समर्थन में तर्क प्रस्तुत करना, किसी चीज का वर्णन करना आदि।

"सूचना-रिक्ति" कार्य का प्रमुख उद्देश्य छात्रों के बोलचाल की प्रवाहिता एवं उनके आत्मविश्वास को बढ़ाना होता है। इस रणनीति के द्वारा छात्र विषय-विशिष्ट भाषा का प्रयोग करना सीखते हैं, अतः इससे अभिव्यक्ति कौशलों के साथ-साथ छात्रों के शैक्षिक कौशलों का विकास भी होता है।

(3) चर्चा–आरंभ में, 'कार्य को अपने हाथ में लेना' (hands-on) उपागम को अपनाते हुए शिक्षक, किसी पाठ्य में प्रस्तुत अवधारणा पर विचार करने, अपने स्वयं के विचारों एवं रायों को साझा करने एवं उन पर बने रहने तथा दूसरे के विचारों एवं रायों को मानने अथवा उस पर सवाल उठाने में छात्रों को सक्षम बनाने के लिए उचित चर्चा-कौशलों का सहारा ले सकते हैं। कक्षाकक्ष में छात्रों के अधिगम में शिक्षक वार्ता एवं प्रश्नोत्तरी आदि भी महत्त्वपूर्ण भूमिका निभाते हैं।

शिक्षक पूर्व के ज्ञान को नए ज्ञान के साथ जोड़ सकते हैं एवं ज्यादा धीरे बोलते हुए, प्रमुख शब्दों एवं वाक्यांशों पर जोर देते हुए, सामान्य शब्दावली अथवा व्याकरण का प्रयोग करते हुए, बात को दोहराते हुए, किसी कथन को पुनः बोलकर, समानार्थी एवं विपरीत अर्थ वाले शब्दों को समझाते हुए, उदाहरण की मदद से समझाते हुए एवं शारीरिक भाषा आदि का प्रयोग करते हुए छात्रों को 'स्कैफोल्डिंग' प्रदान कर सकते हैं।

चूँकि छात्र विषय-विशिष्ट क्षेत्रों में शब्दावली एवं व्याकरण के प्रारूपों को लेकर समस्याओं का सामना करते हैं, अतः भाषा-विषयवस्तु संबंधों पर विस्तारपूर्वक चर्चा भी आवश्यक है। शिक्षक को यह भी निश्चित करना चाहिए कि अवधारणा या विषय-वस्तु का मूल भाव बदले बिना भाषा को किस प्रकार अधिक से अधिक सरल बनाया जा सकता है।

शिष्टता से जाँच–कई शिक्षक अपने एवं छात्रों के बीच अंतःक्रिया करते हुए बातचीत का एक सामान्य तरीका (शिष्टता से जाँच का तरीका) अपनाते हैं, जिसकी नींव प्रश्न एवं उत्तरों की श्रृंखला पर रखी जाती है। इसके अंतर्गत शिक्षक किसी शीर्षक पर चर्चा करता है एवं उससे संबंधित प्रश्न पूछता है और एक या अधिक छात्रों से उसका उत्तर देने के लिए कहता है और उसका मूल्यांकन करता है अथवा उस पर अपनी प्रतिक्रियात्मक पुष्टि देता है (जैसे–"हाँ"; अच्छा विचार है; "क्या तुम हर्ष से सहमत हो?") एवं उसके बाद अपने विचार रखता है, व्याख्या करता है व अपनी राय देता है। चूँकि बातचीत के इस प्रारूप में शिक्षक, एक बच्चे से दूसरे बच्चे की तरफ रुख करता चलता है एवं अपना प्रश्न भी परिवर्तित करता रहता है, अतः इस विधि में शिक्षक एवं छात्रों के बीच निरंतर परिवर्तन होते रहते हैं। अध्यापक चर्चा का प्रमुख इंचार्ज होता है एवं वही निर्धारित करता है कि दिए गए विषय पर कौन बोलेगा एवं क्या बोलेगा एवं कौन-सा समूह क्या समझाएगा। इस प्रारूप में शिक्षक को यह अधिकार भी प्राप्त होता है कि वह थोड़ा अर्थ स्वयं बताने एवं थोड़ा कार्य छात्रों के द्वारा स्वयं किए जाने के लिए छोड़ दे।

विस्तृत बातचीत–छात्रों में पाठ्य की उच्च स्तर की समझ विकसित करने के लिए एवं पठन व लेखन के प्रति उनका रवैया सुधारने के लिए शिक्षक "विस्तृत-चर्चा" नाम की एक अलग तकनीक का प्रयोग कर सकता है। विस्तृत-चर्चा का तात्पर्य है, पाठ्य के विषय में प्रामाणिक एवं जीवंत चर्चा करना। शिक्षक बड़ा प्रश्न पूछते हुए या कोई व्याख्यात्मक संकेत देते हुए शिक्षक-चर्चा आरंभ करता है। चर्चा आरंभ होने पर शिक्षक, छात्रों ने जो कुछ भी कहा

है, उसकी प्रतिक्रिया स्वरूप ही कुछ प्रश्न पूछता है। छात्र, अपनी-अपनी बारी पर बोलते हुए वाचन में व्यस्त हो जाते हैं, धीरे-धीरे स्वत: ही विषय-वस्तु को आकार मिलता जाता है एवं चर्चा को दिशा मिलती जाती है। कौन, कब एवं कितनी देर तक बोलेगा, इस बारे में स्वत: ही निर्णय हो जाता है। आवश्यकता पड़ने पर शिक्षक भी चर्चा में भाग लेता है एवं बातचीत को सुगम बनाता है। अंत में शिक्षक, संक्षिप्तीकरण करते हुए, निष्कर्ष निकालते हुए, आगे की बातचीत के लिए उद्देश्य निर्धारित करते हुए या ऐसा करने में छात्रों की मदद करते हुए बातचीत का निष्कर्ष निकालते हैं।

संरचित तर्क एवं वाद-विवाद—चर्चा, भूमिका निभाने वाले कार्यों से लेकर औपचारिक वाद-विवाद तक सभी विभिन्न प्रकार के वाद-विवादात्मक अभ्यासों के उदाहरण हैं। शिक्षक किसी भी विषय में तथ्यों, मूल्यों, परिभाषाओं, नीतियों, व्याख्याओं एवं सिद्धांतों आदि में से किसी पर भी वाद-विवाद का संचालन कर सकते हैं।

सही ठहराना—कक्षा में चर्चा के माध्यम से छात्रों को अपने साथियों के बड़े समूहों में अपने विचारों एवं अवधारणाओं को जाँचने का मौका मिलता है। एक शिक्षक के लिए कक्षा में हार्दिक एवं खुशनुमा वातावरण सुनिश्चित करना आवश्यक है, ताकि सभी छात्र सहजता एवं आत्मविश्वास के साथ भागीदारी कर सकें। इसके अतिरिक्त कक्षा में किसी भी मुद्दे पर यथासंभव अधिकाधिक दृष्टिकोण अथवा अवधारणाएँ प्रस्तुत करना भी महत्त्वपूर्ण है, ताकि चर्चा के दौरान छात्र उस विषय के संबंध में अपना कोई एक दृष्टिकोण निर्धारित कर सकें।

कुछ अन्य गतिविधियाँ

वृत्तांत कौशलों का अभ्यास करना: साहित्य में कहानी वाचन से लेकर ऐतिहासिक घटनाओं तक

एक महत्त्वपूर्ण शैक्षिक गतिविधि जिसे छात्र नियमित रूप से कक्षा में करते हैं, वह है किसी पाठ से लिए गए अनुच्छेद को अपने शब्दों में दोहराना अथवा पाठ्यपुस्तक में वर्णित किसी घटना को अपने किसी अनुभव के साथ जोड़ना। शिक्षक छात्रों से अपेक्षा करते हैं कि वे पाठ के थोड़े अंश का वर्णन करने में सक्षम हो जाएँ ताकि उन्हें पता चल सके कि छात्रों ने कितना सीखा है। किसी कहानी या घटना को दुबारा से कहने की योग्यता, वृत्तांत सुनाने अर्थात् कालक्रमानुसार एवं रुचिपूर्ण ढंग से किसी विषय पर तार्किक ढंग से बात करने की योग्यता का ही एक भाग होती है।

इस गतिविधि से, किसी वृत्तांत को रुचिकर ढंग से प्रस्तुत करने के लिए आवश्यक कौशलों से छात्रों को परिचित करवाने में शिक्षकों को निश्चित रूप से मदद मिलती है। इन कौशलों में शब्दों एवं विचारों को पुन: व्यवस्थित करने एवं उन्हें कालक्रमानुसार प्रस्तुत करने की योग्यता भी शामिल है। इस गतिविधि से छात्रों के द्वारा शैक्षिक उद्देश्यों से बोली जाने वाली भाषा में भी सुधार होता है, जिसके परिणामस्वरूप उनकी अनुच्छेद को पढ़ने एवं समझने की योग्यता में भी सुधार होता है।

छात्रों को जोड़े में रखते हुए चर्चा में निम्न बातें शामिल की जानी चाहिए—

- सूचना कालक्रमानुसार प्रस्तुत करनी चाहिए।
- सूचना स्पष्ट रूप से प्रस्तुत करनी चाहिए।

- प्रवचन मार्कर (जैसे—लेकिन (but), भी (also), यहाँ तक कि (even), फिर भी (however) आदि) का प्रयोग करना चाहिए ताकि श्रोता आसानी से अनुच्छेद को समझ सकें।
- कहानी दुबारा से कहने एवं इस पर टिप्पणी करने के लिए उचित शब्दावली का प्रयोग करना चाहिए।
- सूचना सघन होनी चाहिए ताकि वृत्तांत में केवल महत्त्वपूर्ण बातें ही सुनाई जा सकें।
- शुरुआत, मध्य एवं अंत बिल्कुल स्पष्ट होने चाहिए।
- पाठ्य में शब्दों को पुनर्व्यवस्थित करना चाहिए अर्थात् लेखक के शब्दों का बिल्कुल वैसे की वैसे ही दोहराव न हो।

एक बार छात्र जब इन सारी विशेषताओं से परिचित हो जाएँ, तब उन्हें जोड़ों में बाँट देना चाहिए तथा उन्हें दूसरा अनुच्छेद देना चाहिए। प्रत्येक जोड़े का अपना अलग वृत्तांत तैयार करना चाहिए। यह तरीका इतिहास की कक्षा में अत्यधिक लाभदायक सिद्ध हो सकता है।

यदि आप हर कार्य पूरी लगन से करते हैं तो आपको कभी पछताना नहीं पड़ेगा।

7 पठन समझ
Reading Comprehension

भूमिका

शिक्षा के क्षेत्र में पढ़ना एक ऐसी प्रक्रिया है, जिसके बिना शिक्षा का उद्देश्य पूरा होने की कल्पना भी नहीं की जा सकती, लेकिन पढ़ने का तात्पर्य शब्दों का उच्चारण मात्र नहीं होता है। पढ़ने के वास्तविक उद्देश्य की पूर्ति तो तभी संभव हो सकती है, जबकि अधिगमकर्त्ता को उसका अर्थ समझ में आए। मात्र सस्वर उच्चारण को ही पढ़ना नहीं माना जा सकता है। कभी-कभी जब गणित या विज्ञान के अध्यापकों से पढ़ना सिखाने की बात की जाती है, तो उनका जवाब बड़ा अटपटा-सा होता है कि हम कोई भाषा के अध्यापक थोड़े ही हैं जो अधिगमकर्त्ताओं को पढ़ना सिखाएँगे। वास्तविकता यह है कि विद्यार्थियों को सभी विषयों के बारे में जानकारी पढ़ने से ही प्राप्त होती है। गणित, विज्ञान, सामाजिक अध्ययन एवं शोध-अध्ययन, इन सभी में अधिगम के लिए संपूर्ण पाठ्यक्रम का पढ़ना आवश्यक है। अत: सभी अध्यापकों को इस बात का ध्यान रखना होगा कि पढ़ने एवं शैक्षणिक उद्देश्यों को प्राप्त करने के बीच गहरा संबंध है।

प्रश्न 1. पठन की प्रक्रिया समझाइए।

अथवा

पठन की प्रक्रिया को कितने भागों में विभाजित कर सकते हैं? चर्चा कीजिए।

अथवा

पठन प्रक्रिया के अंतर्गत पठन मुद्रा की चर्चा कीजिए।

उत्तर— पठन एक सोद्देश्य सार्थक तथा चिंतन प्रधान क्रिया है। पाठक लिखी या छपी हुई शब्दावली का उच्चारण करने के साथ-साथ, अर्थ ग्रहण करता है तथा उसका मूल्यांकन भी करता है। पठन प्रक्रिया के अंतर्गत पाठक की दृष्टि जैसे-जैसे शब्दों और वाक्यों पर घूमती है, वह उनका अभिधेयार्थ (प्रत्याभिज्ञान) समझता हुआ उनमें निहित अर्थ (लक्ष्यार्थ एवं व्यंग्यार्थ) को ग्रहण करता जाता है। वह लेखक के विचार, भाव तथा मंतव्य को समझ कर उनका मूल्यांकन भी करता है।

पठन की प्रक्रिया को दो भागों में विभाजित कर सकते हैं—

(1) पठन मुद्रा (Reading posture)— इसके अंतर्गत विद्यार्थियों को विषयवस्तु पढ़ाने से पूर्व उन्हें इसके लिए मानसिक तथा शारीरिक रूप से पढ़ने के लिए तैयार करना होता है। विद्यार्थियों में आत्मविश्वास उत्पन्न करना तथा विद्यार्थियों के प्रति सहानुभूतिपूर्ण व्यवहार करना, उन्हें पढ़ने के लिए उत्साहित करता है। इसके लिए बच्चों को विभिन्न प्रकार के खेल, अभिनय, गीत, कहानियाँ सुनाकर पठन हेतु तैयार करना चाहिए। बच्चों को भाषा ज्ञान के संप्रत्यय तथा गति नियंत्रण के लिए भी उचित निर्देश दिए जाने चाहिए। इसके अंतर्गत निम्न बिंदुओं का ध्यान रखना चाहिए—

(क) पुस्तक पर अधिक झुककर न पढ़ने हेतु प्रेरित करना।
(ख) पुस्तक तथा आँखों के बीच उचित दूरी का ज्ञान कराना।
(ग) उचित मुद्रा में बैठकर अथवा खड़े होकर पढ़ना सिखाना।
(घ) पुस्तक को हाथ में पकड़ना सिखाना।
(ङ) भावानुसार पढ़ने का अभ्यास कराना।
(च) पढ़ते समय अंगों का संचालन उचित हो, जैसे—बच्चा आँखों को मचलाकर न पढ़े और सिर को हिला-हिला कर न पढ़े।

(2) पठन शैली (Reading style)— अक्षर एवं शब्दोच्चारण, सस्वरता, बल, विराम, लय, यति-गति प्रवाह आदि पठन शैली के अंतर्गत आते हैं। इसके अंतर्गत निम्न चरण शामिल किए जाते हैं—

(क) **प्रत्याभिज्ञान (Identification)—** साधारण अर्थ में प्रत्याभिज्ञान का तात्पर्य पहचानने से होता है। प्रत्याभिज्ञान एक ऐसी मानसिक प्रक्रिया है जिसके माध्यम से व्यक्ति परिचित विषय या पाठ, उद्दीपकों आदि को अपरिचित विषय या पाठ, उद्दीपकों आदि से अलग करता है। लेखक के विचारों को पढ़कर समझना तथा उसका पूर्वगत सामग्री के साथ संबंध स्थापित करना भी प्रत्याभिज्ञान होता है। वर्णों से बने हुए शब्दों तथा शब्दों से बने हुए वाक्यों को अलग-अलग न देखते हुए उस लेख को संपूर्ण रूप से देखना ही प्रत्याभिज्ञान कहलाता है। यह पठन का प्रथम चरण है जो पठन प्रक्रिया में अत्यंत महत्त्वपूर्ण है।

(ख) अर्थ ग्रहण (Understanding of meaning)—पढ़ने की क्षमता के बाद आने वाला "अर्थ ग्रहण" पठन प्रक्रिया का द्वितीय चरण है। पढ़ने का अर्थ केवल सार्थक ध्वनि के प्रतीक लिपि चिह्नों को पहचानना मात्र नहीं है अपितु पूर्वश्रुत सार्थक ध्वनियों के प्रतीक चिह्नों को पढ़कर उनका संदर्भानुसार अर्थ ग्रहण करना है। पठन एक सोद्देश्य प्रक्रिया है। जैसे-जैसे पाठक शब्दों को पढ़ता है, वैसे-वैसे उन शब्दों के निहित अर्थों को ग्रहण करता है, अर्थ ग्रहण के अंतर्गत शब्दों तथा वाक्यों के अर्थों को समझना, विचारों को क्रमबद्ध रूप से ग्रहण करना, पठन सामग्री के केंद्रीय भाव को समझना तथा विश्लेषण करना एवं सामान्यीकरण करना निहित है।

(ग) मूल्यांकन (Evaluation)—लेखक अपने विचारों को अपने दृष्टिकोण के माध्यम से पाठक तक पहुँचाने का प्रयास करता है, पाठक उन विचारों का मूल्यांकन कर यह जानने का प्रयास करता है कि उसके अनुसार या समाज की परिस्थितियों के अनुरूप लेखक के विचारों का क्या औचित्य है। मूल्यांकन करने के उपरांत पाठक अपने विचारों की सार्थकता को सिद्ध कर प्रतिक्रिया कर सकता है। सृजनात्मक पठन तभी संभव है यदि पाठक पठित सामग्री के प्रति भावात्मक तथा मानसिक प्रतिक्रिया करें।

(घ) अनुप्रयोग (Application)—अनुप्रयोग का अर्थ पठित सामग्री से ग्रहण किए गए विचारों तथा मूल्यों का अपने जीवन में प्रयोग करना है अर्थात् लेखक के जिन भावों को तथा विचारों को हम सहमति प्रदान करते हैं, उन्हें हम अपने जीवन में आत्मसात् करें तथा जीवन के मूल्यों में सम्मिलित करें। पठन तभी सार्थक होता है यदि वह हमारे व्यवहार में परिवर्तन लाता है।

प्रश्न 2. पठन का महत्त्व समझाइए।

उत्तर— पठन कौशल (Reading skill) भाषायी शिक्षण व्यवस्था का प्रमुख कौशल है। पठन के अभाव में छात्रों में अनेक प्रकार की भाषायी दक्षताओं को विकसित नहीं किया जा सकता है। पठन प्रायः दो प्रकार से संपन्न होता है—मौन पठन एवं सस्वर पठन। भाषा शिक्षण में छात्रों को दोनों प्रकार की पठन संबंधी योग्यताओं से परिचित कराया जाता है।

पठन के महत्त्व को निम्नलिखित रूप में स्पष्ट कर सकते हैं–

- पठन के माध्यम से छात्रों को विषयवस्तु के लिखित रूप को व्यापकता से समझने के लिए प्रेरित किया जाता है जिससे वे उसके मूल भाव को समझ सकें।
- पठन के माध्यम से छात्रों में तर्क एवं चिंतन का विकास संभव होता है, क्योंकि पठन के बाद छात्र विषयवस्तु के प्रमुख तथ्यों पर तार्किक रूप से विचार करता है।
- अवकाश के समय का सर्वोत्तम सदुपयोग पठन के माध्यम से होता है, क्योंकि इस समय में छात्र विभिन्न प्रकार की पत्र-पत्रिकाओं को पढ़कर साहित्यिक आनंद का अनुभव करता है।
- पठन के दोनों प्रकार छात्रों के लिए लाभदायक होते हैं। सस्वर पठन में उच्चारण संबंधी दोष दूर होता है तथा मौन पठन में थकान का कम अनुभव होता है।

- पठन के माध्यम से छात्रों में स्वाध्याय (self-study) की प्रवृत्ति को विकसित किया जाता है, जो कि छात्रों के शैक्षिक विकास के लिए आवश्यक होती है।
- मौन पठन में सस्वर पठन की अपेक्षा कम समय लगता है, इसलिए समय की उपलब्धता के आधार पर मौन पठन एवं सस्वर पठन का प्रयोग किया जा सकता है।
- पठन के माध्यम से छात्रों की कल्पना शक्ति का विकास संभव होता है, क्योंकि कल्पना शक्ति शांत चित्त एवं शांत मस्तिष्क में जागृत होती है।

प्रश्न 3. पठन कौशल के उद्देश्यों को बताइए।

उत्तर— पठन का व्यक्ति के जीवन के प्रत्येक क्षेत्र पर प्रभाव पड़ता है। पठन का प्रमुख उद्देश्य प्रस्तुत विषयवस्तु को व्यापक रूप से समझना होता है जिससे कि जो भी भाषायी प्रकरण छात्र के समक्ष प्रस्तुत किया जा रहा है, वह उसके मूल भाव को समझ सके। पठन कौशल के निम्नलिखित उद्देश्य हैं—

- विद्यार्थियों को शब्द, ध्वनियों व उनकी सहायता का ज्ञान करवाना जिससे वे वाचन में शब्दों का उच्चारण शुद्ध रूप में कर सकें।
- विद्यार्थियों के स्तर में आरोह, अवरोह का ऐसा अभ्यास करवाना जिससे वे यथा अवसर भावों के अनुकूल स्वर में पढ़ पाएँ।
- पठन के माध्यम से शब्दों पर उचित बल दिया जाना चाहिए।
- विद्यार्थी पढ़कर पठित वस्तु का भाव समझे तथा दूसरों को भी समझाने में सक्षम हो।
- पठन के माध्यम से बच्चों को विरामादि चिह्नों का ज्ञान करवाना।
- पठित वस्तु का भाव ग्रहण करने की क्षमता विकसित करना।
- बच्चों के शब्द भंडार में वृद्धि करवाना।
- स्वाध्याय की प्रवृत्ति का विकास करना।
- वाचन के प्रति बच्चों की रुचि उत्पन्न करना तथा पठन में होने वाली त्रुटियों से अवगत कराकर उनके निवारण की जानकारी देना।
- विद्यार्थियों को अवगत करवाना कि प्रकरण एवं भाव के अनुरूप ही भाषा का प्रयोग किया जाए। श्रोताओं के अनुसार, समय तथा स्थल के अनुरूप ही वाचन किया जाना चाहिए।
- वाचन में मौलिकता तथा मधुरता का समावेश होना चाहिए। वाचन संबंधी उचित शिष्टाचार के नियमों के प्रयोग का पालन किया जाना चाहिए, जैसे—उचित मुद्रा में खड़े होना आदि।
- वाचन में कृत्रिमता (artificiality) नहीं होनी चाहिए, लिखित सामग्री को उचित भावों तथा विचारों की सार्थकता के साथ प्रस्तुत करना चाहिए।

प्रश्न 4. सुंदर पठन की क्या-क्या विशेषताएँ हैं?

उत्तर— सुंदर पठन में निम्नलिखित गुणों का होना आवश्यक है—

- मधुरता, प्रभावोत्पादकता तथा चमत्कारपूर्ण ढंग से आरोह-अवरोह के साथ वाचन होना चाहिए।
- प्रत्येक अक्षर को शुद्ध तथा स्पष्ट उच्चरित करना।
- प्रत्येक शब्द को अन्य शब्दों से अलग करके उचित बल तथा विराम के साथ पढ़ना।
- पठन में सुंदरता के साथ प्रवाह बनाए रखना।
- आवश्यकतानुसार उचित भाव-भंगिमाओं का होना तथा समान गति से पढ़ना।

उपर्युक्त ढंग का अनुसरण करने से अच्छे पठनकार आगे चलकर उच्च वार्ताकार, प्रभावशाली वक्ता, सफल अभिनेता हो जाते हैं। गद्य पाठ की आधी सफलता तथा कविता की पूरी सफलता अच्छे वाचन पर निर्भर होती है।

प्रश्न 5. पारंपरिक दृष्टिकोण व्यवहारवादिता तथा ज्ञानात्मक विज्ञानों के पठन की नई परिभाषा के मध्य अंतर स्पष्ट कीजिए।

उत्तर— पारंपरिक दृष्टिकोण व्यवहारवादिता तथा ज्ञानात्मक विज्ञानों के पठन की नई परिभाषा के मध्य अंतर को निम्न प्रकार से समझा जा सकता है—

शोध आधारित	पारंपरिक दृष्टिकोण व्यवहारवादिता	ज्ञानात्मक विज्ञानों के पठन की नई परिभाषा
पठन के लक्ष्य	पृथक् तथ्यों एवं कौशलों में विशेषज्ञता हासिल करना।	अर्थ निकालना एवं स्व-नियंत्रित अधिगम करना
प्रक्रिया के रूप में पठन	यांत्रिक रूप से शब्दों को डिकोड (संकेतबद्ध) करना; रटकर याद करना।	पाठक, पाठ्य तथा संदर्भ के बीच अंतर्क्रिया
अधिगमकर्त्ता की भूमिका	निष्क्रिय; बाह्य स्रोतों से ज्ञान प्राप्त करने वाला पात्र।	सक्रिय; रणनीतिक पाठक, रणनीति का प्रभावी उपयोगकर्त्ता, संज्ञानात्मक प्रशिक्षु

प्रश्न 6. पठन समझ से क्या तात्पर्य है? विस्तारपूर्वक चर्चा कीजिए।

अथवा

पठन समझ के शिक्षण में स्कीमा सिद्धांत के क्या निहितार्थ हैं?

[जून-2017, प्रश्न सं.-3 (ग)]

उत्तर— पठन समझ का तात्पर्य, निष्क्रिय रूप से सूचना की प्राप्ति से नहीं है; बल्कि यह एक सक्रिय रूप से जारी रहने वाली एक ऐसी गतिविधि है, जो कि पाठक को निरंतर व्याख्या के कार्य में संलग्न रखती है। पाठ्य का अर्थ केवल पाठ्य में नहीं छुपा होता है या केवल पाठ्य में इसकी व्याख्या नहीं की जाती है, बल्कि पाठ्य का अर्थ स्वयं पाठक को भी निकालना पड़ता है।

पठन समझ में, पाठक का पूर्व-ज्ञान, पाठ्य में दी गई सूचना एवं संदर्भ, इन तीनों के बीच की अंत:क्रिया शामिल होती है।

पाठक–पठन समझ में पाठक एवं उसके द्वारा पढ़े जाने वाले पाठ्य के बीच की अंत:क्रिया शामिल होती है, क्योंकि अच्छे पाठक वही होते हैं, जो अपने द्वारा पढ़े जाने वाले पाठ के साथ अंत:क्रिया करते हैं। वास्तव में पाठक, जो कुछ भी पढ़ते हैं एवं जो कुछ भी पहले से जानते हैं, उन दोनों के बीच संबंध स्थापित करते हुए, उसके अर्थ का निर्माण करते हैं। इन अर्थों का निर्माण करते समय वे उस विषय के संबंध में अपने पूर्व-ज्ञान एवं विश्वासों का अर्थात् अपने 'सांसारिक ज्ञान' का प्रयोग करते हैं, ताकि वे स्वयं को उस विषय से संबद्ध कर सकें।

'स्कीमा सिद्धांत' के बारे में हाल ही में किए गए शोधों से, पठन प्रक्रिया के बारे में हमारी समझ और गहरी हुई है। पठन में केवल शब्दों व वाक्यों के अर्थ को समझना ही शामिल नहीं है, बल्कि पठन से पाठक के पूर्व-ज्ञान का नई सूचना में रूपांतरण भी होता है। इस प्रकार, प्रत्येक पाठक अपने सांसारिक ज्ञान को कई वर्गों में एवं संबंधों के एक नेटवर्क (स्कीमा) के रूप में व्यवस्थित करता है, जो कि सूचना-प्राप्ति निकायों की तरह कार्य करते हैं। जैसे ही पाठ्य में कोई संबंधित प्रमुख शब्द या अवधारणा सामने आती है, वैसे ही यह स्कीमा सक्रिय हो जाता है। शोधकर्त्ताओं ने इस ओर इशारा किया है कि किसी विशिष्ट पाठ्य के संबंध में पाठक की समझ उस पाठ्य की विषय-वस्तु के बारे में पाठक के पूर्व-ज्ञान के साथ प्रत्यक्ष रूप से समानुपाती होती है। इससे पता चलता है कि पठन का कौशल विकसित करने में अधिगमकर्त्ता, विभिन्न प्रकार के पाठ्यों को उसके समक्ष रखने पर अवश्य लाभान्वित होगा और इससे उसका स्कीमा भी विस्तृत होगा एवं उसे अर्थ निकालने का अभ्यास भी होगा।

सामान्य संज्ञानात्मक विकास एवं उच्च स्तर के विचार कौशलों में, पढ़ने के उद्देश्य में और सामाजिक-सांस्कृतिक पृष्ठभूमि में सभी पाठक एक-दूसरे से अलग प्रकार के होते हैं। इन कारकों के आधार पर सभी पाठक, पाठ्य के साथ अलग-अलग प्रकार से बंधे रहते हैं एवं उसका मूल्यांकन करते हैं। उदाहरण के लिए स्थिति एवं पात्रों को समझने में एवं नैतिक निर्णयों को लेने में सभी पाठकों की समझ भिन्न-भिन्न होती है।

पाठ्य–पठन समझ में, पाठ्य के द्वारा पाठक को दी गई जानकारी भी एक प्रमुख अंत:क्रिया होती है। प्रत्येक लेख अपनी शैली, शब्दावली, भाषा, कठिनाई स्तर एवं विषय-वस्तु की दृष्टि से अद्वितीय होता है। लेखक का दृष्टिकोण भी किसी पाठ्य की एक प्रमुख विशेषता होती है एवं इसे लिखने का ढंग तथा इसकी स्पष्टता का भी अर्थ निर्माण पर प्रभाव पड़ता है। कई शोधकर्त्ता मानते हैं कि पाठ्य की ऊपरी विशेषताएँ, जैसे कि उसका फॉन्ट एवं उसकी लंबाई भी पठन समझ की प्रक्रिया को प्रभावित करती है। इसके अतिरिक्त पाठ्य में समय एवं स्थान भी निहित होते हैं, अत: इसका सामाजिक-सांस्कृतिक परिप्रेक्ष्य भी पठन समझ पर अपना प्रभाव डालता है।

सामाजिक-सांस्कृतिक परिप्रेक्ष्य–पठन समझ में, पाठक एवं पाठ्य के बीच की अंत:क्रिया के साथ-साथ उसमें किसी विशेष परिप्रेक्ष्य की अंत:क्रिया भी शामिल होती है। इस प्रकार पठन गतिविधि पर सामाजिक-सांस्कृतिक प्रभाव भी पर्याप्त होता है। पठन कार्य

के साथ जुड़ी गतिविधि की विशेष प्रकृति के आधार पर परिप्रेक्ष्यों का निर्माण भी हो जाता है, जैसे—पठन का उद्देश्य किसके द्वारा निर्धारित किया गया है, अध्यापक के द्वारा अथवा स्वयं पाठक के द्वारा। अनुसंधानों से पता चलता है कि ऐसे वातावरण जहाँ विभिन्न प्रकार के पाठ्यों का पठन अथवा लेखन करते हुए पाठक निष्कर्ष निकालने, पूर्वानुमान लगाने एवं संभावनाओं का पता लगाने के अवसर प्राप्त कर सकते हों, अधिगमकर्त्ताओं के पठन समझ कौशलों को विकसित करने में उनकी मदद करते हैं।

प्रश्न 7. 'अंतर्क्रियात्मक प्रक्रिया के रूप में पठन' पर संक्षिप्त टिप्पणी लिखिए।

उत्तर— इस संदर्भ में पठन की अंतर्क्रियात्मक प्रक्रिया की व्याख्या करने के लिए 'अवरोही' (top down) तथा 'आरोही' (bottom up) शब्दों का प्रयोग किया जाता है। 'अवरोही' प्रक्रिया व्यक्ति के पूर्व ज्ञान पर आधारित पूर्व कथनों (भविष्यवाणियों) के प्रयोग को संदर्भित करती है जबकि 'आरोही' प्रक्रिया डिकोडिंग (संकेतन) या वर्ण तथा शब्द पहचान के माध्यम से इनपुट प्रदान करने में पाठ्य की भूमिका को संदर्भित करती है। इस प्रकार अध्ययन एक अंतर्क्रियात्मक प्रक्रिया है; इसमें पाठक के पूर्व-ज्ञान एवं उसके द्वारा पाठ्य के चयन की समकालिक अंतर्क्रिया होती है; और अधिक तकनीकी भाषा में कहें तो पाठ्य के साथ संलग्न आरोही कोडिंग एवं अवरोही विश्लेषण के माध्यम से प्राप्त जानकारी के बीच होने वाली सतत् अंतर्क्रिया के द्वारा पाठ्य के अर्थ की पुनः रचना की जाती है। उभरकर सामने आने वाले अर्थ की पूरी तस्वीर की रचना करने के लिए पाठक सारांशन, व्यवस्थापन, स्पष्टीकरण, प्रश्न पूछना, संकल्पना, भविष्यवाणी तथा मूल्यांकन जैसी रणनीतियों का प्रयोग करता है। इस चर्चा से निम्न निष्कर्ष निकलता है—

जब हम अर्थ ज्ञात करने के लिए पढ़ते हैं, तो हमें प्रत्येक शब्द का प्रत्येक वर्ण पढ़ने की जरूरत नहीं होती है, और न ही प्रत्येक वाक्य का प्रत्येक शब्द पढ़ने की जरूरत होती है, क्योंकि जो कुछ लिखा होता है उसके अर्थ का अनुमान हमें पढ़ते ही लग जाता है, बशर्ते कि पाठ्य अर्थपूर्ण हो।

पठन एक सक्रिय प्रक्रिया है। जब हम पढ़ते हैं, तो हम पाठ्य के एक निष्क्रिय अध्ययनकर्त्ता मात्र नहीं होते हैं, बल्कि हम दुनिया के बारे में तथा भाषा के बारे में अपने ज्ञान की वृद्धि भी करते हैं, जिससे हमें यह अनुमान लगाने में सहायता मिलती है कि पाठ्य में आगे क्या कहा जाएगा।

प्रश्न 8. सक्रिय और निष्क्रिय (passive) पाठकों के मध्य अंतर बताइए।

उत्तर— सक्रिय एवं निष्क्रिय पाठकों के मध्य निम्न अंतर पाए जाते हैं—

एक सक्रिय पाठक (आत्म-नियंता, समायोजक एवं विचारक)	एक निष्क्रिय पाठक (बिना समझे मात्र जानकारी प्राप्त करना है)
पूर्व-अध्ययन: • पढ़ना शुरू करने से पहले पूर्ण-ज्ञान का स्मरण करता है।	**पूर्व-अध्ययन:** • विषय के बारे में विचार किए बिना ही पढ़ना शुरू कर देता है।

एक सक्रिय पाठक (आत्म-नियंता, समायोजक एवं विचारक)	**एक निष्क्रिय पाठक (बिना समझे मात्र जानकारी प्राप्त करना है)**
• अध्ययन के उद्देश्य को जानता है।	• अध्ययन के उद्देश्य का ज्ञान नहीं होता है।
• यह पूछता है कि अवतरण किसके बारे में है।	• अवतरण के बारे में कोई उत्सुकता नहीं होती है।
• चित्रों, शीर्षकों, उपशीर्षकों, मोटे अक्षरों में छपे हुए प्रेरक वाक्यों आदि का पूर्वावलोकन करता है।	• पाठ्य-सामग्री का पूर्वावलोकन नहीं करता है।
• पूर्वानुमान लगाता है।	• कोई पूर्वानुमान नहीं लगाता है।
• अवतरण (पाठ्य-सामग्री) को सुविधाजनक भागों में तोड़ लेता है।	• पढ़ने योग्य अवतरण (पाठ्य-सामग्री) की अधिकता से भारीपन सा महसूस करता है।
अध्ययन के दौरान	**अध्ययन के दौरान**
• पढ़ने के काम पर पूरा ध्यान देता है।	• आसानी से उसकी एकाग्रता भंग की जा सकती है।
• उद्देश्य को ध्यान में रखता है।	• उसे यही पता नहीं होता है कि वह क्यों पढ़ रहा है?
• अपनी समझ का आत्म-नियंता होता है। जब समझ में कम आता है तो पूर्व-निर्धारित रणनीति को रोक देता है।	• समझने पर कोई ध्यान नहीं होता है।
• समझने के लिए दोबारा पढ़ता है।	• सामग्री का दोबारा अध्ययन नहीं करता है।
• पाठ्य-सामग्री से जुड़ जाता है-अधिगम की तुलना अपने पूर्व-ज्ञान के साथ करता है। अध्ययन के बारे में उसके अपने विचार होते है।	• पढ़ी गई सामग्री के साथ संबंध स्थापित नहीं करता है या कर नहीं सकता है तथा उसके बारे में उसका कोई विचार नहीं होता है।
• यह पूछता है कि लेखक क्या कहने का प्रयास कर रहा है।	• लेखक के कथन की कोई परवाह नहीं करता है।
• पूर्वानुमान लगाना जारी रखता है।	• पूर्वानुमान नहीं लगाता है।
• स्वयं ही प्रश्न बनाता है तथा उनके उत्तर खोजता है।	• कोई प्रश्न नहीं पूछता है।

प्रश्न 9. पाठ्य-सामग्री के विभिन्न कार्यों का वर्णन कीजिए।

उत्तर— किसी भी पाठ्य (अवतरण) को समझने के लिए उसके कार्य के बारे में जानना महत्त्वपूर्ण है। विद्यार्थियों को इतना प्रशिक्षित होना चाहिए कि वे यह पता लगा सकें कि पाठ्य-सामग्री का उद्देश्य पाठक को आश्वस्त करना, जानकारी देना या किसी वस्तु के बारे में पूछना है। किसी पाठ्य के लेखन या वाचन के निम्न कारण या उद्देश्य हो सकते हैं—

- **राजी करना या सहमत करना—** किसी मुद्दे पर अपने दृष्टिकोण को स्वीकार करने के लिए तर्क-वितर्क का प्रयोग करके पाठक या श्रोता को प्रभावित करना।
- **जानकारी देना—** निर्देश देना, तुलना करना/विरोध प्रकट करना, कारण तथा प्रभाव को साझा करना, नई जानकारी देना।
- **मनोरंजन करना—** कथन, उपाख्यान, वर्णन या आनंदित करने के लिए हास्य तथा कल्पना के लिए अपील का प्रयोग करना।

किसी अवतरण में लेखक के उद्देश्य का पता लगाने के लिए आरेखों का प्रयोग करना

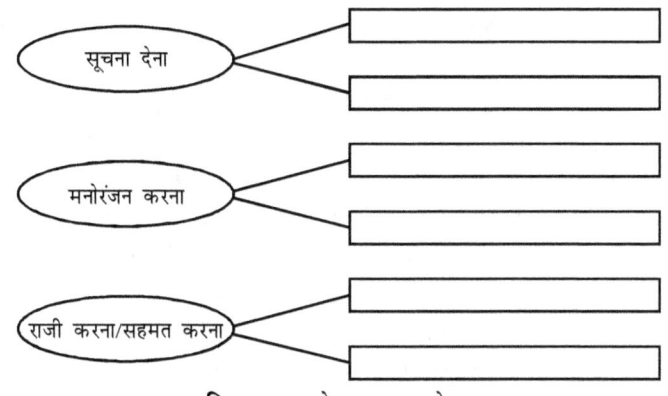

चित्र 7.1: लेखक का उद्देश्य

अवतरण को पढ़ने के लिए या लेखक इस जानकारी को क्यों साझा करना चाहता है या लेखक क्या अपेक्षा करता है या चाहता है, इस पर विचार करने के लिए अध्यापक विद्यार्थियों को आमंत्रित कर सकता है।

प्रश्न 10. पठन का क्या आधार होता है? बताइए।

उत्तर— पठन के मुख्य आधार निम्नलिखित हैं—

(1) **पठन मुद्रा—** पठन मुद्रा के अंतर्गत पुस्तक को हाथ से पकड़ना, उचित मुद्रा में बैठकर अथवा खड़े होकर पढ़ना, पढ़ते समय नेत्र तथा अन्य अंगों का संचालन करना आदि आते हैं।

(2) **पठन शैली—** पठन शैली के अंतर्गत अक्षर अभिव्यक्ति, शब्दोच्चारण, सस्वरता, बल, विराम, लय, यति-गति तथा प्रवाह आदि आते हैं।

गद्य पाठ के पठन और कविता पाठ के वाचन में बड़ा अंतर है। यद्यपि भाव के अनुसार स्वर का आरोह-अवरोह काव्य पाठ के लिए अपेक्षित है, किंतु कविता में छंद का भी ध्यान रखना पड़ता है, अतः कविता वाचन की दो शैलियाँ हैं—

(क) छंदानुगत शैली
(ख) भावात्मक पठन शैली

इनमें छंदानुगत शैली के अनुसार पठन करने में छंद की गति, यति और लय का ध्यान रखना चाहिए। परंतु कक्षा में कभी गाकर नहीं पढ़ना चाहिए, क्योंकि कविता पाठ और कविता गान में बड़ा अंतर है।

भावानुसार कविता वाचन में भी यद्यपि भावाभिव्यक्ति ही प्रधान होती है परंतु इसका अर्थ यह नहीं कि छंद की पूर्णतः उपेक्षा हो जानी चाहिए। यह सत्य है कि भावानुसार कविता वाचन में यति और लय का परित्याग हो जाता है, परंतु यथाप्रयत्न छंद का प्रवाह नष्ट नहीं होने देना चाहिए।

प्रश्न 11. 'गहनता से जाँच (Skimming) और निरीक्षण (Scanning) करना पठन की दो मुख्य प्रक्रिया हैं।' टिप्पणी कीजिए।

अथवा

सतही तौर पर पढ़ने (skimming) तथा क्रमवीक्षण (scanning) में क्या अंतर है?   [दिसम्बर-2017, प्रश्न सं.-3 (f)]

उत्तर– 'गहनता से जाँच' और 'निरीक्षण' करना पठन की दो मुख्य प्रक्रिया/तकनीक हैं। इन दोनों तकनीकों को विभिन्न स्रोतों से जानकारी जल्दी इकट्ठा करने के लिए इस्तेमाल किया जाता है। स्किमिंग व्यक्ति को मूल विचार प्राप्त करने के लिए जल्दी से पाठ्य-सामग्री से पढ़ने की अनुमति देता है। स्किमिंग व्यक्ति को किसी भी स्रोत (जैसे–दस्तावेज, मानचित्र, किताबें, कविताएँ, समाचार-पत्र इत्यादि) के मूल पाठ में लिखी गई विशिष्ट जानकारी को देखने में सक्षम बनाता है।

गहनता से जाँचने के लिए मुख्य रूप से चार क्रम समाहित हैं–

(1) प्रत्येक शब्द का उपयुक्त सुर में शुद्ध तथा स्पष्ट उच्चारण;
(2) भावानुरूप उचित गति, यति तथा लय;
(3) आवश्यकतानुसार उचित बल; और
(4) भावानुरूप अनुतान।

इसके अतिरिक्त भाषा शिक्षाशास्त्रियों ने पठन शिक्षण में विद्यार्थियों को पठन (Reading) सिखाने के क्रम को गहनता से निरीक्षण करने के लिए चार भागों में बाँटा है–

(1) पठन पूर्वकाल;
(2) अक्षर ज्ञान;
(3) मुक्त पठन; और
(4) निर्बाध अर्थग्रहणयुक्त पठन।

उदाहरणार्थ, वाचन कौशल परीक्षा

अक्षर ज्ञान परीक्षण– वर्ण, शब्द, पदबंध, वाक्य वाचन उत्तर-पत्र पर (✓) या (×) का निशान लगाना, वाचन करना, यथा–

/य/ | ग म भ प य |
कार्ड | ग म भ प य |

(1) सुनी हुई ध्वनि से संबंधित वर्ण कार्ड उठाना या उत्तर-पत्र पर (✓) का निशान लगाना।

/अमरूद/

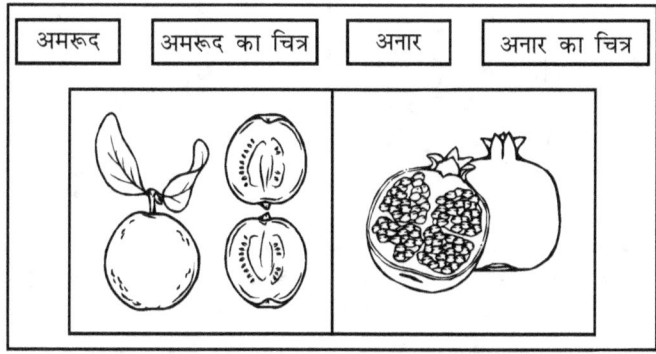

/अदरक/

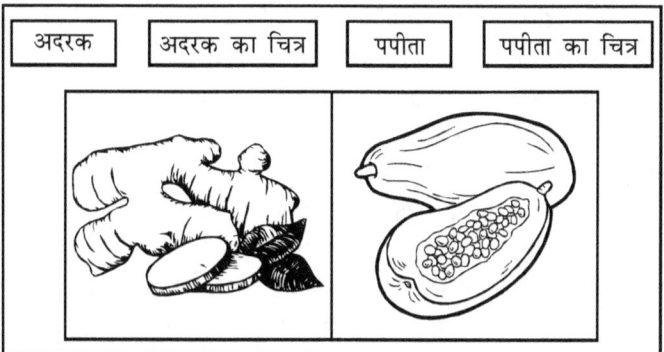

(2) सुने हुए शब्द से संबंधित शब्द कार्ड उठाना या संबंधित शब्द चित्र पर (✓) का निशान लगाना।

(3) सुने हुए वाक्य से संबंधित शब्द कार्ड उठाना या संबंधित वाक्य चित्र पर (✓) का निशान लगाना – लड़की फुलवाड़ी में फूल तोड़ रही है।

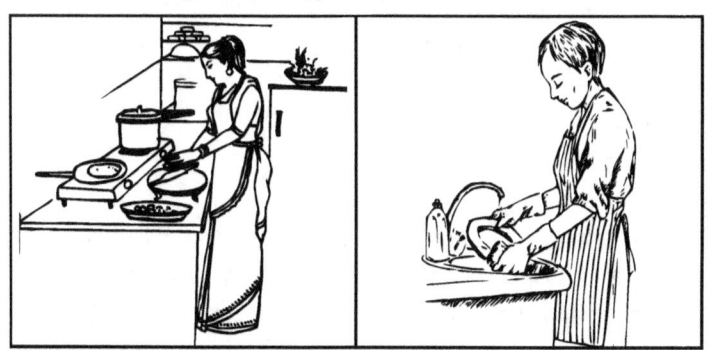

लड़की रसोईघर में खाना बना रही है। लड़की आँगन में बर्तन धो रही है।

लड़की फुलवाड़ी में फूल तोड़ रही है।

लड़की मैदान में गेंद खेल रही है।

(4) प्रदत्त शब्दों, वाक्यों का सस्वर/मुखर वाचन करना।

(क) अब, देख, झूठ, अगर, कोमल, जनता, सावधानी, झुँझलाहट, सुरसुराहट, मातृभाषा, पितृऋण, कृषक, भाषण, शरण, सात, वैज्ञानिक, सहना, शहर, ठहरना, संन्यासी, वंशी, संस्कृत, माँस, अंधा, संहार, परसों, आर्यों, लक्ष्मण, क्षत्रिय, उपन्यास, द्रव्य, उपद्रव, प्रतिक्रिया, सुरैया, तैयार, सभ्यता, अध्याय, में, मैं, नौकरों, सरसों, नकलचियों।

(ख) **कल्याणी**–बेटा! आज तेरी वर्षगाँठ है।

बालकरण–माँ, आज वर्षगाँठ में क्या-क्या करोगी?

कल्याणी–क्या करूँगी? अपने बेटे को नहलाऊँगी, चंदन लगाऊँगी, फूलों की माला पहनाऊँगी, फिर मिठाइयों के साथ खीर खिलाऊँगी।

बालकरण–पर माँ, मेरे साथ तुझे भी खाना पड़ेगा।

मुक्त–वाचन परीक्षण टंकित, फोटोस्टेट, मुद्रित (आलंकारिक) हस्तलिखित सामग्री का वाचन करना।

प्रश्न 12. 'विद्यार्थियों के शिक्षण के लिए संपूर्ण पाठ्यक्रम का अध्ययन करना' के संदर्भ में निम्न पर टिप्पणी कीजिए–

(i) अवतरण का व्यवस्थापन

उत्तर– यह किसी गद्यांश में सूचनाओं के प्रस्तुतीकरण की विधि को संदर्भित करता है, जो कि अधिकांशत: निम्न रूप में होता है–

- मुख्य विचार एवं सहायक विवरण
- क्रम
- तुलना
- तार्किक क्रम

कीन तथा जिम्मर्मेन स्पष्ट करते हैं कि अध्ययन के दौरान इस प्रकार का निर्णय तीन स्तरों पर किया जाता है–संपूर्ण अवतरण के स्तर पर, वाक्य के स्तर पर तथा शब्द के स्तर पर। इसका तात्पर्य यह है कि पाठक अवतरण की मुख्य धारा के बारे में स्पष्ट अवधारणा बनाते हैं, प्रमुख अवधारणा वाले वाक्यों को चुनने में, रेखांकित करने में और यहाँ तक कि

उनकी संक्षिप्त व्याख्या करने में भी सक्षम होते हैं तथा शब्द के स्तर पर प्रमुख अवधारणा व्यक्त करने के लिए अनिवार्य प्रमुख शब्दों/वाक्यांशों को पहचानने में भी सक्षम होते हैं। यदि अवतरण में कोई शीर्षक तथा उपशीर्षक है तो उससे प्रमुख अवधारणा के लिए संकेतों की खोज करने में अध्यापक विद्यार्थियों का मार्गदर्शन कर सकते हैं। मुख्य अवधारणा से संबंधित प्रमुख शब्दों को अवतरण में प्रायः बार-बार दोहराया जाता है, अध्यापक विद्यार्थियों से दोहराई जाने वाले पाठ्य-सामग्री के शब्दों/वाक्यांशों को खोजने के लिए कह सकते हैं।

(ii) अवतरण की संरचना का शिक्षण

उत्तर– अवतरण में सूचनाओं को व्यवस्थित करने की विधि "अवतरण की संरचना" (Text Structure) शब्द के द्वारा संदर्भित की जाती है। भिन्न-भिन्न विषयों में अधिकांश अवतरण एक विशेष प्रकार की संरचना के अनुरूप होते हैं। उदाहरणार्थ, काल्पनिक साहित्य में भावात्मक शैलियों तथा वर्णनात्मक (व्याख्यात्मक) अवतरणों की एक श्रृंखला होती है। विज्ञान से संबंधित अवतरणों में व्याख्यात्मक संरचनाएँ होती हैं, जिनमें प्रायः विवरण, तुलना, कारण एवं प्रभाव होते हैं। अवतरण संरचना के प्रकार की पहचान किसी विशेष कथा-शैली के लिए एक अवतरण से दूसरे अवतरण में संबंध समझने में अधिगमकर्त्ताओं की सहायता करती है। इससे उन्हें अर्थ समझने में अधिक आसानी होगी। नीचे अवतरण संरचनाओं के कुछ सामान्य प्रकार समझाए जा रहे हैं–

- **कारण एवं प्रभाव–**जब किसी अवतरण में 'कारण' (cause) दिए जाते हैं कि कोई घटना क्यों घटित हुई या जब किसी कार्य के परिणाम (प्रभाव) समझाए जाते हैं। यहाँ वेबसाइट, www.ereadingworksheets.com से कुछ उदाहरण दिए जा रहे हैं–

  बहुत से लोग सोचते हैं कि वे सर्दी के मौसम में सही ढंग से कपड़े (ऊनी या गर्म कपड़े) न पहनकर बाहर जाने से बीमार पड़ सकते हैं; हालाँकि बीमारियाँ तापमान के कारण नहीं, बल्कि कीटाणुओं के कारण होती हैं। अतः हो सकता है कि बाहर सर्दी में काँपने से आपकी प्रतिरक्षा प्रणाली मजबूत नहीं होगी, किंतु घर के अंदर आपके बीमार होने की बहुत अधिक संभावना होती है, क्योंकि उस समय आप कीटाणुओं का अधिक सामना करेंगे।
- **कालक्रम संबंधी–**कुछ अवतरणों (पाठ्य-सामग्री) में, गद्यांश में दी गई जानकारी समय (काल) के क्रम के अनुसार व्यवस्थित की जाती है। कम आयु के (युवा) पाठकों के लिए सामान्य दंत-कथाएँ तथा कहानियाँ प्रायः काल-क्रम के अनुसार व्यवस्थित की जाती हैं, जहाँ घटनाओं के क्रम का वर्णन सीधा-सीधा किया जाता है। ज्यादा जटिल कथानक, विशेष रूप से उपन्यास, समय पर आगे तथा पीछे चलते हैं, किंतु फिर भी यदि कोई लेखक 'फ्लैशबैक' या 'फ्लैश फॉरवर्ड' का प्रयोग करता है, तब भी घटनाएँ समयानुसार ही घटित होती हैं। गैर-काल्पनिक पाठ्य-सामग्री (अवतरण), विशेष रूप से विषयों में, जैसे कि इतिहास में जानकारियाँ काल-क्रमानुसार तिथियों के साथ प्रस्तुत की जाती हैं।

- **तुलना एवं विषमता**–व्यवस्थापन के इस पैटर्न में दो या अधिक वस्तुओं, पात्रों, विचारों आदि के बीच समानताएँ (तुलना) एवं अंतर (विषमता) को खोजा जाता है। इस प्रकार की पाठ्य-सामग्री (अवतरणों) में जानकारियों (सूचनाओं) को रेखांकन के द्वारा दर्शाने में ग्राफिक ऑर्गेनाइजर्स बहुत उपयोगी होते हैं।
- **वरीयता क्रम**–इसमें जानकारियाँ (सूचनाएँ) पदानुक्रम या वरीयता (प्राथमिकता) के क्रम में व्यक्त की जाती हैं।

  उदाहरण–दृढ़ निश्चय एवं लक्ष्य पर नजर रखना सफलता का सर्वाधिक महत्त्वपूर्ण मंत्र है। इसके पश्चात् आता है, भरपूर (उच्च स्तरीय) आत्मविश्वास का होना एवं नकारात्मकता या असफलता के सामने न झुकना।
- **समस्या एवं समाधान**–इस प्रकार की पाठ्य-सामग्री (अवतरणों) में एक समस्या का वर्णन किया जाता है तथा उसका प्रत्युत्तर या समाधान प्रस्तुत किया जाता है या समझाया जाता है।

  उदाहरण–प्रतिदिन तथा व्यावहारिक रूप से प्रति घंटे हमारे देश में सैकड़ों लोगों की मृत्यु ट्रैफिक दुर्घटनाओं में हो जाती है। यदि सख्त पुलिस कार्यवाही की जाए तथा यातायात के नियमों का उल्लंघन करने वाले, विशेष रूप से अत्यधिक तीव्र गति से चलने वाले तथा नशा करके वाहन चलाने वालों का यदि चालान किया जाए, तो बहुत से जीवनों को बचाया जा सकता है।
- **क्रम/प्रक्रिया लेखन**–अवतरणों (पाठ्य-सामग्री) के इस स्वरूप में सूचनाओं को चरणों में व्यवस्थित किया जाता है या उनके घटित होने के क्रम में प्रक्रिया को समझाया जाता है। इस श्रेणी में अधिकांश वैज्ञानिक प्रयोग, 'घटना का वर्णन' तथा 'स्वयं करें' आदि प्रकार के लेख आते हैं।

(iii) अपनी मान्यताओं तथा मूल्यों पर सवाल उठाना तथा उन्हें चुनौती देना

उत्तर– यह बिल्कुल वैसा ही है, जैसे कि आप जो पाठ्य-सामग्री पढ़ रहे हैं, वह आपके आचरण, अनजाने में आपके द्वारा अपनाई गईं मान्यताओं या वर्तमान मुद्दों पर आपकी स्थिति को चुनौती दे। समालोचनात्मक ढंग से सोचने पर शैक्षणिक अर्थ में खुले विचारों वाला होना तर्क से आपके निजी विचारों को चोट पहुँचाए बिना आप जिस प्रक्रिया के बारे में सीख रहे हैं, उसके लिए निर्णय तथा अनुशासन का प्रयोग करना सम्मिलित होता है। समालोचनात्मक विचार में तर्कसंगत होना एवं विषय पर अपनी खुद की भावनाओं के प्रति जागरूक होना – अपने विचारों को पूर्व ज्ञान, नए विचारों या नए दृष्टिकोणों को समायोजित करने की समझ को पुनर्व्यवस्थित करने में सक्षम होना सम्मिलित होता है।

(iv) लेखक के संभावित पूर्वाग्रहों तथा पूर्वधारणाओं का पता लगाना

उत्तर– यह समालोचनात्मक अध्ययन का एक महत्त्वपूर्ण कौशल है। पाठ्य-सामग्री (अवतरण) पढ़ते समय पाठक निम्न प्रश्न पूछ सकता है–

- क्या लेखक किसी एक सामाजिक, सजातीय, राष्ट्रीय, धार्मिक या लैंगिक वर्ग को किसी दूसरे की तुलना में या अन्य सभी की तुलना में उन्नत बनाना चाहता है या नीचा दिखाना चाहता है?

- क्या लेखक जान-बूझकर ऐसे साक्ष्य प्रस्तुत करता है, जो किसी मुद्दे के विपरीत दृष्टिकोण को उजागर न करके केवल एक ही पक्ष के बारे में बताने का काम करते हैं?

(v) महत्त्वपूर्ण तथ्यों की रूपरेखा बनाना तथा सारांशन करना

उत्तर– अध्ययन सामग्री की विषयवस्तु एवं संरचना को समझने के लिए रूपरेखा बनाना तथा सारांशन करना महत्त्वपूर्ण रणनीतियाँ हैं, जहाँ कि रूपरेखा पाठ्य-सामग्री (अवतरण) की मूल संरचना को प्रकट करती है, वहीं सारांशन अवतरण के मूल विचार को संक्षेप में प्रस्तुत कर देता है। रूपरेखा नोट्स प्रक्रिया तैयार करने वाली व्याख्या का एक भाग हो सकती है या इसे अलग से भी किया जा सकता है। मुख्य अवधारणा तथा सहायक विचारों एवं उदाहरणों में अंतर करने में सक्षम होना रूपरेखा बनाने एवं सारांशन दोनों की कुंजी है। मुख्य अवधारणा पाठ्य-सामग्री की रीढ़ (धुरी) एवं किनारे तैयार करती है जो कि उसके विभिन्न भागों एवं खंडों को एक साथ बाँधकर रखते हैं।

(vi) तर्क का मूल्यांकन

उत्तर– सभी लेखकों का यह दावा रहता है कि उनके पाठक उन्हें सत्य के रूप में स्वीकार करें। एक समालोचक पाठक के रूप में आपको कोई भी चीज उसके प्रत्यक्ष मूल्य के आधार पर स्वीकार नहीं करनी चाहिए, बल्कि प्रत्येक दावे को एक ऐसे तर्क के रूप में देखना चाहिए जिसका सावधानीपूर्वक मूल्यांकन (आकलन) किया जा सके। एक तर्क के दो आवश्यक भाग होते हैं–एक दावा और दूसरा समर्थन। दावा परिणाम एक अवधारणा, एक विचार, एक निर्णय या एक दृष्टिकोण पर जोर देता है, जिसे लेखक चाहता है कि आप स्वीकार करें। समर्थन में कारण (साझा मान्यताएँ, अवधारणाएँ एवं मूल्य) तथा साक्ष्य (तथ्य, उदाहरण, सांख्यिकी एवं प्राधिकारी वर्ग) पाठकों को परिणाम स्वीकार करने के लिए आधार प्रदान करते हैं। जब आप किसी तर्क का मूल्यांकन करते हैं, तो आप तार्किक प्रक्रिया एवं उसकी सत्यता से संबद्ध होते हैं। सर्वाधिक प्राथमिक स्तर पर किसी तर्क को स्वीकार्य बनाने के लिए दावे के पक्ष में समुचित समर्थन होना चाहिए तथा कथन एक-दूसरे से संबद्ध होने चाहिए।

(vii) अनुमान लगाना

उत्तर– अनुमान लगाने में सक्षम होना समझबूझकर पढ़ने के लिए एक महत्त्वपूर्ण उप-कौशल है तथा उच्च-स्तरीय सोच के लिए महत्त्वपूर्ण है। अधिगमकर्त्ताओं को अपने पूर्व-ज्ञान एवं पाठ्य-सामग्री (अवतरण) से प्राप्त जानकारी को समायोजित करने में सक्षम होना चाहिए ताकि वे उसके अनुसार निष्कर्ष निकाल सकें तथा तथ्यों को समझ सकें। जैसे कि पूर्वकथनों (भविष्यवाणियों) में व्याख्याओं तथा अनुमानों को गतिशील होना चाहिए अर्थात् जैसे-जैसे अध्ययन जारी रहता है तथा नई-नई जानकारियाँ जुड़ती जाती हैं, परिवर्तन होते रहने चाहिए। अनुमान लगाने में अधिगमकर्त्ताओं को दो काम करने आवश्यक होते हैं–(1) उन प्रश्नों के उत्तर देना जिनके समाधान केवल तार्किक अनुमानों के द्वारा ही प्रदान

किए जा सकते हैं, तथा (2) उनके उत्तरों के लिए तर्क दीजिए। विद्यार्थियों से उनके उत्तरों की व्याख्या करवाने से उनकी गति धीमी हो जाती है, वे दिए गए तथ्यों की सावधानीपूर्वक समीक्षा कर पाते हैं तथा अपनी पूर्व जानकारियों से इनकी तुलना कर पाते हैं।

प्रश्न 13. पूर्वानुमान (prediction) से आप क्या समझते हैं? 'थिंक-अलाउड-रणनीतियाँ' पठन प्रक्रिया में किस प्रकार प्रयोग की जाती हैं?

अथवा

पूर्व-सूचना (prediction) से आप क्या समझते हैं? इसके महत्त्व पर चर्चा कीजिए।

अथवा

'पठन के दौरान' रणनीति के रूप में 'पूर्व-सूचना' की चर्चा कीजिए तथा किसी विषय में विद्यार्थियों हेतु अभ्यास के लिए पूर्व-कथन कार्य की रचना कीजिए।

उत्तर– पढ़ते समय आगे के बारे में सोचना एवं पाठ्य में दी गई सूचनाओं एवं घटनाओं का अनुमान लगाना ही पूर्व-सूचना का अनुमान लगाना [(पूर्वानुमान) (prediction)] कहलाता है। प्रभावी पाठक, पठन आरंभ करने से पहले पूर्व-सूचना पाने के लिए तस्वीरों, शीर्षकों, उप-शीर्षकों, पाठ्य एवं अपने व्यक्तिगत अनुभवों का प्रयोग करते हैं। पूर्वानुमान लगाने के बाद छात्र संपूर्ण पाठ्य को पढ़ते हैं एवं उसको बारीकी से समझते हैं, दोहराते हैं एवं अपने पूर्वानुमानों को सत्यापित करते हैं। पूर्व-सूचना की रणनीति छात्रों को सक्रिय रूप से पठन में व्यस्त रखती है एवं यह आभास करवाते हुए उन्हें पाठ्य से जोड़े रखती है कि जो कुछ भी उन्होंने सोचा है, वह कहानी में आगे घटित हो सकता है।

पूर्वानुमान का महत्त्व–पूर्वानुमान पाठ्य के बारे में छात्रों के पूर्व-ज्ञान को सक्रिय कर देते हैं एवं नए ज्ञान के साथ उनके पूर्व-ज्ञान को जोड़ने में उनकी मदद करते हैं। पठन से पूर्व, पठन के दौरान एवं पठन के बाद पूर्वानुमान लगाते हुए छात्र, जो कुछ भी पहले से ही जानते हैं, उसका प्रयोग करते हैं एवं जो कुछ भी वे मानकर चलते हैं, वह आगे हो सकता है, इसके कारण वे पाठ्य के साथ जुड़े भी रहते हैं।

स्नो (1998) ने निष्कर्ष निकाला कि छोटी कक्षाओं (प्रारंभिक ग्रेड्स) में पाठ्य की समझ के लिए प्रयुक्त रणनीतियों के बारे में स्पष्ट अनुदेशों को पठन संबंधी पाठ्यचर्या में शामिल किया जाना चाहिए, चाहे वे छात्रों के लिए पढ़े जाएँ अथवा छात्रों के स्वयं के द्वारा पढ़े जाएँ। इन रणनीतियों में सम्मिलित होते हैं–प्रमुख अवधारणाओं के सारांश, उन सूचनाओं एवं घटनाओं का पूर्वानुमान जिनकी तरफ पाठ्य आगे बढ़ रहा है, अनुमान लगाना एवं गलत निष्कर्ष पर नियंत्रण रखना।

बोलते हुए सोच को प्रकट करना–अध्यापकों को छोटे बच्चों को पूर्वानुमान की रणनीति मॉडलिंग करते हुए सिखानी चाहिए और इस रणनीति का प्रयोग उन्हें प्राथमिक एवं माध्यमिक विद्यालय में तब तक जारी रखना चाहिए जब तक कि विद्यार्थी अपने स्वतंत्र रूप से पाठन में स्वयं इन रणनीतियों का प्रयोग करना न सीख जाएँ।

छात्रों को पूर्वानुमान सिखाने के लिए मॉडलिंग करते समय शिक्षकों के लिए "थिंक अलाइड" (बोलते हुए सोच को प्रकट करना) की रणनीति सर्वाधिक मददगार रहती है।

- छात्रों के समक्ष पुस्तक पढ़ने से पहले अध्यापकों को बोलते हुए अपनी सोच प्रकट करनी चाहिए एवं पूर्वानुमान की प्रक्रिया की मॉडलिंग करनी चाहिए, अर्थात् उन्हें यह करके दिखाना चाहिए कि पूर्वानुमान किस प्रकार लगाना चाहिए। उदाहरण के लिए, "मैं जब पुस्तकालय गया तो वहाँ पुस्तक के कवर को देखकर मैंने अनुमान लगाया कि इस पुस्तक में जो कहानी है वह _____ एवं _____ के बारे में होगी। इस प्रकार, पहले से जो अनुमान लगाया जाता है, उसे पूर्वानुमान या पूर्व-सोच कहते हैं।"
- इसी प्रकार, छात्रों के सामने पढ़ते समय भी शिक्षक को सोचते हुए बोलना चाहिए एवं पूर्वानुमान की मॉडलिंग करनी चाहिए, जैसे–"जैसा कि मैंने पूर्वानुमान लगाया कि यह कहानी _____ के बारे में होगी, मेरा पूर्वानुमान सही निकला, पर मैंने यह नहीं सोचा था कि _____ होगा। जो कुछ भी अब तक हमने पढ़ा है, उसके आधार पर मैं यह पूर्वानुमान लगाता हूँ कि _____ होगा।"
- पढ़ने के बाद भी छात्रों के सामने पूर्वानुमान लगाना चाहिए एवं उसकी मॉडलिंग भी करनी चाहिए। "मेरा पहला पूर्वानुमान सही था। कहानी पढ़ने के दौरान मैंने दूसरा पूर्वानुमान लगाया, कहानी खत्म होने के बाद हमने देखा कि वह भी काफी हद तक उसके जैसा ही था जैसा कि कहानी में वास्तव में घटित हुआ था।"

जब छात्र पठन करते समय स्वतंत्र रूप से स्वयं के पूर्वानुमान लगाना आरंभ करें, तब शिक्षक को चाहिए कि वह पठन से पूर्व, पठन के दौरान एवं पठन के बाद छात्रों को उनके अपने पूर्वानुमानों को लगाने, उन्हें दोहराने एवं सत्यापित करने का अवसर प्रदान करें। इस संबंध में कुछ सुझाव निम्नलिखित हैं–

- पठन से पूर्व पूरी पुस्तक में पहले से ही कुछ ठहराव वाले बिंदुओं का चयन कर उन्हें चिह्नित करें।
- कक्षा में अथवा समूह में छात्रों से पूर्वानुमानों के बारे में चर्चा करने के लिए कहें।
- छात्रों से पूरी कहानी के दौरान लगाए गए पूर्वानुमानों को चार्ट पेपर पर बनाने के लिए अथवा किसी जर्नल में चित्रित करने अथवा लिखने के लिए कहें।
- प्रत्येक ठहराव पर छात्रों से उनके पूर्वानुमानों को परिष्कृत करने, उन्हें दोहराने एवं सत्यापित करने के लिए कहें। यदि आवश्यक हो तो चार्ट एवं उनकी जर्नल में परिवर्तन के लिए भी कहें।
- कहानी के अंत में छात्रों से उनके द्वारा पूरी कहानी के दौरान किए गए पूर्वानुमानों पर विचार करने के लिए कहें एवं उनका अंतिम स्कैच बनाने के लिए कहें। उनके पूर्वानुमान सही निकले अथवा गलत, इस पर विचार करने के लिए कहें एवं उन्हें यह सोचने के लिए प्रोत्साहित करें कि उनके पूर्वानुमान सही/गलत क्यों थे एवं किस सूचना के आधार पर उन्होंने यह निष्कर्ष निकाला है।

प्रश्न 14. समीक्षात्मक पठन क्या होता है? समीक्षात्मक एवं गैर-समीक्षात्मक पठन के बीच अंतर स्पष्ट कीजिए।

उत्तर— समीक्षात्मक ढंग से पठन करने का मतलब यह बिल्कुल नहीं है कि आप जो भी पढ़ें, उसकी समीक्षा ही करें। समीक्षात्मक पठन से तात्पर्य है कि आप जो भी पढ़ते हैं, उसके बारे में स्वयं से सवाल करते हुए पूरी तरह से तल्लीन हो जाएँ, जैसे कि 'लेखक क्या कहने का प्रयास कर रहा है?' या 'प्रस्तुत किया जाने वाला मुख्य तर्क क्या है?'

समीक्षात्मक एवं गैर-समीक्षात्मक पठन में अंतर

समीक्षात्मक पठन	गैर-समीक्षात्मक पठन
पाठ्य-सामग्री (अवतरण) का सक्रियतापूर्वक तथा विश्लेषणात्मक पठन करना।	पाठ्य-सामग्री (अवतरण) का लापरवाही (निष्क्रियता) से पठन करना।
पैटर्न को पहचानने के लिए पुन: पठन करना तथा पाठ्य-सामग्री के लिखने के ढंग का विश्लेषण करना।	यह पहचानना कि पाठ्य-सामग्री (अवतरण) विषय के बारे में क्या कहती है।
सूचनाओं, अवधारणाओं एवं भाषा का अनुवाद करना, पाठ्य-सामग्री (अवतरण) के अंतर्निहित अर्थ का पता लगाना ही लक्ष्य होता है।	पाठ्य-सामग्री (अवतरण) का अर्थ लगाना, जानकारियों (सूचनाओं), अवधारणाओं एवं विचारों को समझना ही लक्ष्य होता है।

प्रश्न 15. उदाहरणों की सहायता से KWL चार्ट पर विवरण दीजिए।

उत्तर— किंडरगार्टन से लेकर हाई स्कूल तक विशेष रूप से पाठ्य-सामग्री आधारित विषयों, जैसे कि विज्ञान, इतिहास, भूगोल आदि विषयों के अध्ययन-आधारित अधिकांश कक्षों में KWL चार्ट प्रमुख होता है। यह सामान्य सा तीन कॉलम वाला चार्ट (1) विषय के बारे में विद्यार्थियों के पूर्व-ज्ञान को उनकी स्मृति में लाने (पुन: स्मरण करने) का, (2) पाठ्य-सामग्री (अवतरण) को पढ़ते समय विद्यार्थी जिन प्रश्नों का उत्तर देंगे, उन्हें पहचानने का और इस प्रकार अध्ययन के उद्देश्य को स्थापित करने का तथा अध्ययन के लिए प्रेरणा पैदा करने का, तथा (3) अध्ययन करते समय प्राप्त होने वाली जानकारियों (सूचनाओं) को व्यवस्थित करने का एक उपाय है।

K : विद्यार्थी विषय के बारे में जो भी जानता है (Knowledge of the student about the topic)

W : जो कुछ विद्यार्थी जानना चाहता है (Wants to know)

L : पाठ/विषय पढ़ने के पश्चात् विद्यार्थी ने जो कुछ सीखा (Learnt after reading the lesson/topic)

यह रणनीति विद्यार्थियों को अपने पूर्व ज्ञान का स्मरण करने के लिए जरूरी है तथा संबंध स्थापित करने, अध्ययन का उद्देश्य निर्धारित करने तथा अपने स्वयं के अधिगम का मूल्यांकन करने के लिए उपयोगी है।

कुछ उदाहरण निम्नलिखित हैं—

विषय: खनिज पदार्थ

जानता है	जानना चाहता है	सीखा
• धात्विक एवं अधात्विक खनिज पदार्थ	• धात्विक एवं अधात्विक खनिज पदार्थों के बीच अंतर पहचानना	• धात्विक खनिज पदार्थों में धातु कच्ची अवस्था में पाई जाती है तथा अधात्विक खनिज पदार्थों में धातुएँ नहीं होती हैं।
• कुछ धातुओं के नाम: सोना, चाँदी, ताँबा	• धात्विक खनिज पदार्थों के गुण	• धात्विक खनिज पदार्थों का संबंध आग्नेय चट्टानों से होता है तथा अधात्विक खनिज पदार्थों का संबंध अवसादी चट्टानों से होता है।
• कुछ कच्ची धातु के रूप में पाए जाते हैं।	• अधात्विक खनिज पदार्थों के गुण	• धात्विक खनिज आमतौर पर कठोर होते हैं तथा उनकी अपनी चमक होती है। अधात्विक खनिजों में अपनी कोई चमक नहीं होती है।
• कुछ खनिज पदार्थ महँगे होते हैं।	• खनिज कितने प्रकार के होते हैं?	• धात्विक खनिजों के उदाहरण हैं– लोहा, ताँबा, बॉक्साइट तथा टिन;
	• वे कहाँ पाए जाते हैं?	• अधात्विक खनिजों के उदाहरण हैं– नमक, कोयला तथा अभ्रक।
	• दोनों के उपयोग	• खनन-उद्योग को 'जानलेवा उद्योग' कहा जाता है, क्योंकि इसमें स्वास्थ्य संबंधी जोखिम रहते हैं, विशेष रूप से कोयले की खानों में।

विषय: द्वितीय विश्व-युद्ध

K जो हम पहले से ही जानते हैं	W जो हम जानना चाहते हैं	L जो हमने सीखा
• एडोल्फ हिटलर ने जर्मन सेना को आदेश दिया।	• द्वितीय विश्व-युद्ध किस देश ने शुरू किया और क्यों?	• द्वितीय विश्व-युद्ध जर्मनी के कारण शुरू हुआ। जर्मनी ने अकारण ही पोलैंड पर हमला कर दिया।
• ब्रिटिश द्वितीय विश्व-युद्ध में लड़ा।	• नाजियों की प्रेरणा क्या थी?	• द्वितीय विश्व-युद्ध से पूर्व विकसित होने वाली जर्मन राष्ट्रवादिता युद्ध का मुख्य कारण थी। अत्यधिक आर्थिक मंदी के कारण राष्ट्रवादिता विकसित हुई तथा यहूदियों को बलि का बकरा बनाया गया।
• एडोल्फ हिटलर ने परमाणु बम बनाया।	• ब्रिटिश द्वितीय विश्व-युद्ध में क्यों लड़ा?	• पोलैंड पर जर्मनी के आक्रमण के बाद ब्रिटेन तथा फ्रांस ने युद्ध घोषित कर दिया।
• द्वितीय विश्व-युद्ध 1939 में शुरू हुआ।	• वे किन देशों से लड़े?	• द्वितीय विश्व-युद्ध किसी एक देश में नहीं लड़ा गया, बल्कि यह एक महाद्वीपीय युद्ध से भी अधिक बड़ा था।
• द्वितीय विश्व-युद्ध 1945 में समाप्त हुआ।	• द्वितीय विश्व-युद्ध में शांतिदूत कौन-सा देश बना? • ब्रिटेन को एक बड़ा खतरा किस चीज ने बनाया?	

प्रश्न 16. अध्यापक अपने विद्यार्थियों को विज्ञान में अध्ययन करना किस प्रकार सिखाता/ती है? विज्ञान की पाठ्यपुस्तकों के अध्ययन में कौन-कौन-सी कठिनाइयाँ आती हैं? उपयुक्त उदाहरणों की सहायता से समझाइए।

उत्तर– विज्ञान के शिक्षण में विद्यार्थियों को पाठ्य-सामग्री में व्यस्त रखना तथा शाब्दिक जानकारी की समझ प्रदान करना शामिल होता है। आत्मनिर्भर अधिगमकर्त्ता बनने के लिए विद्यार्थियों को प्रोत्साहित करके तथा उन्हें साथियों के साथ पाठ्य-सामग्री पर, उसकी भाषा, व्यवस्थापन एवं संरचना पर चर्चा करने में संलग्न रखकर विज्ञान संबंधी अध्ययन की समझ को बढ़ावा दिया जा सकता है।

अनुभवहीन पाठकों के लिए विज्ञान संबंधी पाठ्य-सामग्री को समझने में कठिनाई आ सकती है, क्योंकि विज्ञान संबंधी पाठ्य-सामग्री अद्वितीय होती है। विज्ञान की पाठ्य-सामग्री में आमतौर पर चित्र, ड्रॉइंग, मानचित्र, तालिकाएँ आदि शामिल होते हैं। विज्ञान संबंधी पंजिकाओं (रजिस्टरों) में तकनीकी शब्दावली तथा वाक्य विन्यास का प्रयोग किया जाता है। विज्ञान में तकनीकी शब्दावली के अंतर्गत लैटिन या यूनानी मूल के शब्द पॉली (Poly), प्लाज्म (Plasm), फाइट (Phyt), थर्म (Therm), ट्रॉफ (Troph), लॉजी (Logy) होते हैं। विज्ञान में वर्गीकरण संबंधी शब्दावली के लिए शब्दों में निहित विभिन्न संबंधों की समझ होना आवश्यक है।

आर्मब्रस्टर, 1993 के अनुसार, विज्ञान की पाठ्य-सामग्री को समझने के लिए विज्ञान की व्यावहारिक एवं क्रियात्मक गतिविधियों को करने की भाँति ही समालोचनात्मक सोच तथा विश्लेषण-क्षमता का होना जरूरी है। विज्ञान संबंधी क्रियाओं को करने तथा अध्ययन करने के लिए आवश्यक प्रक्रिया-कौशल सामान्य होते हैं। "अच्छे वैज्ञानिक एवं अच्छे पाठक बनने के लिए एक जैसे ही कौशल चाहिए होते हैं—पूर्व ज्ञान को संलग्न करना, परिकल्पना का निर्माण करना, योजनाएँ स्थापित करना, समझ का मूल्यांकन करना, सूचनाओं का सापेक्ष महत्त्व निर्धारित करना, पैटर्न्स का वर्णन करना, तुलना एवं विरोध करना, अनुमान लगाना, निष्कर्ष निकालना, सामान्यीकरण करना, स्रोतों का मूल्यांकन करना तथा अन्य।"

विज्ञान के पाठकों को विज्ञान के लिए विशिष्ट शब्दावली एवं तकनीकी वाक्यांशों को समझने पर, विज्ञान संबंधी प्रतीकों एवं आरेखों की व्याख्या करने पर, विज्ञान की पाठ्य-सामग्री में आमतौर पर प्रयोग किए जाने वाले संगठनात्मक पैटर्न्स (प्रदर्शनी, विवरण, निर्देश तथा तर्क) का अर्थ लगाने पर तथा प्रेरक एवं उत्प्रेरक तर्क-कौशलों का प्रयोग करके प्रमुख अवधारणाओं का अनुमान लगाने पर ध्यान केंद्रित करना चाहिए।

विज्ञान की पाठ्यपुस्तकों के अध्ययन में कठिनाइयाँ–

- विज्ञान की अधिकांश पाठ्यपुस्तकें अवैयक्तिक उद्देश्य के ढंग में लिखी जाती हैं, जिनमें विषय से संबंधित अपने पूर्व ज्ञान तक पहुँचने के लिए पाठक को कोई अवसर नहीं दिया जाता है।
- पाठ्य-सामग्री के अंतर्गत अवधारणाओं के बीच संबंध स्थापित करने की कठिनाई। तकनीकी शब्दों का प्रयोग एवं संयोजक शब्दों, जैसे कि "क्योंकि" या "इसलिए" का प्रयोग न किए जाने से पाठ्य-सामग्री में मुख्य अवधारणाओं के बीच संबंध स्थापित करने में कठिनाई आती है।

प्रश्न 17. अध्यापक अपने विद्यार्थियों को इतिहास का अध्ययन किस प्रकार सिखा सकता है?

उत्तर— विज्ञान से भिन्न, इतिहास की रचना प्रमुखत: लिखित सामग्री के माध्यम से की जाती है तथा इसे विज्ञान में किए जाने वाले प्रयोगों की भाँति व्यावहारिक एवं क्रियात्मक रूप से अनुभव नहीं किया जा सकता। इतिहास की पुस्तक का अध्ययन करना बिल्कुल लेखक/लेखिका, के साथ बातचीत करने जैसा होता है, जो कि पाठक को कुछ ऐसी बातें बताना चाहता/ती है, जिन्हें वह महत्त्वपूर्ण तथा सही समझता/ती है। लेखक मात्र जानकारी ही प्रदान नहीं करता/ती है, बल्कि आपको अपनी अतीत की व्याख्या के बारे में आश्वस्त भी करता/ती है। दूसरे शब्दों में लेखक/लेखिका पाठक को इस बात पर सहमत करने का भी प्रयास करता/ती है कि ये तथ्य महत्त्वपूर्ण हैं तथा वे एक विशिष्ट ढंग से एक-दूसरे से संबद्ध हैं। ऐतिहासिक समीक्षा ऐतिहासिक प्रश्न तथा प्राथमिक एवं माध्यमिक दस्तावेजों के एक सैट के चारों तरफ घूमती है। इतिहास के सभी कार्यों (पुस्तकों) में तर्क-वितर्क होते हैं, एक पाठक को यह पहचानना होता है कि कौन सा तर्क पुस्तक का है या लेख है।

इतिहासकार दस्तावेजों को पढ़ते हैं तथा उनका परीक्षण करते हैं तथा ऐसा करने में वे इस प्रकार के प्रश्न भी पूछते हैं कि यह दस्तावेज किस प्रकार का है? यह किसके लिए उपयोगी था? दर्शक या पाठक कौन है? कौन से शब्द तथा वाक्यांश प्रयोग किए गए हैं? लेखक/लेखिका का पूर्वाग्रह क्या हो सकता था? उस दस्तावेज की संपूर्ण पाठ-संरचना क्या है?

इतिहास में स्रोतों को समझना कठिन होता है, इतिहास की पाठ्यपुस्तकें भी समझ को चुनौतीपूर्ण बना सकती हैं। जैसा कि शोध से ज्ञात होता है, पाठ्य-सामग्री पढ़ते समय पाठकों को बहुत सी कठिनाइयों का सामना करना पड़ता है—

- कारण एवं प्रभाव के संबंधों को स्पष्ट करने में असफलता (ब्लैक एंड बर्न)।
- अप्रत्यक्ष, अस्पष्ट या असंबद्ध संदर्भों का प्रयोग (फ्रैडरिक सेन, 1981)।
- अवधारणाओं को समझने के लिए पर्याप्त विवरण का अभाव एवं मुख्य अवधारणाओं में असंबद्ध सूचनाओं (जानकारियों) का शामिल होना (ट्राबासो तथा अन्य)।
- अति सघन अवधारणाओं वाले पृथक्-पृथक् वाक्य।

प्रश्न 18. अध्यापक/अध्यापिका अपने विद्यार्थियों को साहित्य का अध्ययन किस प्रकार सिखाता/ती है? वर्णन कीजिए।

उत्तर— जटिल साहित्यिक पुस्तकों का अध्ययन उन अधिगमकर्त्ताओं के समक्ष चुनौती प्रस्तुत करता है जिन्हें यह समझना होता है कि लेखक उपन्यासों, कविताओं तथा नाटकों में काल्पनिक जगत की रचना किस प्रकार करते हैं। विद्यार्थियों को शैलियाँ भी पहचाननी होती हैं, जैसे कि कल्पित रचनाएँ, रूपक, विज्ञान कथा, चतुर्दश-पदी (चौदह पंक्तियों का लघु-काव्य), गाथा-गीत आदि। पाठकों को आलंकारिक उपकरणों, जैसे कि सादृश्य, विडंबना, यमक, रूपक आदि को भी समझना पड़ता है तथा लेखक द्वारा छोड़े गए रिक्त स्थानों को भरने में भी सक्षम होना पड़ता है। पाठक को अंतर्पाठ्यसामग्री संबंधी संपर्क बनाने की भी योग्यता रखनी चाहिए। लेखक, उसकी पृष्ठभूमि तथा उसी शैली के अंतर्गत अन्य लेखकों एवं संबंधित पाठ्य सामग्रियों के बारे में भी जानकारी रखनी चाहिए।

गद्य तथा कविताओं की शैलियों में अंतर होता है। गद्य की भाषा सीधी-सीधी होती है तथा अवधारणाओं को पैरोग्राफों में व्यवस्थित किया जाता है, जो कि बड़े-बड़े शब्द खंडों की भाँति दिखाई देते हैं। दूसरी तरफ पद्य एक ऐसी अभिव्यक्ति होती है, जिसमें कविता तथा लय होती है। विचारों को पंक्तियों में व्यक्त किया जाता है तथा वाक्यों में व्यवस्थित किया जाता है।

प्रश्न 19. अध्यापक/अध्यापिका अपने विद्यार्थियों को गणित में अध्ययन किस प्रकार सिखाता/ती है? गणित की पाठ्यपुस्तकों के अध्ययन में, कौन-कौन सी कठिनाइयाँ आती हैं?

उत्तर– प्रत्यक्ष रूप से भले ही गणित में अध्ययन की शायद आवश्यकता हो, किंतु विद्यार्थियों को गणित का अध्ययन समझने में कठिनाइयाँ आती हैं, जिनमें इबारती प्रश्न एवं आरेख संबंधी दृष्टांत समझना शामिल है। गणित की भाषा की रचना भाषा के दैनिक उपयोग से की जाती है, किंतु यह स्कूल के अन्य विषयों से भिन्न होती है (Schleppegrell, 2007) तथा गणित में भाषा की इस विषय-विशिष्ट प्रकृति का गणित के अधिगम के लिए महत्त्वपूर्ण निहितार्थ होते हैं। गणित में भाषा का प्रतिनिधित्व करने के कई तरीके होते हैं। उदाहरणार्थ, भिन्नों (अंशों) को रेखाचित्रों, प्रतीकों, शब्दों, डायग्रामों, चित्रों, मॉडलों, जोड़-तोड़, मौखिक या शाब्दिक समस्याओं द्वारा प्रस्तुत किया जा सकता है।

गणितीय पाठ्य-सामग्री के कुछ विशेष अवयव जो कि विद्यार्थी के लिए कठिनाइयाँ पैदा कर सकते हैं, बर्टन तथा हिदामा (2002) तथा शुआर्ड एवं रोटरी (1988) द्वारा निम्न प्रकार से दर्शाए गए हैं–

- गणित के अध्ययन में प्रायः दाएँ से बाएँ, ऊपर से नीचे, नीचे से ऊपर या तिर्यक स्थिति में पढ़ना होता है।
- गणित की पाठ्यपुस्तकों की पाठ्य-सामग्री में सामान्य पाठ्यपुस्तकों की अपेक्षा प्रति वाक्य, प्रति शब्द एवं प्रति पैराग्राफ अधिक अवधारणाएँ होती हैं।
- गणितीय अवधारणाएँ प्रायः अमूर्त होती हैं तथा उनको दर्शाने के लिए प्रयास करना पड़ता है।
- गणितीय पाठ्यपुस्तकों में सामग्री संक्षिप्त एवं सघन होती है, अर्थात् अर्थ स्पष्ट करने में पाठकों की सहायता करने के लिए व्यर्थ विस्तार नहीं किया जाता है।
- शब्दों के अर्थ वास्तविक होते हैं, जो कि प्रायः पूरी तरह समझ में नहीं आते हैं।
- औपचारिक रूप से दिया गया तर्क वाक्यों को जोड़ता है, अतः निहितार्थों को समझने की तथा वाक्यों से अनुमान लगाने की योग्यता जरूरी है।
- शब्दों के अतिरिक्त गणितीय पाठ्यपुस्तकों में संख्यात्मक एवं गैर-संख्यात्मक प्रतीक होते हैं।
- गणित की पाठ्यपुस्तकों में प्रायः जटिल वाक्य होते हैं, जिन्हें समझने में कठिनाई हो सकती है।

प्रश्न 20. पठन प्रक्रिया के विभिन्न स्तरों की चर्चा कीजिए।

उत्तर– पठन प्रक्रिया के विभिन्न स्तर निम्नलिखित हैं–

स्तर 1: पूर्व-पठन

- पूर्व-पठन चरण में शिक्षक पृष्ठभूमि ज्ञान को सक्रिय करता है, उद्देश्यों को तैयार करता है, मुख्य शब्दावली का परिचय देता है और छात्रों के साथ पाठ की समीक्षा करता है।
- इसमें शिक्षकों द्वारा विद्यार्थियों को पठन का उद्देश्य बताते हुए उन पुस्तकों के बारे में जानकारी दी जाती है (यदि यह एक ऐतिहासिक पुस्तक है, तो पुस्तक में क्या हो रहा है, ऐसा क्यों हो रहा है और यह कैसे हुआ इसकी पृष्ठभूमि दें) जिनके बारे में वे पढ़ेंगे।

स्तर 2: पठन
- दूसरे चरण पठन में विद्यार्थी किसी भी प्रकार के पठन माध्यम से सामग्री को पढ़ना शुरू करते हैं (घनिष्ठ मित्र, साझा, निर्देशित आदि)। इसमें पढ़ने की रणनीतियाँ/कौशल, उदाहरणों का परीक्षण, शुरुआत से अंत तक पढ़ना और ध्यान रखना शामिल है।

स्तर 3: प्रतिक्रिया
- प्रतिक्रिया वह चरण है जहाँ विद्यार्थी यह बताते हैं कि उन्होंने पठन अभिलेख, पत्रिका (Journal) या श्रेष्ठ वार्तालाप (Grand conversation) के माध्यम से क्या पढ़ा।
- एक पुस्तक पढ़ने के बाद एक विद्यार्थी ने क्या सीखा इस बात का संबंध प्रतिक्रिया से है। इसमें अभिलेखों को पढ़ना शामिल हो सकता है जहाँ विद्यार्थी उस बारे में लिखते हैं जो वे पढ़ते हैं और उसे वास्तविक जीवन से या उन चर्चाओं के माध्यम से जोड़ते हैं, जो संपूर्ण समूह या छोटे समूह हो सकते हैं।

स्तर 4: खोज करना/अन्वेषण करना
- अन्वेषण वह चरण है जहाँ छात्र पाठ में कुछ चीजों को फिर से पढ़ते हैं, अधिक शब्दावली सीखते हैं, छोटे पाठों में भाग लेते हैं, लेखक के शिल्प की जाँच करते हैं या यादगार उद्धरणों/अंशों की पहचान करते हैं।
- यह ऐसे प्रतीत होता है जैसे अन्वेषण का तात्पर्य छात्रों द्वारा फिर से पढ़े गए पाठ से है। छात्र भी लेखक के शिल्प का निरीक्षण करते हैं (लेखक द्वारा उपयोग की जाने वाली रचना पद्धति, पाठ संरचना और साहित्यिक उपकरण)। यह स्टोरी बोर्ड का उपयोग करके कार्यक्रमों, ग्राफिक आयोजकों को अनुक्रम करता है, जिससे विषय उजागर होता है या पाठ पढ़ने के आधार पर अपनी पुस्तकों के लिखने से किया जा सकता है।

स्तर 5: आवेदन करना
- आवेदन के चरण में छात्र परियोजनाएँ बनाते हैं, समान या संबंधित सामग्री पढ़ते हैं, पढ़ने के दौरान अपने अनुभवों का मूल्यांकन या विषयगत इकाइयों में सीखी जानकारी का उपयोग करते हैं।
- यह वह स्थान है जहाँ छात्र पाठ की समझ को प्रदर्शित करने वाली गतिविधियों को पढ़ने, उनके समझने पर चिंतन और पाठ पढ़ने से प्राप्त मूल्य को समझने वाली गतिविधियों को पढ़ने के बाद इसमें भाग लेते हैं।
 इन गतिविधियों में निबंध, पाठक का थिएटर, पावरपॉइंट प्रस्तुतीकरण या खुले विचारों वाले चित्र शामिल हो सकते हैं।

8 पाठ्यचर्यापर्यंत लेखन
Writing Across the Curriculum

भूमिका

अधिगम के लिए 'लेखन' भी उतना ही महत्त्वपूर्ण है जितना कि पढ़ना। लेखन के द्वारा संप्रेषण कौशल, समालोचनात्मक सोच एवं रचनात्मकता का विकास होता है। लेखन ही वह कला है जो हमारी सोच को समालोचनात्मक बनाती है तथा हम किसी भी चीज का मूल्यांकन करने एवं उसका विश्लेषण करने में सक्षम होते हैं। लेखन के माध्यम से ही हमारे दिमाग में नए-नए एवं रचनात्मक विचार आते हैं। विद्यार्थी लिखना तभी सीखते हैं जब उन्हें लिखना सिखाया जाता है, न कि केवल पूछने से। इतिहास, गणित तथा विज्ञान आदि विषयों के अध्यापकों का मानना है कि 'लेखन' तो विद्यार्थी भाषा की कक्षा में सीखते ही हैं, अतः उन्हें 'लेखन' सिखाने की कोई आवश्यकता नहीं और वे अपनी कक्षा में विद्यार्थियों को लिखना नहीं सिखाते हैं, जबकि लेखन ही एक ऐसा माध्यम है जिसके द्वारा अधिगमकर्त्ता अपने अधिगम संबंधी तथ्यों को एक-दूसरे से जोड़ते हैं, अतः कहा जा सकता है कि लेखन शिक्षा का केंद्र-बिंदु है और लेखन के बिना शिक्षा के क्षेत्र में प्रगति करना संभव नहीं है। अतः प्रत्येक अध्यापक का यह कर्त्तव्य है कि वह अपने विषय के क्षेत्र में विद्यार्थियों की लेखन कला का भी विकास करे।

प्रश्न 1. पठन एवं लेखन कौशल की संबद्धता पर एक लेख लिखिए।

उत्तर– पठन एवं लेखन कौशल दोनों ही एक-दूसरे के पूरक हैं। कक्षा में जो कुछ भी विषय सामग्री पढ़ाई जाती है, उसका पूरी तरह से छात्रों को अधिगम हो गया है या नहीं, इसकी जाँच कैसे हो? कक्षा में जितना भी कार्य कराया जाता है, वह प्रायः मौखिक पठन (सस्वर वाचन, मौन वाचन) के रूप में होता है। यदि यह मान लिया जाए कि हम अपने विचारों का प्रकाशन मौखिक रूप से अधिक करते हैं तब भी जीवन में कई अवसर आते हैं जब हमें लिखित रूप से अपने विचारों को अभिव्यक्त करना पड़ता है। पठन भाव-प्रकाशन के लिए आवश्यक होता है इसीलिए कक्षा में पठन पर बल दिया जाता है। पठन के माध्यम से हम नवीन सूचनाओं, सिद्धांतों और नियमों तथा सूत्रों से परिचित होते हैं। पठन के माध्यम से हम यह परिकल्पना कर लेते हैं कि छात्र अपने ज्ञान का विस्तार कर चुका है और वह छात्र अपने संबंधी विचारों तथा भावों को सरलता एवं शुद्धता से दूसरों के सामने व्यक्त भी कर सकता है तथा लिख भी सकता है। इस परिकल्पना में सत्य का अंश अवश्य है किंतु जिस समय छात्र लिखने बैठता है, उसे शब्द ढूँढ़ने पड़ते हैं। उसे अपने भावों को संयत भाषा में लिखित रूप में व्यक्त करना पड़ता है तथा वर्तनी की शुद्धता का भी ध्यान रखना पड़ता है। लिखित कार्य करते समय छात्र के समक्ष ये अड़चनें आती हैं परंतु यदि उसने विषयवस्तु को ठीक प्रकार से पढ़ा होता है और उस विषय सामग्री को बोधगम्य किया होता है, तो उसके मन में विचार भी उत्पन्न होते हैं और जब तक छात्र ने पठन सामग्री का ठीक से अध्ययन नहीं किया है, उसे अक्षरों की पहचान ठीक प्रकार से नहीं होती है, अशुद्धियों पर वह ठीक से ध्यान नहीं देता है तब तक वह शुद्ध रूप में लिख भी नहीं पाता है। पढ़ने के बाद पढ़ने की जाँच लिखने के द्वारा ही की जाती है और लिखकर ही वह भावों को बोधगम्य करता है जिससे पठन में गंभीरता आती है। शुद्ध लेखन व्यक्ति के भाषा ज्ञान को दर्शाता है और भाषा ज्ञान पठन के माध्यम से ही विकसित होता है। लिखित भाषा में व्यक्त भावों और विचारों को समझने के लिए भी पठन एवं लेखन कौशल में संयोजन होना आवश्यक है। पठन एवं लेखन दोनों में ही अक्षर ज्ञान छात्रों को होना आवश्यक है। इसके साथ-साथ दोनों में ही मात्राओं का ज्ञान भी होना आवश्यक है। पठन एवं लेखन में संबद्धता के लिए व्याकरण का ज्ञान होना भी आवश्यक है।

प्रश्न 2. भाषा का लिखित रूप मौखिक रूप से किस प्रकार भिन्न है? उदाहरण सहित समझाइए।

उत्तर– सामान्यतः भाषा के दो रूप देखने को मिलते हैं, वे हैं–मौखिक और लिखित। हम जो कुछ भी बोलते हैं उस बोली जाने वाली भाषा को 'मौखिक भाषा' कहते हैं। मौखिक भाषा के उदाहरण हैं–समाचारवाचक, वार्तालाप, वाद-विवाद, गायन आदि। मौखिक भाषा अस्थायी होती है, परंतु भाषा के इस रूप को स्थायी रखने के लिए इसकी रिकॉर्डिंग की जाती है, जिसके लिए कैसेट्स या सी.डी. का प्रयोग किया जाता है। दूसरी ओर जिन शब्दों को हम लिखकर प्रस्तुत करते हैं, वह भाषा का लिखित रूप होता है, इसे 'लिखित भाषा' कहते हैं। पुस्तकें, पत्र आदि भाषा के लिखित रूप हैं। लिखित भाषा को पढ़े-लिखे लोग ही प्रयोग करते हैं। इसके द्वारा हम ज्ञान का संचय करते हैं, जिसे साहित्य कहते हैं। भाषा के

लिखित रूप से ही आज भी हम अपना इतिहास जानने में सक्षम हैं। लिखित भाषा का विकास मौखिक भाषा के विकास के बहुत बाद में हुआ है। भाषा का लिखित रूप ही भाषा को स्थिर बनाता है।

आज भाषा के लिखित रूप के बिना भाषा की कल्पना करना भी हमारे लिए कठिन है। किसी विशेष भाषा का उल्लेख होते ही उसकी ध्वनियों, शब्दावली इत्यादि के साथ उसके वर्णों की संकल्पना, उसका लेखन (लिपि) भी हमारे दिमाग में उभरता है किंतु यह भी सही है कि लिपि आज चाहे जितनी भी महत्त्वपूर्ण हो गई हो, इसका विकास भाषा की अपेक्षा देर से हुआ है।

इसमें कोई शंका नहीं है कि लिपि या भाषा के लिखित रूप का आरंभ उसके मौखिक या उच्चारित रूप से हुआ है। आदि मानव समाज में मनुष्य को जहाँ संवाद तथा संप्रेषण की, अपने मस्तिष्क में उभरे अर्थ को औरों तक पहुँचाने की आवश्यकता महसूस हुई, वहीं से उच्चारित भाषा का उद्‌गम हुआ। परंतु भाषा दो या दो से अधिक व्यक्तियों के मध्य केवल संवाद का ही नहीं, आत्माभिव्यक्ति का भी माध्यम है। जहाँ व्यक्ति केवल अपने आपको अभिव्यक्त करना चाहे या जहाँ उसके समक्ष श्रोता ही न हों, वहाँ उसे अभिव्यक्ति की दूसरी सारणियों अथवा तरीकों की जरूरत पड़ी। आदि मानव के शैलाश्रयों में पाए जाने वाले चित्र अभिव्यक्ति के ऐसे ही माध्यम हैं और इसी से लिपि का विकास हुआ है।

भाषा वैज्ञानिक लिखित भाषा को मौखिक भाषा का प्रतिबिंबन मानते हैं। वर्णात्मक लिपि व्यवस्था में यह प्रतिबिंबन बहुत सहज तथा स्पष्ट रूप में होता है। प्रसंगवश भाषाओं में, जैसे–अंग्रेजी, कई बार एक ही वर्ण एकाधिक ध्वनियों के लिए प्रयुक्त होता है। परंतु ऐसा सीमित संदर्भों में ही होता है। वस्तुतः हिंदी भाषा की लिपि देवनागरी को सबसे अधिक वैज्ञानिक लिपि इसलिए भी माना जाता है कि इसमें एक निश्चित ध्वनि स्वनिम के लिए एक निश्चित वर्ण का ही प्रयोग होता है और कोई एक निश्चित वर्ण हमेशा एक निश्चित ध्वनि का ही प्रतिनिधित्व करता है। उदाहरण के लिए, वर्ण 'क' का प्रयोग हमेशा 'क' ध्वनि के लिए ही होगा। वर्णों का लोप तथा आगम भाषा गतिशील होती है। इसलिए इसमें समय के साथ-साथ परिवर्तन भी होते चलते हैं।

जब उच्चारण के स्तर पर भाषा में परिवर्तनों की गति तेज होती है, तब अनावश्यक वर्ण भाषा में संरक्षित भी रह जाते हैं। लिखित भाषा में यह अपेक्षाकृत धीमी होती है। भाषा के लिखित रूप में ध्वनि या वर्ण का लोप नहीं होता है। कभी-कभी एक छोटे से विराम के अंतर में ही पूर्णतः समरूप ध्वनि श्रृंखला का अर्थ बिल्कुल ही विपरीत हो जाता है, जैसे–

(1) यह राम की किताब है।

(2) यह राम की किताब है?

यहाँ वाक्य (1) सूचनात्मक है जबकि वाक्य (2) प्रश्नात्मक है, जो मौखिक उच्चरित भाषा में विशिष्ट अनुतान के माध्यम से संप्रेषित होता है। इसके अतिरिक्त वक्ता के कथन के साथ ही उसके हाव-भाव, चेष्टाओं आदि से बात के अर्थ में जो विशेषता आती है, उसका संप्रेषण लेखन से नहीं हो सकता है।

इस विषय में मनोवैज्ञानिकों तथा शिक्षाशास्त्रियों में मतभेद है कि बालकों को पहले लिखना सिखाया जाए या पढ़ना। श्री मॉण्टेसरी का कथन है कि बालकों को पहले-पहल

लिखना ही सिखाया जाए, क्योंकि यह वाचन की अपेक्षा सरल होता है। श्रीमती मॉण्टेसरी के मतानुसार लेखन, केवल एक शारीरिक क्रिया है, जिसमें बालकों को हाथों की गतिविधियाँ ही करनी पड़ती हैं। यह कार्य वाचन की अपेक्षा सरल है और उन्हें आनंद की प्राप्ति होती है। वाचन के संबंध में उनका विचार है कि इसमें बालकों को शब्दों, चिह्नों तथा उनकी ध्वनियों से परिचय प्राप्त कर लेना होता है और यह कार्य काफी कठिन होता है। श्रीमती मॉण्टेसरी का कहना है कि केवल शब्दों का उच्चारण कर देना मात्र ही वाचन नहीं होता है। केवल शब्दोच्चारण की क्रिया को उन्होंने मुद्रण देखकर भौंकना (Barking at Print) कहा है। वाचन से तात्पर्य है—शब्दोच्चारण के साथ-साथ अर्थ की प्रतीति तथा वस्तु या तथ्य के संबंध में; मन में नए-नए विचारों का उदय होना। इन सब कारणों से वे बालकों को पहले लिखना सिखाना चाहती हैं।

प्रश्न 3. लेखन और चिंतन के मध्य संबंध स्पष्ट कीजिए।

उत्तर— लेखन, चिंतन के बिना अधूरा है। चिंतन वह है जिसके विषय में बोध होता है या बात की जा सकती है, ऐसा चिंतन भाषा के माध्यम से ही यथार्थ बनता है। लेखन और भाषा, दोनों ही कोई वस्तु नहीं है, वरन् मानव मस्तिष्क की एक सतत् प्रक्रिया है। भाषा को उसके वक्ता से अलग करके नहीं देखा जा सकता और वहीं लेखन को चिंतन से अलग नहीं किया जा सकता। मनुष्य के मस्तिष्क में पहले चिंतन आता है फिर वह अपने विचारों, भावों को लेखन में परिवर्तित करता है। चिंतन का स्वरूप भाषा में ही निहित है।

भारतीय मनीषियों ने भाषा की चार अवस्थाएँ मानी हैं—बैखरी, मध्यमा, पश्यंती और परा। वक्ता के मुख से बाहर निकलने वाली भाषा बैखरी अवस्था में होती है। वह अवस्था जिसमें भाषा के शब्द मस्तिष्क में स्पष्ट रूप से उठते हैं, किंतु बाहर नहीं आते मध्यमा है। जब व्यक्ति कुछ-कुछ भाषातीत होकर स्वयं अपनी भाषा प्रक्रिया का अध्ययन कर सके, उस समय उसकी भाषा पश्यंती अवस्था में होती है। परा अवस्था वह है जहाँ भाषा और भाव, ज्ञाता और ज्ञेय मिलकर एक हो जाते हैं। इस अवस्था में व्यक्ति सहज रूप से भाषातीत अवस्था में रह सकता है। इन अवस्थाओं में से मध्यमा और पश्यंती को चिंतन की अवस्थाएँ माना जा सकता है। मोटे तौर पर भाषा का आंतरिक प्रयोग चिंतन है।

शैशव के दो-तीन वर्षों के बाद प्रत्येक बालक में भाषा का आंतरिक रूप विकसित होने लगता है। चिंतन की प्रवृत्ति सहज होती है पर परिस्थितियों से उसे बढ़ाया जा सकता है और दिशा दी जा सकती है। किशोरावस्था में चिंतन की प्रवृत्ति का बहुत अधिक विकास होता है। प्रत्येक व्यक्ति अपनी प्रकृति के अनुसार एक विशेष सीमा तक सूक्ष्म चिंतन करने में समर्थ होता है।

सुनने, बोलने, पढ़ने, लिखने की योग्यता का चिंतन की योग्यता से सीधा संबंध है। शारीरिक अंगों के पीछे मस्तिष्क में होने वाली प्रक्रिया सभी में समान है। बोलने या लिखने से पहले व्यक्ति चिंतन करता है जिसके परिणाम को वह वाणी या लेखनी में से किसी एक के माध्यम द्वारा प्रकट कर सकता है। किसी व्यक्ति की सक्रिय भाषा प्रक्रिया को हम एक तरफ चिंतन की योग्यताओं में और दूसरी तरफ बोलने और लिखने की कुशलताओं में बाँट सकते हैं।

आधुनिक काल में चिंतन की योग्यता के विकास की आवश्यकता–
- ज्ञान का विस्तार और उसे आत्मसात् करने में कठिनाई।
- आधुनिक शक्तिशाली संचार के माध्यमों के सम्मुख व्यक्ति की क्षुद्रता।
- विघटित होता समाज और टूटते मूल्य।
- अपने राष्ट्र और विश्व की संकटाकुल स्थिति। भारत में आजकल के किशोरों का भविष्य।
- विज्ञान का एक सीमा पर जाकर असमर्थ हो जाना।

प्रश्न 4. 'विषय-वस्तु को सीखने के लिए लेखन एक उपकरण के रूप में' पर संक्षिप्त टिप्पणी लिखिए।

अथवा

'लेखन में विचारों की संज्ञानात्मक प्रक्रिया सम्मिलित होती है।' इस कथन का क्या अर्थ है? [दिसम्बर-2017, प्रश्न सं.-3 (b)]

उत्तर– सीखने में लेखन एक उपकरण के तौर पर काम करता है। यह संज्ञानात्मक उपकरण कोई यांत्रिक गतिविधि नहीं है। इसकी बजाय, यह एक आकर्षक एवं स्फूर्तिदायक प्रक्रिया है, जिसमें सोच, तर्क और विश्लेषण शामिल हैं। सीखने के एक उपकरण के रूप में लेखन, छात्रों की, नए विचारों के साथ उनके पूर्व ज्ञान को समझने, संगठित करने एवं एकीकृत करने में सहायता करता है। लेखन में विचारों की संज्ञात्मक प्रक्रिया शामिल है और इसलिए यह अधिगम के एक उपकरण के रूप में देखा जाता है। लेखन को लंबे समय से सीखने की प्रक्रिया के वृद्धिकारक की तरह माना जाता रहा है। लेखन छात्रों को उनके विचारों को प्रतिबिंबित करने की अनुमति प्रदान करते हुए उनके विचारों को दृश्यात्मक बनाता है। लेखन सीखी हुई सूचना एवं नई सूचना के मध्य जुड़ाव को सुगम बनाता है। यह विभिन्न क्षेत्रों के ज्ञान के मध्य भी जुड़ाव उत्पन्न करता है।

प्रश्न 5. लेखन की प्रक्रिया का उल्लेख कीजिए।

उत्तर– लेखन तत्परता का विकास किसी भी लिखित रचना के शिक्षण से पूर्व करना अनिवार्य है। तत्परता या तैयारी के लिए हमें "सरल से कठिन की ओर" शिक्षण सूत्र को अपनाना चाहिए। इस संबंध में जे. मैस्की एवं जे. मैनरो का कथन है कि जिन वस्तुओं पर लिखने की शिक्षा दी जाए उनका क्रम इस प्रकार रहे–जमीन पर अँगुली से, श्यामपट्ट पर खड़िया (chalk) से, स्लेट पर बत्ती से, तख्ती पर कलम से और अंत में कागज पर होल्डर व स्याही या पेन से।

प्रारंभिक स्तर पर शिक्षार्थी को तख्ती या स्लेट अथवा अपनी कॉपी पर वर्ग रचना का अभ्यास कराया जाता है। धीरे-धीरे वह सुलेख और अनुलेख द्वारा सुंदर, सुडौल और समाकृतिक शब्दों तथा वाक्यों का लेखन सीखता है। वाक्य रचना के अभ्यास से वह अनुच्छेद लेखन सीखता है और बाद में पत्र लेखन, निबंध लेखन आदि।

माध्यमिक स्तर पर लिखित अभिव्यक्ति के विकास के लिए सामान्यतः निर्देशित रचनाओं पर बल दिया जाता है अर्थात् रचना की विषय सामग्री पर विद्यार्थियों के साथ चर्चा

की जाती है कि वह रचना किस प्रकार लिखी जाए और इस दृष्टि से उसकी रूपरेखा दे दी जाती है। परिचित विषय सामग्री और निर्दिष्ट रूपरेखा पर आधारित इस प्रकार की रचना को निर्दिष्ट रचना कहते हैं। दूसरे प्रकार की लिखित रचना मुक्त या स्वतंत्र रचना कहलाती है। इसमें लेखक को भावाभिव्यक्ति की दृष्टि से स्वेच्छानुसार शब्दों का चयन कर विषयवस्तु को संयोजित करने की स्वतंत्रता रहती है। पत्र-प्रपत्र लेखन के नियमों के प्रतिबंधों की भाँति वह नियमों से बँधा नहीं रहता। स्वतंत्र रचना के कुछ प्रकार हैं–यात्रा वृत्तांत, प्रकृति वर्णन, जीवनी लेखन आदि।

संक्षेप में रचना शिक्षण के लिए निम्नलिखित प्रक्रिया अपनाई जाती है–

- विषय तथा विधा का चयन।
- विषय का मौखिक विवेचन–चित्र वर्णन, प्रश्नोत्तर के द्वारा।
- रूपरेखा प्रस्तुत करना।
- लेखन कार्य।
- संशोधन कार्य।

प्रश्न 6. लेखन कौशल के उद्देश्य एवं महत्त्व को समझाइए।

अथवा

लेखन के महत्त्व पर एक नोट लिखिए।

उत्तर– भाषा भावाभिव्यक्ति का माध्यम है। मौखिक रूप में व्यक्त भावों को स्थायी रूप देने की दृष्टि से इनका लेखन अनिवार्य है। ऐसा करने से व्यक्ति की भावाभिव्यक्ति नित्य रूप धारण कर लेती है। वरना मौखिक रूप में तो यह अनित्य होती है। हम जो कुछ बोलते हैं, वह सुनने वाले के कान तक पहुँचने की अवस्था तक रहता है, उसके बाद समाप्त हो जाता है। ऐसी दशा में यह कहा जा सकता है कि अनित्य भावाभिव्यक्ति को लिपि चिह्नों के माध्यम से नित्य बनाने की क्रिया लेखन है।

लेखन कौशल (writing skill) भाषा शिक्षण का महत्त्वपूर्ण कौशल है। वर्तमान समय में लेखन कौशल का महत्त्व अधिक बढ़ गया है, क्योंकि प्रत्येक विद्वान अपने विचारों को लिपिबद्ध करना चाहता है जिससे कि समाज उसका उपयोग कर सके। वर्तमान समय में लेखन कौशल के उद्देश्य एवं महत्त्व को निम्नलिखित रूप में स्पष्ट किया जा सकता है–

- छात्रों को वर्तनी संबंधी ज्ञान प्रदान करना जिससे कि वे लेखन में किसी प्रकार की वर्तनी संबंधी त्रुटियाँ न कर सकें।
- सारगर्भित एवं महत्त्वपूर्ण विचारों को स्थायी रूप प्रदान करना जिससे कि समाज द्वारा उस प्राप्त ज्ञान का सदुपयोग किया जा सके।
- छात्रों में लेखन कला का विकास करना जिससे बालक अपने विचारों को सरल एवं बोधगम्य भाषा में प्रस्तुत कर सके।
- छात्रों में तर्क, चिंतन एवं कल्पनाशक्ति का विकास करना, क्योंकि लेखन कार्य में इन तीनों तथ्यों का व्यापक रूप से उपयोग किया जाता है।
- भाषा की विविध विधाओं से पारंगत बनाने के लिए लेखन कौशल का विकास आवश्यक है, जैसे–निबंध, कहानी एवं रचनाओं में लेखन का ही उपयोग किया जाता है।

- छात्रों को लेखन की विविध शैलियों से परिचित कराना जिससे कि वे अपनी लिखित अभिव्यक्तियों का प्रयोग कर सकें।
- मौखिक कार्य का मूल्यांकन लिखित कार्य द्वारा ही उचित रूप में संभव होता है, क्योंकि कक्षा में भाषा संबंधी कार्य मौखिक रूप से संपन्न होते हैं जिनका मूल्यांकन गृह कार्य के रूप में लिखित अभिव्यक्ति द्वारा होता है।
- व्याकरण के ज्ञान का व्यावहारिक प्रयोग लेखन कार्य में ही होता है इसलिए यह आवश्यक है कि छात्रों में लेखन कौशल का विकास किया जाए।

लेखन के माध्यम से ही वर्तमान के विचार भविष्य की यात्रा करते हैं और अतीत के व्यक्त विचार भी हमारे सामने ज्यों के त्यों अभिव्यक्त हो सकते हैं। यदि लेखन कला का विकास न हुआ होता तो मानव सभ्यता का ऐतिहासिक विकास क्रम बिल्कुल स्पष्ट न हो पाता।

प्रश्न 7. लिखित रचना के कौन-कौन से प्रकार हैं? लिखित रचना शिक्षण की विधियों को संक्षेप में बताइए।

उत्तर— कक्षा शिक्षण की दृष्टि से रचना के विविध रूप हैं—

- लेख एवं निबंध
- पत्र
- वर्णन—चित्रों के आधार पर; इतिहास, भूगोल के तथ्यों के आधार पर; स्वानुभव पर आधारित, जैसे—रेलवे प्लेटफॉर्म, बाजार आदि के दृश्यों का वर्णन
- सार लेखन
- संवाद लेखन
- रिपोर्ट लेखन
- समीक्षा लेखन
- व्याख्या
- कहानी
- जीवनी, आत्मकथा
- भाव पल्लवन

लिखित रचना शिक्षण के लिए निम्नलिखित सामान्य विधियों का आश्रय लिया जा सकता है—

- **प्रवचन विधि (Discourse method)**—इस विधि में शिक्षक स्वयं विषय सामग्री के संबंध में वर्णन करता है और विद्यार्थी उसको सुनकर पुनर्रचना करते हैं।
- **उद्बोधन विधि (Illumination method)**—विद्यार्थियों की स्मरण शक्ति को उद्बुद्ध करने के लिए विद्यार्थियों को चित्रों और प्रश्नों के माध्यम से उत्प्रेरित किया जाता है। जीवन चरित्र, दृश्य, आत्मकथा लेखन में इस विधि का उपयोग अधिक होता है।
- **प्रश्नोत्तर विधि (Question-answer method)**—अध्यापक विद्यार्थियों के प्रश्नोत्तरों के आधार पर श्यामपट्ट पर निबंध के विचार बिंदु अंकित करता है। विद्यार्थी उन बिंदुओं के आधार पर रचना करते हैं।

- **सूत्र विधि (Formula method)**—अध्यापक कुछ संकेत सूत्र देकर शिक्षार्थियों को रचना शिक्षण में प्रवृत्त करता है। इस विधि को रूपरेखा विधि भी कहते हैं।
- **चित्र वर्णन विधि (Image description method)**—विद्यार्थियों को चित्र दिखाकर उसमें अंकित दृश्यों और घटनाओं पर प्रश्न पूछे जाते हैं। अपने उत्तरों के आधार पर शिक्षार्थियों को रचना लेखन के लिए प्रेरित किया जाता है। कक्षा-6 तक यह प्रणाली बहुत उपयोगी है।
- **अनुकरण विधि (Emulation method)**—किसी विशेष शैली में लिखित रचना के आधार पर रचना करना, अनुकरण विधि का प्रयोग करना है।
- **विचार-विमर्श अथवा परिचर्चा विधि (Discussion method)**—विद्यार्थी खंडन-मंडन के विविध तर्क देकर परस्पर वाद-विवाद के द्वारा अपने पक्ष का प्रतिपादन करते हैं। तदनंतर प्राप्त सामग्री के आधार पर निबंध लिखते हैं।
- **स्वाध्याय या मंत्रणा विधि (Self-study or consultation method)**—अध्यापक के परामर्श से विद्यार्थी विभिन्न पुस्तकों और पत्र-पत्रिकाओं से विषय सामग्री संकलित कर अपने स्वाध्याय के आधार पर रचना करते हैं।

प्रश्न 8. निबंध लेखन क्या है? इसके विभिन्न प्रकारों को बताइए।

अथवा

निबंध के प्रमुख अंग क्या हैं?

उत्तर— निबंध गद्य की एक विधा है। 'निबंध' शब्द 'नि' और 'बंध' के मेल से बना है। 'नि' का अर्थ है—सर्वथा और 'बंध' का अर्थ है—बाँधना। 'निबंध' का अर्थ हुआ—अच्छी तरह बाँधना। अंग्रेजी में इसे 'एस्से' (Essay) कहा जाता है। इसका शाब्दिक अर्थ है—प्रयत्न करना। 'एनसाइक्लोपीडिया ब्रिटेनिका' में निबंध को विशेष विषय पर लिखा जाने वाला लेख कहा गया है। इसमें किसी एक विषय पर क्रमबद्ध तरीके से विचारों को प्रकट किया जाता है। संक्षिप्तता इसका विशेष गुण है। थोड़े शब्दों में अधिक कहना निबंध की विशेषता है।

निबंध लिखने से पूर्व विषय पर भली-भाँति सोच-विचारकर विषय को तीन भागों में बाँट लेना चाहिए—

- प्रारंभ
- प्रस्तुतीकरण
- उपसंहार (अंत)

निबंध के आरंभ में, विषय की भूमिका लिखनी चाहिए। इसमें विषयवस्तु का परिचय करवाया जाता है। भूमिका के वाक्य छोटे, सरल तथा विषय की तरफ ध्यान खींचने वाले होने चाहिए। आरंभ से ही अपने विचारों तथा भावों को इस प्रकार लिखना चाहिए कि निबंध रुचिकर लगे।

मध्य में, विषयवस्तु पर विस्तारपूर्वक प्रकाश डालना चाहिए। विषय का क्रम से विस्तार करना चाहिए। हर अनुच्छेद का अन्य अनुच्छेदों से तालमेल होना चाहिए। उदाहरणों द्वारा विषय की पुष्टि की जा सकती है।

निबंध के अंत में, आरंभ से अंत तक का निचोड़ या सार दिया जाता है। अंत प्रभावशाली होना चाहिए। लेखक अपने विचार पाठकों के सामने रखता है। यदि अंत संक्षिप्त, रोचक व प्रभावशाली है, तभी निबंध सफल और उत्तम माना जाएगा।

निबंध की भाषा विषय के अनुकूल होनी चाहिए। इसमें मुहावरों तथा लोकोक्तियों का भी आवश्यकतानुसार प्रयोग किया जा सकता है। निबंध सरल व रोचक होना चाहिए ताकि जो विचार व्यक्त किए गए हैं, वे दूसरे को आकर्षित कर पाएँ।

निबंध के प्रकार (Types of Essay)—निबंध के प्रकार निम्नलिखित हैं—

- **वर्णनात्मक निबंध** (Descriptive Essays)—ऐसे निबंधों में किसी प्राणी, वस्तु, दृश्य, स्थान, जीव आदि का सरल स्वाभाविक वर्णन किया जाता है। इस प्रकार के निबंधों के वाक्य यथा अवसर छोटे-बड़े हो सकते हैं। विषय की जानकारी, स्वयं अपने और दूसरे – दोनों के अनुभवों के आधार पर दी जाती है। विवरणों में उपयुक्तता का होना जरूरी है। ऐसे निबंधों में कुछ कल्पना भी की जा सकती है परंतु वर्णन वास्तविक लगना चाहिए। दिल्ली, गाय, रेलवे स्टेशन का दृश्य आदि ऐसे ही निबंध हैं।

- **विवरणात्मक निबंध** (Narrative Essays)—इस प्रकार के निबंधों में कथा की भाँति किसी बीती घटना का विवरण दिया जाता है या किसी की जीवनी लिखी जाती है। जीवनी भी दो प्रकार की होती है, एक—पार्क की आत्मकथा, इमारत की आत्मकथा, दूसरी—किसी पात्र के जीवन चरित्र का विवरण देना।

- **भावात्मक निबंध** (Emotional Essays)—कोरी कल्पना पर आधारित निबंध भावात्मक होते हैं। इनमें लेखक किसी भी प्रकार की कल्पना करता है। ऐसे निबंधों में कल्पना के साथ-साथ वास्तविकता का भी ध्यान रखना चाहिए। यदि मैं पक्षी होता!, यदि मैं बादल होता! आदि इसी प्रकार के निबंध हैं।

- **विचारात्मक निबंध** (Reflective Essays)—साहित्य, इतिहास, विज्ञान, धर्म, राजनीति आदि किसी भी विषय पर लिखे जाने वाले निबंध विचारात्मक निबंध होते हैं। इनमें अपने तथा दूसरों के विचार होते हैं। किसी भी एक विषय को सभी तरह से देखा, परखा व लिखा जाता है।

प्रश्न 9. निबंध रचना शिक्षण की प्रक्रिया बताइए। निबंध रचना शिक्षण में कौन-सी बातें ध्यान में रखनी चाहिए? संक्षेप में समझाइए।

उत्तर— निबंध रचना शिक्षण की प्रक्रिया में सर्वप्रथम विषय का चयन किया जाता है। विषय का चुनाव यथासंभव शिक्षार्थियों की सहायता से किया जाना चाहिए। निबंध का विषय शिक्षार्थियों की ज्ञान-सीमा, रुचि और उनके दैनिक जीवन के अनुभवों से संबंधित होना चाहिए। विषय के चयन के बाद शिक्षार्थियों को उस विषय पर विचार करने के लिए कुछ समय देना चाहिए। शिक्षार्थियों को कहें कि उनके मन में जो-जो विचार आ रहे हों, उन्हें संकेत रूप में कॉपी में लिखते जाएँ। कक्षा में निबंध के संबंध में परिचर्चा कराएँ। उसके बाद विषयवस्तु का विस्तार विकासात्मक प्रश्नों के माध्यम से किया जाए। कक्षा में मौखिक रूप से परिचर्चा कर लेने पर छात्र अभिव्यक्ति संबंधी उपयुक्त शब्दावली, विचारों की क्रमबद्ध रीति से करते हुए

निबंध का कलेवर विकसित करें। विषय का प्रतिपादन तर्कपूर्ण ढंग से शुद्ध और प्रांजल भाषा में हो। निबंध को रोचक, सजीव और प्रामाणिक बनाने के लिए तथ्यों, उदाहरणों और विविध उद्धरणों का समावेश किया जाए।

शिक्षार्थियों की सहायता के लिए शिक्षक श्यामपट्ट पर विषयवस्तु को रूपरेखा के रूप में प्रस्तुत कर सकता है। रूपरेखा लेखन का मुख्य उद्देश्य विषय सामग्री के विकास को क्रमबद्ध और सुसंबद्ध रूप से प्रस्तुत करने में शिक्षार्थियों की सहायता करना है। रूपरेखा निर्माण के पश्चात् विद्यार्थियों को निबंध लेखन का निर्देश देना चाहिए। संशोधन कार्य अध्यापक द्वारा, छात्रों द्वारा, परस्पर विनिमय द्वारा तथा सामान्य त्रुटियों को श्यामपट्ट पर लिखकर सामूहिक रीति से कराया जा सकता है।

निबंध रचना शिक्षण में हमें निम्नलिखित बातों को ध्यान में रखना चाहिए–

विषय चयन के बाद शिक्षार्थियों को उस पर विचार करने के लिए कुछ समय देना चाहिए। शिक्षार्थियों के मन में जो विचार आते जाएँ, वे उनके संकेत लिखते जाएँ। रचना को सरस एवं भावाभिव्यंजक तथा मौलिक बनाना चाहिए। पहले रूपरेखा बनाकर उसे अनुच्छेदों में बाँट लेना चाहिए। शुद्ध एवं प्रांजल (chaste) भाषा में तर्कपूर्ण ढंग से विषयवस्तु का प्रतिपादन करना चाहिए। शुद्ध, वर्तनी, विराम चिह्नों का उपयुक्त प्रयोग तथा व्याकरण के नियमों का ध्यान रखना चाहिए।

प्रश्न 10. रिपोर्ट लेखन या रिपोर्ताज लेखन से आप क्या समझते हैं? इसका शिक्षण कैसे किया जाना चाहिए?

उत्तर– किसी घटना, कार्यक्रम, बैठक, सभा आदि की क्रमवार सूचना देना रिपोर्ट लेखन कहलाता है। इन्हीं के आधार पर समाचार लिखे जाते हैं। एक अच्छी रिपोर्ट में निम्नलिखित बातें होनी चाहिए–

- रिपोर्ट तथ्यों पर आधारित होनी चाहिए।
- उसमें संस्था, कार्यक्रम स्थल, आयोजक, वक्ता तथा मुख्य श्रोताओं के नाम भी आने चाहिए।
- सारे कार्यक्रम या भाषण का विवरण सिलसिलेवार होना चाहिए।
- रिपोर्ट की भाषा सूचनात्मक होनी चाहिए, भावनात्मक या कलात्मक नहीं।

रिपोर्ट लेखन शिक्षण– कक्षा में शिक्षार्थियों से चर्चा करके उनके क्षेत्र में घटने वाली उल्लेखनीय घटनाओं की चर्चा करनी चाहिए तथा विद्यार्थियों को उनका मौखिक विवरण देने के लिए प्रोत्साहित करना चाहिए। किसी एक उल्लेखनीय घटना को लेकर शिक्षार्थियों द्वारा प्रस्तुत विभिन्न तथ्यों को श्यामपट्ट पर अंकित करते जाना चाहिए तथा अंत में शिक्षार्थियों से चर्चा कर उनका पूर्वापर (former and latter) क्रम निर्धारित करके उसके आधार पर रिपोर्ताज तैयार करने का निर्देश देना चाहिए। शिक्षार्थियों द्वारा रिपोर्ताज पूरी कर लेने के अनंतर एक या दो छात्रों से उनके द्वारा लिखी गई रिपोर्ताज कक्षा में सुनाने के लिए कहना चाहिए। पूरी रिपोर्ताज पढ़ लेने पर शिक्षार्थियों की उस पर प्रतिक्रिया माँगनी चाहिए और उस पर चर्चा करनी चाहिए। शिक्षार्थियों के अपने-अपने क्षेत्र में घटी विशेष घटनाओं पर गृह कार्य के रूप में रिपोर्ताज लिखने का निर्देश देना चाहिए।

प्रश्न 11. 'नोट्स लेना' पर संक्षिप्त टिप्पणी लिखिए।

उत्तर– नोट्स लेना एक बहुत ही लाभदायक शैक्षणिक अभ्यास है, क्योंकि इसकी मदद से सुने गए या पढ़े गए का लिखित रिकॉर्ड रखा जा सकता है। हमने जो कुछ भी पढ़ा अथवा सुना है, यह उसकी समीक्षा करने अथवा दोहराने में भी हमारी मदद करता है।

हम जब भी कुछ महत्त्वपूर्ण बात पढ़ते अथवा सुनते हैं, तब हम में से अधिकतर लोग नोट्स लेते हैं एवं नोट्स लेने के अपने तरीके का विकास करते हैं। अनुसंधान से पता चलता है कि यदि हम (एक निश्चित प्रक्रिया अपनाते हुए) व्यवस्थित ढंग से नोट्स बनाना सीख लेते हैं, तो हम भविष्य में प्रयोग के लिए अधिक से अधिक सूचना एकत्रित कर सकते हैं।

हम जब वास्तविक रूप में पढ़ना अथवा सुनना शुरू करते हैं, उससे पहले ही नोट्स बनाने की प्रक्रिया आरंभ हो जाती है। यदि छात्र नोट्स बनाने से पहले, पढ़ाए जाने वाले विषय पर थोड़ा विचार कर लें अथवा उसका थोड़ा-सा अध्ययन कर लें, तो वे ज्यादा जल्दी एवं ज्यादा समझते हुए नोट्स बना सकते हैं। नोट्स बनाने की प्रक्रिया पाठ्य के पुनर्निर्माण अथवा उसके वाचन के साथ में समाप्त हो जाती है।

प्रश्न 12. सार लेखन क्या है? इसके शिक्षण में ध्यान में रखे जाने वाले बिंदुओं को बताइए।

उत्तर– 'सार लेखन' से अभिप्राय है–किसी रचना को संक्षिप्त रूप में इस प्रकार प्रस्तुत करना कि उसमें उसका कोई महत्त्वपूर्ण भाव बिंदु अथवा विचार छूटने न पाए और उससे ऐसा अंश कुशलतापूर्वक निकाल दिया जाए, जिससे उसके मूल अथवा केंद्रीय भाव विचार पर कोई प्रभाव न पड़ रहा हो। सार मूल अंश के लगभग एक तिहाई शब्दों तक सीमित होता है।

किसी लंबी-चौड़ी बात को संक्षेप में प्रस्तुत करना एक कला है, किंतु किसी रचना को काट-छाँटकर एक निश्चित निर्धारित परिमाण में प्रस्तुत करना एक कठिन एवं अभ्यासजन्य कौशल है। निरंतर अभ्यास से संक्षेपीकरण अथवा सार लेखन की कुशलता विकसित होती है। इससे लेखन में गठन, गुंफन और सामासिकता आती है तथा फैली हुई विस्तृत भाव-राशि को समझने में सहायता मिलती है।

सार लेखन के शिक्षण में निम्नलिखित बिंदुओं को ध्यान में रखना आवश्यक है–

- सार लेखन के लिए दिए गए गद्यांश/काव्यांश को दो-तीन बार ध्यान से पढ़ें।
- पढ़ने के साथ-साथ दिए गए अंश के उन शब्दों या कथनों को रेखांकित करते जाएँ जो लेखक के आशय को उजागर करते हों।
- सार में मूल की सारी मुख्य बातें आ जानी चाहिए। कोई महत्त्वपूर्ण बिंदु छूटना नहीं चाहिए।
- सार लेखन में मूल में दोहराई गई बातों, अलंकारों, उदाहरणों को छोड़ देना चाहिए। लेकिन वास्तविक तत्त्व नहीं छूटना चाहिए।
- सार दिए गए अंश का एक-तिहाई होना चाहिए। सार लेखन के बाद शब्दों को गिन लिया जाए। यदि शब्दों की संख्या तिहाई या निर्धारित संख्या से अधिक हो तो अनावश्यक शब्दों को निकाल देना चाहिए।
- सार की भाषा यथासंभव अपनी तथा सरल होनी चाहिए।

- सार लेखन के पश्चात् सार का शीर्षक दिया जाना चाहिए। शीर्षक दिए गए अंश के मूल या केंद्रीय भाव में निहित होता है। अत: उसे बार-बार पढ़कर यह देखना चाहिए कि लेखक ने किस बात पर अधिक बल दिया है। शीर्षक के निर्धारण में प्राय: मूल का आरंभिक अथवा अंतिम अंश विशेष रूप से सहायक होता है किंतु साथ में यह भी ध्यान रखना चाहिए कि शीर्षक का संबंध पूरे अंश से होता है, केवल प्रारंभिक या अंतिम अंश से ही नहीं।
- शीर्षक यथासंभव संक्षिप्त एवं आकर्षक होना चाहिए, जो एक शब्द, एक से अधिक शब्द अथवा बहुत छोटा वाक्य हो सकता है।

प्रश्न 13. लेखन के विभिन्न रूप कौन-कौन से हैं? उदाहरण सहित चर्चा कीजिए।

अथवा

वर्णनात्मक एवं प्रभावपूर्ण अवतरण में क्या अंतर है? किसी विषय से एक उदाहरण दीजिए। [जून-2017, प्रश्न सं.-3 (घ)]

अथवा

एक तार्किक निबंध एवं एक वर्णनात्मक निबंध के प्रयोजन में अंतर स्पष्ट कीजिए। [जून-2017, प्रश्न सं.-3 (च)]

उत्तर– लेखन के विभिन्न रूप निम्नलिखित हैं–

(1) वर्णनात्मक लेखन– वर्णनात्मक लेखन में, उचित विवरणों (details) के द्वारा लोगों, स्थानों, वस्तुओं अथवा घटनाओं का वर्णन किया जाता है। वर्णनात्मक अनुच्छेद में विस्तार से लिखे गए विवरण सामान्यतया तभी प्रभावी होते हैं, जिनमें लेखक के द्वारा जो कुछ भी देखा गया है, सुना गया है, स्पर्श किया गया, सूँघा गया है एवं चखा गया है, सबका वर्णन होता है और जो साधारणतया संवेदी होते हैं, अर्थात् पाठक की पाँचों इंद्रियों (दृष्टि, स्वाद, स्पर्श, सूँघना और सुनना) को लुभाते हैं, ऐसे अनुच्छेद (पैराग्राफ) के लेखक सारी जानकारी का विवरण कुछ इस प्रकार से देते हैं, जिससे पाठकों के सभी बोध संतुष्ट हो सकें। वर्णनात्मक अनुच्छेद (paragraphs) आमतौर पर काल्पनिक एवं अकाल्पनिक दोनों ही प्रकार के होते हैं, जिनके द्वारा लेखक पाठकों को अपने संसार में लाकर उनके सभी बोधों को संतुष्ट और मन को लीन करते हैं एवं पाठकों के मस्तिष्क में स्पष्ट तस्वीर बनाते हैं, ताकि वे भी उस दृश्य प्रक्रिया का अभिन्न अंग बन सकें। हालाँकि इन पैराग्राफों की रूपरेखा के लिए कोई विशेष नियम नहीं हैं, परंतु इन्हें प्रभावपूर्ण और आकर्षक बनाने के लिए कुछ विशेष बातों का ध्यान रखा जाना चाहिए।

व्यक्ति, वस्तु अथवा स्थान का इतने अनूठे ढंग से वर्णन करना चाहिए कि पाठकों के लिए वह रुचिकर हो, समझने में आसान हो एवं पाठकों का ध्यान उसको पढ़ने में लगा रहे।

चूँकि दृष्टि सबसे सहायक बोध है, किसी भी अच्छे वर्णनात्मक पैराग्राफ में सर्वप्रथम उस बात की चर्चा होनी चाहिए, जिन्हें लेखक अपने पाठक को दिखाना चाहता है। अपने पल, अनुभव या वस्तु का विवरण देते समय मजबूत विशेषणों का प्रयोग, पाठकों को अपनी कल्पना में देख पाने के लिए एक चित्र बना देगा। ये विवरण पाठकों के मन में जो लिखा है उसके अनुरूप भावनाएँ उत्पन्न करने वाले भी होने चाहिए।

उदाहरण के लिए, नीचे दिए गए "एक दोस्ताना जोकर" नामक पैराग्राफ में लेखक ने एक पहिया साइकिल पर बैठे हुए एक जोकर (खिलौना) का वर्णन किया है। हालाँकि यह अपने आप में इतना विशेष नहीं है, लेकिन लेखक ने अपने वर्णन से इसे बहुत अर्थपूर्ण बना दिया है, क्योंकि यह उनके दोस्त द्वारा उनको दिया गया एक उपहार था। इसमें लेखक ने ऊपर से आरंभ करते हुए, नीचे तक खिलौने का बहुत ही सुंदर विवरण प्रस्तुत किया है। सबसे पहले दूसरी, तीसरी एवं चौथी पंक्ति में उन्होंने जोकर के सिर का, पाँचवीं, छठी, सातवीं एवं आठवीं पंक्ति में उसके धड़ का एवं नौवीं पंक्ति में उसकी साइकिल के पहिए का वर्णन किया है। अंतिम पंक्ति उन्होंने सार रूप में प्रस्तुत की है, जो उस उपहार के व्यक्तिगत मूल्य पर जोर देते हुए संपूर्ण पैराग्राफ को बाँधे रखने में मदद करती है।

एक दोस्ताना जोकर

मेरे सज्जो-सामान के पास एक कोने में एक छोटी-सी एकपहिया साइकिल के ऊपर एक मुस्कुराता हुआ खिलौना जोकर बैठा हुआ है। यह एक उपहार है, जिसे मेरे एक घनिष्ठ मित्र ने मुझे पिछली क्रिसमस पर दिया था। जोकर के सिर पर धागे से बने हुए पीले रंग के छोटे-छोटे बाल हैं, जो उसके कानों को आच्छादित कर रहे हैं, पर आँखों से बहुत ऊपर हैं। नीली आँखें हैं, जो काले रंग की रेखा से घिरी हुई हैं तथा पतली एवं गहरी पलकें हैं जो कि भौंह तक जुड़ी हुई हैं। इसके चैरी-लाल रंग के गाल, नाक एवं होंठ हैं और गर्दन के चारों ओर सफेद रंग की झालर है, जिसमें उसकी गंभीर मुस्कान कहीं खो सी गई है। जोकर ने दो रंग की फूली हुई पोशाक पहन रखी है। उसकी पोशाक का दायाँ हिस्सा लाल तथा बायाँ हिस्सा पीला है। ये दोनों हिस्से एक गहरी रेखा से जुड़े हुए हैं, जो कि पोशाक के बीचों-बीच ऊपर से नीचे तक जा रहे हैं। इसके टखने चारों ओर से गुलाबी रंग के बड़े-बड़े बो (bows) से घिरे हुए हैं, जिनसे इसके लंबे, काले जूते छिप रहे हैं। साइकिल के पहिए की तान सफेद रंग की है, जो कि केंद्र में एकत्रित है तथा काले पहिए तक विस्तारित है और देखने में आधे काटे गए चकोतरे (grapefruit) की ऊपरी परत के समान लग रहे हैं। पहिए सहित जोकर की ऊँचाई लगभग 1 फुट के बराबर है। मेरे मित्र तरुण की ओर से मुझे दिल से दिया गया यह रंगीन उपहार, हर बार जब भी मैं मेरे कमरे में प्रवेश करता हूँ, मुस्कुराते हुए मेरा अभिनंदन करता है।

(2) विवरणात्मक लेखन–विवरणात्मक निबंध में, लेखक दिए गए विषय को प्रस्तुत करता है और तथ्यों, सबूतों, संख्याओं और उदाहरणों के साथ विषय की पुष्टि करता है। ऊपर से यह निबंध प्रकार वर्णनात्मक निबंध के समान लगता है, लेकिन इस मामले में, लेखक को तथ्य और सबूत देने होते हैं। लेखक इसमें अपनी भावनाओं को नहीं दिखा सकते, अपनी निजी राय नहीं दे सकते। प्रक्रिया वर्णन, परिभाषा, उपमा, रेखांकन, तुलना और विरोधाभास, कारण और परिणाम, वर्गीकरण निबंध आदि प्रकार भी इसी श्रेणी में तोले जाते हैं, उदाहरण–भारतीय अर्थव्यवस्था, विमुद्रीकरण, जी.एस.टी. का प्रभाव, इंटरनेट के दुष्परिणाम।

विवरणात्मक लेखनों के विभिन्न संगठनात्मक स्वरूप हो सकते हैं। पारंपरिक मकड़ी का नक्शा, ग्रिड या टी-चार्ट आदि विभिन्न ग्राफिक्स का उपयोग करके, लेखक विभिन्न प्रकार के इन विवरणात्मक और प्रेरक लेखनों के लिए अपने विचारों को व्यवस्थित और वर्गीकृत कर सकते हैं, जैसे–चरण-दर-चरण प्रक्रिया अनुच्छेद के लिए, पंक्ति या स्तंभ सर्वश्रेष्ठ

लेआउट है। यह व्यवस्था एक निर्देशित अवलोकन पेश करने का एक आसान तरीका प्रदान करती है एवं प्रेरक या व्युत्पन्न विचारों को शीर्ष पर व्यवस्थित करने के लिए, एक मकड़ी का नक्शा मददगार होता है। यह दृश्य क्लस्टर एक निबंध में व्यापक विषयों की योजना बनाने या पैराग्राफ में विशिष्ट समर्थन करने वाले उदाहरणों के लिए आदर्श है। ग्राफिक्स की सहायता से इन विभिन्न प्रकार के विवरणों को निम्नलिखित उदाहरणों के द्वारा समझा जा सकता है–

विवरण–विवरणात्मक लेखन के अंतर्गत जब किसी विषय से संबंधित विवरण, चरित्र, विशेषताएँ या उदाहरण आदि का लेखन करना हो तब ग्रफिक्स के रूप में मकड़ी के नक्शे का प्रयोग किया जाता है। इसके प्रयोग से पाठकों में उन चीजों के बारे में अधिक गहरा और उत्तेजक अन्वेषण होता है, जिन्हें वे ज्यादा नहीं जानते। इस प्रकार यह इस प्रकार के लेखन का आदर्श तरीका है।

मकड़ी का नक्शा एक संगठनात्मक उपकरण है जो छात्रों को उपयोग करने के लिए एक दृश्य ढाँचा प्रदान करता है। कभी-कभी, इस ग्राफिक आयोजक को "अवधारणा मानचित्र" या "स्पाइडर वेब ग्राफिक आयोजक" कहा जाता है। एक मकड़ी के नक्शे के केंद्र में एक मुख्य विचार या केंद्रीय विषय होता है। मुख्य विचार के साथ जुड़े प्रत्येक विवरण या उप-विषय एक शाखा की तरह के प्रारूप में उस मुख्य विचार या केंद्रीय विषय के आस-पास होते हैं। यह एक रेखीय रूपरेखा को चित्रित करता है। नीचे दिया गया मकड़ी का जाला ग्रीनहाउस प्रभाव से जुड़ी गैसों का विवरण प्रस्तुत करता है–

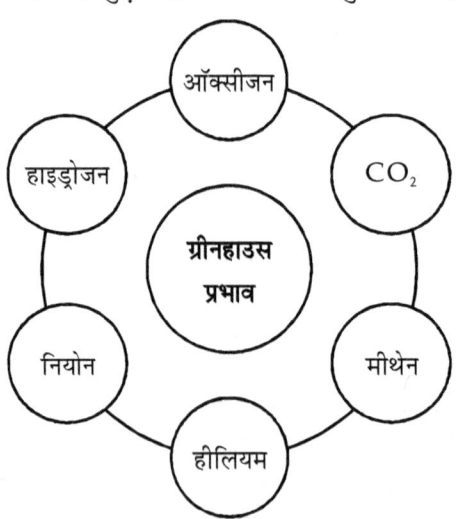

पदानुक्रम–प्रक्रिया अनुच्छेद के लेखन के लिए पदानुक्रम का सहारा लिया जाता है। इसमें पूरी प्रक्रिया को एक स्तंभ के रूप में लिखा जाता है, जिससे प्रक्रिया का अवलोकन करना एवं उसे समझना आसान हो जाता है। ग्रीनहाउस निर्माण की प्रक्रिया निम्न प्रकार लिखी जा सकती है–

- दिन के समय सूर्य की किरणें पृथ्वी पर पहुँचती हैं।

- पृथ्वी की ओर आने वाली ये सूर्य किरणें पृथ्वी की सतह पर सिर्फ आधी पहुँचती हैं और इसे गर्म कर देती हैं।
- एक चौथाई किरणें बादलों एवं गैसों से परावर्तित हो जाती हैं और दूसरी चौथाई किरणें वायुमंडलीय गैसों द्वारा अवशोषित हो जाती हैं।
- पृथ्वी की सतह पर पड़ने वाले सौर विकिरण का कुछ भाग परावर्तित होकर लौट जाता है, जिसे इन्फ्रारेड रेडिएशन (infrared radiation) कहते हैं।
- इन्फ्रारेड रेडिएशन की ऊष्मा का छोटा भाग अंतरिक्ष में चला जाता है और अधिकांश भाग वायुमंडलीय गैसों (कार्बन डाइऑक्साइड, मीथेन, जलवाष्प, नाइट्स ऑक्साइड और क्लोरो फ्लोरो कार्बन) द्वारा अवशोषित कर लिया जाता है।
- इन गैसों के जो अणु होते हैं, इस किरण रूपी ऊर्जा को पुन: पृथ्वी की सतह पर फेंक देते हैं और पृथ्वी की सतह को फिर से गर्म कर देते हैं। यही लौटने वाली ऊष्मा/गैस ग्रीनहाउस गैस कहलाती है।
- यह चक्र चलता रहता है एवं धरती और गर्म होती रहती है तथा तपती रहती है।

तुलना–तुलनात्मक लेखन, विवरणात्मक लेखन का एक रूप है। जब दो विषयों पर तुलना की जाती है तब विवरणात्मक लेखन का ही सहारा लिया जाता है एवं इसे दर्शाने के लिए टी-चार्ट का प्रयोग किया जाता है। टी-चार्ट एक ग्राफिक आयोजक है जो पारंपरिक रूप से तुलना करने के लिए जानकारी को स्तंभों में अलग करता है। यह "T" अक्षर जैसा दिखता है एवं आमतौर पर सभी विषयों में उपयोग किया जाता है।

जिस प्रकार ग्रीनहाउस प्रभाव का प्रमुख कारण वायु प्रदूषण है, उसी प्रकार जल संबंधी समस्याओं का प्रमुख कारण जल प्रदूषण है। टी-चार्ट का प्रयोग करते हुए वायु प्रदूषण एवं जल प्रदूषण में निम्न प्रकार से तुलना की जा सकती है–

वायु प्रदूषण	जल प्रदूषण
(1) वायु में होने वाला प्रदूषण	जल में होने वाला प्रदूषण
(2) सामान्यत: कार्बन-मोनोऑक्साइड, सल्फर डाइऑक्साइड, सी.एफ.सी., नाइट्रोजन ऑक्साइड आदि के कारण	घरेलू सीवेज के निर्वहन व क्लोरीन जैसे रासायनिक प्रदूषकों के कारण
(3) ग्रीनहाउस प्रभाव तथा मनुष्य, पशुओं व पक्षियों को नुकसान	मनुष्य, पशुओं व पक्षियों के अतिरिक्त पौधों व जलीय जीवों के लिए भी हानिकारक
(4) श्वास संबंधी समस्याएँ	टाइफाइड, पीलिया, हैजा, गैस्टिक आदि समस्याएँ

कारण व प्रभाव–वायु प्रदूषण के अनेक अवांछनीय प्रभाव पड़ते हैं, जिनमें से ग्रीनहाउस प्रभाव प्रमुख है। इसके अतिरिक्त पड़ने वाले अन्य प्रमुख प्रभाव हैं–अम्लीय वर्षा, स्वास्थ्य हानि, ग्लोबल वार्मिंग। इस प्रकार के कारण-प्रभाव के रूप में किए गए लेखन को निम्न ग्राफिक्स के द्वारा दर्शाया जा सकता है–

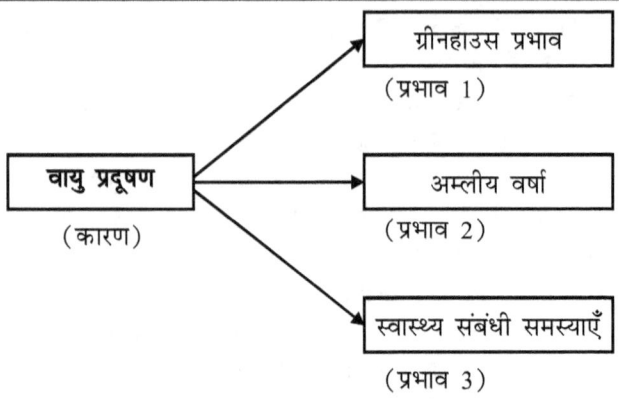

समस्या व समाधान—विवरणात्मक लेखन के अंतर्गत, समस्या व समाधान को भी ग्राफिक्स के द्वारा दर्शाया जा सकता है। प्रदूषण एक ऐसी विश्वव्यापी समस्या है, जिसका समाधान निकालना आवश्यक है। इसे दर्शाने के लिए निम्न प्रकार के ग्राफिक्स का प्रयोग किया जा सकता है–

समस्या	समाधान
वायु प्रदूषण	घरेलू ईंधन के उपभोग के लिए धुआँ रहित चूल्हे आदि का प्रयोग करना, स्थानीय उद्योगों को शहर से बाहर ले जाना।

इस प्रकार, विवरणात्मक लेखन के इन विभिन्न रूपों की आवश्यकता हमें दिन-प्रतिदिन के कार्यों में पड़ती है। सामान्यतया किसी पुस्तक, पत्रिका एवं समाचार-पत्र में लिखा गया लेख (article) भी एक प्रकार का विवरणात्मक लेखन ही है, जहाँ लेखक का उद्देश्य, लिखे जाने वाले विषय से पाठकों को अवगत करवाना होता है। यहाँ तक कि छात्रों द्वारा विद्यालय में जमा किए जाने वाले असाइनमेंट भी विवरणात्मक प्रकृति के ही होते हैं। अत: छात्रों को भी विवरणात्मक लेखन का प्रशिक्षण दिया जाना चाहिए, ताकि उनका लेखन प्रभावी हो सके।

(3) कथा निबंध—कथा निबंध में, लेखक अपने स्वयं के अनुभवों के माध्यम से कहानी कहता है। इस प्रकार के निबंध आसान लगते हैं, लेकिन यहाँ लेखक को अपना अनुभव सुंदर शब्दों के साथ सही ढंग से और सही संदेश के साथ पहुँचाना होता है। अधिकांश समय, कथा निबंध प्रथम पुरुष में लिखे जाते हैं, जिससे पाठक के साथ वैचारिक संबंध बनाए जा सकते हैं। ये व्यक्तिगत निबंध, किसी व्यक्ति की जीवनी, स्वयं की जीवनी अथवा छोटी कहानियों या नाटक किसी भी रूप में हो सकते हैं। ये पूर्ण रूप से उद्देश्यात्मक भी हो सकते हैं। ये वैज्ञानिकों, शिक्षाशास्त्रियों अथवा इतिहासकारों द्वारा प्रयोग किए जा सकते हैं। कई इतिहासकार पाठकों के हित को ध्यान में रखते हुए भूतकाल से वर्तमान की ओर चलते हुए ऐतिहासिक घटनाओं का बयान करते हैं।

लेखन को जीवंतता प्रदान करने के लिए लेखक को अपने इस प्रकार के लेखन में निम्न का प्रयोग करना चाहिए–

- उसे क्या, कब, क्यों, कैसे, कहाँ और कौन प्रकार के प्रश्नों का प्रयोग करना चाहिए, ताकि कहानी की मूल संरचना वास्तविक एवं उत्तेजक लगे।
- जो कुछ भी घटित हुआ है, उसे पाठकों को दर्शाने के लिए वस्तुगत ज्वलंत भाषा का प्रयोग करना चाहिए।
- पाठकों को अपने अनुभव का हिस्सा बनाने के लिए दृश्यात्मक अवयवों का प्रयोग करना चाहिए।

(4) प्रेरक लेखन–प्रेरक लेख एक निश्चित मुद्दे या विषय के बारे में पाठकों को समझाने के लिए एक मिशन होता है। यह लेखन नौसिखिया एवं अनुभवी दोनों लेखकों के द्वारा करने के लिए होता है। इस प्रकार के लेखन में लेखक को वाचक का मन परिवर्तन कराना होता है, उन्हें अपना विषय तथ्य और सबूत के साथ समझना होता है। प्रेरक लेखन में लेखक विषय के दोनों पक्षों पर बहस कर सकते हैं, लेकिन मुद्दा यह है कि वाचक आश्वस्त होना चाहिए। संक्षेप में लेखक को वाचक को मनाने की कोशिश करनी होती है। उदाहरण–आरक्षण, जी.एस.टी., सामाजिक मीडिया, जाति व्यवस्था आदि। वे तत्त्व जो प्रेरक लेखन को प्रभावी बना सकते हैं, निम्नलिखित हैं–

- तर्क के समर्थन में तथ्य स्थापित करना।
- पाठकों के लिए प्रासंगिक मूल्यों को स्पष्ट करना।
- तथ्यों एवं मूल्यों को क्रमबद्ध करना।
- निष्कर्ष निकालना एवं बताना।
- पाठकों को यह समझाना कि निष्कर्ष, तथ्यों व साझा मूल्यों पर आधारित हैं।
- मनाने के लिए विश्वास रखना।

(5) तार्किक लेखन–तार्किक लेखन लगभग प्रेरक लेखन के समान ही होता है। लेकिन, फिर भी दोनों के मध्य कुछ अंतर पाए जाते हैं, जो कि नीचे सारणी में दिए गए हैं–

प्रेरक लेखन	तार्किक लेखन
• उद्देश्य– • एक उचित तर्क प्रस्तुत किया जाता है एवं पाठकों को इस बात की अनुमति प्रदान की जाती है कि वे लेखक के विचारों से अपनी सहमति भी जता दें और असहमति भी। • वे अपने लेखन को एक दूसरे दृष्टिकोण के रूप में प्रस्तुत करते हैं, जिससे आगे और विचारों एवं चर्चा के लिए मार्ग प्रशस्त होता है।	• उद्देश्य– • लेखक पूरी तरह पाठक के मन को जीतने की कोशिश करता है।

प्रेरक लेखन	तार्किक लेखन
• मुद्दे के दोनों पक्ष प्रस्तुत किए जा सकते हैं। एक अपना मत रखने के लिए एवं दूसरा विरोधीपक्ष का खंडन करने के लिए।	• मुद्दे के केवल एक ही पक्ष को प्रस्तुत किया जाता है अथवा मुद्दे के एक ही पक्ष को लेकर विवाद किया जाता है।
• कथन एवं पुनर्कथन के बाद वक्तव्य दिया जाता है।	• संरचनात्मक दृष्टि से मूल निबंध प्रारूप को ही अपनाया जाता है।

(6) तार्किक निबंध–तर्क एक ऐसी रचनात्मक प्रक्रिया है, जिसकी आवश्यकता हमें किसी बात को स्पष्ट करने के लिए होती है। इस स्पष्टीकरण के संदर्भ में हम प्रक्रिया की व्याख्या करते हैं। तार्किक लेखन का प्राथमिक उद्देश्य मात्र वर्णन करना, विवरण देना और समझना ही नहीं है, अपितु उन तथ्यों, विचारों और विश्वासों को 'क्या?', 'क्यों?' और 'कैसे?' प्रमाण के माध्यम से समझाना भी है। तार्किकता हमें एक ठोस आधार देती है अपनी बातों को वैज्ञानिक ढंग से प्रस्तुत करने के लिए।

तार्किक लेखन का तात्पर्य है तर्क को कसौटी बनाकर लेखन कार्य में वृत्त होना। जो कुछ हम लिखें, उसमें कार्य-करण संबंध हो।

एक तर्क के दो भाग होते हैं–(क) विषयवस्तु एवं (ख) समर्थन और साक्ष्य। किसी भी लेखन में सर्वाधिक महत्त्वपूर्ण बात होती है, विषयवस्तु का चयन। तार्किक लेखन की प्रक्रिया में विषयवस्तु के चुनाव का विशिष्ट महत्त्व है। विषयवस्तु के अनुरूप ही तर्क निर्मित होता है। विषयवस्तु का चुनाव होने के बाद उस विषयवस्तु में क्या-क्या लिखना है, इसका एक मानसिक ढाँचा या लिखित ढाँचा हमारे जेहन में बन जाना चाहिए। इसके बाद अपनी बातों को पुष्ट करने के लिए तार्किक प्रक्रिया का प्रयोग करते हैं। कथन के संदर्भ में जो तथ्य सबसे महत्त्वपूर्ण हों, उन्हें कथन के बाद देना चाहिए। उसके बाद उससे कम महत्त्वपूर्ण तथ्य को रखना चाहिए। इस प्रकार तार्किक अन्विति का शृंखलाबद्ध निर्माण करें, जो तथ्य विषयवस्तु से संबद्ध न हों उस प्रकार के तथ्य से बचना चाहिए। तथ्य बोझिल न हो, उसमें संप्रेषणीयता होनी चाहिए। इन दोनों के अतिरिक्त इस लेखन में प्रमाण, समर्थन, खंडन, पुनर्कथन भी दिए जाते हैं।

(7) व्याख्यात्मक निबंध–व्याख्यात्मक निबंध किसी लेख या निबंध का वह विशिष्ट अंश है जिसमें किसी विषय से संबंधित किसी खास और प्रायः एक विचार भाव और सूचना का विवेचन किया जाता है। किसी विषय पर थोड़े, किंतु चुने हुए शब्दों में अपने विचार प्रकट करने के प्रयास को व्याख्यात्मक निबंध कहा जाता है। यह किसी लेख, निबंध या रचना का अंश भी हो सकता है, किंतु स्वयं में पूर्ण होना चाहिए। दूसरे शब्दों में, किसी भी शब्द, वाक्य, सूत्र से संबद्ध विचार एवं भावों को अपने अर्जित ज्ञान, निजी अनुभूति से संजोकर प्रवाहमयी शैली के माध्यम से गद्य भाषा में अभिव्यक्त करना व्याख्यात्मक निबंध कहलाता है।

व्याख्यात्मक निबंध में क्या, क्यों, कैसे, कहाँ एवं कब वाले विभिन्न प्रश्नों के उत्तर शामिल होते हैं, ताकि उस विषय को पूरी तरह से समझाया जा सके।

प्रश्न 14. सभी विषयों के शिक्षकों को अपने पाठ्यक्रमों में लेखन को बढ़ावा क्यों देना चाहिए? वर्णन कीजिए।

उत्तर– सभी विषयों के शिक्षकों को अपने पाठ्यक्रमों में लेखन को इसलिए बढ़ावा देना चाहिए, क्योंकि लेखन दो मौलिक प्रक्रियाओं – सोचने और संप्रेषण के साथ घनिष्ठता से जुड़ा हुआ है। छात्रों के लिए, शैक्षणिक पाठ्यक्रम की विषय-वस्तु का लेखन इसलिए आवश्यक है क्योंकि यह निष्क्रियता से याद रखने अथवा पाठ्यपुस्तक को रेखांकित करने की बजाय सक्रिय रहते हुए विषय-वस्तु के बारे में सोचने का एक तरीका है।

भौतिक-विज्ञान में लेखन की शैली, अर्थशास्त्र में लेखन की शैली से बिल्कुल अलग होती है और इन दोनों की लेखन शैली अंग्रेजी साहित्य से बिल्कुल अलग होती है। दो विभिन्न विषय-वस्तुओं के लेखन में पाया जाने वाला अंतर उनकी विषय-वस्तु में स्पष्ट तौर पर दिखने वाले अंतर से कहीं अधिक होता है। यह अंतर लेखन की संरचना एवं स्वरूप के रूप में होता है, जो कि ज्ञान के वैध साक्ष्य एवं उचित प्रकार की आवाज, स्वर तथा शैली के लिए आवश्यक होता है।

गणित में लेखन–ओ' हेलोरन ने गणित के लेखन की प्रकृति का वर्णन करते हुए, इसके तीन विभिन्न प्रकार्यों को दर्शाने वाली इसकी तीन लाक्षणिक प्रणालियों के आधार पर इसे "बहु-लाक्षणिक" कहा। इसके ये तीनों लक्षण इस प्रकार हैं–(1) समस्या को संदर्भित एवं उसका वर्णन करने वाली उसकी लिखित एवं मौखिक प्राकृतिक भाषा; (2) समस्या के समाधान के लिए प्रयोग किए जाने वाले संकेत (जैसे–$y - 0 = 2(x - 1) - y = 2x - 2$) एवं (3) 'दृश्यात्मक छवियाँ' जो कि समस्या का आरेख के रूप में अथवा दृश्यात्मक रूप में वर्णन करती हैं। यह इसका बहु-लाक्षणिक स्वरूप है।

इसका व्याकरणिक स्वरूप इस प्रकार का है–

- तकनीकी शब्दावली
- गहन संज्ञात्मक वाक्यांश
- होता है एवं रखता है – क्रियाएँ
- तकनीकी अर्थों वाले समुच्चय बोधक अव्यय (conjunctions)
- अंतर्निहित तार्किक संबंध

गणित की कक्षा में लेखन अधिगम को सुगम बनाता है, क्योंकि लेखन कार्यों के द्वारा छात्र अपने विचारों पर चिंतन कर सकते हैं, उनको व्यवस्थित, स्पष्ट एवं प्रतिबिंबित कर सकते हैं।

गणित में चिंतनशील लेखन निम्नलिखित में मदद करता है–

- गहरी समझ का निर्माण करने में।
- समस्या के समाधान के लिए अलग प्रकार से सोचने में।
- हल की विधि का वर्णन करने में।
- हल या व्याख्या के सत्यापन में।
- आगे क्या करना है? इसके निर्धारण में।
- क्या पूछा जा रहा है? इसका पता लगाने में।
- पूर्व के ज्ञान से संबंध स्थापित करने में।
- कितने आत्मविश्वास के साथ छात्र समस्या का हल निकालते हैं, यह बताने में।

गणित में लेखन का उदाहरण—द्विघात समीकरण का हल निकालने में धन (+) एवं ऋण (–) चिह्न का तात्पर्य–

प्रथम सवाल यह है कि द्विघात समीकरण के हल में धन (+) एवं ऋण (–) के चिह्न को $\pm$ के रूप में दर्शाए जाने का क्या तात्पर्य है?

$\pm$ का अर्थ है कि एक समीकरण के दो हल हो सकते हैं, अर्थात्–

समीकरण $ax^2 + bx + c = 0$ के दो हल हो सकते हैं–

$x = -b \pm \sqrt{b^2 - 4ac} / 2a$

या $x_1 = -b + \sqrt{b^2 - 4ac} / 2a$

व $x_2 = -b - \sqrt{b^2 - 4ac} / 2a$

उदाहरण के लिए यदि हमें एक पेराबोला का निम्न समीकरण दिया गया है– $x^2 = 4y$ (एक द्विघात समीकरण) तब प्रत्येक y के मान के संगत x के दो मान होंगे– $x = +2\sqrt{y}, x = -2\sqrt{y}$

जिसे ग्राफ द्वारा इस प्रकार दर्शाया जा सकता है–

y	0	1	4
x	0	±2	±4

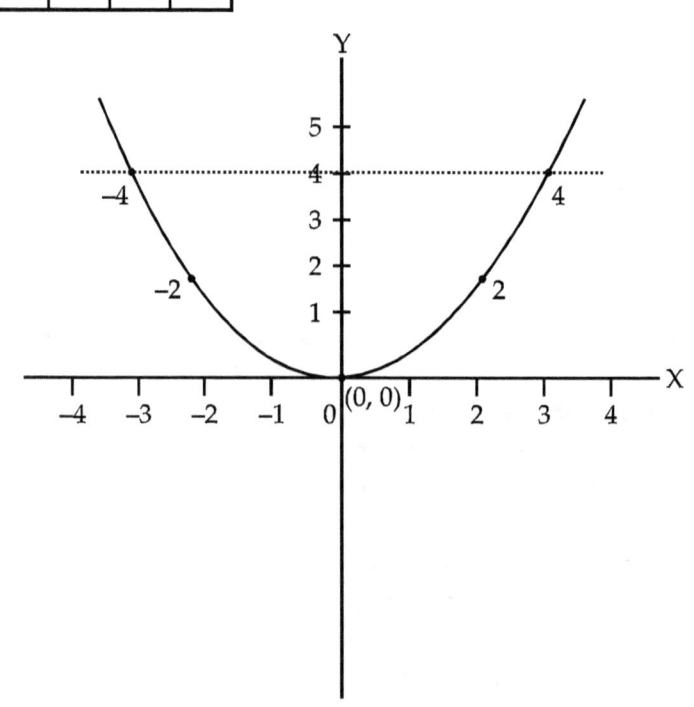

गणित के लेखन में शिक्षक की भूमिका—स्पिका (1990) के अनुसार, गणितीय लेखन के लिए अनेक रणनीतियाँ अपनाई जा सकती हैं। 'स्वतंत्र लेखन' एक ऐसी रणनीति है, जिसमें छात्र बिना किसी नियोजन अथवा संरचना के साधारण रूप से लिखते हैं (स्पिका, 1990)। इस गतिविधि के लिए, छात्रों को सामान्य से विषय दिए जाते हैं, जैसे कि गणित में आपको प्रिय लगने वाले विषय कौन-से हैं एवं क्यों हैं? दूसरा असामान्य अनौपचारिक लेखन कार्य है—'गणित पर अपनी आत्मकथा'। इस कार्य के अंतर्गत छात्र, गणित के अध्ययन के समय महसूस अपनी चिंताओं, डर अथवा आत्मविश्वास के संबंध में गणित के साथ रहे अपने अनुभवों का वर्णन करते हैं और इस प्रकार, शिक्षक गणित विषय के बारे में छात्रों की राय एवं मान्यताओं को अंदर तक जाँच सकते हैं।

पत्रिकाओं का प्रयोग, गणित के लेखन को उन्नत करने का एक अन्य तरीका है। गणित के लिए अलग से एक पत्रिका रखने से छात्र प्रोत्साहित हो सकते हैं। इन पत्रिकाओं में शिक्षक, छात्रों के लेखन को निम्नलिखित संवादों की मदद से सुगम बना सकते हैं—

- **वे संवाद जिनसे गणित के प्रति अभिवृत्ति का आकलन किया जा सके**—छात्र गणित के बारे में अपने व्यक्तिगत विचारों एवं अनुभवों को लिखते हैं, उदाहरणार्थ—जब मैंने गणित का अध्ययन आरंभ किया तब यह बहुत कठिन थी..., मुझे गणित से लगाव है, क्योंकि..., वे लोग जो गणित में अच्छे हैं..., जब मैंने गणित की परीक्षा के लिए तैयारी की आदि।

- **वे संवाद जिनसे गणित के अधिगम का आकलन किया जा सके**—छात्रों ने जो कुछ भी सीखा है, उसके बारे में लिखते हैं एवं जो कुछ भी वे जानते हैं अथवा नहीं जानते हैं, उस पर अपने विचार व्यक्त करते हैं। उदाहरणार्थ—सबसे महत्त्वपूर्ण बात जो मैंने आज सीखी, मैं आज के कौशल का अपनी वास्तविक जिंदगी में उपयोग कर सकता/सकती हूँ, जब मैं......, आज मैंने गणित का उपयोग किया, जबकि........, इस इकाई के अंत में, मैं इस योग्य बनना चाहता हूँ कि........, इस कौशल के लिए कुछ अच्छे परीक्षा-प्रश्न इस प्रकार हैं..... आदि।

- **वे संवाद जिनसे प्रक्रिया का आकलन किया जा सके**—छात्र इस बात का वर्णन करते हैं कि समस्या का हल किस प्रकार निकाला जाता है या उसके संबंध में किसी विशेष कौशल या रणनीति की चर्चा करते हैं। उदाहरणार्थ—इस समस्या को हल करने के ये दो तरीके हैं, मैं जानता हूँ कि मेरा उत्तर तब सही होता, जबकि...., इस प्रश्न को हल करने के लिए जो दूसरी रणनीति अपनाई जा सकती थी, वह इस प्रकार है...., इस सवाल में मुझसे यह स्टेप छूट गया था....., मैं यह कर सकता था, इस समस्या को हल करते समय याद रखी जाने वाली सबसे महत्त्वपूर्ण बात यह है कि....आदि।

विज्ञान में लेखन—विज्ञान में लेखन/वैज्ञानिक लेखन से अभिप्राय 'विज्ञान के लिए लिखना' है। विज्ञान वस्तुत: एक खास दृष्टिबोध, विशिष्ट अध्ययन पद्धति है। वह व्यक्ति की प्रश्नाकुलता का समाधान करती है और उसे क्रमश: आगे बढ़ाती है। आस-पास घट रही घटनाओं के मूल में जो कारण हैं, उनका क्रमबद्ध, विश्लेषणात्मक एवं तर्कसंगत बोध, जिसे

प्रयोगों की कसौटी पर जाँचा-परखा जा सके, विज्ञान है। 'विज्ञान गल्प' ऐसी काल्पनिक कहानी को कहा जा सकता है, जिसका यथार्थ से दूर का रिश्ता हो, मगर उसकी नींव किसी ज्ञात अथवा काल्पनिक वैज्ञानिक सिद्धांत या आविष्कार पर रखी जाए। संक्षेप में विज्ञान साहित्य का लक्ष्य बच्चों के मन में विज्ञान-बोध का विस्तार करना है, ताकि वे अपनी निकटवर्ती घटनाओं का अवलोकन वैज्ञानिक प्रबोधन के साथ कर सकें।

विज्ञान लेखन का क्षेत्र बहुत विशाल है। अनेक माध्यमों के लिए विविध प्रकार का लेखन किया जा सकता है। समाज में तीन तरह के पाठक, श्रोता, दर्शक हैं – वैज्ञानिक, छात्र व शिक्षक और जन सामान्य। पहले लक्ष्य वर्ग में वैज्ञानिक हैं, जो वैज्ञानिक भाषा में लिखते हैं और अन्य वैज्ञानिक उस भाषा को समझते हैं। दूसरा लक्ष्य वर्ग है–शिक्षक व छात्र। इनके लिए वैज्ञानिक पाठ्य पुस्तकें तथा वैज्ञानिक लेख लिखे जाते हैं, जिनमें अर्द्ध तकनीकी भाषा का प्रयोग किया जाता है। इस प्रकार का वैज्ञानिक लेखन शिक्षकों के 'लेक्चर नोट्स' या 'क्लासरूम नोट्स' की लीक पर चलता है। छात्र उसी अर्द्ध तकनीकी भाषा को पढ़ते-पढ़ते स्नातक स्तर पर वैज्ञानिकों की तकनीकी भाषा समझने में समर्थ होने लगते हैं। तीसरे वर्ग में करोड़ों लोग हैं।

आवश्यकता है कि विभिन्न विषयों के विद्वान और वैज्ञानिक इस देश के आम जन को ध्यान में रखकर राष्ट्रीय भाषाओं में वैज्ञानिक लेखन में प्रवृत्त हों। इसके लिए उन्हें अपने लक्ष्य पाठक समाज को ध्यान में रखकर अलग-अलग प्रकार की शैलियाँ विकसित करनी होंगी, क्योंकि बच्चों के लिए, विद्यार्थियों के लिए, जनसाधारण के लिए और विशेषज्ञों के लिए वैज्ञानिक लेखन की शैली एक जैसी नहीं हो सकती। विज्ञान को सरल तथा सहज भाषा में लिखा जाना चाहिए ताकि विज्ञान की सामान्य जानकारी रखने वाला या विज्ञान से अनभिज्ञ आम पाठक तथा श्रोता उसे आसानी से समझ सके।

भारत के महान गणितज्ञ भास्कराचार्य द्वितीय (1150 ई.) के ग्रंथ 'सिद्धांत शिरोमणि' के अंतर्गत 'गोलाध्याय' में बताई गई वैज्ञानिक लेखन की विशेषताएँ इस प्रकार हैं–

- वैज्ञानिक साहित्य की भाषा अधिक कठिन नहीं होनी चाहिए।
- उसमें अनावश्यक विवरण नहीं होने चाहिए।
- उसमें मूल सिद्धांतों की सही-सही और सटीक व्याख्या की जानी चाहिए।
- उसमें भाषागत स्पष्टता और गरिमा का निर्वाह किया जाना चाहिए।
- उसमें विषय को पर्याप्त उदाहरणों द्वारा पुष्ट किया जाना चाहिए।

विषय-क्षेत्र के रूप में विज्ञान एक बहु-मॉडल है, अर्थात् इसमें बातचीत एवं उत्पादों को विभिन्न रूपों में प्रस्तुत किया जा सकता है। एक ही अवधारणा या प्रक्रिया के लिए ये वर्णनात्मक (मौखिक, आरेखिक, सारणी के रूप में), प्रायोगिक, गणितीय, अलंकारिक (चित्र, रूपक के रूप में) या सांकेतिक प्रस्तुतीकरण के रूप में हो सकते हैं।

वैज्ञानिक शैलियाँ–विज्ञान के लेखन में प्रमुख शैलियाँ हैं, जो इस प्रकार हैं–कथा/गल्प (narrative), वर्णन (description), व्याख्या (explanation), अनुदेशन (instruction) एवं तर्क (argumentation)। इनमें से कथा लेखन विज्ञान में बहुत कम प्रयुक्त होता है।

- 'वर्णन' में वैयक्तिक, व्यावहारिक बुद्धि (common sense) से संबंधित एवं तकनीकी वर्णन शामिल हैं, साथ ही इसमें सूचनात्मक एवं वैज्ञानिक रिपोर्ट एवं

परिभाषाएँ शामिल हैं। वर्णनात्मक लेखनों की संरचना अक्सर घटनाओं की कालक्रमबद्ध श्रेणियों के रूप में होती है या वैज्ञानिक रूप से स्थापित वर्गीकृत प्रणाली के रूप में होती है। इन वर्णनों के अंतर्गत सूचनाएँ (क्या, कब, क्यों, कहाँ, कैसे, कौन) भी आती हैं, जिनकी संरचना स्वीकृत रिपोर्टिंग के रूप में होती है।

- 'व्याख्या' में कारण-प्रभाव प्रारूप में क्रमिक रूप में दी गई घटनाएँ शामिल होती हैं। व्याख्या में स्थापित विचारों को प्रेक्षित प्रभावों के साथ जोड़ने का प्रयास किया जाता है।
- 'अनुदेशनों' के अंतर्गत व्यक्तिगत रूप से किए गए प्रयोग, विधि या दिशा-निर्देशों को निर्दिष्ट करने के लिए प्रक्रियाओं का एक क्रम आता है। अनुदेशनों में प्रभावी ढंग से चरणों की एकश्रृंखला दी गई होती है, जिनका क्रम जाँचे-परखे गए विज्ञान के द्वारा निर्धारित किया जाता है।
- 'तर्क' में, किसी निबंध, बहस, रिपोर्ट या समीक्षा में, किसी को समझाने के लिए दिए गए किसी तर्क का तार्किक क्रम शामिल है। तर्क उस मुद्दे की सीमाओं एवं शर्तों को बताने का प्रयास करते हैं और फिर उन दृष्टिकोणों को तार्किक रूप से गलत ठहराते हुए स्वयं के समर्थन में तर्क प्रस्तुत करते हैं या फिर वैकल्पिक विवेचनाएँ प्रस्तुत करते हैं।

शिक्षक की भूमिका—अनेक शोधात्मक साक्ष्य हैं। विज्ञान से संबंधित विषयों पर लिखते समय छात्र अपनी सोच को स्पष्ट करते हैं एवं नए दृष्टिकोणों की खोज करते हैं, इस बात का स्पष्टीकरण देने के लिए अनेक अनुसंधानात्मक साक्ष्य उपलब्ध हैं। सामान्यतः छात्र एक विषय का चयन करते हैं, समझ को दोहराते हैं, उत्पाद का खाका तैयार करते हैं एवं अपने उत्पाद को अंतिम रूप देते हैं। विज्ञान लेखन की रणनीति में, विज्ञान की भाषा की द्वैती प्रकृति (गणित एवं अंग्रेजी) का प्रभावी रूप से प्रयोग किया जाना, आँकड़ों का आरेखीय प्रदर्शन किया जाना, वैज्ञानिक शब्दावली, वैज्ञानिक रूपकों, दृश्यों का प्रयोग, उचित शैली का प्रभावी रूप से प्रयोग, उद्देश्य, श्रोता एवं भाषा आदि शामिल हैं।

विज्ञान में सीखने के लिए लेखन के कार्यों के विकास का दिशा-निर्देश करने वाले सिद्धांत—

- लेखन की प्रक्रिया में विज्ञान की विषय-वस्तु को केंद्र में रखकर चलना चाहिए।
- ज्ञान के संश्लेषण एवं संरचना में छात्रों की मदद करनी चाहिए।
- छात्र लेखकों को एक वास्तविक श्रोता उपलब्ध करवाना चाहिए, जो उनका मूल्य आँक सके, उनके सामने प्रश्न कर सके और उनके समर्थन में आलोचना कर सके।
- विभिन्न स्रोतों से जानकारी एकत्रित करने, पूर्व लेखन, ध्यान केंद्रित करने एवं रणनीतिक नियोजन में समय व्यतीत करना चाहिए।
- साथ-साथ शिक्षक समर्थन, दिशा-निर्देश एवं स्पष्ट अनुदेशन भी छात्रों को प्रदान करने चाहिए।

- अवधारणात्मक प्रश्नों को बताने एवं गलतफहमी को स्पष्ट करने के लिए, समर्थन में की गई आलोचना के आधार पर संशोधन एवं पुनर्संरचना को प्रोत्साहन देना चाहिए।
- संशोधन एवं संपादन (editing) के बीच अंतर स्पष्ट करना चाहिए।
- विद्यार्थियों को विज्ञान के बारे में उनके स्वयं के शब्दों में लिखने का अवसर देना चाहिए। इससे उन्हें अपने लिए विचारों को तैयार करने का अवसर मिलेगा और शिक्षक को उनकी समझ के स्तर के बारे में जानने का अवसर प्राप्त होगा।

विज्ञान के लेखन में निम्नलिखित गतिविधियाँ प्रयुक्त की जा सकती हैं–

- **वर्णनात्मक निबंध**, जिसमें छात्रों से विज्ञान की अवधारणा (जैसे–कोशिका विभाजन, प्रकाश-संश्लेषण आदि) का गहराई से वर्णन करने के लिए कहा जाता है।
- **परियोजना-आधारित गतिविधियाँ**, जिनमें नवीन विचारों का सृजन शामिल हो।
- **क्षेत्रीय दौरों पर आधारित टिप्पणियाँ**, जहाँ छात्र जीव एवं वनस्पति जगत तथा प्राकृतिक जगत पर अपने अवलोकनों को रिकॉर्ड करते हैं।
- **यात्रा दैनिकी**, जिनमें छात्र प्रयोगशाला में संचालित अपने प्रयोगों की रिपोर्ट दर्ज करते हैं एवं जो प्रयोगशाला रिपोर्ट से भिन्न होती हैं। यात्रा दैनिकी में की जाने वाली प्रविष्टियाँ अवलोकनों, परिकल्पनाओं, विधियों एवं निष्कर्षों पर ध्यान केंद्रित करती हैं। प्रयोगों के संचालन के समय की गई गलतियाँ एवं अनुभव की गई समस्याएँ भी इनमें रिकॉर्ड की जाती हैं।
- **विज्ञान डायरियाँ**, जिनमें विज्ञान की क्विज, प्रदर्शनियों एवं प्रतियोगिताओं में सहभागिताओं के अनुभव रिकॉर्ड किए जाते हैं।
- समाचार-पत्रों के संपादकों, क्षेत्रीय समुदाय के सदस्यों, राजनीतिक नेताओं को लिखे जाने वाले **पत्र** जिनमें छात्र मुद्दों को उठाने एवं/अथवा उनका ध्यान आकर्षित करने के लिए समकालीन एवं प्रसिद्ध कहानियों एवं विषयों के बारे में लिखते हैं।

लेखन में अवधारणा मानचित्रों का प्रयोग–अवधारणा मानचित्र (Concept Maps) छात्रों के लेखन में प्रयुक्त विचारों के मध्य संबंध को दर्शाते हैं। ये लेखन से बचने वाले उन सभी छात्रों की मदद करते हैं, जिनके लेखन में स्पष्टता एवं सामंजस्य का अभाव होता है। अवधारणा मानचित्र, मुख्य विषय अथवा केंद्रीय अवधारणा से जुड़ी सभी उपअवधारणाओं का आरेखीय चित्रण प्रस्तुत करते हैं। ये पदानुक्रमित रूप से संरचित होते हैं, जिनमें सामान्य अवधारणाएँ शीर्ष पर होती हैं और अधिक विशिष्ट अवधारणाएँ तल पर होती हैं।

दैनिक जीवन में प्रयुक्त विज्ञान संबंधी उदाहरणों (जल-चक्र, प्रकाश-संश्लेषण, द्रव्यमान और पदार्थ आदि) का प्रयोग करते हुए शिक्षक छात्रों को अवधारणा मानचित्रों का निर्माण करना सिखाते हैं।

अवधारणा मानचित्रण एक बिल्कुल अलग पर एक पूरक तकनीक है, जो विचारों के संगठन और अवधारणाओं के बीच के संबंध स्थापित करती है (शब्द 'अवधारणा' का

उपयोग ऐसे किसी भी शब्द का वाक्यांश के अर्थ में किया जाता है, जिसका कोई वैज्ञानिक अर्थ हो)। अवधारणाओं को एक तीर से जोड़ा जाता है और शब्द, उस जुड़ाव के बारे में समझाते हैं। तीर की दिशा बताती है कि वाक्य किस दिशा में पढ़ा जाना चाहिए। इसका एक उदाहरण नीचे चित्र में देखा गया है।

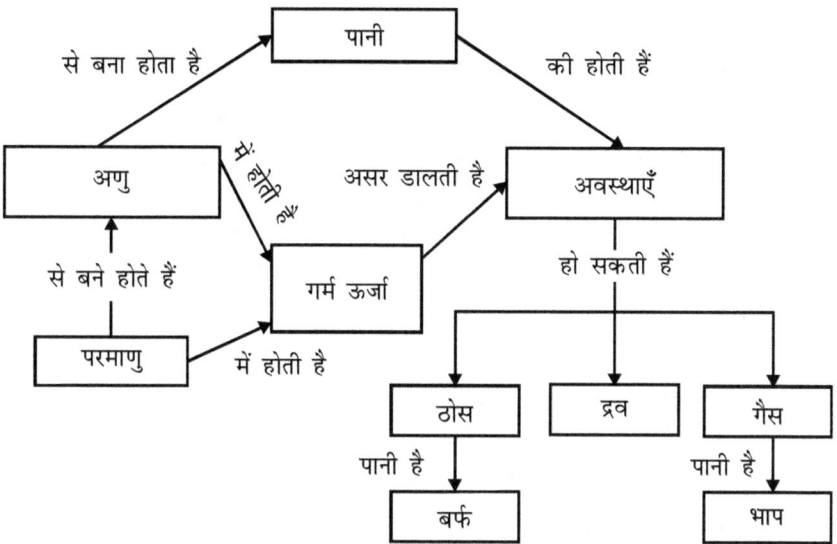

अवधारणा मानचित्रण, देखकर सीखने वालों को विशेष रूप से आकर्षित करते हैं, पर सभी विद्यार्थी इनके उपयोग से लाभान्वित हो सकते हैं, क्योंकि ये मानचित्र असल में एक कार्यनीति है, जिसका उपयोग विभिन्न तरीकों से किया जा सकता है।

अवधारणा मानचित्रण महत्त्वपूर्ण है, क्योंकि इससे–

- किसी विषय को पढ़ाने से पहले आपको यह पता चल सकता है कि आपके विद्यार्थी क्या जानते व समझते हैं, जिससे आप अपने शिक्षण को उनके सीखने संबंधी आवश्यकताओं की दिशा में अधिक सटीक ढंग से केंद्रित कर सकते हैं।
- विद्यार्थियों को जटिल विचारों को लिखने की तुलना में अधिक आसानी और तेजी से बताने में मदद मिल सकती है।
- यह पता लगाया जा सकता है कि आपके विद्यार्थियों की समझ किस प्रकार विकसित हुई है।
- शिक्षण साधन और पुनरावृत्ति के लिए प्रयोग किया जा सकता है।

अवधारणा मानचित्र तैयार करने के निम्न चरण हैं–

- मुख्य विषय या अवधारणा को पृष्ठ के शीर्ष अथवा केंद्र में लिखें;
- उप-विषयों को सर्वाधिक सामान्य से लेकर सर्वाधिक विशिष्ट तक के क्रम में व्यवस्थित करें;
- जो अवधारणा शब्द सकारात्मक रूप से जुड़े हैं, उनके बीच में रेखाएँ खीचें।
- अवधारणाएँ किस प्रकार जुड़ी हैं, यह दर्शाने के लिए रेखाओं पर पूर्वसर्ग या क्रिया के रूप में जुड़ाव वाले शब्द अथवा छोटे कथन लिखें।

- यदि आवश्यक हो तो संबंध को दर्शाने के लिए आड़े-तिरछे जुड़ावों का प्रयोग करें।
- रेखा को जिस दिशा में पढ़ा जाना चाहिए, यह दर्शाने के लिए रेखा पर तीर लगाएँ।

समाज विज्ञान में लेखन—समाज विज्ञान के लेखन में विज्ञान एवं मानविकी के लेखन की विशेषताएँ संयुक्त रूप से शामिल होती हैं। उदाहरण के लिए, भूगोल में पाठ्य जो कि तथ्यों पर आधारित होते हैं, के साथ आरेखों, चित्रों एवं मानचित्रों का संयोजन इसे प्राकृतिक विज्ञान के करीब लाता है। लेकिन समाज वैज्ञानिकों के लिए यह संभव नहीं है कि वे वैज्ञानिकों की तरह सूक्ष्मदर्शी के नीचे उस प्रकार से सामाजिक संस्थाओं, सामाजिक व्यवहारों एवं सामाजिक प्रथाओं का परीक्षण कर सकें, जैसे कि वे उसके नीचे एक कोशिका अथवा पत्ती की संरचना आदि का परीक्षण करते हैं। चूँकि समाज विज्ञान विश्व के मानवीय पहलुओं का अध्ययन करता है जो कि अनिश्चित होते हैं एवं परिवर्तनीय होते हैं, अत: समाज विज्ञान में लेखन अक्सर तार्किक शैली का होता है, जिसमें साक्ष्य शंका का निवारण, विभिन्न सिद्धांतों के अंतर्गत दिए गए अनुमानों का विश्लेषण एवं जाँच-पड़ताल आदि शामिल होते हैं। समाज विज्ञान में लेखन, चर्चा, विश्लेषण, व्याख्या आदि रूपों में हो सकता है, जिनमें से प्रत्येक के अपने विशिष्ट उद्देश्य होते हैं। चर्चा प्रारूप में अपना बचाव करते हुए तार्किक रूप से निर्मित तर्क होते हैं। अक्सर, वहाँ चर्चा एवं विश्लेषण के मध्य ओवरलेपिंग होती है।

किसी दिए गए विषय के विश्लेषण में आसानी से समझने के लिए एक तर्क का टुकड़ों में प्रस्तुतीकरण, इसमें अंतर्निहित मान्यताओं पर किए गए सवाल शामिल होते हैं एवं अपने स्वयं के शब्दों में इसकी समीक्षात्मक व्याख्या की जाती है।

इसी प्रकार 'तुलनात्मक एवं विरोधी लेखन' में भी समाज वैज्ञानिकों/लेखकों के लेखनों के बीच की समानताएँ एवं अंतरों को दर्शाते हुए कुछ बिंदु दिए गए होते हैं।

प्रश्न 15. कक्षा में 'सीखने के लिए लिखना' पर टिप्पणी कीजिए।

उत्तर— स्वतंत्र लेखन का प्रमुख उद्देश्य है—व्याकरण, वर्तनी, विराम चिह्न एवं अन्य पर ध्यान दिए बिना किसी अवधारणा के संबंध में छात्रों की समझ विकसित करने में छात्रों की मदद करने हेतु पूर्व ज्ञान को सक्रिय करते हुए उनमें स्वतंत्र अवधारणाओं के निर्माण के लिए लेखन का प्रयोग करना, जैसे—

- छात्रों से किसी भी विषय के हाल ही में पढ़ाए गए किसी पाठ पर आधारित कम से कम दस प्रश्नों वाली एक प्रश्नोत्तरी तैयार करने के लिए कहा जा सकता है।
- छात्रों से दिए गए अव्यवस्थित वाक्यों को क्रम से लिखकर एक सार्थक पैराग्राफ बनाने के लिए कहा जा सकता है।
- छात्रों से किसी भी विषय में हाल ही में पढ़े किसी पाठ का सारांश बताने के लिए एक पैराग्राफ लिखने के लिए कहा जा सकता है।
- एक कहानी सुनाकर उनसे उस कहानी का अनुमान लगाते हुए उसका अंत लिखने के लिए कहा जा सकता है।

सीखने के प्रयोजन से लेखन की निम्न गतिविधियों का प्रयोग किया जा सकता है—

- **प्रॉम्प्ट लेखन**—साफ-सुथरी लिखाई और समनुरूप रिक्तियों का प्रयोग करते हुए समुचित विराम-चिह्न, वर्तनी तथा व्याकरण का संकेत देते हुए छात्रों से प्रतिलेखन कौशल के प्रदर्शन के लिए कहा जा सकता है। शिक्षकों को यह भी स्पष्ट करना चाहिए कि इस प्रकार के विवरण कैसे, अभिप्रेरित पाठकों पर पाठ के समग्र प्रभाव को बढ़ाने में योगदान दे सकते हैं।
- **तकनीकी शब्दों को छात्रों द्वारा अपने शब्दों में लिखना**—शिक्षक छात्रों से विज्ञान, समाज विज्ञान के अब तक सीखे गए पदों एवं अवधारणा को उनके अपने शब्दों में अनुवाद करने के लिए कहते हैं, ताकि वे उन्हें आसानी से समझ सकें, उनके संबंध में गलत अवधारणाओं को दूर कर सकें। यह कार्य लेखन संबंधी असाइनमेंट्स, गतिविधियों एवं चर्चाओं द्वारा पूरा किया जा सकता है।
- **अनुमान एवं लेखन**—इस रणनीति का शिक्षक इसलिए प्रयोग करते हैं, ताकि छात्र प्रयोग एवं परीक्षण से पूर्व अनुमान लगा सकें एवं लेखन कर सकें। उदाहरण के लिए, शिक्षक छात्रों से पूछ सकते हैं कि रासायनिक प्रक्रिया के दौरान द्रव्यमान का क्या होता है, यह बढ़ता है अथवा घटता है? एवं क्यों? बीज किन परिस्थितियों में अंकुरित एवं प्रस्फुटित होते हैं? आदि।
- **एक मिनट का पेपर**—यह ऐसी गतिविधि है, जिसे सामान्यत: तीन से पाँच मिनट की आवश्यकता होती है। छात्रों से कहा जाता है कि जो कुछ भी उन्होंने आज के व्याख्यान से असाइनमेंट के पठन से, प्रयोगशाला अथवा चर्चाओं से सीखा है, उनमें से 'सबसे महत्त्वपूर्ण' बिंदुओं को सारांश रूप में लिखें। पाठ्यपुस्तकों को बंद रखा जाता है। छात्र एक बार पुन: अपने पूर्व के ज्ञान का उपयोग करते हैं।
- **सारांश को वाक्य में लिखना**—कक्षाकक्ष गतिविधियों एवं गृह कार्य की तरह छात्र किसी विशिष्ट विषय से संबंधित प्रश्नों के उत्तर एक बड़े से वाक्य के रूप में देते हैं। इसके अंतर्गत छात्र कौन, क्या, किसको, कैसे, कब, किसने, कहाँ एवं क्यों आदि के उत्तर के रूप में वाक्य को लिखते हैं। विषय कोई ऐतिहासिक घटना पर आधारित हो सकता है, किसी उपन्यास या कहानी का खाका हो सकता है, एक रासायनिक अभिक्रिया से जुड़ा हो सकता है, एक यांत्रिक अभिक्रिया से जुड़ा हो सकता है अथवा एक जीव-वैज्ञानिक प्रक्रिया से जुड़ा हो सकता है। इस तकनीक से छात्र जटिल सामग्री को छोटी इकाइयों में विभाजित, व्यवस्थित, संश्लेषित एवं परिशोधित करके उसे सरल बना सकते हैं, ताकि उनका संशोधन एवं याद रखना सरल हो जाए।

Gullybaba Publishing House (P) Ltd.
ISO 9001 & ISO 14001 Certified Co.

Feedback

यद्यपि हम पूरी कोशिश करते हैं कि जी.पी.एच. की पुस्तकों में किसी भी प्रकार की कोई गलती न रहे। फिर भी यदि आप हमारी पुस्तकों में किसी भी प्रकार की कोई गलती या सुझाव बताना चाहते हैं, तो कृपया हमें जरूर सूचित करें, ताकि हम अपनी भूल को जल्दी से जल्दी सुधार सकें। आपका बताना, दूसरे छात्रों को उलझनों में समय गवाने से बचा सकता है। साथ ही साथ छात्रों को उच्च गुणवत्ता वाली अध्ययन सामग्री प्राप्त करने में आप उनकी मदद कर सकते हैं।

गलतियाँ बताने पर आपको नई edition की book और ₹500 के voucher/letter of contribution दिया जाएगा।

Visit: Gullybaba.com/feedback.html

feedback@gullybaba.com

You deserve nothing less than Best

9. पाठ्यचर्यापर्यंत भाषा का आकलन
Assessing Language Across the Curriculum

भूमिका

शिक्षा के क्षेत्र में जब तक शिक्षण एवं अधिगम कार्यक्रम का मूल्यांकन नहीं किया जाएगा, तब तक अधिगमकर्त्ताओं एवं शिक्षकों की उपलब्धियों के बारे में पता नहीं लगाया जा सकेगा, अत: यह वास्तविकता है कि मूल्यांकन शिक्षण एवं अधिगम प्रक्रिया का अभिन्न अंग है। मूल्यांकन प्रक्रिया के माध्यम से अध्यापक केवल विद्यार्थी की शिक्षण संबंधी उपलब्धियों का ही मूल्यांकन नहीं करता है, बल्कि उसके लिए अधिगम संबंधी अनुभवों, क्रिया-विधियों, साधनों एवं प्रयोग की गई सामग्री का भी मूल्यांकन करता है। मूल्यांकन प्रक्रिया के द्वारा ही विद्यार्थियों की योग्यता की जाँच की जा सकती है तथा तुलना करके उन्हें ग्रेड व रैंक देकर प्रोन्नत किया जा सकता है। मूल्यांकन के आधार पर ही विद्यार्थियों का चयन प्रवेश देने एवं छात्रवृत्ति प्रदान करने के लिए किया जा सकता है। मूल्यांकन का मूल उद्देश्य शिक्षा की गुणवत्ता में सुधार करने के साथ-साथ विद्यार्थियों के व्यक्तित्व का सर्वांगीण विकास करना भी है। अत: शिक्षा की गुणवत्ता बनाए रखने के लिए सतत् मूल्यांकन प्रक्रिया का होना अत्यंत आवश्यक है।

प्रश्न 1. मूल्यांकन से क्या अभिप्राय है? समझाइए।

उत्तर— मूल्यांकन अध्यापन-अधिगम प्रक्रिया का एक महत्त्वपूर्ण अंग है। यह पढ़ाने में शिक्षकों की तथा सीखने में विद्यार्थियों की मदद करता है। मूल्यांकन एक निरंतर चलने वाली प्रक्रिया है, न कि आवधिक। यह मूल्य निर्धारण में शैक्षिक स्तर अथवा विद्यार्थियों की उपलब्धियों को जानने में सहायक होता है।

शिक्षा के क्षेत्र में मूल्यांकन का प्रमुख कार्य शिक्षा को उद्देश्य केंद्रित बनाना है जिसके आधार पर व्यक्ति के संपूर्ण व्यक्तित्व के विकास की जानकारी प्राप्त की जा सकती है। अत: मूल्यांकन को अनेक शिक्षाशास्त्रियों ने अग्र रूप से परिभाषित किया है—

रेमर्स एवं **गेज** के अनुसार, "मूल्यांकन के अंतर्गत व्यक्ति या समाज, दोनों की दृष्टि से जो उत्तम एवं वांछनीय होता है, उसका ही प्रयोग किया जाता है।"

गैरट के अनुसार, "मूल्यांकन, परीक्षा प्रश्नों का ऐसा समूह है, जो किसी कौशल या योग्यता की जाँच करने के लिए तैयार किया जाता है।"

शिक्षण अनुसंधान विषय कोष के अनुसार, "मूल्यांकन अपेक्षाकृत नवीन तकनीकी शब्द है, जिसका प्रयोग मापन की पारस्परिक परीक्षा व परीक्षण को अधिक विस्तृत अर्थ देने के लिए किया गया है।"

टी.एल. टॉरगेर्सन के अनुसार, "मूल्यांकन वह साधन है, जिसके आधार पर विद्यार्थियों में निहित किसी योग्यता का मूल्य ज्ञात किया जाता है।"

क्विलेन तथा **हन्ना** के अनुसार, "विद्यालय के द्वारा हुए बालक के व्यवहार परिवर्तन के विषय में साक्षियों के संकलन तथा उनकी व्याख्या करने की प्रक्रिया ही मूल्यांकन है।"

जेम्स एम. ली के अनुसार, "मूल्यांकन विद्यालय, कक्षा तथा स्वयं के द्वारा निर्धारित शैक्षिक उद्देश्यों को प्राप्त करने के संबंध में विद्यार्थियों की उन्नति की जाँच है। मूल्यांकन का मुख्य प्रयोजन विद्यार्थियों को सीखने की प्रक्रिया को अग्रसर व निर्देशित करना है। इस प्रकार मूल्यांकन एक नकारात्मक प्रक्रिया न होकर सकारात्मक प्रक्रिया है।"

उपरोक्त परिभाषाओं के आधार पर कहा जा सकता है कि, "मूल्यांकन व्यावहारिक परिवर्तनों के प्रमाणों को एकत्रित करने की विधि है, जिसके द्वारा उन परिवर्तनों की दिशाओं और सीमाओं का निर्णय किया जा सकता है। इसके लिए शिक्षण के उद्देश्यों का स्पष्ट ज्ञान तथा शिक्षण स्थितियों की व्यवस्था अत्यंत आवश्यक होती है। मूल्यांकन की प्रक्रिया द्वारा किसी तथ्य, विचार या घटनाओं के विषय में यह निर्णय लिया जाता है कि वह वांछनीय है या नहीं।" अत: यह कहा जा सकता है कि—

- मूल्यांकन गुणात्मक (Qualitative) या मात्रात्मक (Quantitative) दोनों प्रकार का हो सकता है।
- मूल्यांकन द्वारा पूर्व निर्धारित कसौटी पर किसी विवरण को कसकर उसकी योग्यता को आँका जाता है।
- मूल्यांकन एक व्यापक प्रक्रिया है, जिसके द्वारा बालक में व्यक्तित्व के परिवर्तनों तथा शिक्षा कार्यक्रमों के मुख्य उद्देश्यों की तरफ ध्यान दिया जाता है।

प्रश्न 2. मूल्यांकन की आवश्यकता एवं महत्त्व की चर्चा कीजिए।

अथवा

मूल्यांकन की आवश्यकता क्यों है? व्याख्या कीजिए।

उत्तर— मूल्यांकन की आवश्यकता एवं महत्त्व मानव जीवन में प्रत्येक स्तर पर अनुभव किए जाते हैं। मूल्यांकन के विविध पक्षों के संदर्भ में आवश्यकता एवं महत्त्व को निम्नलिखित रूप में स्पष्ट किया जा सकता है—

(1) मूल्यांकन की प्रशासनिक आवश्यकता एवं महत्त्व— विद्यालय में प्रशासनिक दृष्टि से छात्रों के संदर्भ में विभिन्न प्रकार की सूचनाओं को संकलित करने में तथा अभिलेख निर्धारण में मूल्यांकन की आवश्यकता अनुभव की जाती है, जैसे—छात्रों का संचित अभिलेख पत्र तैयार करना, छात्रों के अभिभावक एवं माता-पिता के संबंध में सूचना प्राप्त करना, छात्र का एक कक्षा से दूसरी कक्षा में स्थानांतरण होना आदि विषयों में मूल्यांकन प्रक्रिया का प्रत्यक्ष एवं अप्रत्यक्ष रूप से सहयोग होता है।

(2) मूल्यांकन की शैक्षिक आवश्यकता एवं महत्त्व— मूल्यांकन की आवश्यकता शैक्षिक गतिविधियों एवं शिक्षा व्यवस्था से संबद्ध प्रत्येक क्षेत्र में अनुभव की जाती है, जैसे—छात्रों के स्तरानुकूल पाठ्यक्रम निर्माण करने में, छात्रों को उनकी योग्यता एवं रुचि के अनुसार वर्ग निर्धारण करने में, छात्रों के शिक्षा मार्ग में आने वाली कठिनाइयों का समाधान करने में, व्यावहारिक शिक्षा के चयन एवं अध्ययन में, छात्रों में कुसमायोजन के कारणों का पता लगाने में तथा उसके समाधान में तथा शिक्षकों के लिए उचित शैक्षिक नीतियों का निर्धारण करने आदि में मूल्यांकन का उपयोग किया जाता है। इसलिए मूल्यांकन शैक्षिक प्रक्रिया का एक आवश्यक एवं अभिन्न अंग है।

(3) मूल्यांकन की शैक्षिक अनुसंधानों में आवश्यकता एवं महत्त्व— मूल्यांकन की आवश्यकता शैक्षिक अनुसंधानों में भी व्यापक रूप से होती है। अनुसंधान से प्राप्त निष्कर्षों की प्रभावशीलता का मूल्यांकन करने के पश्चात् ही उसे स्वीकार किया जाता है। इसी प्रकार शैक्षिक व्यवस्था में अनेक प्रकार की समस्याओं का ज्ञान भी मूल्यांकन के माध्यम से संभव होता है जिन पर कि शिक्षाशास्त्रियों द्वारा अनुसंधान किया जाता है। इस प्रकार मूल्यांकन प्रत्यक्ष एवं अप्रत्यक्ष रूप से अनुसंधान संबंधी प्रक्रिया में सहायक है।

(4) छात्रों के लिए मूल्यांकन की आवश्यकता एवं महत्त्व— छात्रों की प्रगति का मूल्यांकन करने पर छात्रों को इस तथ्य का ज्ञान हो जाता है कि उनके द्वारा कितना ज्ञान प्राप्त कर लिया गया है तथा कितना शेष है व छात्र सफलता प्राप्त करने के लिए अधिक परिश्रम करते हैं। मूल्यांकन के माध्यम से छात्रों को अपनी अध्ययन संबंधी त्रुटियों का ज्ञान हो जाता है तथा शिक्षक द्वारा भी उनको शिक्षण-अधिगम प्रक्रिया में की जाने वाली त्रुटियों के बारे में बताया जाता है जिसके परिणामस्वरूप छात्र अपनी त्रुटियों में सुधार करके अधिगम स्तर को उच्च बनाते हैं। इस कार्य से उपचारात्मक शिक्षण की व्यवस्था भी छात्रों के लिए उपलब्ध कराई जाती है।

(5) मूल्यांकन की विद्यालय के लिए आवश्यकता एवं महत्त्व— विद्यालय के लिए भी मूल्यांकन महत्त्वपूर्ण स्थान रखता है। मूल्यांकन के आधार पर विद्यालय को अपनी संचालित शैक्षणिक एवं पाठ्यक्रम सहगामी क्रियाओं की प्रगति के बारे में ज्ञान संभव होता है। इस आधार पर विद्यालय में प्रचलित विभिन्न कार्यों की गुणवत्ता (quality) में सुधार लाया जाता है, क्योंकि मूल्यांकन करने पर ही सभी विद्यालयी गतिविधियों की त्रुटियों का ज्ञान होता है तथा उनमें आवश्यक सुधार किया जाता है, जैसे—शिक्षण कार्य, पाठ्यक्रम सहगामी क्रियाएँ एवं सामुदायिक कार्य एवं विद्यालय द्वारा निर्धारित उद्देश्यों की प्राप्ति आदि।

(6) समाज के लिए मूल्यांकन की आवश्यकता एवं महत्त्व—समाज के लिए भी मूल्यांकन की आवश्यकता है। विद्यालयों की स्थापना समाज की आकांक्षा एवं हित पूर्ति के लिए की जाती है। विद्यालयों में संपन्न होने वाले विविध क्रियाकलाप समाज की भावना के अनुरूप हैं या नहीं, इस तथ्य का निर्धारण मूल्यांकन द्वारा किया जाता है। मूल्यांकन द्वारा यह ज्ञात किया जाता है कि विद्यालय की गतिविधियाँ किस स्तर तक समाज के लिए उपयोगी हैं इसके आधार पर ही समाज में विद्यालयी व्यवस्था के प्रति सकारात्मक दृष्टिकोण उत्पन्न होता है तथा अभिभावक भी यह जानकर प्रसन्न होते हैं कि विद्यालय द्वारा उनके छात्रों में सामाजिक गुणों का विकास किया जा रहा है।

(7) अभिभावकों के लिए मूल्यांकन की आवश्यकता एवं महत्त्व—मूल्यांकन प्रक्रिया के माध्यम से अभिभावकों को अपने बालकों की प्रगति का ज्ञान होता है कि उनके बालक किस क्षेत्र में कितनी प्रगति कर रहे हैं तथा कौन-कौन से क्षेत्रों में उनकी प्रगति में सुधार की आवश्यकता है। मूल्यांकन के माध्यम से अभिभावक छात्रों की त्रुटियाँ जानकर एवं विद्यालय के साथ मिलकर उनको दूर करने का प्रयास करते हैं। मूल्यांकन के द्वारा ही अभिभावक अपने बालकों के लिए उचित व्यवसाय (profession) का चयन करने में सक्षम हो पाते हैं, क्योंकि विद्यालयी व्यवस्था एवं विविध परीक्षाओं के माध्यम से छात्रों की रुचि एवं योग्यता का पता चल जाता है। इस प्रकार मूल्यांकन अभिभावकों के लिए भी आवश्यक एवं महत्त्वपूर्ण है।

(8) मूल्यांकन की आवश्यकता एवं महत्त्व के संदर्भ में विद्वानों के विचार—मूल्यांकन के संदर्भ में विद्वानों द्वारा यह सिद्ध किया गया है कि इसके अभाव में संपूर्ण शिक्षा व्यवस्था एवं सामाजिक व्यवस्था का संचालन उचित रूप में नहीं हो सकता है। विभिन्न विद्वानों एवं आयोगों के विचार निम्नलिखित हैं—

(क) **ई.वी. विजले** के शब्दों में, "मूल्यांकन का महत्त्व इस कारण भी है कि इसकी आवश्यकता शिक्षा नीतियों के परिवर्तन करने में और शिक्षा की नवीन योजनाओं का निर्धारण करने में पड़ती है।"

(ख) **माध्यमिक शिक्षा आयोग** के अनुसार, "मूल्यांकन वह प्रमुख साधन है जिससे समाज को यह विश्वास होता है कि विद्यालय को दिया गया कार्य संतोषपूर्वक पूर्ण किया जा रहा है और वे बालक जो वहाँ अध्ययन कर रहे हैं, समुचित प्रकार की शिक्षा पा रहे हैं और आशाजनक स्तर को प्राप्त कर रहे हैं।"

(ग) **राइटस्टोन** के अनुसार, "मूल्यांकन में विद्यार्थी के व्यक्तित्व से संबंधित मुख्य परिवर्तनों एवं शैक्षिक कार्यक्रमों के प्रमुख लक्ष्यों पर बल दिया जाता है। इन उद्देश्यों में न केवल विद्यार्थी द्वारा पाठ्यवस्तु की उपलब्धि वरन् उसकी अभिवृत्तियाँ, रुचियाँ, आदर्श, चिंतन की विधियाँ, कार्य करने की आदतें और वैयक्तिक एवं सामाजिक अनुकूलन भी सम्मिलित हैं।"

(घ) **कोठारी आयोग** के अनुसार, "मूल्यांकन एक क्रमिक प्रक्रिया है। यह संपूर्ण शिक्षा प्रणाली का एक आवश्यक अंग है। शिक्षा के उद्देश्यों से इसका घनिष्ठ संबंध है। छात्रों की अध्ययन की आदतों एवं शिक्षण विधियों पर मूल्यांकन का

विशेष प्रभाव पड़ता है। यह शैक्षिक उपलब्धियों के मापन में विशेष सहायता करता है। मूल्यांकन का प्रयोग छात्रों की विशेषताओं के मापन के लिए किया जाता है। मूल्यांकन में जाँच के माध्यम से छात्रों की परख की जाती है। इस प्रकार मूल्यांकन में मापन एवं जाँच दोनों निहित हैं।"

उपर्युक्त विवेचन से यह स्पष्ट होता है कि मूल्यांकन सामाजिक, शैक्षिक एवं सर्वांगीण विकास की दृष्टि से महत्त्वपूर्ण एवं आवश्यक है। इसके अभाव में छात्रों को उचित निर्देशन एवं परामर्श प्राप्त नहीं हो सकता है और न ही शिक्षा के उद्देश्यों की प्राप्ति का मार्ग प्रशस्त होता है।

प्रश्न 3. मूल्यांकन के कितने प्रकार हैं? चर्चा कीजिए।

उत्तर— मूल्यांकन के निम्नलिखित प्रकार हैं—

- **स्थापन मूल्यांकन—** स्थापन मूल्यांकन की सहायता से यह ज्ञात करने की चेष्टा की जाती है कि बालकों में वह उपेक्षित गुण तथा व्यवहार उपस्थित है अथवा नहीं, जो पढ़ाए जाने वाले पाठ अथवा अन्य प्रकार के अधिगम के लिए आवश्यक है। पारस्परिक शिक्षण पद्धति में यह पूर्व ज्ञान के नाम से जाना जाता है। आधुनिक शिक्षण में स्थापन मूल्यांकन हेतु विभिन्न प्रकार की प्रविधियों का उपयोग किया जाता है, यथा—तत्परता परीक्षण, अभिवृत्ति परीक्षण, पाठ्यक्रम उद्देश्यों पर आधारित पूर्व परीक्षण इत्यादि।

- **निर्माणात्मक मूल्यांकन—** निर्माणात्मक मूल्यांकन की सहायता से शिक्षण के दौरान छात्रों की अधिगम से संबंधित उन्नति को नियंत्रित किया जाता है। इसके द्वारा छात्र तथा अध्यापक दोनों को ही पृष्ठपोषण के माध्यम से अधिगम से संबंधित सफलताओं तथा असफलताओं का बोध होता रहता है। सफलता की सूचना छात्र को प्रोत्साहित करती है जिससे उसका व्यवहार सही दिशा में और अधिक दृढ़ हो जाता है, असफलता से उसे ज्ञात होता है कि उसने कहाँ गलती की है अथवा कहाँ उसे अपने व्यवहार में सुधार करना है? शिक्षक पृष्ठपोषण के द्वारा यह ज्ञात कर लेता है कि कहाँ उसे अपनी शिक्षण पद्धति में सुधार करना है तथा कब छात्रों को उपचारात्मक शिक्षण प्रदान करना है? इस प्रकार के मूल्यांकन के लिए प्राय: शिक्षक द्वारा निर्मित परीक्षणों को ही प्रयोग में लाया जाता है। शिक्षक पढ़ाए गए प्रत्येक छोटे भाग पर प्रवीणता परीक्षण तैयार करता है तथा इससे यह ज्ञात करने का प्रयत्न करता है कि छात्रों ने पढ़ाई गई सामग्री को आत्मसात् किया है अथवा नहीं। छात्रों की अधिगम से संबंधित उन्नति तथा अधिगम दोषों को ज्ञात करने हेतु कभी-कभी प्रेक्षण प्रविधि का भी प्रयोग किया जाता है।

- **निदानात्मक मूल्यांकन—** निदानात्मक मूल्यांकन का प्रयोग छात्रों की उन अधिगम से संबंधित कठिनाइयों को ज्ञात करने के लिए किया जाता है, जिनका निदान शिक्षण के दौरान संभव नहीं होता है। यदि कोई छात्र किसी एक विषय में बार-बार असफल रहता है, तो निदानात्मक मूल्यांकन के द्वारा उसी असफलता

का कारण पता लगाने में सहायता प्राप्त होती है। इस प्रकार के मूल्यांकन के लिए विभिन्न विषयों में निदानात्मक परीक्षणों का निर्माण किया जाता है तथा आवश्यकतानुसार कमजोर छात्रों की इनके द्वारा जाँच की जाती है।

- **संकलनात्मक मूल्यांकन**—संकलनात्मक मूल्यांकन का प्रयोग यह ज्ञात करने के लिए किया जाता है कि किस सीमा तक शिक्षण के उद्देश्यों की प्राप्ति में सफलता प्राप्त हुई है? इसका प्रमुख कार्य छात्रों को श्रेणीबद्ध करना अथवा डिवीजन देने का है परंतु इसके माध्यम से परोक्ष रूप से यह भी ज्ञात हो जाता है कि पाठ्यक्रम के उद्देश्य किस सीमा तक सही हैं तथा किस सीमा तक शिक्षण प्रविधि प्रभावशाली सिद्ध हुई है? संकलनात्मक मूल्यांकन के लिए प्राय: शिक्षक द्वारा निर्मित परीक्षणों का प्रयोग किया जाता है। इन परीक्षणों की प्रकृति शिक्षण उद्देश्यों पर निर्भर होती है। उपलब्धि परीक्षण, निर्धारण मापनी आदि का प्रयोग मुख्यत: संकलनात्मक मूल्यांकन हेतु किया जाता है।

प्रश्न 4. मूल्यांकन के विभिन्न उद्देश्यों की विवेचना कीजिए।

उत्तर— मूल्यांकन शिक्षा में कई उद्देश्यों की पूर्ति करता है। कुछ सुविदित उद्देश्यों में से ग्रेड देना, रैंक देना, वर्गीकरण करना, तुलना करना एवं विद्यार्थियों को प्रोन्नत करना है। मूल्यांकन का प्रयोग पाठ्यक्रम की पूर्णता, प्रवेश या छात्रवृत्ति के लिए विद्यार्थियों के चयन तथा विभिन्न प्रयासों में उनकी सफलता की भविष्यवाणी को प्रमाणित करने के लिए भी किया जाता है। विद्यालय में मूल्यांकन का प्रमुख उद्देश्य विद्यार्थियों के अधिगम, कक्षा-शिक्षण, पाठ्यक्रम एवं पाठ्यक्रम सामग्री की सटीकता के संबंध में फीडबैक देकर शिक्षा की गुणवत्ता में सुधार करना रहा है। जब इसका प्रयोग विद्यार्थियों की गैर-संज्ञानात्मक क्षमताओं के विकास के लिए किया जाता है तो यह विद्यार्थियों के व्यक्तित्व का सर्वांगीण विकास करने में भी सहायता करता है।

अधिगम के लिए मूल्यांकन—विद्यार्थियों की प्रगति का मूल्यांकन करने से प्रत्यक्ष रूप से विद्यार्थियों के अधिगम का विकास होता है। मूल्यांकन का प्रयोग केवल शिक्षण के सुधार के लिए ही नहीं किया जाता है, बल्कि उन विद्यार्थियों के अधिगम में अंतर्दृष्टि विकसित करने के लिए भी किया जा सकता है, जो प्रस्तुत सामग्री को समझ रहे हैं तथा जिन्हें और अधिक सहायता की आवश्यकता है। यह कार्य कई प्रकार से किया जा सकता है। मूल्यांकन प्रक्रियाओं की सहायता से विद्यार्थी उस प्रकरण को स्पष्ट रूप से समझ पाते हैं जो अध्यापक/अध्यापिका उन्हें अधिगम कराना चाहते हैं। इस सतत् मूल्यांकन के द्वारा अध्यापक प्रत्येक स्तर पर अधिगम के विस्तार को जान लेता है। यदि अधिगम में किसी स्थान पर कठिनाई आती है या रिक्ति (कमी) आती है, तो समुचित उपचार (व्यवस्था) प्रदान किया जाता है।

शिक्षण में सुधार—मूल्यांकन से अध्यापकों की जवाबदेही भी बढ़ सकती है। बच्चों के परिणामों से यह स्पष्ट हो जाता है कि क्या उनका खराब प्रदर्शन खराब शिक्षण के कारण है, दोषपूर्ण क्रियाविधि या अध्यापकों की अनुपस्थिति या शिक्षण में कठोरता के कारण है। इस प्रकार मूल्यांकन शिक्षण में सुधार हेतु एक महत्त्वपूर्ण उपकरण के रूप में कार्य कर सकता है।

पाठ्यक्रम या पाठ्य-सामग्री का नवीनीकरण—मूल्यांकन पाठ्यक्रम सामग्री की प्रभावशीलता के संबंध में भी जानकारी प्रदान करता है। पाठ्यक्रम के कुछ ऐसे विशिष्ट क्षेत्र भी हो सकते हैं, जो विद्यार्थियों के लिए कठिन साबित हो सकते हैं। इस तथ्य को मूल्यांकन एवं उसके फीडबैक के माध्यम से पहचाना जा सकता है। अतः मूल्यांकन पाठ्यक्रम संशोधन के लिए आधार भी प्रदान कर सकता है।

गैर-संज्ञानात्मक क्षमताओं का विकास—आज के विश्व में बौद्धिक क्षमताओं का विकास ही पर्याप्त नहीं है। सामाजिक ज्ञान, भावनात्मक ज्ञान एवं व्यक्तित्व के विभिन्न पहलुओं का विकास भी उतना ही महत्त्वपूर्ण है, जितना कि बौद्धिक ज्ञान का विकास। शिक्षा का प्राथमिक उद्देश्य विद्यार्थियों की संज्ञानात्मक क्षमताओं के साथ-साथ गैर-संज्ञानात्मक क्षमताओं का विकास करते हुए उनके व्यक्तित्व का सर्वांगीण विकास करना है। यह केवल तभी सुनिश्चित किया जा सकता है, जबकि विद्यालय मूल्यांकन प्रणाली में बच्चों के व्यक्तित्व के इन सभी पहलुओं को शामिल करे।

प्रश्न 5. एक अच्छे मूल्यांकन कार्यक्रम की क्या-क्या विशेषताएँ होती हैं?

उत्तर— एक अच्छे मूल्यांकन कार्यक्रम की विशेषताएँ निम्नलिखित हैं–

- **मूल्यांकन एक उद्देश्य-आधारित प्रक्रिया है**—विद्यालयों में हमारी रुचि बच्चों के व्यक्तित्व के विकास एवं उनकी शैक्षिक उपलब्धियों के बारे में जानने में रहती है। इन्हें अभीष्ट अधिगम परिणामों या शैक्षणिक उद्देश्यों के अनुसार दर्शाया जाता है। अर्थपूर्ण बनाने के लिए विद्यालय में सभी प्रकार के मूल्यांकनों को इन शैक्षणिक उद्देश्यों की तरफ गति देनी चाहिए। मूल्यांकन तकनीकों एवं उपकरणों का चयन भी मूल्यांकन किए जाने वाले उद्देश्यों पर आधारित होना चाहिए।

- **मूल्यांकन एक सतत् प्रक्रिया है**—क्योंकि विकास एक सतत् प्रक्रिया है, अतः अध्यापकों को समय-समय पर होने वाले परिवर्तनों से परिचित रहना चाहिए। इसके लिए विद्यार्थियों की वृद्धि एवं विकास के बारे में विश्वसनीय साक्ष्य प्राप्त करने के लिए सतत् मूल्यांकन जरूरी है। इस उद्देश्य की पूर्ति के लिए मूल्यांकन का शिक्षण के साथ एकीकरण जरूरी है।

- **मूल्यांकन एक व्यापक प्रक्रिया है**—विद्यार्थियों के विकास के विभिन्न मानदंड हैं–बौद्धिक, भावनात्मक एवं शारीरिक। ये पहलू भिन्न-भिन्न उद्देश्यों के रूप में प्रस्तुत किए जाते हैं। जब तक मूल्यांकन में सभी प्रकार की जानकारी नहीं होती है, तब तक इसे पर्याप्त रूप से व्यापक नहीं माना जा सकता है। अतः विद्यार्थियों के विद्यालय संबंधी एवं गैर-विद्यालय संबंधी दोनों प्रकार के मूल्यांकन का समावेश होने से ही किसी मूल्यांकन कार्यक्रम को अच्छा मूल्यांकन कार्यक्रम कहा जा सकता है।

- **मूल्यांकन एक गतिशील प्रक्रिया है**—मूल्यांकन शैक्षणिक उद्देश्यों पर आधारित होता है, किंतु इसके साथ-साथ यह इस आकलन में भी हमारी सहायता करता है कि क्या वे उद्देश्य विद्यार्थियों के एक विशेष समूह के लिए उचित हैं या नहीं। इसी प्रकार, यद्यपि मूल्यांकन कक्षा से प्राप्त होने वाले अधिगम के अनुभव

पर आधारित होता है, तथापि यह अधिगम के उस अनुभव की प्रभावशीलता के रूप में साक्ष्य प्रदान करता है। इस प्रकार से मूल्यांकन नियमित फीडबैक के माध्यम से संपूर्ण शिक्षण-अधिगम प्रक्रिया की पुष्टि करता रहता है। एक अच्छा मूल्यांकन कार्यक्रम शिक्षण प्रक्रिया में गतिशीलता लाता है तथा उसमें निरंतर सुधार करता रहता है।

प्रश्न 6. अध्यापकों द्वारा मूल्यांकन किसका किया जाना चाहिए – पाठ्य-सामग्री का अथवा भाषा का? मूल्यांकन पर इसके निहितार्थों पर भी चर्चा कीजिए।

उत्तर— भाषा में निहित पाठ्य-सामग्री का मूल्यांकन करते समय अधिकांश अध्यापकों को इस द्विविधा का सामना करना पड़ता है कि हमें पाठ्य-सामग्री का मूल्यांकन करना चाहिए या भाषा का। इस बारे में हमें शिक्षण के अंतर्गत पाठ्य-सामग्री एवं भाषा को दो पृथक्-पृथक् घटकों के रूप में देखने के अपने दृष्टिकोण में बदलाव लाना होगा। हाल ही में भाषा के इस दृष्टिकोण में परिवर्तन आया है कि भाषा में व्याकरण के नियम, शब्दावली एवं संरचना शामिल होती है ताकि कक्षाकक्ष के अंतर्गत अर्थपूर्ण व्याख्यान की प्रणालियों में ज्ञानक्षेत्र विशिष्ट कार्यों के समुच्चय में निहित होने की भाँति भाषा को विशिष्ट बनाया जा सके (वैन लियर एवं वालकुई, 2012)। इसीलिए, पाठ्य-सामग्री के क्षेत्र के कक्षाकक्ष अभ्यासों में निहित शैक्षणिक भाषा को पृथक् सम्मेलनों के समुच्चय के रूप में नहीं देखा जाना चाहिए। इस प्रकार मूल्यांकन को इसके निहितार्थों पर निम्नानुसार देखा गया—

- विशिष्ट पाठ्य-सामग्री ऐसी संरचनाएँ हैं, जिन्हें उनकी भाषा की माँगों की स्पष्ट पहचान से पृथक् नहीं किया जा सकता है, इसीलिए भाषा को ज्ञान के क्षेत्रों के संदर्भ में देखे जाने की जरूरत है, उदाहरणार्थ, अब तक हमने यह समझा है कि विज्ञान की एक स्पष्ट भाषा होती है, जो कि गणित की भाषा से भिन्न होती है तथा इनमें से प्रत्येक विषय की भाषा के कार्य विशिष्ट होते हैं,
- क्योंकि भाषा पाठ्य-सामग्री में निहित होती है, अतः शैक्षणिक भाषा का मूल्यांकन पाठ्य-सामग्री के क्षेत्रों के अंतर्गत किया जाना चाहिए, तथा
- मूल्यांकन के लिए इस बात पर ध्यान देना जरूरी है कि ज्ञान के विशिष्ट क्षेत्रों के प्रस्तुतीकरण हेतु भाषा के जो पहलू महत्त्वपूर्ण हैं उनकी जाँच के लिए बताई गई पाठ्य-सामग्री के साथ विद्यार्थी किस हद तक संलग्न (जुड़ा हुआ) है।

प्रश्न 7. एक अध्यापक अधिगम के उद्देश्यों को किस प्रकार निर्धारित कर सकता है? संक्षेप में बताइए।

उत्तर— भाषा के उद्देश्य पाठ्य-सामग्री के उद्देश्यों से सीधे-सीधे सह-संबद्ध होते हैं। अध्यापक जब एक बार किसी पाठ के विषय का निर्णय कर लेता है, तो उसे पाठ्य-सामग्री के उद्देश्यों के साथ संबद्ध कार्यों को पूरा करने के लिए अधिगमकर्त्ताओं हेतु अनिवार्य भाषा के बारे में विचार करना होता है। शैक्षणिक भाषा पाठ की पाठ्य-सामग्री में निहित होती है और जब भी यह अध्यापक के द्वारा पहचान ली जाती है, तो यह पाठ की भाषा के उद्देश्यों का आधार बन जाती है।

एक अध्यापक के रूप में आपके अपने विषय के प्रकरण के लिए समुचित भाषायी उद्देश्यों के बारे में विचार शुरू करने में निम्नलिखित दिशा-निर्देश आपकी सहायता कर सकते हैं–

- यह निर्णय कीजिए कि विद्यार्थियों को पाठ के प्रकरण के बारे में बात करने के लिए, पढ़ने के लिए तथा लिखने के लिए कौन-सी प्रमुख शब्दावली, अवधारणात्मक शब्दों तथा अन्य शैक्षणिक शब्दों की जरूरत होगी?
- पाठ के प्रकरण से संबंधित भाषा के कार्यों पर विचार कीजिए (अर्थात् क्या विद्यार्थी सूचनाओं का वर्णन करते हैं, व्याख्या करते हैं, तुलना करते हैं या चार्ट बनाते हैं?)।
- पाठ की गतिविधियों को पूरा करने के लिए विद्यार्थियों के लिए अनिवार्य भाषा, कौशलों के बारे में विचार कीजिए।
- पाठ्य-सामग्री के लिए सामान्य व्याकरण या भाषा संरचनाओं को पहचानिए। उदाहरणार्थ, विज्ञान की बहुत-सी पाठ्यपुस्तकों में प्रक्रियाओं का वर्णन करने के लिए 'कर्मवाच्य' (Passive Voice) का प्रयोग किया जाता है।
- विद्यार्थियों द्वारा पूरे किए जाने वाले कार्यों एवं उन निर्धारित कार्यों में निहित भाषा पर विचार कीजिए। यदि विद्यार्थी मिलकर वैज्ञानिक जाँच पर कार्य कर रहे हैं, तो क्या उन्हें प्रक्रिया के चरण समझाने की जरूरत है? भाषा संबंधी उद्देश्यों के लिए इस बात पर ध्यान केंद्रित किया जाना चाहिए कि प्रक्रियाओं को प्रकट रूप से (aloud) कैसे बताया जाए?
- पाठ के प्रकरण के लिए आवश्यक भाषा की अधिगम संबंधी रणनीतियों की खोज की जानी चाहिए। उदाहरणार्थ, यदि विद्यार्थी पाठ्यपुस्तक में कोई नया अध्याय शुरू कर रहे हैं, तो पाठ्य-सामग्री के पूर्वावलोकन की कार्यनीति भाषा का समुचित उद्देश्य हो सकती है।

प्रश्न 8. सुनने की योग्यता के मूल्यांकन में किन-किन पक्षों पर ध्यान देना चाहिए?

उत्तर– बालक में बोलने, पढ़ने और लेखन के कौशल के विकास के लिए आवश्यक है कि उसमें सुनने के कौशल का विकास हो। शिक्षक वाद-विवाद, प्रवचन, भाषण, कविता, कहानी, आकाशवाणी व दूरदर्शन के प्रसारित कार्यक्रम, टेप पर रिकॉर्ड की गई सामग्री आदि को बच्चों को सुनने के लिए देकर, उस पर आधारित प्रश्न पूछकर बच्चों की सुनने की योग्यता का मूल्यांकन कर सकते हैं।

सुनने की योग्यता का मूल्यांकन करते समय निम्नलिखित परिवर्तनों की ओर ध्यान देना चाहिए–

- क्या वह ध्यानपूर्वक सुनती/सुनता है?
- क्या वह सुनने में शिष्टाचार का पालन करती/करता है?
- क्या वह मनोयोगपूर्वक सुनती/सुनता है?
- क्या वह ग्रहणशीलता की स्थिति बनाए रखती/रखता है?
- क्या वह शब्दों, मुहावरों आदि का प्रसंगानुकूल अर्थग्रहण करती/करता है?

- क्या वह बलाघात व अनुतान के उतार-चढ़ाव के अनुसार अर्थग्रहण कर सकती/सकता है?
- क्या वह श्रुत सामग्री के विषय, महत्त्वपूर्ण विचारों, भावों तथा तथ्यों को समझती/समझता है?
- क्या वह श्रुत सामग्री के सारांश व केंद्रीय भावों को ग्रहण कर सकती/सकता है?
- क्या वह वक्ता के मनोभावों को समझ सकती/सकता है?
- क्या वह श्रुत सामग्री के सुंदर स्थलों की पहचान कर सकती/सकता है?
- क्या वह श्रुत सामग्री में प्रयुक्त छंद, अलंकार तथा मूर्त-अमूर्त विधानों की पहचान कर सकती/सकता है?
- क्या वह भाषा एवं शैली (language and style) की दृष्टि से साहित्यिक अंशों में तुलना कर सकती/सकता है?

प्रश्न 9. मौखिक अभिव्यक्ति की योग्यता का मूल्यांकन एक अध्यापक किस प्रकार कर सकता है? चर्चा कीजिए।

अथवा

मौखिक अभिव्यक्ति का मूल्यांकन करते समय विद्यार्थी में कौन से गुणों का मूल्यांकन करना चाहिए? संक्षेप में बताइए।

अथवा

मौखिक अभिव्यक्ति का मूल्यांकन करते समय आप किन घटक तत्त्वों का ध्यान रखेंगे?

उत्तर– मौखिक अभिव्यक्ति (oral expression) में छात्रों के वाचन कौशल के आधार पर ही उनकी अभिव्यक्ति का मूल्यांकन किया जाता है। जब एक छात्र सस्वर एवं धारा प्रवाह रूप में बोलते हुए अपने विचारों को प्रस्तुत करता है, तो यह माना जाता है कि उसमें वाचन कौशल की योग्यता है। इसके विपरीत स्थिति में यह माना जाता है कि उसने वाचन कौशल का पूर्ण रूप से आत्मसात् नहीं किया है।

प्राय: यह देखा गया है कि शिक्षक मौखिक अभिव्यक्ति मूल्यांकन के प्रति उपेक्षा का भाव रखते हैं क्योंकि वे यह नहीं समझ पाते कि वे अभिव्यक्ति के किन पक्षों का मूल्यांकन करें और इसके लिए मूल्यांकन की विधियाँ क्या हो सकती हैं।

एक शिक्षक द्वारा मौखिक अभिव्यक्ति का मूल्यांकन करते समय विद्यार्थी के निम्नलिखित गुणों का मूल्यांकन किया जा सकता है–

- क्या वह सुश्रव्य वाणी में बोल सकता/सकती है?
- क्या वह प्रसंगानुसार उचित गति के साथ बोल सकता/सकती है?
- क्या वह शुद्ध उच्चारण, उचित बलाघात और अनुतान में उतार-चढ़ाव के अनुसार बोल सकता/सकती है?
- क्या वह उचित विराम या उचित प्रवाह के साथ बोल सकता/सकती है?
- क्या वह क्रमबद्धता, सुसंबद्धता का ध्यान रखता/रखती है?
- क्या वह विषय की एकता बनाए रखता/रखती है?

- क्या वह उचित हाव-भाव के साथ बोलता/बोलती है?
- क्या वह व्याकरणसम्मत भाषा का प्रयोग कर सकता/सकती है?
- क्या वह प्रसंगानुकूल उचित शब्दों, मुहावरों और सूक्तियों का प्रयोग कर सकता/सकती है?
- क्या वह मौखिक अभिव्यक्ति के शिष्टाचार का पालन करता/करती है?
- क्या वह भावानुकूलन ढंग से विचारों को प्रकट कर सकता/सकती है?
- क्या वह विचारों को अपनी भाषा में व्यक्त कर सकता/सकती है?

मौखिक अभिव्यक्ति के मूल्यांकन को विश्वसनीय, वैध, वैज्ञानिक, तर्कसंगत बनाने के लिए विभिन्न भागों में विभक्त करके परखना आवश्यक होता है। बालक में मौखिक भाषायी योग्यताओं और अपेक्षित कौशल का समुचित विकास हुआ या नहीं, इस हेतु निम्नलिखित घटकों या पक्षों को ध्यान में रखकर मूल्यांकन किया जा सकता है—

तालिका 9.1

मौखिक अभिव्यक्ति के प्रकार	मौखिक अभिव्यक्ति के घटकों का विवरण			
	भाषा से संबंधित तत्त्वों का ज्ञान	भाषा सामग्री	वैचारिक सामग्री	शैली तथा मौलिकता
कविता या काव्य पाठ	शुद्ध उच्चारण, उचित विराम, उचित भाव-भंगिमा	शुद्ध भाषा, सस्वर वाचन दक्षता	सुसंबद्धता	स्वर का उतार-चढ़ाव
प्रश्नोत्तर	शुद्ध उच्चारण, शिष्टाचार, तत्परता	शुद्ध भाषा, शब्द भण्डार, वाक्य संरचना	क्रमबद्धता, एकता, अभीष्टता	संक्षिप्तता व मौलिक विचार
वाचन	शुद्ध उच्चारण, उचित गति, शिष्टाचार	शुद्ध भाषा	अभीष्टता	स्वर का उतार-चढ़ाव
वार्तालाप	सुश्रव्यवाणी, शुद्ध उच्चारण, उचित गति, शिष्टाचार	शुद्ध भाषा, शब्द भण्डार, अर्थवहन क्षमता	अभीष्टता, क्रमबद्धता	तर्कपूर्ण
कहानी कथन	शुद्ध उच्चारण, उचित भाव-भंगिमा, प्रवाह, बलाघात	शब्द भण्डार, मुहावरेदार भाषा	क्रमबद्धता, सुसंबद्धता	संक्षिप्तता, मौलिक विचार
घटना-अनुभव	शुद्ध उच्चारण, उचित प्रवाह, भाव-भंगिमा	शब्द भण्डार, वाक्य रचना	क्रमबद्धता, घटना विवरण	संक्षिप्तता व मौलिक अभिव्यक्ति

प्रश्न 10. पढ़कर अर्थग्रहण करने की योग्यता का मूल्यांकन करते समय किन विशेष बातों का ध्यान रखना आवश्यक है?

उत्तर— सामान्यत: पठन कौशल (reading skill) का अर्थ भाषा की लिपि को पहचान कर उच्चारित करना तथा अर्थ ग्रहण करना है। कई बच्चे पठित सामग्री को पढ़कर अर्थ ग्रहण कर पाते हैं और कई नहीं। अध्यापक का कार्य है कि वे बच्चों की इस योग्यता का मूल्यांकन करें। इस योग्यता के मूल्यांकन के लिए विद्यार्थियों के निम्नलिखित पक्षों का विशेष ध्यान रखना चाहिए—

- क्या वह पाठ्यपुस्तक के अतिरिक्त दी गई रचनाओं, जैसे—कहानी, पाठेत्तर साहित्य के बारे में जानने और उन्हें पढ़ने के लिए उत्सुक है?
- क्या वह अपनी पसंद की रचना को पुस्तकालय या अन्य स्थान से ढूँढ़कर पढ़ने का प्रयास करता है?
- रेडियो और टेलीविजन पर प्रसारित होने वाले विभिन्न कार्यक्रमों व फिल्मों से संबंधित समीक्षाओं और रिपोर्टों को पढ़ने के लिए उत्सुक है?
- क्या वह शब्दों, मुहावरों तथा उक्तियों का प्रसंगानुकूल भाव ग्रहण कर सकता है?
- क्या वह पठित सामग्री का सारांश व केंद्रीय भाव ग्रहण कर सकता है?
- क्या वह लेखक के मनोभावों को समझ सकता है?
- क्या वह छंद, अलंकार, प्रस्तुत-अप्रस्तुत तथा मूर्त-अमूर्त विधानों को पहचान सकता है?
- क्या वह रचनाओं के शीर्षक से सहमत है?
- क्या वह मुद्रित/लिखित सामग्री/पुस्तकों से निजी संवाद बना पाता है?
- क्या वह किसी भी पठित अंश को अपनी भाषा में अभिव्यक्त कर पाता है?
- क्या वह विद्यालय, घर, आस-पड़ोस, सड़कों आदि स्थानों पर लिखित और मुद्रित निर्देशों, सामग्री के प्रति सजगता का भाव रखता है और उन्हें समझकर आवश्यकतानुसार (according to need) प्रयोग भी करता है।

प्रश्न 11. विद्यार्थियों की लेखन अभिव्यक्ति का सतत् और व्यापक मूल्यांकन आप कैसे करेंगे? इसके लिए किन-किन युक्तियों/उपकरणों का प्रयोग करेंगे?

अथवा

लेखन अभिव्यक्ति की योग्यता का मूल्यांकन करते समय एक अध्यापक को किन पक्षों पर ध्यान देना आवश्यक होता है? संक्षेप में बताइए।

उत्तर— परीक्षा पद्धति में लेखन अभिव्यक्ति का बहुत महत्त्वपूर्ण स्थान है। आज सतत् और व्यापक मूल्यांकन के दौर में भी पठन, श्रवण, वाचन कौशलों से भी अधिक ध्यान लेखन कौशल के मूल्यांकन पर दिया जा रहा है। फिर भी छात्रों की लेखन शैली संतोषजनक (satisfactory) नहीं होती। उसका कारण है कि मूल्यांकन के मापदंड ठीक नहीं होते हैं, अत: लेखन के सभी पक्षों का मूल्यांकन नहीं हो पाता है। विद्यार्थी के लेखन के जिन पक्षों का मूल्यांकन नहीं होता है उन पक्षों का सुधार भी नहीं हो पाता है। इसलिए मूल्यांकन करते

समय लेखन के सभी उद्देश्यों का ध्यान रखना चाहिए। प्रश्न-पत्र बनाते समय उद्देश्यों को ध्यान में रखना बहुत आवश्यक है।

लिखित कौशल के मूल्यांकन के लिए अनुच्छेद लेखन, निबंध लेखन, पत्र लेखन, कहानी लेखन, संवाद लेखन, एकांकी रचना, नाटक लेखन, संस्मरण लेखन, आत्मकथा, जीवनी, पद्य लेखन, पदान्वय, सार लेखन, विचार व भाव विस्तार, रिपोर्ताज, संपादकीय आदि विधियाँ अपनाई जा सकती हैं।

एक छात्र की लिखित अभिव्यक्ति का मूल्यांकन करते समय एक अध्यापक को निम्नलिखित पक्षों का ध्यान रखना आवश्यक होता है–

- क्या वह प्रसंगानुसार उचित गति में लिख सकता है?
- क्या वह शुद्ध वर्तनी में लिख सकता है?
- क्या वह विराम चिह्नों का ठीक-ठीक प्रयोग करके लिख सकता है?
- क्या वह प्रसंगानुसार उचित शब्दों, मुहावरों, लोकोक्तियों का प्रयोग कर सकता है?
- क्या वह यथोचित (reasonable) अनुच्छेदों का निर्माण कर सकता है?
- क्या वह व्याकरणसम्मत भाषा का प्रयोग कर सकता है?
- क्या वह क्रमबद्ध रूप से लिख सकता है?
- क्या वह विषय तथा अभिव्यक्ति के अनुकूल शैली का प्रयोग कर सकता है?
- क्या वह लेखन में मौलिक शैली का प्रयोग करता है?
- क्या वह लेखन में उपयुक्त विधि का प्रयोग करता है?
- क्या वह अनुभवों, भावों और दूसरों की राय, विचारों को लिखने की कोशिश करता है?
- क्या वह किसी सुनी हुई कहानी अथवा अन्य रचनाओं को आगे बढ़ाते हुए लिख सकता है?
- क्या वह दैनिक जीवन से जुड़ी घटनाओं या काल्पनिक घटना, जैसे–'यदि मेरे पंख होते' में भाषा का काल्पनिक और सृजनात्मक (creative) प्रयोग करते हुए लिख सकता है?
- क्या वह लिखने में नए शब्दों का प्रयोग कर सकता है या नहीं?
- क्या वह लिखने व बोलने में अपने आस-पास/स्थानीय सुनी-समझी या पढ़ी हुई भाषा का सटीक, उपयुक्त ढंग से प्रयोग कर पाता है?
- क्या वह डायरी, संस्मरण, रेखाचित्र, वृत्तांत आदि लेखन प्रकारों में अवलोकन (observation) क्षमता का पर्याप्त प्रयोग करता है?

लेखन अभिव्यक्ति का मूल्यांकन निर्धारण-मापनी, रूब्रिक्स आदि के द्वारा किया जा सकता है जिससे आकलन में वस्तुनिष्ठता आती है।

प्रश्न 12. परीक्षणेतर मूल्यांकन युक्तियों की चर्चा कीजिए।

अथवा

रूब्रिक्स क्या है? संक्षेप में बताइए।

अथवा

पोर्टफोलियो को प्रभावशाली ढंग से कैसे प्रयोग कर सकते हैं?

उत्तर– शिक्षार्थी के कुछ ऐसे व्यवहार, जैसे–सद्वृत्तियों का विकास, धाराप्रवाह भाषण, सस्वर पाठ, अभिनय, वाद-विवाद, नैतिक मूल्य आदि की जाँच लिखित या मौखिक परीक्षा द्वारा नहीं की जा सकती है। इन उद्देश्यों की पूर्ति की जाँच के लिए निम्नलिखित युक्तियों का प्रयोग किया जाता है–

(1) प्रेक्षण, जाँच सूची, निर्धारण मापनी एवं संचयी आलेख–

(क) प्रेक्षण (Observation)–जो कुछ देखा जाता है, उसकी भली-भाँति योजना बनाकर मानदंड निर्धारित करना प्रेक्षण कहलाता है। यह भी प्रयत्न किया जाता है कि प्रेक्षण यथासंभव निष्पक्ष रूप से किया जाए। प्रेक्षण में भी विश्वसनीयता, वैधता आदि गुण होने चाहिए। विविध नैतिक गुणों के प्रेक्षण के लिए यह भी आवश्यक है कि छात्रों को ऐसी परिस्थितियाँ प्रदान की जाएँ जिनमें उन गुणों की भली-भाँति निष्पक्ष जाँच हो सके। सुनना, बोलना, पढ़ना, लिखना आदि जैसे विभिन्न कौशल इसी तकनीक द्वारा मापे जा सकते हैं। प्रेक्षण को विश्वसनीय बनाने के लिए आवश्यक है कि–

(i) नियमित अंतराल के पश्चात् बार-बार प्रेक्षण किया जाए।

(ii) एक से अधिक परीक्षकों द्वारा प्रेक्षण किया जाए और उनके परिणामों का योग करके औसत अंक निकाले जाएँ।

(iii) प्रेक्षण बिल्कुल सामान्य और तनावमुक्त स्वाभाविक परिस्थितियों में किया जाना चाहिए।

प्रेक्षण के अंतर्गत सूचनाएँ एकत्रित करने के लिए जाँच सूची, निर्धारण मापनी तथा उपाख्यानक आलेख का उपयोग किया जा सकता है।

(ख) जाँच सूची (Check List)–भाषा शिक्षण कार्यक्रम के मूल्यांकन के विविध उपांग हो सकते हैं, जैसे–पाठ्यक्रम, शिक्षण विधियाँ, विभिन्न पाठ्य सहगामी क्रियाएँ, जैसे–सदन व्यवस्था, प्रार्थना सभा, भाषा शिक्षण विषयक उपकरण तथा अन्य सुविधाएँ, विद्यालय की सजावट, भित्ति पत्रिका, छात्र निर्मित समाचार-पत्र, विद्यालय का सांस्कृतिक वातावरण आदि। इन सभी बिंदुओं पर जाँच सूची में अलग-अलग प्रश्न बनाकर कार्यक्रम की जाँच की जा सकती है। उदाहरण के लिए निम्नलिखित प्रश्नों को देख सकते हैं–

(i) क्या मैं मौन वाचन करते समय होठों को हिलाता/हिलाती हूँ? हाँ/नहीं

(ii) क्या मुझे मौन वाचन के बाद अर्थ समझ में आ जाता है? हाँ/नहीं

(ग) निर्धारण मापनी (Rating Scale)–इसमें कुछ विशेषताओं की सूची होती है जिनमें प्रत्येक के सामने कुछ विचार अथवा अंक अथवा विशेषण दिए होते हैं। निर्धारक को अपने ज्ञान के आधार पर अपेक्षित व्यक्ति के विषय में उल्लेखित निर्धारण अनुक्रियाओं में से एक पर निशान लगाना होता है। निर्धारण मापनी 3 बिंदु/5 बिंदु/7 बिंदु तक व्यावहारिकता के आधार पर निश्चित की जा सकती है। उदाहरण के लिए, निबंधात्मक प्रश्नों के उत्तरों को 7 बिंदु मापनी के आधार पर अत्युत्तम, उत्तम, अच्छा, साधारण, संतोषजनक, असंतोषजनक, निकृष्ट की सात श्रेणियों में वर्गीकृत किया जा सकता है।

(घ) **संचयी आलेख (Cumulative Record)**—विद्यालयों में प्रत्येक छात्र के संबंध में सूचनाओं को क्रमबद्ध रूप में व्यवस्थित किया जाता है। इसमें शैक्षिक प्रगति (educational development), मासिक परीक्षा फल, उपस्थिति, योग्यता तथा विद्यालय की अन्य क्रियाओं में भाग लेने आदि का आलेख प्रस्तुत किया जाता है। छात्र की प्रगति तथा कमजोरियों को जानने के लिए अभिभावकों, शिक्षकों तथा प्रधानाचार्य के लिए यह अधिक उपयोगी आलेख होता है।

(2) **जाँच-पड़ताल युक्ति, प्रश्नावली एवं साक्षात्कार—**

(क) **जाँच-पड़ताल युक्ति (Investigation Technique)**—इसके माध्यम से शिक्षक किसी बालक के व्यक्तित्व के विषय में स्वयं उसी बालक से बात करके या अन्य साथी बालकों से उसके विषय में पूछताछ करके अधिक वस्तुनिष्ठ और व्यवस्थित जानकारी प्राप्त करता है।

(ख) **प्रश्नावली (Questionnaire)**—सामान्यत: प्रश्नावली से अभिप्राय प्रश्नों के उत्तर प्राप्त करने की प्रणाली से है जिसमें एक पत्रक का प्रयोग किया जाता है जिसे सूचनादाता स्वयं भरता है। व्यक्ति विभिन्न प्रश्नों के माध्यम से यह निर्धारित करता है कि जीवन की विभिन्न परिस्थितियों में वह किस प्रकार का व्यवहार करेगा। इसका उपयोग पाठ्यपुस्तक (textbook) की उपयोगिता अथवा पाठ्यक्रम की समीक्षा आदि के लिए भी सरलता से किया जा सकता है। प्रश्नावली के आधार पर शिक्षण विधियों की उपयोगिता/प्रभाविता की भी जाँच की जा सकती है।

(ग) **साक्षात्कार (Interview)**—साक्षात्कार में एक या कई व्यक्ति किसी एक व्यक्ति से प्रश्न पूछते हैं और वह व्यक्ति इन प्रश्नों के जवाब देता है या इन पर अपनी राय व्यक्त करता है अर्थात् प्रश्नकर्त्ता उत्तर देने वाले के व्यक्तित्व के किसी पक्ष का प्रश्नों के माध्यम से मूल्यांकन करने की चेष्टा करता है। एक अच्छे साक्षात्कार के लिए इन तीन बातों का ध्यान रखना आवश्यक है—

(i) समुचित समय निर्धारण
(ii) स्वाभाविक वातावरण
(iii) प्रश्नों की पर्याप्त समायोजना

"साक्षात्कार" का उपयोग ऐसे बच्चों के व्यवहार को मापने के लिए भी उपयोगी है जो पढ़ना-लिखना नहीं जानते अथवा जिन बच्चों का व्यक्तिगत अथवा सामाजिक समायोजन नहीं हो पाता है।

(3) **पत्रिका लेखन (Journal Writing)**—पत्रिका लेखन में शिक्षार्थियों को कक्षा में हुए अपने अधिगम पर प्रतिक्रिया व्यक्त करने तथा अपने विचार व्यक्त करने का अवसर प्रदान किया जाता है। इस प्रकार स्व-लेखन या रचना की प्रक्रिया, शिक्षार्थियों को प्रोत्साहित करती है। स्व-लेखन विद्यार्थियों के ज्ञान की 'संरचना' तथा उनकी अवधारणात्मक समझ के स्तरों से शिक्षक को परिचित कराता है।

(4) पोर्टफोलियो आकलन (Portfolio Estimation)—पोर्टफोलियो आकलन छात्र की किसी निश्चित अवधि में किए गए कार्य द्वारा उसकी प्रगति व चिंतन कौशल को दर्शाता है। यह छात्र की उद्देश्यपूर्ण संग्रह व दृश्य प्रस्तुति है। किसी पाठ्यक्रम में उसके प्रयास, प्रगति और उपलब्धि की पोर्टफोलियो में निम्न सामग्री को सम्मिलित किया जाता है–

- (क) लिखित कार्य के नमूने
- (ख) रचनात्मक लेखन
- (ग) कला कार्य
- (घ) ऑडियो और वीडियो टेप
- (ङ) शिक्षकों और सहपाठियों द्वारा विद्यार्थी के कार्य पर दी गई टिप्पणियाँ
- (च) कविताएँ
- (छ) लेख
- (ज) पोस्टर
- (झ) उद्धरण
- (ञ) परीक्षण परिणाम
- (ट) आत्म-आकलन

पोर्टफोलियो का प्रभावी ढंग से उपयोग (Effective use of portfolio)–

(1) पोर्टफोलियो के उद्देश्य की स्थापना (Setting of objectives of portfolio)– सबसे पहले निर्धारण करना चाहिए कि पोर्टफोलियो किस उद्देश्य से बनाया जा रहा है–

- (क) वृद्धि दर्ज करने के लिए,
- (ख) श्रेष्ठ कार्य दर्शाने के लिए।

इस प्रकार दो उद्देश्यों के निम्नलिखित पोर्टफोलियो बनाए जा सकते हैं–

  (i) **विकासात्मक पोर्टफोलियो**–इस प्रकार के पोर्टफोलियो से यह पता लगाया जा सकता है कि एक निश्चित अवधि में विद्यार्थी में कितना परिवर्तन हुआ। इस प्रकार के पोर्टफोलियो से छात्र एवं शिक्षक दोनों के कार्य निष्पादन में हुई निरंतर वृद्धि का आकलन होता है।

  (ii) **सर्वश्रेष्ठ कार्य पोर्टफोलियो**–इस प्रकार के पोर्टफोलियो का उद्देश्य विद्यार्थी के सर्वश्रेष्ठ कार्यों को दर्शाना है।

(2) पोर्टफोलियो सामग्री की चयन प्रक्रिया में विद्यार्थियों को सम्मिलित करना (Involving students in selection process of portfolio materials)– शिक्षकों को विद्यार्थियों को पोर्टफोलियो सामग्री के चयन में निर्णय लेने का अवसर देना चाहिए। इससे विद्यार्थियों में आत्म-अवलोकन की क्षमता बढ़ती है।

(3) विद्यार्थियों के साथ समीक्षा करना (Doing analysis with students)– वर्ष के प्रारंभ में विद्यार्थी को यह समझा देना चाहिए कि पोर्टफोलियो क्या होता है और उसका उपयोग कैसे किया जाएगा। वर्ष भर शिक्षक व विद्यार्थियों की बैठक आयोजित की जाती है और विद्यार्थियों की उन्नति की समीक्षा की जाती है। इस समीक्षा का पोर्टफोलियो में उल्लेख किया जाता है।

(4) मूल्यांकन के मापदंड स्थापित करना (Setting criteria of evaluation)–पोर्टफोलियो के प्रभावशाली उपयोग के लिए स्पष्ट व व्यवस्थित मापदंडों को स्थापित करना आवश्यक है।

(5) अंकन और निर्णयन (Scoring and decision-making)–पोर्टफोलियो की स्कोरिंग करने व निर्णय लेने में काफी समय लगता है। शिक्षक पोर्टफोलियो के उद्देश्य के अनुरूप वर्णनात्मक या सारांश के रूप में टिप्पणी देता है।

(6) रूब्रिक्स (Rubrics)–प्रदर्शन के मानक अर्थात् विद्यार्थियों के निष्पादन या कार्य का मूल्यांकन हेतु मापदंड स्थापित करना रूब्रिक्स कहलाता है। रूब्रिक्स छात्र के निष्पादन (performance) की तुलना के लिए गुणवत्ता के स्तर/श्रेणी प्रदान करते हैं। इसे इस प्रकार भी परिभाषित कर सकते हैं–"यह मूल्य आकलन के लिए मार्ग निर्देशों का एक समुच्चय है जो मूल्य निर्धारित किए जाने वाले अभिलक्षणों या आयामों को सुस्पष्ट प्रदर्शन कसौटियों तथा एक रेटिंग मापक के साथ व्यक्त करता है।"

अंक देने वाले रूब्रिक्स में निम्नलिखित को सम्मिलित किया जाता है–

(क) एक निश्चित मापक
(ख) मापक के प्रत्येक बिंदु के लिए प्रदर्शन की व्याख्या करने वाले अभिलक्षणों की सूची
(ग) विद्यार्थियों के लिए एक सुस्पष्ट प्रदर्शन साक्ष्य

रूब्रिक्स वर्णनात्मक मापनी पर आधारित है जो किसी मानदंड के सीखने की सीमा को बनाता है। स्कोरिंग रूब्रिक्स प्रत्येक स्तर पर छात्र से क्या अपेक्षित है इसका विस्तृत वर्णन प्रदान करता है।

प्रश्न 13. पठन प्रक्रिया के किन घटकों का मूल्यांकन किया जाना चाहिए?
उत्तर– पठन प्रक्रिया के निम्न घटकों का मूल्यांकन किया जाना चाहिए–
- शब्दावली एवं संरचनात्मक ज्ञान,
- संपूर्ण पाठ्य-सामग्री को व्यवस्थित करने की विधि का ज्ञान (अर्थ-प्रकाशक, कथात्मक, कारण-प्रभाव, तुलना एवं विरोध आदि),
- पाठ्य-सामग्री/पृष्ठभूमि: पाठ्य-सामग्री से संबंधित पूर्व ज्ञान,
- साहित्यिक एवं सूचनात्मक अवतरणों की समझ। सूचनात्मक अवतरण विषय-विशिष्ट ज्ञान एवं भाषा पर विश्वास करते हैं,
- पाठ्य-सामग्री की सूचनाओं का मूल्यांकन एवं सूचनाओं के अन्य स्रोतों के साथ तुलना।

प्रश्न 14. पठन के लिए विभिन्न मूल्यांकन कार्यों का वर्णन कीजिए।
उत्तर– पठन के लिए विभिन्न मूल्यांकन कार्य निम्नलिखित हैं–

(1) पुस्तक के भागों का प्रयोग–पाठ्यपुस्तक या कक्षा के लिए अन्य मुद्रित (printed) सामग्रियों पर आधारित पुस्तक के भागों के ज्ञान एवं प्रयोग किए गए दृश्य चित्रण पर ध्यान केंद्रित करते हुए आठ से दस प्रश्नों की रचना कीजिए। निम्न प्रकार के प्रश्न बनाए जा सकते हैं–

(क) आपको मौलिक अधिकारों के बारे में जानकारी किस पृष्ठ पर मिलेगी?

(ख) पृष्ठ 27 पर मौजूद नक्शे पर पेड़ का प्रतीक क्या दर्शाता है?
(ग) अध्याय 5 किस पृष्ठ पर शुरू होता है?
(घ) पाठ्य-सामग्री में पाचन तंत्र पर अध्याय का पता लगाने के लिए आप कहाँ देखेंगे?
- शब्दावली
- विषय-वस्तु
- साहित्यिक शब्द एवं तकनीकें

(ङ) पाठ्य-सामग्री में अध्ययन करते समय यदि आपको अचानक 'बल' शब्द मिला, तो आप इसकी परिभाषा कहाँ देखेंगे?

क्या विद्यार्थी पाठ्यपुस्तकों के अवयवों का प्रयोग करना जानते हैं, यह जानने के लिए अध्यापक अतिरिक्त ओपन-एंडेड या बहुविकल्पीय प्रश्नों का प्रयोग कर सकता है। विद्यार्थियों से पाठ्यपुस्तकों/सामग्रियों का प्रयोग करने के लिए कहा जा सकता है। मूल्यांकन के मानदंड दिए गए सुझाव में लगे समय तथा सही उत्तरों की संख्या से निर्मित होते हैं।

(2) क्लोज (Cloze) टेस्ट—क्लोज टेस्ट निर्माण में आसान होते हैं तथा उनका प्रयोग पाठ्य-सामग्री के कई कक्षाकक्षों में किया जा सकता है। जब इसका प्रयोग पाठ्य-सामग्री के क्षेत्र के अध्ययन की योग्यता के मूल्यांकन के लिए किया जाता है, तो क्लोज टेस्ट का निर्माण नियमित अंतराल पर छूटे हुए शब्दों वाले पाठ्य अवतरण का चयन करके किया जाता है। छूटा हुआ शब्द पाँचवाँ या सातवाँ शब्द हो सकता है। कम-से-कम 40-50 रिक्त स्थानों का सुझाव दिया जाता है। अंकन के उद्देश्य से प्रत्येक रिक्त स्थान को संख्यांकित किया जाता है। अंतत: मूल अवतरण में शब्दों की सही संख्या दर्शाकर उत्तर-पत्र तैयार करें।

(3) पठन बोध के लिए जाँच सूची का प्रयोग—अध्ययन के विशिष्ट विषय या प्रकरण में पठन प्रक्रिया से संबंधित विद्यार्थियों के कौशलों तथा व्यवहारों के बारे में जाँच सूची (चेकलिस्ट) जानकारी प्रदान करती है। जाँच सूचियाँ आमतौर पर एक पृष्ठ से अधिक लंबाई की नहीं होती हैं तथा विशिष्ट विषय में खास प्रयोग हेतु कौशलों या व्यवहारों से निर्मित होती हैं। विद्यार्थी के प्रदर्शनों को आमतौर पर कई सप्ताहों या महीनों की अवधि से अधिक के लिए रिकॉर्ड किया जाता है।

विद्यार्थियों के अवतरण अध्ययन के पर्यवेक्षण के लिए चेकलिस्ट विभिन्न संदर्भों में कई सप्ताहों या महीनों से अधिक तक निम्न रणनीतियों के प्रयोग को दर्शाएगी—

(क) संबंध स्थापित करती है।
(ख) भविष्यवाणी करती है।
(ग) प्रश्नों को पूछती है तथा उत्तर देती है।
(घ) अनुमान लगाती है, संकल्पना करती है।
(ङ) संश्लेषित करती है।
(च) महत्त्वपूर्ण सूचनाओं को निर्धारित करती है।
(छ) पाठ्य-सामग्री (अवतरण) में दृष्टिकोण एवं मुख्य अवधारणा को पहचानती है।

पठन के विभिन्न स्तरों (अर्थात् प्रारंभिक पाठकों, अस्थायी पाठकों, अवतरण पाठकों) पर विद्यार्थियों के लिए चेकलिस्ट का निर्माण करना सुविधाजनक होता है तथा विभिन्न चेकलिस्टों का निर्माण किया जा सकता है।

प्रश्न 15. विद्यार्थी लेखन के मूल्यांकन के उद्देश्य में क्या शामिल है?

उत्तर– विद्यार्थी लेखन के मूल्यांकन के उद्देश्य में शामिल होते हैं–

- विशिष्ट विषयों के अंतर्गत ज्ञान की रचना एवं प्रसार के लिए विभिन्न प्रकार के लेखनों की भूमिका के बारे में विद्यार्थी की समझ का साक्ष्य प्रदान करना।
- स्थान निर्धारित करने, समझाने तथा विषय-विशिष्ट तर्कों का समुचित रूप से प्रयोग करने के लिए साक्ष्य प्रदान करना। सूचना देता है, राजी करता है तथा प्रेरित करता है।
- विद्यार्थी कितने प्रभावी ढंग से संगठन की परंपराओं का पालन करता है, इस बात का संकेत देना। शुद्ध व्याकरण, वर्तनी (स्पेलिंग), विराम चिह्नों का प्रयोग एवं पाठकों तथा परिस्थिति के अनुसार लेखन शैली।
- विभिन्न प्रकार के विषयों के द्वितीयक स्रोतों के साथ अत्यधिक तल्लीन रहने की विद्यार्थी की योग्यता का साक्ष्य प्रदान करना, विद्यार्थी के ज्ञान एवं विषय की प्रमुख शैलियों में लिखने की योग्यता दर्शाना अर्थात् सारांश, विश्लेषण, तुलनात्मक निबंध तथा सभी क्षेत्रों में निकट अध्ययन एवं अध्ययन किए गए विषय के अंतर्गत अन्य विशिष्ट स्वरूप।

प्रश्न 16. 'मूल्यांकन के लिए पोर्टफोलियो का प्रयोग' पर संक्षिप्त टिप्पणी लिखिए।

उत्तर– एक समयावधि में किसी अधिगमकर्त्ता द्वारा किए गए कार्यों के संग्रह को पोर्टफोलियो कहा जाता है। पृथक्-पृथक् अधिगमकर्त्ता अपने पोर्टफोलियो में दैनिक/पाक्षिक/मासिक/आवधिक परीक्षणों के कार्यों में से अपनी इच्छानुसार पोर्टफोलियो में दर्शाने के लिए कार्यों का चयन कर सकते हैं। इस प्रकार अधिगमकर्त्ताओं को उनकी अधिगम संबंधी जिम्मेदारी शुरू करने के लिए तथा उनके व्यवस्थापन में सक्रिय रूप से भाग लेने के लिए कहा जाता है। क्रमिक ढंग से तैयार किया गया पोर्टफोलियो अधिगमकर्त्ता को, अध्यापक को तथा माता-पिता को अधिगमकर्त्ता के द्वारा अधिगम में की गई प्रगति के बारे में जानकारी प्रदान करता है। अध्यापकों द्वारा अधिगमकर्त्ताओं को सप्ताह में या पंद्रह दिन में एक बार (आवधिक रूप से) समीक्षा करने के लिए प्रोत्साहित किया जाना चाहिए। पोर्टफोलियो कार्यों की एक क्रमिक प्रगति होती है जिसे विशिष्ट पाठ्यक्रम लक्ष्यों एवं उद्देश्यों के साथ जोड़ा जा सकता है तथा अध्यापक को एक अवसर प्रदान किया जा सकता है ताकि वह समझा सके कि प्रत्येक लक्ष्य पूरा कर लिया गया है।

पोर्टफोलियो में निम्नलिखित शामिल हो सकते हैं–

- शब्दावली/व्याकरण-कौशल (भाषा) दर्शाने वाले वाक्य/अनुच्छेद
- लेखन के विभिन्न प्रकार के सैम्पल (भाषा, सामाजिक विज्ञान तथा विज्ञान में पत्र, रिपोर्ट, निबंध, कहानी, लैब रिपोर्ट पाठ्यपुस्तक की समीक्षाएँ आदि)
- यूनिट टेस्ट
- अधिगम के लक्ष्य
- स्व-मूल्यांकन रिपोर्ट

- अध्यापक के द्वारा किए गए पर्यवेक्षण
- माता-पिता के द्वारा किए गए पर्यवेक्षण

प्रश्न 17. 'स्व-मूल्यांकन (गणित) के लिए रूब्रिक्स' पर संक्षेप में नोट लिखिए।
उत्तर– गणित में लिखित कार्य के स्व-मूल्यांकन हेतु रूब्रिक का प्रयोग–

गणित में सक्षम बनने के लिए विद्यार्थियों में कार्य-प्रदर्शन के कौशल के मापन के अलावा और अधिक की जरूरत होती है। मूल्यांकन में इस बात पर भी ध्यान रखना चाहिए कि क्या सीखी गई अवधारणाओं से विद्यार्थियों ने अपने आपको जोड़ लिया है, छोटे-मोटे अंतरों के मध्य निहित सिद्धांतों एवं पैटर्न को वे कितने अच्छे से पहचान सकते हैं, प्रक्रियाओं एवं रणनीतियों के प्रयोग के समय की उनकी समझ पर तथा उनकी ग्राह्य क्षमता व उनकी अपनी समझ के नियंत्रण पर भी ध्यान रखना चाहिए। निम्न रूब्रिक इस बात का उदाहरण हैं कि अध्यापक किस प्रकार इस उद्देश्य को प्राप्त कर सकता है।

समस्या को हल करने हेतु मार्गदर्शन–

(1) समस्या की अवधारणात्मक समझ–
- (क) मैंने अपने कार्य को समझाने के लिए डायग्रामों, चित्रों एवं प्रतीकों का प्रयोग किया।
- (ख) समस्या को बिल्कुल ठीक ढंग से हल करने के लिए मैंने सभी महत्त्वपूर्ण जानकारियों का प्रयोग किया।
- (ग) मैंने समस्या के बारे में सावधानीपूर्वक विचार किया तथा मुझे ऐसा लगा कि मैं जानता हूँ कि मैं किस बारे में बात कर रहा हूँ।

(2) प्रक्रियात्मक ज्ञान–
- (क) मैंने गणित संबंधी समुचित गणनाओं, शब्दों तथा सूत्रों का प्रयोग किया है।
- (ख) मैंने प्रश्न को ठीक से हल किया है तथा उसे जाँच लिया है।
- (ग) मैंने गणितीय अवधारणाओं एवं भाषा का ठीक-ठीक प्रयोग किया है।
- (घ) शुद्धता के लिए मैंने अपने उत्तर को जाँच लिया है।

(3) समस्या-समाधान के कौशल एवं रणनीतियाँ–
- (क) मैंने समस्या को हल करने के अन्य संभव उपाय भी खोजे।
- (ख) मैंने समस्या-समाधान कौशलों/रणनीतियों का भी प्रयोग किया जिसने अच्छी तर्क-क्षमता प्रदर्शित की।
- (ग) मेरा काम स्पष्ट एवं व्यवस्थित है।

(4) संप्रेषण–
- (क) मैंने पाठक से स्पष्ट एवं प्रभावशाली ढंग से बात की।
- (ख) मेरे समाधान में एक चरण के पश्चात् दूसरा चरण स्वतः ही आगे बढ़ता हुआ प्रतीत होता है।
- (ग) मैंने गणितीय शब्दावली एवं पारिभाषिक शब्दों का स्पष्ट रूप से प्रयोग किया है।
- (घ) मेरे वाक्य अर्थपूर्ण हैं तथा कोई भी शब्द छूटा नहीं है।

प्रश्न पत्र

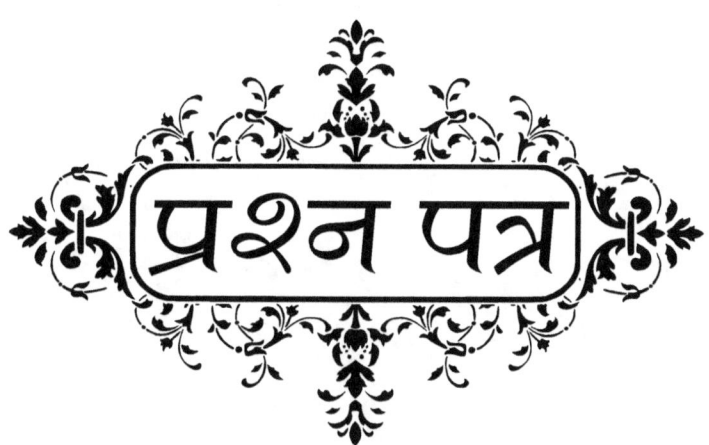

पाठ्यचर्यापर्यंत भाषा: बी.ई.एस.-124
जून, 2017

नोट: सभी प्रश्न अनिवार्य हैं। सभी प्रश्नों की भारिता समान है।

प्रश्न 1. निम्नलिखित प्रश्न का उत्तर लगभग 600 शब्दों में दीजिए–
Answer the following question in about 600 words:
"भाषा प्रदेश एवं बोलने वालों के सामाजिक-आर्थिक स्तर के अनुसार भिन्न हो सकती है।" इस कथन के आलोक में भारत में भाषा की विविधता तथा भाषा अनुदेशन पर इसके निहितार्थों की चर्चा कीजिए।

"Language may vary according to the region and the socio-economic status of the speakers." Discuss the diversity in language in India in the light of this statement and its implications on language instruction.

उत्तर– देखें अध्याय-2, प्र.सं.-1, 5, 11

अथवा

"भाषा अधिगम में सहायता हेतु एक साधन है।" इस कथन के आलोक में चर्चा कीजिए कि किस प्रकार पठन एवं लेखन में दक्षता विज्ञान एवं गणित में अधिगम में सहायता कर सकती है।

"Language is a vehicle for facilitating learning." In the light of this statement, discuss how competence in reading and writing can facilitate learning in Science and Mathematics.

उत्तर– देखें अध्याय-7, प्र.सं.-16, 19 फिर देखें अध्याय-8, प्र.सं.-14

प्रश्न 2. निम्नलिखित प्रश्न का उत्तर लगभग 600 शब्दों में दीजिए–
Answer the following question in about 600 words:
'बोली' एवं 'प्रयोजनात्मक भाषा' में क्या अंतर है? अपने उत्तर के समर्थन में उदाहरण दीजिए।

What is the difference between 'dialect' and 'register'? Give examples to support your answer.

उत्तर– देखें अध्याय-1, प्र.सं.-6, 12

अथवा

'शैक्षिक रजिस्टर' या 'शैक्षिक भाषा' दैनिक प्रयोग की भाषा से किस प्रकार भिन्न है? अपने पसंद के किसी विषय से उदाहरण दीजिए।

How is 'academic register' or 'academic language' different from the language of everyday use? Give examples from any subject of your choice.

उत्तर– देखें अध्याय-3, प्र.सं.-4, 5

प्रश्न 3. निम्नलिखित प्रश्नों में से किन्हीं चार के उत्तर लगभग 150 शब्दों (प्रत्येक) में दीजिए–

Answer any four of the following questions in about 150 words each:

(क) मानकीकृत बोली क्या है?

What is a standard dialect?

उत्तर– देखें अध्याय-1, प्र.सं.-11

(ख) पठन समझ से पठन किस प्रकार भिन्न है?

How is reading different from reading comprehension?

उत्तर– पठन एक विस्तृत प्रक्रिया है। इसमें केवल अक्षरों व मात्राओं को पढ़ पाना ही नहीं अपितु लिखी हुई पूरी सामग्री से एक प्रवाह में अर्थ समझना भी शामिल है। यह एक ऐसी प्रक्रिया है जिसमें समझ, शब्दों की पहचान, संबद्धता एवं प्रवाह सभी शामिल हैं। पठन प्रक्रिया लेख, पाठक व पठन के बीच का होने वाला जटिल संवाद या गतिविधि है। पठन क्रिया को तभी पूर्ण माना जाता है जबकि पाठक लिखित सामग्री का अर्थ समझ सके या पाठक में पठन समझ हो, अर्थात् पठन समझ के बिना पठन की क्रिया अधूरी है। पठन क्रिया के दौरान पाठक की लेख संबंधी यह समझ उसके पूर्व ज्ञान एवं अनुभवों पर निर्भर करती है। पठन समझ, जान-बूझकर की जाने वाली एक अंत:क्रिया है जो कि किसी लेख के पठन से पूर्व, उसके दौरान एवं उसके उपरांत घटित होती है। पठन समझ, पठन की क्रिया का एक सबसे महत्त्वपूर्ण अंग है।

(ग) पठन समझ के शिक्षण में स्कीमा सिद्धांत के क्या निहितार्थ हैं?

What are the implications of schema theory on teaching reading comprehension?

उत्तर– देखें अध्याय-7, प्र.सं.-6

(घ) वर्णनात्मक एवं प्रभावपूर्ण अवतरण में क्या अंतर है? किसी विषय से एक उदाहरण दीजिए।

What is the difference between a narrative and a persuasive text? Give an example from any subject.

उत्तर– देखें अध्याय-8, प्र.सं.-13

(ङ) प्रवाहयुक्त एवं त्रुटिरहित बोलने में क्या अंतर है? अपने उत्तर को स्पष्ट करने हेतु किसी विषय से उदाहरण दीजिए।

What is the difference between fluent and accurate speaking? Give examples from any subject to illustrate your answer.

उत्तर– देखें अध्याय-5, प्र.सं.-10

(च) एक तार्किक निबंध एवं एक वर्णनात्मक निबंध के प्रयोजन में अंतर स्पष्ट कीजिए।

Distinguish between the purposes of an argumentative essay and a descriptive essay.

उत्तर– देखें अध्याय-8, प्र.सं.-13

प्रश्न 4. निम्नलिखित प्रश्न का उत्तर लगभग 600 शब्दों में दीजिए–

Answer the following question in about 600 words:

पठन प्रक्रिया के विभिन्न स्तरों की चर्चा कीजिए। 'पठन के दौरान' रणनीति के रूप में 'पूर्व-सूचना' की चर्चा कीजिए तथा किसी विषय में विद्यार्थियों हेतु अभ्यास के लिए पूर्व-कथन कार्य की रचना कीजिए।

Discuss the different stages of the reading process. Discuss 'prediction' as a 'while reading' strategy and set up a prediction task exercise for students in any subject.

उत्तर– देखें अध्याय-7, प्र.सं.-20, 13

एक अच्छा शिक्षक मोमबत्ती की तरह होता है,
जो खुद को जला कर दूसरों के लिए प्रकाश करता है।

पाठ्यचर्यापर्यंत भाषाः बी.ई.एस.-124
दिसम्बर, 2017

नोट: सभी प्रश्न अनिवार्य हैं। सभी प्रश्नों की भारिता समान है।

प्रश्न 1. निम्नलिखित प्रश्न का उत्तर लगभग 600 शब्दों में दीजिए–
Answer the following question in about 600 words:
आप भाषा के संदर्भ में 'प्रयोजनार्थ भाषा' पद से क्या समझते हैं? विभिन्न प्रकार के प्रयोजनार्थ भाषा तथा उनकी विशेषताएँ क्या हैं?
What do you understand by the term 'Register' in the context of language? What are the different types of registers and their characteristics.

उत्तर– देखें अध्याय-1, प्र.सं.-12, फिर देखें अध्याय-3, प्र.सं.-1, 4

अथवा

दैनिक उपयोग की भाषा तथा शैक्षिक भाषा में क्या अंतर है? शैक्षिक भाषा प्रयोजनार्थ भाषा को किस प्रकार संघटित करती है?
What is the difference between the language of everyday use and academic language? How does academic language constitute academic register?

उत्तर– देखें अध्याय-3, प्र.सं.-4, 5

प्रश्न 2. निम्नलिखित प्रश्न का उत्तर लगभग 600 शब्दों में दीजिए–
Answer the following question in about 600 words:
'बोली' एवं 'प्रयोजनार्थ भाषा' में समुचित उदाहरणों द्वारा अंतर स्पष्ट कीजिए।
Discuss the difference between 'dialect' and 'register' with suitable examples.

उत्तर– देखें अध्याय-1, प्र.सं.-6, 12

अथवा

भारत के संदर्भ में भाषा की विविधता या विभिन्नता को अग्रसर करने वाले कारक क्या हैं? भाषा अनुदेशन पर भाषा की विविधता के निहितार्थ की चर्चा कीजिए।
What are the factors leading to language variation or diversity in the context of India? Discuss the implications of language variation on language instruction.

उत्तर— देखें अध्याय-1, प्र.सं.-10, फिर देखें अध्याय-2, प्र.सं.-11

प्रश्न 3. निम्नलिखित में से किन्हीं चार प्रश्नों के उत्तर दीजिए। प्रत्येक उत्तर लगभग 150 शब्दों में दीजिए—
Answer any four of the following questions in about 150 words each:

(a) गहन या समीक्षात्मक पठन से आप क्या समझते हैं? समीक्षात्मक पठन कौशल के विकास हेतु किसी एक रणनीति का उल्लेख कीजिए।
What do you understand by critical reading? Mention any one strategy to develop critical reading skills.

उत्तर— देखें अध्याय-7, प्र.सं.-14, 12 (iii), (iv)

(b) 'लेखन में विचारों की संज्ञानात्मक प्रक्रिया सम्मिलित होती है।' इस कथन का क्या अर्थ है?
'Writing involves cognitive processing of ideas'. What is meant by the statement?

उत्तर— देखें अध्याय-8, प्र.सं.-4

(c) सुनने के कौशल का विकास क्यों महत्त्वपूर्ण है? किसी विषय से एक उदाहरण दीजिए।
Why is it important to develop the skills of listening? Give an example from any subject.

उत्तर— देखें अध्याय-5, प्र.सं.-7

(d) एक वृत्तांत को प्रस्तुत करने हेतु आवश्यक महत्त्वपूर्ण अभिव्यक्ति कौशलों को सूचीबद्ध कीजिए। किसी विषय से एक उदाहरण दीजिए।
List the important speaking skills required to present a narrative. Give an example from any subject.

उत्तर— देखें अध्याय-6, प्र.सं.-12

(e) सार तत्त्व को सुनने एवं विस्तारपूर्वक सुनने में क्या अंतर है? किसी विषय से एक उदाहरण द्वारा स्पष्ट कीजिए।
What is the difference between listening for gist and listening for detail? Illustrate with an example from any subject.

उत्तर— देखें अध्याय-5, प्र.सं.-9

(f) सतही तौर पर पढ़ने तथा क्रमवीक्षण में क्या अंतर है?
What is the difference between 'skimming' and 'scanning'?

उत्तर— देखें अध्याय-7, प्र.सं.-11

प्रश्न 4. निम्नलिखित प्रश्न का उत्तर लगभग 600 शब्दों में दीजिए–
Answer the following question in about 600 words:

'लेखन में श्रोता, प्रयोजन तथा संदर्भ होता है।' इस कथन के आलोक में, निम्नलिखित में श्रोता, प्रयोजन तथा संदर्भ एवं अवतरण की संरचना पर विमर्श कीजिए:

'Writing has an audience, purpose and context'. In the light of this statement, discuss the audience, purpose and context and the text structure in the following:

(a) वर्तमान परिणामों का खंडन करते हुए एक शैक्षिक जर्नल में एक तार्किक निबंध प्रकाशित हुआ।

an argumentative essay published in an academic journal to refute recent findings.

उत्तर– उपर्युक्त कथन के लिए श्रोता, प्रयोजन, संदर्भ एवं संरचना निम्न प्रकार से होंगे–

(1) **श्रोता**–श्रोता छात्र, अध्यापक एवं अन्य शिक्षाविदों में से कोई भी हो सकते हैं।

(2) **उद्देश्य**–दिए गए तर्क को स्वीकृत करने के लिए पाठकों को राजी करने के अंतिम उद्देश्य के साथ वर्तमान निष्कर्षों का खंडन करना ही इस तार्किक कथन का प्रमुख उद्देश्य है। यद्यपि इसका प्रमुख उद्देश्य पाठकों को इस तर्क की स्वीकृति के लिए राजी करना है, लेकिन फिर भी पाठकों की प्रतिक्रिया मिली-जुली होती है। कुछ पूर्णत: सहमत, कुछ असहमत और कुछ थोड़ी शर्तों के साथ सहमत होते हैं।

(3) **संदर्भ**–यहाँ संदर्भ उन वर्तमान निष्कर्षों के प्रति जागरूक करना है, जो कि पूरी तरह सत्य नहीं हैं।

(4) **संरचना**–इस तर्क की संरचना निम्न प्रकार की होगी–

(क) **सर्वप्रथम एक स्पष्ट, संक्षिप्त एवं सुपरिभाषित थीसिस कथन है, जो कि निबंध के पहले अनुच्छेद में दिया गया है**–इस तार्किक निबंध के पहले अनुच्छेद में लेखक द्वारा विषय की सामान्य तरीके से समीक्षा करते हुए अपने संदर्भ को प्रस्तुत करना चाहिए। फिर लेखक को यह बताना चाहिए कि यह प्रकरण क्यों महत्त्वपूर्ण है या पाठकों को इस मुद्दे के प्रति सचेत क्यों रहना चाहिए। अंत में लेखक को थीसिस संबंधी अपना कथन प्रस्तुत करना चाहिए।

(ख) **परिचय, बॉडी एवं परिणाम के मध्य तार्किक एवं स्पष्ट बदलाव**–निबंध के परिचय, बॉडी एवं निष्कर्ष के बीच स्पष्ट बदलाव दिखाई देना चाहिए, क्योंकि विचारों की तार्किक प्रगति के बिना पाठक निबंध के तर्क को नहीं समझ पाएँगे एवं संरचना बिगड़ जाएगी। एक भाग से दूसरे भाग की तरफ बदलाव लाते समय मूल विचार बनाए रखना चाहिए एवं पुन: स्पष्ट भी करना चाहिए।

(ग) **प्रस्तुत साक्ष्य के समर्थन में दिए जाने वाले अनुच्छेद जो कि बॉडी के अंतर्गत आते हैं**–एक अनुच्छेद में एक ही विचार पर चर्चा की जानी चाहिए। इससे निबंध में स्पष्टता आती है तथा संपूर्ण निबंध के दौरान सही दिशा बनी रहती है। इस प्रकार की स्पष्टता से श्रोताओं को पढ़ने में सुविधा रहती है। प्रत्येक अनुच्छेद में ऐसा कोई न कोई कथन अवश्य होना चाहिए, जिसका प्रथम

अनुच्छेद में दिए गए मूल कथन से किसी न किसी प्रकार का तार्किक संबंध अवश्य हो। ये कथन थीसिस के मूल कथन का साक्ष्य के साथ समर्थन करेंगे। यहाँ यह भी स्पष्ट करना आवश्यक होगा कि प्रत्येक साक्ष्य थीसिस का किस प्रकार एवं क्यों समर्थन करता है।

(घ) **साक्ष्य समर्थन (तथ्य आधारित, तार्किक, सांख्यिकीय अथवा वास्तविक)–** तार्किक निबंध को मूल थीसिस कथन के समर्थन के लिए एवं अन्य दृष्टिकोणों पर विचार करने के लिए अच्छी तरह शोधित, शुद्ध, विस्तृत एवं वर्तमान सूचना की आवश्यकता होती है। तथ्यात्मक, तार्किक, सांख्यिकीय अथवा वास्तविक साक्ष्यों के द्वारा थीसिस का समर्थन करना चाहिए।

(ङ) **एक निष्कर्ष जो कि थीसिस की बातों को दोहराता नहीं है, बल्कि दिए गए साक्ष्यों के प्रकाश में उसे पुन: संबोधित करता है–**यह निबंध का एक ऐसा भाग होता है, जो पाठक के दिमाग पर बहुत जल्दी प्रभाव डालता है। अत: इसे प्रभावी एवं तार्किक होना चाहिए। निष्कर्ष में लेखक को कोई नई सूचना नहीं डालनी चाहिए, बल्कि निबंध की बॉडी में दी गई सूचना का ही संश्लेषण करना चाहिए। लेखक को बताना चाहिए कि यह प्रकरण क्यों महत्त्वपूर्ण है, प्रमुख बिंदुओं की समीक्षा करनी चाहिए और अपनी थीसिस की भी समीक्षा करनी चाहिए।

(b) राजस्थान का हाल में भ्रमण के विषय में एक यात्रा पत्रिका हेड में एक वर्णात्मक निबंध लिखा गया।

a descriptive essay written for a travel magazine about a recent tour to Rajasthan.

उत्तर– यहाँ श्रोता, उद्देश्य, संदर्भ एवं संरचना निम्न प्रकार से होंगे–

(1) **श्रोता**–यहाँ श्रोता यात्रा को पसंद करने वाला कोई भी व्यक्ति हो सकता है।

(2) **उद्देश्य**–इस वर्णनात्मक निबंध का उद्देश्य राजस्थान का इस प्रकार विविध विस्तृत वर्णन करना है, ताकि पाठक के मन में राजस्थान की सुंदरता की सटीक तस्वीर आसानी से खिंच जाए।

(3) **संदर्भ**–इसका मूल संदर्भ है, यात्रियों को राजस्थान की तरफ आकर्षित करना।

(4) **संरचना–**

(क) **परिचय**–यह भाग इस बात का विवरण प्रस्तुत करता है कि लेखक ने राजस्थान को ही क्यों चुना है।

(ख) **बॉडी**–यहाँ लेखक प्रमुख बिंदुओं पर और भी अधिक ध्यान केंद्रित करता है। नियमानुसार, प्रत्येक बिंदु पर, अलग-अलग भाग में विचार किया गया है एवं उस पर चर्चा की गई है। बॉडी में सामान्यत: निम्न तीन अनुच्छेद होते हैं– ***प्रथम अनुच्छेद*** में लेखक अपनी विषय-वस्तु का उद्देश्य बताता है, उसकी विशेषताएँ एवं उसके विशेष गुणों को बताता है। अवलोकनों का छोटे-से-छोटा विवरण प्रस्तुत करते हुए यह प्रकरण की संपूर्ण एवं विविध तस्वीर प्रस्तुत करता है।

द्वितीय अनुच्छेद उसके आस-पास की जगहों का वर्णन करता है। इस भाग में लेखक अपनी इच्छानुसार कितने भी स्टाइलिस्ट उपकरणों का प्रयोग कर सकता है।

तृतीय एवं अंतिम अनुच्छेद समझ एवं भावनाओं से संबंधित होता है। इस भाग में लेखक उस प्रत्येक चीज का वर्णन करता है, जिसे वह देख, सुन, छू, सूँघ सकता है, जिसे वह अनुभव कर सकता है। इसमें वह तस्वीर को जीवंत रूप देने का प्रयास करता है।

(ग) **निष्कर्ष**–अंतिम स्तर है, निष्कर्ष निकालना। यह लेखक के वर्णन के महत्त्व पर जोर देता है। इस भाग में लेखक अपने अनुभवों, दृष्टिकोणों एवं प्रभावों को सार रूप में बताता है।

(c) वरिष्ठ नागरिकों के स्थान हेतु सुरक्षा तंत्रों को रखने की आवश्यकता पर समाचार-पत्र में एक प्रेरक निबंध लिखा गया।

a persuasive essay written in the newspaper about the need to put safety measures for senior citizens in place.

उत्तर– यहाँ श्रोता, उद्देश्य, संदर्भ एवं संरचना निम्न प्रकार से होंगे–

(1) **श्रोता**–यहाँ श्रोता कोई भी व्यक्ति हो सकता है।

(2) **उद्देश्य**–इस प्रेरक निबंध का उद्देश्य 'वरिष्ठ नागरिकों के लिए सुरक्षा उपायों की आवश्यकता' पर लेखक के दृष्टिकोण को श्रोताओं द्वारा स्वीकार किया जाना एवं वरिष्ठ नागरिकों के बारे में लेखक की सोच को स्वीकार करना है।

(3) **संदर्भ**–यहाँ वरिष्ठ नागरिकों की सुरक्षा ही प्रमुख संदर्भ है।

(4) **संरचना**–भाग (a) में दी गई संरचना के समान।

'यदि तुम अपने चरित्र का सुधार करने के साथ-ही-साथ समाज का भी सुधार करना चाहते हो तो समाज में पुस्तकालयों की स्थापना करो।'

पाठ्यचर्यापर्यंत भाषा: बी.ई.एस.-124
जून, 2018

नोट: सभी प्रश्न अनिवार्य हैं। सभी प्रश्नों की भारिता समान है।

प्रश्न 1. निम्नलिखित प्रश्न का उत्तर लगभग 600 शब्दों में दीजिए—
ऐसे कक्षाकक्ष संवाद के अभिलक्षणों की चर्चा कीजिए जो अधिगम हेतु सहायक हैं।
Answer the following question in about 600 words :
Discuss the features of classroom discourse that facilitate learning.

अथवा

"लेखन एक प्रक्रिया है और परिप्रेक्ष्यों के अधिगम हेतु एक उपकरण भी" दोनों पक्षों की उदाहरण सहित व्याख्या कीजिए।
Writing is a process and a tool for learning the content. Explain the two aspects with illustrations.

प्रश्न 2. निम्नलिखित प्रश्न का उत्तर लगभग 600 शब्दों में दीजिए :
दैनिक स्तर विस्तार (रजिस्टर) और शैक्षणिक स्तर विस्तार (रजिस्टर) में उदाहरण सहित अंतर स्पष्ट कीजिए।
Answer the following question in about 600 words :
Differentiate between everyday registers and academic registers with illustrations.

अथवा

श्रवण के विभिन्न प्रकारों तथा विषय विशेष के शिक्षण पर उनकी उपादेयताओं की चर्चा कीजिए।
Discuss the different kinds of listening and their implications for subject area teaching.

प्रश्न 3. निम्नलिखित में से किन्हीं चार प्रश्नों के उत्तर दीजिए। प्रत्येक लगभग 150 शब्दों में दें—
Answer any four of the following questions in about 150 words each:

(a) विषय क्षेत्र में वाचन कौशल के आंकलन हेतु उपयोग कार्यों का वर्णन कीजिए।
Describe the tasks that can be used for assessing speaking skills in the subject area.

(b) मौखिक भाषा, पठन और लेखन में संबंधों की व्याख्या कीजिए।
Explain the relationship between oral language, reading and writing.

(c) 'ट्रांसलैंग्वेजिंग' की व्याख्या कीजिए। उदाहरण भी दीजिए।
Explain translanguaging. Give examples.

(d) उस प्रक्रिया का वर्णन कीजिए, जिससे एक बोली, मानक बोली बनने से पहले गुजरती है।
Describe the process that a dialect often passes through before becoming a standard dialect.

(e) प्रतिक्रियात्मक श्रवण को सीमांत श्रवण से विभेदित कीजिए।
Differentiate marginal from responsive listening.

(f) आपके विषय क्षेत्र में उचित भाषा उद्देश्यों के निर्धारण के क्या मानदंड है?
What are the criteria for deciding appropriate language objectives for your subject area ?

प्रश्न 4. निम्नलिखित प्रश्न का उत्तर लगभग 600 शब्दों में दीजिए।
Answer the following question in about 600 words.

पठनबोध में शब्दावली की भूमिका की व्याख्या कीजिए। अपनी रुचि के विषय क्षेत्र में आप शिक्षार्थियों के पठन बोध के विकास हेतु शब्दावली शिक्षण कैसे करेंगे? दर्शाइए।

Explain the role of vocabulary in reading comprehension. Illustrate how you would teach vocabulary in the subject area of your choice to enhance the reading comprehension of the learners?

पाठ्यचर्यापर्यंत भाषा: बी.ई.एस.-124
दिसम्बर, 2018

नोट: *सभी प्रश्न अनिवार्य हैं। सभी प्रश्नों की भारिता समान है।*

प्रश्न 1. निम्नलिखित प्रश्न का उत्तर लगभग 600 शब्दों में दीजिए–

Answer the following question in about 600 words:

लेखन, भाषण से कैसे भिन्न है? लेखन के विभिन्न स्वरूपों का वर्णन कीजिए।

How is writing different from speech? Discuss the different forms of writing.

अथवा

किसी सुने जा चुके संवाद के बोध की प्रक्रिया की चर्चा कीजिए।

Discuss the processes involved in comprehending a heard discourse.

प्रश्न 2. निम्नलिखित प्रश्न का उत्तर लगभग 600 शब्दों में दीजिए–

Answer the following question in about 600 words:

"समझौतावादी अंत:क्रिया" तथा "कक्षाकक्ष अंत:क्रियात्मक क्षमता" की कक्षाकक्ष अधिगम हेतु सहायक युक्तियों के रूप में व्याख्या कीजिए।

Explain 'negotiated interaction' and 'classroom interactional competence' as strategies for facilitating classroom learning.

अथवा

किसी दिए गए विषय क्षेत्र में अधिगम संवर्धन हेतु शिक्षार्थियों में आवश्यक भाषा क्षमताओं को विकास एक शिक्षक कैसे कर सकता है? एक विषय क्षेत्र चुनकर अपने उत्तर को स्पष्ट कीजिए।

How can teachers develop in students language competency required for enhancing learning in any given subject area? Choose a subject area and illustrate your answer.

प्रश्न 3. निम्नलिखित में से किन्हीं चार प्रश्नों के उत्तर दीजिए। प्रत्येक लगभग 150 शब्दों में दें–

Answer any four of the following questions in about 150 words each:

(a) अपने विषय क्षेत्र में विद्यार्थियों में पठन के आंकलन हेतु कुछ कार्यों का वर्णन कीजिए।
Describe tasks for assessing student reading in your subject area.

(b) स्वरविस्तार के कारण भाषा विभिन्नता की उदाहरण सहित व्याख्या कीजिए।
Explain language variation due to register. Give examples.

(c) शैक्षणिक भाषा क्या है?
What is academic language?

(d) 'साधारण खोज' के माध्यम से वाचन योग्यताएँ कैसे विकसित की जा सकती है? दर्शाइए।
Illustrate how speaking abilities can be developed through 'gentle inquisition.'

(e) साक्षरता विकास के तीन चरणों का वर्णन कीजिए।
Describe the three stages of literacy development.

(f) वाचन के प्रकार्यों की व्याख्या कीजिए।
Explain the functions of speaking.

प्रश्न 4. निम्नलिखित प्रश्न का उत्तर लगभग 600 शब्दों में दीजिए–
Answer the following question in about 600 words:

समालोचनात्मक पठन का क्या उद्देश्य है? आप शिक्षार्थियों को समालोचनात्मक पठन कैसे पढ़ाएँगे? अपने उत्तर की उदाहरणों की सहायता से पुष्टि कीजिए।
What is the purpose of critical reading? How will you teach critical reading to the learners? Support your argument with examples.

पाठ्यचर्यापर्यंत भाषा: बी.ई.एस.-124
जून, 2019

नोट: *सभी प्रश्न अनिवार्य हैं। सभी प्रश्नों की भारिता समान है।*

प्रश्न 1. निम्नलिखित प्रश्न का उत्तर लगभग 600 शब्दों में दीजिए–
एक अंत:क्रियात्मक प्रक्रिया के रूप में पठन की व्याख्या कीजिए। विषयक्षेत्रों में शिक्षार्थियों को सक्रिय पठनकर्त्ता बनाने के लिए आप क्या कदम उठाएँगे?

Answer the following question in about 600 words:
Explain reading as an interactive process. What steps would you take for making the learners active readers in the subject areas?

अथवा

लेखन के विभिन्न प्रकारों का वर्णन कीजिए।
Discuss the different forms of Writing.

प्रश्न 2. निम्न प्रश्न का उत्तर लगभग 800 शब्दों में दीजिए–
वाचित संभाषण को समझने के लिए ऊर्ध्वगामी तथा अधोमुखी प्रक्रियाओं की चर्चा कीजिए।

Answer the following question in about 600 words:
Discuss the bottom-up and top-down proceses involved in understanding spoken discourse.

अथवा

विषयक्षेत्रों के अधिगम में भाषा की भूमिका की चर्चा कीजिए तथा विषयाध्यापकों के उत्तरदायित्वों की चर्चा कीजिए।
Discuss the role of language in learning subject areas and explain the responsibilities of subject teachers.

प्रश्न 3. निम्नलिखित में से किन्हीं चार प्रश्नों के उत्तर प्रत्येक लगभग 150 शब्दों में दीजिए–

Answer any four of the following in about 150 words each:
(a) 'आयु श्रेणीकरण' तथा 'भाषा परिवर्तन' में अंतर का वर्णन कीजिए।
Describe the difference between 'age grading' and language change.

(b) आप बहुभाषिकता को शिक्षण-अधिगम संसाधन के रूप में कैसे प्रयोग करेंगे? उदाहरण दीजिए।

How would you use multilingualism as a teachinglearning resource? Give examples.

अपने विषयक्षेत्र में विद्यार्थी के लेखन के आकलन के लिए कार्यों का वर्णन कीजिए।

(c) Describe tasks for assessing student writing in your subject area.

(d) उद्धरण सहित वाक् में औपचारिकता के स्तरों की व्याख्या कीजिए।

Explain the levels of formality in speech with illustration.

(e) निष्क्रिय तथा ध्यानपूर्वक श्रवण में अंतर बताइए।

Differentiate between passive and attentive listening

एक कक्षाकक्ष संभाषण की विशिष्ट रूपरेखा का वर्णन कीजिए।

(f) Describe the typical structure of a classroom discourse.

प्रश्न 4. निम्नलिखित प्रश्न का उत्तर लगभग 600 शब्दों में दीजिए।

Answer the following question in about 600 words.

"विभिन्न विषयक्षेत्रों में विभिन्न भाषाई स्वरविस्तार लागू होते हैं।" किन्हीं दो विद्यालयी विषयक्षेत्रों के उद्धरण देते हुए कथन की विवेचना कीजिए।

"Different subject areas employ different language registers," Analyse the statement by illustrating from any two school subject areas.

पाठ्यचर्यापर्यंत भाषा: बी.ई.एस.-124
दिसम्बर, 2019

***नोट:** सभी प्रश्न अनिवार्य हैं। सभी प्रश्नों की भारिता समान है।*

प्रश्न 1. निम्नलिखित प्रश्न का उत्तर लगभग 600 शब्दों में दीजिए।

Answer the following question in about few words:

पाठ्यचर्यापर्यन्त वाचन योग्यताओं के विकास के क्या लक्ष्य हैं? अपने विषय क्षेत्र में वाचन योग्यताओं के विकास क्रियाकलाप सुझाइए।

What are the goals of developing speaking abilities across the curriculum? Suggest activities for developing speaking abilities in your subject area.

उत्तर– पाठ्यचर्यापर्यंत वाचन के उद्देश्य– (1) छात्रों में वाचन योग्यताओं का विकास आवश्यक है ताकि छात्र विभिन्न प्रकार के दर्शकों के साथ और विभिन्न उद्देश्यों के लिए बोली जाने वाली, लिखित और दृश्य भाषा को प्रभावी ढंग से संप्रषित करने के लिए उसमें रूढ़ियों, शैली, शब्दावली का उपयोग कर सकें।

(2) छात्र विभिन्न पाठ्यों को बनाने, उनकी आलोचना करने और उन पर चर्चा करने के लिए भाषा संरचना, भाषा रूढ़ियों (जैसे, वर्तनी और विराम चिह्न) का उपयोग कर सकें।

(3) छात्र विभिन्न स्रोतों से डेटा को इकट्ठा, मूल्यांकन, और संश्लेषित कर अपने विचारों और प्रश्नों का निर्माण कर सकें।

(4) इससे छात्रों में विविध संस्कृतियों और भौगोलिक क्षेत्रों की भाषा के लिए समझ और सम्मान विकसित होता है।

फिर देखें अध्याय-6, प्र.सं.-12

अथवा

'मूलपाठ संरचना' शब्द की व्याख्या कीजिए। अपने विषय क्षेत्र से उदाहरण देते हुए बताइए कि आप शिक्षार्थियों को 'मूलपाठ संरचना' कैसे पढ़ाएगे?

Explain the term 'text structure'. Using your subject area illustrate how you would teach 'text structure' to the learners.

उत्तर– देखें अध्याय-7, प्र.सं.-12(ii)

प्रश्न 2. निम्नलिखित प्रश्न का उत्तर लगभग 600 शब्दों में दीजिए।

Answer the following question in about few words:

कक्षा कक्ष संभाषण को हमें समझने की आवश्यकता क्यों है? कक्षा कक्ष संभाषण के लक्षणों की चर्चा कीजिए?

Why do we need to understand classroom discourse. Discuss the features of classroom discourse.

उत्तर– कक्षा संभाषण वह मौखिक अभिव्यक्ति है, जो एक अध्यापक द्वारा विशिष्ट कक्षा के बालकों के सम्मुख प्रस्तुत की जाती है। संपूर्ण शैक्षिक प्रक्रिया में शिक्षक विद्यार्थियों को संभाषण एवं मौखिक भाषा माध्यम से ही अपनी बातों को समझाता है। अतः कक्षा शिक्षण में विद्यार्थियों को जिस माध्यम से शिक्षण एवं द्वितीय भाषा के ज्ञान हेतु प्रोत्साहित किया जा सकता है वह माध्यम कक्षा भाषण से इतर नहीं हो सकता। मौथ्खक भाषा बालकों की नींव तैयार करती है तथा इससे बच्चे नवीन ज्ञान भी प्राप्त करते हैं। यदि भाषण प्रभावोत्पादक हो तो विद्यार्थी इससे भाषा में निपुणता प्राप्त कर लिखने में दक्षता प्राप्त करते हैं। इस प्रकार कक्षा में अधिगम को बढ़ावा देने के लिए संभाषण को समझना आवश्यक है।

फिर देखें अध्याय-4, प्र.सं.-4

अथवा

शैक्षणिक अधिगम क्या है? शैक्षणिक अधिगम के मूल घटकों की चर्चा कीजिए।

What is academic learning? Discuss the key comportments of academic learning.

उत्तर– शिक्षण एक सामाजिक प्रक्रिया है। शिक्षण शब्द शिक्षा से बना है जिसका अर्थ है शिक्षा प्रदान करना। शिक्षण की प्रक्रिया मानव व्यवहार को परिवर्तित करने की तकनीक हैं अर्थात् शिक्षण का उद्देश्य व्यवहार परिवर्तन हैं।

शिक्षण एवं अध्ययन, एक ऐसी प्रक्रिया है जिसमें बहुत से कारक शामिल होते हैं। सीखने वाला जिस तरीके से अपने लक्ष्यों की ओर बढ़ते हुए नया ज्ञान, आचार और कौशल को समाहित करता है ताकि उसके सीखने के अनुभवों में विस्तार हो सके, वैसे ही ये सारे कारक आपस में संवाद की स्थिति में आते रहते हैं।

पिछली सदी के दौरान शिक्षण पर विभिन्न किस्म के दृष्टिकोण उभरे हैं। इनमें एक है ज्ञानात्मक शिक्षण, जो शिक्षण को मस्तिष्क की एक क्रिया के रूप में देखता है। दूसरा है, रचनात्मक शिक्षण जो ज्ञान को सीखने की प्रक्रिया में की गई रचना के रूप में देखता है। इन सिद्धांतों को अलग-अलग देखने के बजाय इन्हें संभावनाओं की एक ऐसी श्रृंखला के रूप में देखा जाना चाहिए जिन्हें शिक्षण के अनुभवों में पिरोया जा सके। एकीकरण की इस प्रक्रिया में अन्य कारकों को भी संज्ञान में लेना जरूरी हो जाता है– ज्ञानात्मक शैली, शिक्षण की शैली, हमारी मेधा का एकाधिक स्वरूप और ऐसा शिक्षण जो उन लोगों के काम आ सके जिन्हें इसकी विशेष जरूरत है और जो विभिन्न सांस्कृतिक पृष्ठभूमि से आते हैं।

सीखना या अधिगम एक व्यापक सतत् एवं जीवन पर्यंत चलने वाली महत्त्वपूर्ण प्रक्रिया है। मनुष्य जन्म के उपरांत ही सीखना प्रारंभ कर देता है और जीवन भर कुछ न कुछ सीखता रहता है। धीरे-धीरे वह अपने को वातावरण से समायोजित करने का प्रयत्न करता है। इस समायोजन के दौरान वह अपने अनुभवों से अधिक लाभ उठाने का प्रयास करता है। इस प्रक्रिया को मनोविज्ञान में सीखना कहते हैं। जिस व्यक्ति में सीखने की जितनी अधिक शक्ति होती है, उतना ही उसके जीवन का विकास होता है। सीखने की प्रक्रिया में व्यक्ति अनेक क्रियाएँ एवं उपक्रियाएँ करता है। अतः सीखना किसी स्थिति के प्रति सक्रिय प्रतिक्रिया है।

उदाहरणार्थ–छोटे बालक के सामने जलता दीपक ले जाने पर वह दीपक की लॉ को पकड़ने का प्रयास करता है। इस प्रयास में उसका हाथ जलने लगता है। वह हाथ को पीछे खींच लेता है। पुनः जब कभी उसके सामने दीपक लाया जाता है तो वह अपने पूर्व अनुभव के आधार पर लौ पकड़ने के लिए हाथ नहीं बढ़ाता है, वरन् उससे दूर हो जाता है। इसी विचार को स्थिति के प्रति प्रतिक्रिया करना कहते हैं। दूसरे शब्दों में कह सकते हैं कि अनुभव के आधार पर बालक के स्वाभाविक व्यवहार में परिवर्तन हो जाता है।

शिक्षण अधिगम प्रक्रिया–सीखना चारों ओर के परिवेश से अनुकूलन में सहायता करना है। किसी विशिष्ट सामाजिक सांस्कृतिक परिवेश में कुछ समय रहने के पश्चात् हम उस समाज के नियमों को समझ जाते हैं और यही इससे अपेक्षित भी होता है। हम परिवार, समाज और अपने कार्यक्षेत्रों के जिम्मेदार नागरिक एवं सदस्य बन जाते हैं। यह सब सीखने के कारण ही संभव है। हम विभिन्न प्रकार के कौशलों को अर्जित करने के लिए सीखने का ही प्रयोग करते हैं।

(1) अनुभव, क्रिया-प्रतिक्रिया, निर्देश आदि प्राणी के व्यवहार में परिवर्तन लाते रहते हैं। यह अधिगम का व्यापक अर्थ है।

(2) सामान्य अर्थ–व्यवहार में परिवर्तन होना या सीखना होता है।

(3) गिल्फोर्ड–"व्यवहार के कारण में परिवर्तन होना अधिगम है" (अधिगम स्वयं व्यवहार में परिवर्तन का कारण है)।

(4) स्किनर–"व्यवहार के अर्जन में उन्नति की प्रक्रिया ही अधिगम है।"

(5) काल्विन–"पहले से निर्मित व्यवहार में अनुभव द्वारा परिवर्तन ही अधिगम है"।

(6) अधिगम की पूरक प्रक्रिया विभेदीकरण या विशिष्टीकरण भी मानी गई है। जैसे– खिलौने के सभी घटकों को अलग कर फिर से जोड़ना।

(7) अधिगम सदैव लक्ष्य-निर्दिष्ट व सप्रयोजन होता है। यदि अधिगम के लक्ष्यों को स्पष्ट और निश्चित कथन में दिया जाए तो अधिगमकर्त्ता के लिए अधिगम अर्थपूर्ण तथा सप्रयोजन होगा।

(8) अधिगम एक निरंतर चलने वाली प्रक्रिया है जैसे विकास।

(9) अधिगम व्यक्तिगत होता है अर्थात् प्रत्येक अधिगमकर्त्ता अपनी गति से रुचि, आकांक्षा, समस्या, संवेग, शारीरिक-मानसिक स्वास्थ्य आदि के आधार पर सीखता है। इसमें अभिप्रेरणात्मक करना भी होते हैं।

(10) अधिगम सृजनात्मक होता है अर्थात् अधिगम ज्ञान व अनुभवों का सृजनात्मक संश्लेषण है।

शिक्षण अधिगम प्रक्रिया के मूल घटक–

बालक के लिए–(1) सीखने की इच्छा, (2) शैक्षिक पृष्ठभूमि, (3) शारीरिक व मानसिक स्वास्थ्य (4) परिपक्वता (5) अभिप्रेरणा (6) अधिगमकर्त्ता की अभिवृत्ति (7) सीखने का समय व अवधि और (8) बुद्धि

अध्यापक के लिए–(1) अध्यापक का विषय ज्ञान, (2) शिक्षक का व्यवहार, (3) शिक्षक को मनोविज्ञान का ज्ञान, (4) शिक्षण विधि (5) व्यक्तिगत भेदों का ज्ञान, (6) शिक्षक का व्यक्तित्व, (7) पाठ्य-सहगामी क्रियाएँ और (8) अनुशासन की स्थिति

प्रश्न 3. निम्नलिखित में से किन्हीं चार प्रश्नों के उत्तर दीजिए। प्रत्येक लगभग 150 शब्दों मे होः

Answer any four of the following questions in about 150 words each:

(a) लेखन के एक प्रकार के रूप में 'सूचना अंतरण' को अध्येता स्वआंकलन मापनी निर्मित कीजिए।

Illustrate 'information transfer' as a type of writing.

उत्तर– सूचना अंतरण एक लेखन गतिविधि है जिसमें एक शिक्षार्थी को एक ग्राफ, चार्ट या तालिका को पढ़ने और उसकी व्याख्या के आधार पर एक पैराग्राफ लिखना आवश्यक होता है। गैर-मौखिक कौशल से मौखिक रूप (एक पैराग्राफ या रिपोर्ट लिखना) में यह स्थानांतरण लेखन कौशल विकसित करता है। यदि लेखन गतिविधि पहले बताई गई गतिविधि की उलट है, तो यह प्रक्रिया शिक्षार्थियों को समझ कौशल विकसित करने में भी मदद करती है। यह एक महत्त्वपूर्ण अध्ययन कौशल है, जो विश्लेषणात्मक संकायों को विकसित करने में शिक्षार्थियों की मदद करता है और गणित, विज्ञान, वाणिज्य, आदि जैसे विषयों के उनके अध्ययन में भी उनके लिए उपयोगी है।

उदाहरणतः ऋचा के स्कूल का निम्नलिखित विवरण पढ़ें और जानकारी को ग्राफिक रूप में स्थानांतरित करें।

मैं तेजस विद्यालय में पढ़ता हूँ। मेरे स्कूल के सामने एक पार्क है जिसका नाम आत्मज्योति पार्क है और इसके पीछे एक बहुत बड़ा खेल का मैदान है जहाँ गरबा आयोजित होता है। मेरे स्कूल के बाई ओर एक बड़ा सुपरमार्केट, बिग बाजार है, और उसके बगल में सेंटर स्क्वायर मॉल है। स्कूल के दाईं ओर एक बड़ी इमारत है जिसमें प्रसिद्ध मेरिडियन अस्पताल है।

तैयार किया गया ग्राफिक नीचे दी गई तस्वीर जैसा कुछ दिखाई देगा–

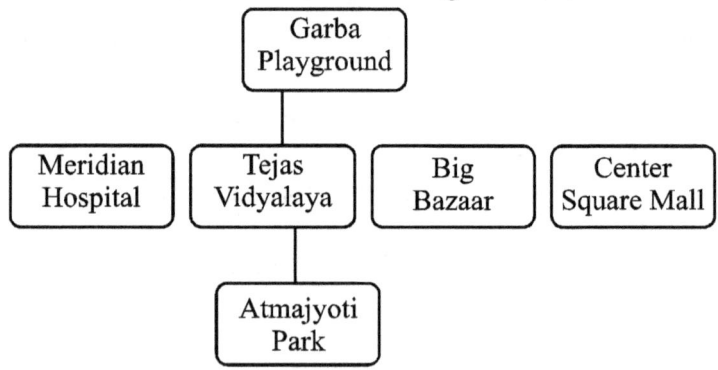

(b) अपने विषय क्षेत्र में बाचन के आंकलन हेतु एक अध्येता स्वआंकलन मापती निर्मित कीजिए।

Prepare a learner's self assessment inventory for assessing speaking in your subject area.

उत्तर– देखें अध्याय-9, प्र.सं.-9

(c) लिंगभेद के कारण भाषा प्रयोग में विचलनों का वर्णन कीजिए।
Describe variability in language are due to gender differences.
उत्तर– देखें अध्याय-1, प्र.सं.-10

(d) अधिगम प्रक्रिया में भाषा के महत्व की व्याख्या कीजिए।
Explain the importance of language in learning process.
उत्तर– देखें अध्याय-3, प्र.सं.-9

(e) गणितीय लेखन की प्रकृति 'बहुलक्षणात्मक' है, व्याख्या कीजिए।
Mathematical writing is 'multiseniotic' in nature. Explain.
उत्तर– देखें अध्याय-8, प्र.सं.-14

(f) कक्षा कक्ष संभाषण में 'शिक्षक प्रतिध्वनि' की व्याख्या कीजिए।
Explain 'teacher echo' in classroom discourse.
उत्तर– देखें अध्याय-4, प्र.सं.-4

प्रश्न 4. निम्नलिखित प्रश्न का उत्तर लगभग 600 शब्दों में दीजिए।
Answer the following question in about 600 words:
मानसिक निरुपण (schema) को जागरूक करने के लिए किन्हीं दो विषय क्षेत्रों में श्रवण क्रियाकलापों का निर्माण कीजिए।

Design listening activities in two subject areas to activate the 'schema'.

उत्तर– गणित में मानसिक निरूपण को जागरूक करने के लिए श्रवण क्रियाकलाप–गणित में समीकरण हल करने से संबंधित मानसिक निरूपण को जागरूक करने के लिए निम्न श्रवण क्रियाकलाप किए जा सकते हैं–

(1) समीकरणों की पारिस्थितिक संकल्पना–कहानी सुनाकर समीकरण बनाने के लिए कहना। जैसे– एक क्विज में मोहन को प्रत्येक सही उत्तर के लिए पिछले प्रश्न से दुगुना धन मिलेगा। यदि पाँचवे प्रश्न पर उसे 30,000 रुपए मिलते हैं तो क्या समीकरण बनेगा?

समीकरण बनेगा $15x = 30{,}000$

जहाँ x वह राशि है जो उसे पहले प्रश्न का सही उत्तर देने पर मिली थी।

(2) चित्रों का उपयोग करना–विद्यार्थियों को संबंधित चरों के बारे में विचार करने पर प्रेरित करना। विद्यार्थियों को चित्र दिखाकर समीकरण बनाने के लिए कहा जा सकता है। जैसे–यदि चित्र में कुछ महिलाएँ पूरी तल रही हैं तो बच्चे यह कह सकते हैं कि–

यदि घर में सदस्यों की संख्या 'y' है तथा प्रत्येक सदस्य 'x' पूड़ियाँ खाता है, और कुल पूरियाँ 40 हैं तो $xy = 40$

(3) संकल्पना मानचित्र या मस्तिष्क मानचित्र बनाना– विद्यार्थियों से किसी भी विषय पर संकल्पना मानचित्र बनाने को कहा जा सकता है। जैसे–बोर्ड पर समीकरण शब्द लिखकर और उसके चारों तरफ वृत्त बनाकर विद्यार्थियों से संकल्पना मानचित्र बनाने को कहा जा सकता

है। बच्चे इस प्रकार का संकल्पना मानचित्र बना सकते हैं—

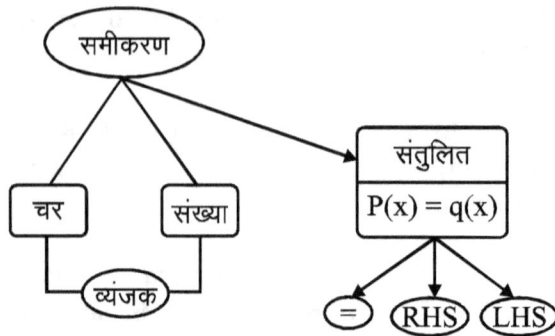

(4) ग्राफ बनाना— छात्रों से समीकरण का ग्राफ बनाने के लिए कहा जा सकता है। जैसे—समीकरण $2x - 3y = 8$ का ग्राफ बनाना।

(5) पहेली पूछना— पहेली पूछकर छात्रों को समीकरण के नियम समझाए जा सकते हैं। जैसे—यदि $P(x) = q(x)$ तो
(i) $P(x) + c = q(x) + c$
(ii) $P(x) - c = q(x) - c$
(iii) $P(x) \times c = q(x) \times c$
(iv) $P(x)/c = q(x)/c$

अंग्रेजी विषय में मानसिक निरूपण को जागरूक करने के लिए श्रवण क्रियाकलाप—
अंग्रेजी विषय में मानसिक निरूपण को जागरूक करने के लिए निम्नलिखित श्रवण क्रियाकलाप किए जा सकते हैं—

(1) बुद्धिशीलता (Brainstorming)— विद्यार्थियों को किसी भी शब्द से संबंधित शब्दों व वाक्यांशों को बोर्ड पर लिखने के लिए कहा जा सकता है, इससे उनकी शब्दावली मजबूत होगी।

(2) विचार-विमर्श (Discussion)— छात्रों के समक्ष कुछ प्रश्न या चित्र रखते हुए उनसे उनके आधार पर समान या संबंधित मुद्दों पर चर्चा करने के लिए कहा जा सकता है।

(3) खेल-शब्दावली मजबूत करने के लिए— छात्रों को सूचना-गैप खेल अथवा जम्बल वर्ड खेल खिलाए जा सकते हैं।

(4) गाइड-पूछताछ— विद्यार्थियों से किसी भी पाठ्य पर आधारित कुछ प्रश्न पूछे जा सकते हैं। यह पाठ्य कहानी के रूप में भी हो सकता है। उनसे कहानी पूरा करने के लिए भी कहा जा सकता है।

(5) पूर्वानुमान (Prediction)— छात्रों से किसी घटना का वर्णन करने अथवा दी गई घटना का क्रम से वर्णन करने या किसी भी विषय पर चर्चा करने को कहा जा सकता है। इससे छात्रों की व्याकरण में सुधार होगा।

(6) निकाल देना (Elimination)— छात्रों से वाक्यांशों के समूह से विषम को पहचानने के लिए कहा जा सकता है।

पाठ्यचर्यापर्यंत भाषा: बी.ई.एस.-124
जून, 2020

नोट: *सभी प्रश्न अनिवार्य हैं। सभी प्रश्नों की भारिता समान है।*

प्रश्न 1. निम्नलिखित प्रश्न का उत्तर लगभग 600 शब्दों में दीजिए–

"भाषा एक अचल इकाई नहीं, वरन् बदलाव का विषय है।" भाषा के इस आयाम की चर्चा वैयक्तिक, सामाजिक कारकों तथा परिस्थितिजन्य परिप्रेक्ष्य में कीजिए।

उत्तर– देखें अध्याय-1, प्र.सं.-10

अथवा

"पाठ्यचर्यापर्यन्त भाषा" के सम्प्रत्यय से आपका क्या तात्पर्य है? विभिन्न शास्त्रों में ऐसी कोई चार गतिविधियाँ सुझाइए जिनका निर्माण आप एक भाषा शिक्षक के रूप में 'अर्थपूर्ण परिस्थितियों में भाषा से अपने शिक्षार्थियों का परिचय' कराने के लिए करेंगे।

उत्तर– विद्यालय में प्रशिक्षण सामान्यत: पाठ्यक्रम के विभिन्न विषयों में विभाजित होता है, जिन्हें पाठों की आत्मनिर्भर शृंखला के रूप में समयबद्ध किया जाता है। इस प्रकार भाषा व साक्षरता को सामान्यत: एक अलग विषय के रूप में माना जाता है, जो पाठ्यक्रम के अन्य क्षेत्रों से पृथक, पढ़ने व लिखने के कौशल पर ध्यान केंद्रित करता है। लेकिन भाषा व साक्षरता पाठ्यक्रम के सभी विषयों को सीखने व सिखाने के माध्यम से जुड़े हैं। उदाहरण के लिए, जब आप पर्यावरण विज्ञान सिखाते हैं, तो आप अपने छात्र-छात्राओं को उस विषय से संबंधित संकल्पनाएँ व शब्दावली सिखा रहे होते हैं, व उसके बारे में सीखते समय सुनने, बोलने, पढ़ने व लिखने का कौशल भी शामिल रहता है।

पाठ्यचर्यापर्यन्त भाषा, भाषा अधिगम की एक नवीनतम उपागम है। इस उपागम के अनुसार, भाषा अधिगम पूरे स्कूल समय में होना चाहिए–

(i) भाषा कक्षा में

(ii) अन्य विषय की कक्षा में,

इसका उद्देश्य किसी अन्य भाषा को पाठ्यक्रम में समाहित करना है। इस प्रकार विद्यार्थी अपनी दूसरी भाषाओं के ज्ञान को बढ़ा सकते हैं। वे उन कौशल को पाठ्यक्रम सामग्री, शोध तथा प्रोजेक्ट में प्रयोग कर सकते हैं।

फिर देखें अध्याय-3, प्र.सं.-10

प्रश्न 2. निम्नलिखित प्रश्न का उत्तर लगभग 600 शब्दों में दीजिए–

पाठ्यचर्या श्रवण के क्या लक्ष्य हैं? औपचारिक कक्षाकक्ष परिस्थिति में श्रवण के विविध प्रकारों का आवश्यकतानुसार उचित उदाहरण देते हुए वर्णन कीजिए।

उत्तर— पाठ्यचर्या श्रवण के निम्न लक्षण हैं–

(i) दूसरों के विचारों को संवेदनशीलता और गंभीरता से सुनना

(ii) तथ्यों को याद, व्याख्या, आवेदन, विश्लेषण तथा मूल्यांकन के विभिन्न स्तरों पर समझ और प्रशंसा करने के लिए सुनना

(iii) दूसरों को एकाग्रता के साथ सुनना और उस पर टिप्पणी करना

(iv) आवाज के साथ पढ़ी जाने वाली सामग्री को सुनना और उत्तर देना तथा जो सुना गया उस पर अपने विचार व्यक्त करना

(v) अनुक्रम, कारण और प्रभाव, तर्क, तर्क की स्पष्टता, प्रासंगिकता और अप्रासंगिकता की समझ प्रदर्शित करना

(vi) भाषण के स्रोत को सार्थक इकाइयों (शब्दों और वाक्यांशों) में विभाजित करना

(vii) शब्द वर्गों को पहचानना (व्याकरणिक इकाइयाँ)

(viii) सुनने वाले संदेश को अपने स्वयं के पृष्ठभूमि ज्ञान से संबंधित करना

(ix) सुने गए पाठ से मुख्य सूचना का सार बनाना

(x) किसी विषय के उच्चारण या संचालन के लिए हमारे पृष्ठभूमि ज्ञान और दुनिया के ज्ञान का उपयोग करना

(xi) वक्ता आगे क्या कह सकता है, इसका अनुमान लगाना।

फिर देखें अध्याय-5, प्र.सं.-9

अथवा

आलोचनात्मक पठन क्या है तथा यह अन-आलोचनात्मक पठन से किस प्रकार भिन्न है? दो क्रियाकलाप सुझाइए जो शिक्षार्थियों में आलोचनात्मक पठन कौशलों के विकास में मदद करें।

उत्तर— देखें अध्याय-7, प्र.सं.-14, 12 (iii), (iv)

प्रश्न 3. निम्नलिखित में से किन्हीं चार प्रश्नों के उत्तर (प्रत्येक) लगभग 150 शब्दों में दीजिए–

(क) "अंतरभाषिकता" (translanguaging) से आप क्या समझते हैं? उदाहरण दीजिए कि कक्षाकक्ष में अंतरभाषिकता कैसे प्रयोग हो सकती है।

उत्तर— देखें दिसम्बर-2020, प्र.सं.-2

(ख) चर्चा कीजिए कि विषयों के शिक्षक, भाषा शिक्षण में कैसे सहायता करते हैं।

उत्तर— एक विषय शिक्षक भाषा शिक्षण में निम्न प्रकार मदद कर सकता है–

(1) शिक्षक जानकारी को समझने, पहचानने, चुनने और एकीकृत करने के लिए छात्रों में आवश्यक योग्यता और कौशल को विकसित कर सकता है।

(2) अध्यापकों द्वारा कक्षा में प्रयोग की जाने वाली विषयवस्तु को दो पृथक श्रेणियों में विभाजित किया जा सकता है: "विषयवस्तु अनिवार्यता" (content-obligatory) और "विषयवस्तु-समरूपता" (content-compatible)।

विषयवस्तु अनिवार्य भाषा विषयवस्तु के विशिष्ट उद्देश्यों से संबद्ध होती हैं। उदाहरण के

लिए, भूगोल में ज्वालामुखी शीर्षक पर पढ़ते समय विषयवस्तु अनिवार्यता भाषा की कई क्रियाएँ सम्मिलित होंगी, जैसे फूटना, बल, पिघलना और संज्ञाएँ जैसे मैगमा, कोर, लावा या वाक्य योगात्मक उपकरण जैसे इसलिए, परिणामस्वरूप और अत: इत्यादि। इसी प्रकार सूर्य के चारों ओर पृथ्वी के घूमने पर चर्चा में विशेषीकृत शब्द, धुरी, झुकाव, घूर्णन विषयवस्तु अनिवार्य भाषा के उदाहरण हैं।

दूसरी ओर विषयवस्तु समरूप भाषा, पहले सीखी गई भाषा का ही पुन:चक्रण करती है। उदाहरण के लिए, ज्वालामुखियों पर पाठ पढ़ाते समय एक प्रक्रिया वर्णन करते हुए "पहले, तब, अंतिम" आदि प्रयोग करते हैं जब सूर्य के चारों ओर पृथ्वी के घूमने पर पाठ पठाते समय स्थिति का वर्णन करने के लिए, प्रयुक्त भाषा में की ओर, झुकाव से दूर, आदि का प्रयोग समरूप भाषा शिक्षण के साधारण उदाहरण हैं।

(3) शिक्षक अंतर्निहित अवधारणात्मक ढाँचे को समझा सकता है। अवधारणा विचार के नीव होते हैं। अवधारणा एक श्रेणी है जिसका उपयोग समान घटनाओं, विचारों, वस्तुओं या लोगों को समूहबद्ध करने के लिए किया जाता है। शिक्षक न केवल अपने छात्रों को नई अवधारणाओं से परिचित कराते हैं बल्कि अवधारणा मानचित्रों के माध्यम से विभिन्न अवधारणाओं के बीच संबंधों को समझने में भी उनकी मदद करते हैं जो प्राय: अवधारणाओं और विचारों के मध्य के संबंध को उजागर करता है।

अवधारणाएँ या तो गोले में या बॉक्स में लिखे होते हैं, और वे शब्दों या वाक्यांशों से जुड़े होते हैं और विचारों के बीच संबंधों का वर्णन करते हैं जो छात्रों को सूचना और नए संबंधों को समझने के लिए उनके विचारों के संगठन और संरचना में सहायक होती हैं।

(4) शिक्षक विषय विशिष्ट शब्द निर्माण (जैसे- उपसर्ग, प्रत्यय इत्यादि) का विश्लेषण कर सकते हैं। भाषा में सुधार के लिए शब्द निर्माण आवश्यक है क्योंकि एक बार सीखने के बाद यह छात्रों को अपरिचित शब्दावली समझने का कौशल प्रदान करता है।

(5) शिक्षक छात्रों में पाठ के ढाँचे पर ध्यान केंद्रित करने की योग्यता विकसित कर सकता है।

(ग) BICS तथा CALP में अंतर बताइए।

उत्तर— अक्सर भाषा कौशल के दो पक्षों के बीच अंतर किया जाता है - आधारभूत अंतवैयक्तिक सम्प्रेषण कौशल (BICS) और संज्ञानात्मक शैक्षणिक भाषा प्रवीणता (CALP)। व्याख्या, अभिव्यक्ति और बातचीत की योग्यताएँ अंतवैयक्तिक संप्रेषण के लिए आवश्यक हैं, दूसरी ओर संज्ञानात्मक शैक्षणिक भाषा प्रवीणता का संबंध सोचने की क्षमता और पाठ्यचर्या, प्रक्रियाओं से प्रभावी ढंग से अधिगम से अधिक है। इनमें कोई संदेह नहीं है कि भाषा कौशल के इन दोनों पक्षों को प्रोत्साहित और विकसित करना आवश्यक है। यद्यपि यह, वास्तव में, केवल आधारभूत अंतवैयक्तिक कौशल ही है जिन पर भाषा की कक्षा में कुछ ध्यान दिया जाता है। संज्ञानात्मक शैक्षणिक भाषा प्रवीणता की विषयवस्तु कक्षा में पूर्णत: उपेक्षित रहती है। अध्यापक को यह भी ज्ञात होना चाहिए कि संज्ञानात्मक शैक्षणिक भाषा प्रवीणता की क्षमता में कुछ सार्वभौमिक, अंत: भाषायी आयाम अंतर्निहित होते हैं जो एक बार अर्जित करने पर दूसरे में अंतरित हो सकते हैं। इससे ज्ञात होता है कि यदि बच्चे को (L1) मातृ भाषा में सोचना

और विश्लेषण करना सिखाया जाता है तो ये कौशल (L2) (द्वितीय भाषा - अंग्रेजी) में अंतरित हो सकते हैं। स्नो, मेट और जेनेस्से (1992) सुझाते हैं कि "द्वितीय भाषा के अध्यापन की परंपरागत विधियाँ, प्राय: अधिगम को संज्ञानात्मक या शैक्षणिक विकास से असंबद्ध करती है।" अधिकांश समय अध्येताओं को विषयवस्तु केंद्रित कक्षा में अपने द्वितीय भाषा के सीमित ज्ञान को श्रेष्ठतम प्रयोग करने में बहुत कम या कोई भी सहायता नहीं मिलती है। न तो उन्हें यह सिखाया जाता है कि विषयवस्तु क्षेत्र में विचारशीलता के साथ कैसे पढ़ा जाता है और न ही उन्हें प्रभावी ढंग से अधिगम के लिए अध्ययन कौशल को ग्रहण करने के लिए प्रोत्साहित किया जाता है। बच्चे विषय में अपनी व्यक्तिगत रुचि, मनोवृत्ति और अपने स्वयं के उपलब्धि अभिविन्यास के कारण अधिकांशता विषयवस्तु क्षेत्रों में अच्छा प्रदर्शन करते हैं। कम इच्छुक रटकर याद करने पर अत्यधिक निर्भर होते हैं। यद्यपि अधिकांश अध्यापक अपने विषय की जानकारियाँ प्रदान करने तक ही स्वयं को सीमित रखते हैं, बहुत कम सक्रिय रूप से अर्थ निर्माण के लिए आवश्यक चिंतन युक्तियों को अर्जित करने में अपने विद्यार्थियों की सहायता करते हैं।

विषयक्षेत्र साक्षरता समर्थक "ऐसे शैक्षणिक परिवेश निर्माण की दिशा में अपना ध्यान केंद्रित करते हैं जिसमें विद्यार्थियों को विश्लेषण करने, संप्रेषण करने, विचारशील होने और सृजन करने की चुनौती दी जाती है। ऐसे परिवेश में पठन, लेखन, कथन, श्रवण और चिंतन के लिए प्रभावशील युक्तियाँ अधिक स्वाभाविक रूप से और आसानी से विकसित होने की अधिक संभावना होती है, न कि तब जब इन्हें अलग-अलग तत्वों के रूप में देखा जाता है।" (मैन्जो और मैन्जो, 1995)।

इस प्रकार विषयवस्तु क्षेत्रों में सूचना की पुनर्संरचना आकस्मिक नहीं है और विषयवस्तु संरचना का यह ज्ञान विद्यार्थियों द्वारा विचार करने तथा अनुमान करने के लिए तब प्रयुक्त हो सकता है, जब वे पढ़ रहे हैं या लिखते समय सूचनाओं को संगठित कर रहे हैं। विद्यालय पाठ्यचर्या के भिन्न-भिन्न विषयवस्तु क्षेत्रों में विषयवस्तु के प्रारूपों का विविध स्वरूप, विचारशील पठन कौशल की माँग करता है। पाठक, वास्तव में, जब विचारशील पठन करता है तो वह पठन के माध्यम से अपनी पठन गति को रोकता है और किसी ऐसे विषय पर विचार करता है, जिसे उसने या तो कहीं पढ़ा है या उससे संबंधित है जिसे वह पढ़ रहा है। परंतु यह तब तक नहीं होता है जब तक पाठक यह न जानता हो कि कब और कहाँ रुकना है और विचार करना है। यह जानना कि विचार करने के लिए कब और कहाँ पठन को रोकना है, पाठ की संरचना की जानकारी से आसान बनाया जाता है और जब विद्यार्थी, व्याख्यात्मक और अनुदेशनात्मक पाठ पढ़ते हैं, उन्हें विचारशील होने तथा अपने पढ़ने से लाभान्वित होने के लिए अध्यापकों से सहायता और मार्गदर्शन की आवश्यकता होती है।

(घ) वाचन परिप्रेक्ष्य के क्या लक्षण हैं? वाचन, शोर से किस प्रकार भिन्न है?

उत्तर– वाचन परिप्रेक्ष्य के निम्न लक्षण है–

(1) यह छोटे वाक्यांशों और उपवाक्यों से बने होते हैं।

(2) यह नियोजित (उदाहरण के लिए, एक व्याख्यान) और अनियोजित हो सकते हैं (उदाहरण के लिए, वार्तालाप)

(3) लिखित भाषा की तुलना में इसमें अधिक सामान्य शब्द होते हैं।

(4) इसमें पारस्परिकता शामिल होती है।

(5) यह भिन्नता दिखाता है (औपचारिक, आकस्मिक)।

वाचन तथा शोर के बीच अंतर–वाचन या पाठन-प्रवाह इस बात से निर्धारित होता है कि कम-से-कम रुकावटों के साथ अर्थ किस हद तक आसानी से जल्दी निर्मित होता है। अगर रूकावटें अधिक हुई तो क्या पढ़ा जा रहा है, क्या पढ़ा जा चुका है और क्या पढ़ा जाएगा, के मध्य संबंध को याद रखना मुश्किल होगा।

पाठ की कोई भी सूचना जो वाचक के मस्तिष्क में ना हो, या याद करने में असमर्थ हो, ऐसे में ग्रहित सूचना से अर्थ नहीं निकाला जा सकता है। ऐसी खोई हुई जानकारी को 'शोर' कहा जाता है।

(ङ) पठन की परंपरागत एवं आधुनिक समझ में क्या भिन्नताएँ हैं? बोध हेतु पठन के प्रोत्साहन में किस उपागम को प्रोत्साहन देना चाहिए और क्यों?

उत्तर– देखें अध्याय-7, प्र.सं.-5, 6

(च) आपके विचार से आकलन के क्या उद्देश्य होने चाहिए?

उत्तर– देखें अध्याय-9, प्र.सं.-4

प्रश्न 4. निम्नलिखित प्रश्न का उत्तर लगभग 600 शब्दों में दीजिए:

लेखन के प्रक्रिया उपागम के प्रमुख लक्षण क्या हैं? अपनी रुचि का एक क्षेत्र एवं शीर्षक चुनिए तथा बताइए कि किस प्रकार आप लेखन के प्रक्रिया उपागम द्वारा विद्यार्थियों को निर्देशित करेंगे।

उत्तर– देखें अध्याय-8, प्र.सं.-5

लेखन को प्राय: एक चिंतन प्रक्रिया माना जाता है। सम्मिश्रण लिखते वक्त, एक लेखक विभिन्न प्रक्रियाओं से गुजरता/गुजरती है: सोचना, विचारों का संगठन, संदर्भ का ध्यान रखना व पुर्नलेखन (redrafting), परंतु जैसा कि प्राय: माना जाता है, यह एक सीधी रेखा में चलने वाली (Linear) प्रक्रिया नहीं है। यह एक श्रेणीबद्ध प्रक्रिया है जिसमें यह आवश्यक नहीं कि विभिन्न प्रक्रियाएँ क्रमानुसार चले क्योंकि लेखक आगे पीछे जाता रहता है। उदाहरण– पुन: खाका बनाने की प्रक्रिया में लेखक को कोई नया विचार आ सकता है। कुशल लेखकों के पास एक लचीली योजना होती है जिसमें लिखते वक्त परिवर्तन आता रहता है।

अंतिम उत्पादन (Final Product) – "निंबध, लेख-तक पहुँचने के लिए कुशल लेखक विभिन्न प्रक्रियाओं का प्रयोग करते हैं। वे योजना बनाते हैं, विचारों की उत्पत्ति करते हैं, खाके बनाते हैं, संशोधन व पुर्नलेखन करते हैं। हमारे बच्चे बेहतर लिखना सीख सकते हैं यदि हम इन विभिन्न प्रक्रियाओं को समझते हुए उनका मार्गदर्शन करें। (प्रक्रिया उपागम एक अधिगमकर्त्ता-केंद्रित उपागम है। यह लेखन उत्पादन का नहीं बल्कि लेखन प्रक्रिया का साया है।) इसमें शिक्षार्थियों की सक्रिय भागीदारी शामिल है और इस उपागम का केंद्र यह नहीं है कि क्या लिखा जाए बल्कि यह है कि कैसे लिखा जाए।

लेखन के प्रक्रिया उपागम में तीन प्रकार की गतिविधियों को सम्मिलित किया जाता है–

(i) पूर्व लेखन	(ii) लेखन और पुर्नलेखन	(iii) लेख का शोध करना
(योजना अवस्था)	(पहला खाका)	(अंतिम अवस्था)

पूर्व लेखन अथवा योजना अवस्था में, लेखक विषय को पहचानता है, विचारों को उत्पन्न करता है और उनका चयन व संगठन करता है इस प्रक्रिया के दौरान वह दो प्रश्नों का उत्तर देने का प्रयास करता/करती है।

मैं यह क्यों लिख रही हूँ? मैं यह किसके लिए लिख रही हूँ? प्रश्नों के उत्तर से वह विषयवस्तु को संगठित कर, श्रोता व उद्देश्य की समझ प्राप्त कर पाती है।

लेखन व पहले खाके के पुर्नलेखन की दूसरी अवस्था बहुत जटिल होती है। यह प्रायः विघ्नपूर्ण होता है। लेखक रुकता है, उसने जो लिखा है उसे फिर पढ़कर देखता है, उसमें संशोधन करता है, नए विचारों को लाता है व उन्हें व्यवस्थित करता है पहले चरण का केंद्र यह था कि लेखक क्या कहना चाहता है जबकि दूसरे चरण का केंद्र यह बन जाता है कि उस बात को किस प्रकार प्रभावशाली रूप से कहा जा सकता है।

लेख के शोध के तीसरे चरण में, लेखक अपने लेख का पाठक के परिप्रेक्ष्य से मूल्यांकन करने का प्रयास करता है। वह अंतिम व्यवस्था करता/करती है और वर्तनी, व्याकरण व punctuation आदि की शुद्धता का संशोधन करता/करती है।

शिक्षक निम्न तरीके से लेखन में छात्रों की सहायता कर सकता है—

(i) शिक्षक रचना की प्रक्रिया के बारे में जागरूकता बढ़ाने में सहायता कर सकता है, इसके लिए लेखन के चरणों के बारे में स्पष्ट रूप से बात कर सकता है और साथ ही इसे ध्यान में रखते हुए कार्यों का पुनर्गठन भी कर सकता है।

(ii) शिक्षक लेखन प्रक्रिया के प्रारंभिक चरणों के दौरान छात्रों को उनके विचारों को एक साथ लाने में मदद कर के सहायक भूमिका निभा सकते हैं।

(iii) अच्छे प्रकार से पढ़ने की आदतों को प्रोत्साहित करके शिक्षक अप्रत्यक्ष रूप से लिखने के लिए अच्छे प्रारूप प्रदान कर सकता है।

(iv) शिक्षक द्वारा संरचित गतिविधियाँ छात्रों को उनके लेखन में दिशा की भावना विकसित करने में मदद कर सकती है।

पाठ्यचर्यापर्यंत भाषाः बी.ई.एस.-124
दिसम्बर, 2020

नोटः *सभी प्रश्न अनिवार्य हैं। सभी प्रश्नों की भारिता समान है।*

प्रश्न 1. निम्नलिखित प्रश्न का उत्तर लगभग 600 शब्दों में दीजिए–

"भौगोलिक स्थान, सामाजिक-आर्थिक स्तर, जाति एवं नृजाति जैसे कारक भाषायी विविधता की ओर ले जाते हैं।" भारतीय परिप्रेक्ष्य से उदाहरण देते हुए इस कथन की चर्चा कीजिए।

उत्तर– भाषा परिवर्तन पर भौगोलिक प्रभाव को मानने में भाषा वैज्ञानिक परस्पर विरोधी मत रखते हैं। हेइरिख मेयर-बेन्फी कालित्स, पतंजलि, यास्क भाषा-परिवर्तन के लिए भौगोलिक कारण को महत्त्वपूर्ण मानते हैं, जबकि येस्पर्सन इसे कोई महत्त्व नहीं देते।

यह स्वाभाविक है कि प्राकृतिक परिस्थितियों का प्रभाव मनुष्य के बाह्य और आंतरिक विकास पर पड़ता है। पहाड़ी क्षेत्रों और मरुभूमियों में रहने वाले जीविका-उपार्जन के लिए कठिन परिश्रम करते हैं और वे दुर्धर्ष हो जाते हैं। उनके व्यवहार में दृढ़ता, कष्ट-सहिष्णुता और पौरुष के गुण आ जाते हैं। इसके विपरीत मैदानी क्षेत्र में रहने वाले कम परिश्रम में आजीविका चला लेते हैं। इसलिए उनके व्यक्तित्व में कोमलता उपलब्ध होती है। जीने के लिए सतत् संघर्षशील लोग प्रायः जिद्दी हो जाते हैं। वे आसानी से अपने व्यवहार, मान्यताएँ, भाषा-बोली नहीं छोड़ते। इसी प्रवृत्ति के कारण उनकी भाषा में परिवर्तन का मार्ग उन्मुक्त नहीं रहता। दूसरी भाषाओं की तुलना में उनकी भाषा पुराने रूप में अधिक निकट पाई जाती है।

पंजाबी और बंगाली लोगों की भाषा में परिस्थितिजन्य संघर्ष की अधिकता और न्यूनता के कारण क्रमशः कठोरता और कोमलता पाई जाती है। यही बात पर्वतीय क्षेत्र में रहने वालों की जर्मन भाषा और मैदानी क्षेत्र में रहने वालों की अंग्रेजी भाषा में पाई जाती है। अंग्रेजी शब्द 'बूक' जर्मन में 'बुख' है। उसी प्रकार वैदिक संस्कृत और अवेस्था भाषा में ध्वनि-परिवर्तन पाया जाता है। संस्कृत सप्त शब्द अवेस्ता में हफ्त है। पंतजलि ने भी देश-भेद से भाषा-भेद हो जाने की बात स्पष्ट करने के लिए कहा है कि दशंती के लिए पूर्व में दाति और उत्तर में दात्र शब्द प्रचलित है।

जिस प्रकार हारमोनियम की भाथी के जोर से दबाने के समय उत्पन्न होने वाली ध्वनि और धीरे-धीरे दबाने के समय उत्पन्न होने वाली ध्वनि में अंतर आ जाता है, उसी प्रकार फेफड़ों से अधिक वायु-प्रवाह द्वारा उच्चारित ध्वनि में कम वायु-प्रवाह द्वारा उच्चारित ध्वनि की तुलना में अधिक बल पड़ता है। यही बल आगे चलकर ध्वनि-परिवर्तन का कारण भी बनता है।

संस्कृति को किसी जाति की अंतश्चेतना कहा जा सकता है। सांस्कृतिक संपदा किसी जाति

के उत्थान और पतन का बोध करती है। संस्कृति भी विभिन्न संस्कृतियों के मिलन से, महापुरुषों के आविर्भाव से, विभिन्न सांस्कृतिक संस्थाओं के गठन और कार्यकलापों से प्रभावित होती है।

अंग्रेजी सभ्यता और संस्कृति के प्रभाव से बंगाल में ब्राह्म समाज की प्रतिष्ठा हुई। ब्राह्म समाज द्वारा भारत में पुनर्जागरण हुआ और नए-नए शब्द विकसित हुए। महात्मा गाँधी के अहिंसा भाव, आंदोलन के समय नए-नए शब्द विकसित हुए। स्वामी दयानंद सरस्वती के आर्य समाज ने हिंदी के प्रचार-प्रसार में महत्त्वपूर्ण योगदान दिया। इसी समय हिंदी में संस्कृत निष्ठ शब्दों का प्रयोग बढ़ने लगा।

द्रविड़ संस्कृति से मिलन से संस्कृत में द्रविड़ शब्दों का भी प्रवेश हो चुका है।

समाज के दर्पण के रूप में भाषा समस्त विचारों को अभिव्यक्त करती है। समाज की स्थिरता, अस्थिरता, युद्ध-शांति, जय-पराजय पर भाषा का पूरा प्रभाव पड़ता है। शांति के समय साहित्य, कला, संगीत, धर्म और दर्शन का विकास होता है। नए शब्दों और नए विचारों का विकास होता है। युद्ध के समय नए अस्त्र-शस्त्रों के नामों, शस्त्र विद्या, सैन्य-शिक्षा, उद्बोधन मूलक गीतों, राष्ट्र प्रेम मूलक कविताओं का विकास हो जाता है। हमारे पास आज समय की कमी है। इसलिए संक्षिप्त शब्दावली का प्रयोग बढ़ गया है। भौतिक उपलब्धियों के लिए मनुष्य अब संघर्ष कर रहा है। इसलिए रोजगार के क्षेत्र विकसित हुए हैं। ज्ञान-विज्ञान की नई-नई शाखाएँ विकसित हुई हैं। तदनुरूप शब्द - निर्माण शब्द प्रयोग हो रहे हैं।

फिर, देखें अध्याय-1, प्र.सं.-10

अथवा

शास्त्रीय ज्ञान की समझ में भाषा अधिगम कैसे मदद करता है? भाषा अधिगम में मदद हेतु विषयाध्यापक किन युक्तियों का प्रयोग कर सकते हैं? किसी भी शास्त्र से उदाहरण दीजिए।

उत्तर– देखें अध्याय-2, प्र.सं.-16

भाषा अधिगम में मदद हेतु विषयाध्यापक निम्न युक्तियों का प्रयोग कर सकते हैं–

(1) **बच्चे के पूर्व अर्जित ज्ञान का स्वागत**–बच्चा जिस क्षेत्र और भाषा से संबंध रखता है उससे संबंधित जानकारी भी अपने साथ लाता है। विद्यालय में आने पर शिक्षक के द्वारा कुछ भी पूछे जाने पर वह अपने पूर्व अर्जित ज्ञान के आधार पर उत्तर बहुत हास्यास्पद और कभी-कभी कुछ सोचने और समझने के लिए बाध्य करने वाला होता है। ऐसे में शिक्षक को उसके पूर्व अर्जित ज्ञान का स्वागत करते हुए ध्यानपूर्वक सुनते और समझते हुए स्नेह एवं दुलार के साथ उसे सीखने का अवसर देना होगा। ऐसा करने से बच्चे आपस में एक-दूसरे की भाषा, संस्कार, विचार और मान्यताओं से अनजाने में ही परिचित हो जाते हैं। इस तरह सरलता से वह बहुत सी बातें कब सीख जाते हैं और भाषा की जो दीवार ज्ञान अर्जन में अड़चन बनी हुई थी कब गिर जाती है, पता ही नहीं चलता और भाषा सीखने की क्षमता विकसित होती जाती है।

(2) **बच्चे के घर और विद्यालय में बोली जाने वाली भाषा के बीच में जुड़ाव**–बच्चा विद्यालय अपनी एक विशेष भाषा (क्षेत्रीय विशेषता) के साथ आता है। ऐसे में शिक्षक को उसकी भाषा और विद्यालय की भाषा (मानक भाषा) के बीच में जुड़ाव करते हुए उसे धीरे-धीरे सहजता से लेते हुए बोधगम्यता और मानकता की ओर ले जाना होता है। बच्चे

जो भाषा पहले बोलना शुरू करते हैं (मातृभाषा या प्रांतीय भाषा) उसी में उनकी समझ बनती है और उसी में वे अर्थ निकालते हैं। वे अर्थ बच्चों के लिए क्या मायने रखते हैं इसको समझना होगा। इसके लिए शिक्षक को कुछ अतिरिक्त मेहनत और नई तैयारी करनी पड़ सकती है लेकिन बच्चों को भाषा सिखाने के लिए यह एक सार्थक कदम हो सकता है। इससे शिक्षक को बच्चों को उनकी घर की बोली में स्वीकृत करते हुए उनको नई चीजों को सार्थक तरीके से समझाने में मदद मिलेगी। कभी-कभी ऐसी स्थिति भी आती है कि घर की और शिक्षण की भाषा एक ही होती है परंतु भाषा पर क्षेत्रीय प्रभाव अत्यधिक होता है। ऐसे में पाठ के संदर्भ में व्यवहार और अभ्यास के नियमों का आधारभूत ज्ञान कराकर अभ्यास से मानकता तक पहुँचा जा सकता है।

(3) **बच्चे की मातृभाषा को प्रोत्साहन**—मातृभाषा को महत्त्व देने से एक विशेष लाभ यह होता है कि बच्चे आपस में एक-दूसरे के क्षेत्र विशेष से परिचित होते हैं और खेल-ही-खेल में सैकड़ों शब्द सीख जाते हैं क्योंकि विद्यालय वह स्थान है जहाँ सभी क्षेत्रों के बच्चे आते हैं। भारत के संविधान की आठवीं अनुसूची में वर्णित 22 भाषाएँ हैं। विद्यालय आने वाला प्रत्येक बच्चा इन 22 भाषाओं में से किसी-न-किसी एक भाषा को समझने वाला होता है। अब यदि दैनिक जरूरत की वस्तुओं के नामों का ही अभ्यास कराया जाए (उदाहरण के लिए, खाना, पहनावा, त्यौहार) तो इन भाषाओं के कितने ही शब्द बच्चे सीख जाएँगे जो अध्ययन में सरलता का आधार तो बनेगा ही साथ ही इससे अप्रत्यक्ष रूप से अन्य भारतीय भाषाओं का विकास भी होगा। ऐसा वैज्ञानिक तौर पर माना भी जाता है कि बच्चे के पूर्ण ज्ञान, भाषिक क्षमता और मानसिक विकास का सही प्रयोग सामान्यत: मातृ भाषा में ही संभव होता है और बच्चा ज्यादा अच्छी तरह से समझ पाता है। इससे भाषिक और सांस्कृतिक दूरी को पाटने में भी मदद मिलेगी। वैसे भी अगर आप किसी से कहें कि आप दो-तीन भाषाएँ सीख लीजिए, तो सरलता से यह बिल्कुल संभव नहीं होगा। परंतु उपरोक्त विधि प्रयोग का आधार बनाया जाए तो यह शायद उतना कठिन नहीं होगा जितना प्रथम स्तर पर होगा हमें यह नहीं भूलना चाहिए कि कोई भी भाषा अपनी सहयोगी भाषाओं के साथ ही विकसित होती है। बच्चे कि मातृभाषा को प्रोत्साहन मिलने पर उसे अपने में प्रस्तुत करने का मौका मिलेगा। हो सकता है शुरू में वह गलत उच्चारण करे, उसको आप धीरे-धीरे सही करें। उसको सृजन शक्ति का विकास हो सके, वह अपने को संदर्भ में केंद्रित कर सके और अपनी सृजनात्मकता को विकसित कर सके।

(4) **बच्चे की सहज अभिव्यक्ति और शैली को महत्त्व**—कई बार शिक्षक अभिव्यक्ति की बजाय सही उच्चारण पर अधिक बल देता है, जिससे बच्चा बहुत भयभीत हो जाता है और जीवन भर के लिए उस अभिव्यक्ति क्षमता को खो देता है, जो उसकी अपनी थी। साथ ही सहयोग के बिना अर्जित की गई अभिव्यक्ति करने में कामयाब भी नहीं हो पाता है। यह बच्चे के लिए गंभीर स्थिति होती है। ऐसे में शिक्षक को धीरे-धीरे एक-एक करके संशोधन करना होगा तथा अभ्यास कराना होगा। जहाँ बच्चा अभिव्यक्ति न कर पाए वहाँ उसे शब्दों का सहारा देकर उसकी अभिव्यक्ति क्षमता को विकसित करना होगा। जैसे (ष,स,क्ष,श्र) कुछ शब्दों का उच्चारण जो क्षेत्रीय प्रभाव के कारण फर्क होता है।

(5) **व्यवहार और अभ्यास के नियमों का ज्ञान**—बच्चे को व्याकरण के नियमों के आधार पर भाषा को सही तरीके से सिखाने के प्रयास में शिक्षक को चाहिए कि वे बच्चे को

व्याकरण की अवधारणा को विविध प्रकार के पाठों के संदर्भ में पहचानना और उसका उचित प्रयोग करना सिखाएँ।

(6) यंत्रवत् भाषा से बचाव—भाषा को वर्णों और कुछ हद तक अर्थ के आधार पर तो सीखा जा सकता है परंतु गहनता और पूर्णता से नहीं सीखा जा सकता क्योंकि यंत्रवत् तरीके से कई शब्दों को उस अर्थ में संप्रेषित नहीं किया जा सकता जिस अर्थ में उन्हें संप्रेषित करना होता है। यदि नियम याद कराने को वाक्य का आधार बनाएँगे तो सीखने में अत्यधिक कठिनाई होगी जिसमें भाषा को सहजता से नहीं सीखा जा सकेगा यहाँ अनिवार्य रूप से याद रखना होगा कि व्यवहार और अभ्यास के आधारभूत नियमों के अभ्यास के बिना भाषा सीखना संभव नहीं हो पाएगा।

इस तरह भाषा सिखाने की प्रक्रिया में शिक्षक द्वारा सहजता को आधार बनाकर बच्चे को धीरे-धीरे बेहतर दुनिया और ज्ञान से जोड़ने के लिए प्रारंभ से ही विचरण कराना होगा। यह काम उसके आत्म गौरव और आत्मविश्वास को ठेस पहुँचाए बिना आहिस्ता-आहिस्ता करना होगा।

प्रश्न 2. निम्नलिखित प्रश्न का उत्तर लगभग 600 शब्दों में दीजिए—

"जीव विज्ञान में एक शिक्षक का व्याख्यान और एक नेता का चुनावी भाषण, भाषाई दृष्टि से भिन्न होता है।" इस कथन का क्या अभिप्राय है? उदाहरणों की सहायता से स्पष्ट कीजिए।

उत्तर— यदि हम विभिन्न परिस्थितियों में प्रयोग होने वाली भाषा पर गौर करें तो हम पाएँगे कि विभिन्न परिस्थितियों में विभिन्न भाषाओं का प्रयोग होता है। उदाहरण के लिए, धार्मिक उपदेश, फिल्म के गाने, खेलों की कमेंटरी, जीव विज्ञान पर व्याख्यान, नेता का चुनावी भाषण इत्यादि परिस्थितियों में विभिन्न लहजे भाषा का प्रयोग होता है।

फिर, देखें अध्याय-3, प्र.सं.-2, 3

अथवा

'पराभाषिकता' का क्या अभिप्राय है? भारतीय परिप्रेक्ष्य में उदाहरणों की सहायता से इसके महत्त्व की चर्चा कीजिए।

उत्तर— पराभाषिकता वह प्रक्रिया है जिसके द्वारा बहुभाषी व्यक्ति अपनी भाषाओं को एक एकीकृत संचार प्रणाली के रूप में उपयोग करता है। पराभाषिकता बहुभाषावाद का एक लचीला रूप है।

प्रायः पराभाषिकता सभी लोग अपने दोस्त, परिवार तथा समुदाय के अन्य सदस्यों के साथ बिना जाने हमेशा करते रहते हैं। कक्षा के किसी कार्य, विषय या परिस्थिति में यह सामान्य रूप से व्यक्त किया जाता है। विद्यार्थी अपनी समझ व्यक्त करने के लिए दो भाषाओं के शब्दों को अदल-बदल करके प्रभावी उपयोग करते हैं।

कक्षा में पराभाषिकता में निम्न को समाहित किया जा सकता है—

- भाषाओं के बीच अनुवाद करना
- विभिन्न भाषाओं के साथ खेलना और तुलना करना
- विभिन्न भाषाओं के शब्दों और भावों को एक ही बोली जाने वाली या लिखित भाषा में संजोना

• किसी कार्य के एक भाग में घर की भाषा कर प्रयोग तथा दूसरे भाग में स्कूल की भाषा का प्रयोग करना

इस प्रकार छात्र सूचना को किसी दूसरी भाषा में सुनकर किसी अन्य भाषा में सार बता सकता है या लिख सकता है। इसी प्रकार वे किसी पाठ को एक भाषा में पढ़कर किसी दूसरे भाषा में सुना सकते हैं या लिख सकते हैं। शिक्षक और छात्र दोनों के लिए एक स्रोत के रूप में पराभाषिकता के कई शैक्षिक लाभ हैं, जो निम्न हैं–

• यह बहुभाषिकता को मान्य करता है और इसे मूल्यवान संपत्ति मानता है।

• यह कुशल और प्रभावी शिक्षण और अधिगम तकनीक उपलब्ध कराता है।

• यह व्यक्तियों के लिए स्कूल के भीतर तथा बाहर उपयोग के लिए समृद्ध और विविध संचार संग्रह विकसित करने के अवसर प्रदान करता है।

पराभाषिकता का केस अध्ययन–श्रीमति इंद्रा, हरदोई से बाहर के एक ग्रामीण स्कूल की कक्षा IV की अध्यापिका, यह बताती है कि उन्होंने अपनी भाषा के अध्ययनों में भाषा अनुवाद को शामिल करने की शुरुआत कैसे की है।

मेरे अधिकांश विद्यार्थियों की पहली भाषा हिंदी नहीं है। चूँकि तीन महीने उनकी भाषा के अध्यायों में भाषा अनुवाद अभ्यासों को सम्मिलित करने की शुरुआत की, इसलिए अब वे अपने शिक्षण में और भी अधिक बहुभाषी हो गए हैं और जुड़ चुके हैं। हिंदी भाषा में भी उनका आत्मविश्वास काफी हद तक बेहतर हुआ है। मैंने यह देखा है कि मेरी कक्षा के एकभाषी हिंदी वक्ताओं ने अपने सहपाठियों के शब्दों और वाक्यों को भी अपनाना शुरू कर दिया है।

अगर मेरे विद्यार्थी अपनी हिंदी पाठ्यपुस्तिका के किसी अनुभाव या पृष्ठ को पढ़ने जा रहे हों, तो मैं उस विषय के परिचय के साथ शुरुआत करती हूँ, अपने उन विद्यार्थियों को आमंत्रित करती हूँ, जिसे उस विषय के बारे में कुछ भी पता हो खुद से बताए और उन्हें प्रोत्साहित करती हूँ के वे मुख्य हिंदी शब्द संग्रह को अपनी मातृभाषा में अनुवादित करें। अगर मुझे उनकी बातें समझ नहीं आती हैं, तो मैं उनसे अपनी सहायता करने के लिए कहती हूँ।

उसके बाद मैं, अपने विद्यार्थियों से जोड़ों में या छोटे-छोटे समूहों में अपनी हिंदी पाठ्यपुस्तिका के किसी अनुभाग या पृष्ठ को जोर से, धीरे-धीरे या मुक्त रूप से पढ़ने के लिए कहती हूँ। किसी भी स्थिति में, मैं प्रत्येक पृष्ठ या अनुभाग की समाप्ति पर रूकने के लिए कहती हूँ और उन लोगों ने जो पढ़ा है, उसमें से सभी अपरिचित शब्दों का मतलब निकालते हुए और उनका अर्थ समझाते हुए, उसे अपने साथी या अन्य समूह के सदस्यों के साथ चर्चा करने के लिए कहती हूँ। मैं उन्हें सुझाव देती हूँ कि वे इसके लिए अपनी मातृभाषा का उपयोग करें। मैं उन्हें उनके द्वारा निर्मित शब्दकोश में सभी नए शब्दों या अभिव्यक्तियों को शामिल करने के लिए प्रोत्साहित करती हूँ।

अगर मैं यह चाहूँ कि विद्यार्थियों के जोड़े या समूह बाकी कक्षा के सामने स्कूल की भाषा में कुछ प्रस्तुत करें, तो मैं उन्हें सबसे पहले यह चर्चा करने के लिए अपनी भाषा का उपयोग करने के लिए प्रोत्साहित करती हूँ, कि वे अपने विचारों को कैसे व्यक्त करेंगे। अगर मैं उनसे स्कूल की भाषा में कोई सारांश या रिपोर्ट लिखवाना चाहूँ, तो मैं ऐसा ही करती हूँ।

अपने सभी विद्यार्थियों की रुचि को कायम रखने के लिए, मैं यह सुनिश्चित करते हुए, जोड़ों और समूहों की व्यवस्था में अंतर करने का प्रयास करती हूँ, कि वे हर बार समान

मातृभाषा के कम से कम दो विद्यार्थियों को शामिल करें। कभी-कभी मैं स्कूल की भाषा में समान क्षमता वाले विद्यार्थियों को एक साथ रखती हूँ। बाकी समय मैं आत्मविश्वास से भरे विद्यार्थी को कम आत्मविश्वासी विद्यार्थी के साथ रखती हूँ, ताकि साझा मातृभाषा में पुराना विद्यार्थी, नए विद्यार्थी की मदद कर सके। अगर उस समूह में कोई ऐसा विद्यार्थी है, जो मातृभाषा नहीं बोलता है, तो मैं यह सुनिश्चित करती हूँ, कि मेरे विद्यार्थी जो भी चर्चा कर रहे हों, उसे स्कूल की भाषा में अनुवादित कर लें।

हाल ही में मैंने एक ऐसी पारंपरिक लघु कहानी प्रस्तुत की, जो हिंदी और मेरे विद्यार्थियों की मातृभाषा में उपलब्ध थी। मैंने इसका उपयोग अपनी कक्षा VII के विद्यार्थियों के साथ किया। मैंने हर भाषा में इन कहानियों की प्रतिलिपियाँ तैयार की और विद्यार्थियों के छोटे-छोटे समूहों द्वारा उन्हें एक साथ पढ़वाया। उसके बाद में मैंने उन्हें दो कहानियों के भिन्न-भिन्न संस्करणों की तुलना करने के लिए, प्रत्येक में प्रयुक्त मुख्य शब्दों सहित, अपनी मातृभाषा का उपयोग करने के लिए कहा।

प्रश्न 3. निम्नलिखित में से किन्हीं चार प्रश्नों के उत्तर (प्रत्येक) लगभग 150 शब्दों में दीजिए–

(क) कक्षाकक्ष अंतःक्रियात्मक क्षमता का क्या अर्थ है?

उत्तर– देखें अध्याय-4, प्र.सं.-6

(ख) क्रमवीक्षण और क्षिप्रगामी पठन में क्या अंतर है? किसी एक शास्त्र से एक उदाहरण दीजिए।

उत्तर– देखें अध्याय-7, प्र.सं.-11

(ग) "पठन एक अंतःक्रियात्मक प्रक्रिया है।" किसी शास्त्र से एक उदाहरण लेकर स्पष्ट कीजिए।

उत्तर– देखें अध्याय-7, प्र.सं.-7

(घ) अपनी रुचि के किसी शास्त्र से लेखन के एक कारण-प्रभाव स्वरूप का उदाहरण दीजिए।

उत्तर– देखें अध्याय-8, प्र.सं.-13

(ङ) निबंध लेखन में सुसंगति एक महत्त्वपूर्ण घटक कैसे है? किसी शास्त्र के एक उदाहरण की सहायता से स्पष्ट कीजिए।

उत्तर– एक प्रभावी निबंध के लिए एक विषय वाक्य तथा सहायक विवरण से अधिक की आवश्यकता होती है, इसमें सुसंगति होना अति आवश्यक है। एक सुसंगत पैराग्राफ में एक निबंध में प्रवाह का अभिप्राय है– प्रारंभ से अंत तक एक बिंदु से दूसरे बिंदु तक निर्बाध गति को पाना। एक निबंध में अक्सर सभी तथ्यों, आँकड़ों और सूचनाओं को एक साथ रखा जाता है, लेकिन एक-दूसरे के साथ उनके सामंजस्य और तालमेल पर अक्सर हमारी दृष्टि नहीं होती है। परिणामस्वरूप, पाठक को इन भिन्न-भिन्न सूचनाओं को संयोजित करने में मुश्किल होती है और इसके अभिप्राय को प्राप्त करने में संघर्ष करना पड़ता है। जब आप अपनी परीक्षा में

एक उलझा हुआ निबंध लिखते हैं, तो परीक्षक भी उलझन में पड़ जाता है और आप अपने लक्ष्यों को प्राप्त करने में असफल हो जाते हैं।

लेखक एक विचार से दूसरे विचार तक तार्किक तथा सुचारू रूप ले जाता है। एक पैराग्राफ में प्रत्येक वाक्य को तार्किक रूप से उसके पूर्ववर्ती से अनुसरण करना चाहिए। सभी वाक्य एक दूसरे से जुड़े होने चाहिए ताकि पढ़ने वाला आसानी से विचार के प्रवाह का वाक्य से वाक्य तथा पैराग्राफ से पैराग्राफ का अनुसरण कर सके। वाक्यों को जोड़ने को सामंजस्य और विचारों को जोड़ने को सुसंगति के रूप में जाना जाता है। संबद्धता तार्किक होने का गुण है और एक एकीकृत पूर्णता के निर्माण को दर्शाता है। एक निबंध के संदर्भ में, इसका अर्थ है-एक सुचारू प्रवाह में संयोजित बिंदुओं, विचारों और वाक्यों का प्रतिपादन। यदि निबंध में सुसंगतता का अभाव है, तो पाठक विचारों को आसानी से नहीं समझ सकता है। एक निबंध में संबद्धता पाठक को एक विचार से दूसरे विचार तक एक वाक्य से दूसरे वाक्य तक और एक अनुच्छेद से दूसरे अनुच्छेद तक आसानी से ले जाने में सहायता करता है। यदि सुसंगतता का अभाव है, तो यह भ्रम पैदा कर सकता है।

- उदाहरण - भारतीयों को अमेरिकी पसंद हैं क्योंकि उन्हें लोकतंत्र पसंद हैं।

इस वाक्य में, यह स्पष्ट नहीं है कि उन्हें भारतीयों को व्यक्त करता है अथवा अमेरिकियों को। यहाँ भारतीयों या अमेरिकियों को लिखकर स्पष्ट किया जाना चाहिए ताकि पाठकों के मन में कोई अस्पष्टता न रहे। इसलिए, एक बेहतर वाक्य होगा।

- भारतीयों को अमेरिकी पसंद हैं क्योंकि अमेरिकी लोकतंत्र को पसंद करते हैं।

एक निबंध में सुसंगतता प्राप्त करने के कई तरीके होते हैं-

- मुख्य शब्दों की पुनरावृत्ति
- सर्वनामों का उपयोग करना
- संक्रमणिक अभिव्यक्तियों का उपयोग करना
- समानार्थी शब्द का प्रयोग
- समानांतर संरचनाओं का उपयोग करना

(च) विज्ञान में नए शब्दों के शिक्षण हेतु कक्षाकक्ष में प्रयोग की जाने वाली किसी एक युक्ति की चर्चा उदाहरण सहित कीजिए।

उत्तर— विज्ञान में शब्दावली का विशेष अर्थ होता है। कोई विशिष्ट शब्दावली अपने आप में विज्ञान नहीं है। यह एक साधन है जिसके द्वारा विज्ञान की समझ को संचारित किया जाता है। आसवन, ऊष्मागतिकी, रेडियो एक्टिव जैसे शब्द विज्ञान में अत्यंत यथातथ्य अर्थ रखते हैं। कभी-कभी कोई शब्द विज्ञान में अलग अर्थ रखता है और सामान्य भाषा में अलग, जैसे-'अंत: शक्ति', 'कार्य' आदि। विज्ञान शिक्षक शिक्षार्थियों को शब्दों के वैज्ञानिक अर्थ से अवगत कराने के लिए चिंतित रहते हैं। तथापि, शिक्षार्थियों को बहुत अधिक शब्दों से परिचय कराने पर उन्हें ऐसा लगता है कि विज्ञान कठिन है - यह कठिन शब्दों की विशिष्ट शब्दावली है। कभी-कभी वे वैज्ञानिक शब्दों को गलत भाव में उपयोग करते हैं, जैसे दाब की जगह बल, नाभिक के स्थान पर परमाणु।

विज्ञान शिक्षक को विद्यार्थियों का ध्यान विशिष्ट शब्दों की ओर आकर्षित करना पड़ता है जिससे कि उन्हें इन शब्दों के अर्थ समझने में सहायता की जा सके। इसे इस प्रकार किया जा सकता है—

- शब्द को उनके पूर्व अनुभवों से जोड़कर,
- शब्द के अर्थ के साथ उनके प्रत्यक्ष अनुभव को प्रदान करके,
- अंकीय/इलेक्ट्रोनिक माध्यम उपयोग करके और
- चित्र, मॉडल, विश्वकोश, फोटोग्राफ आदि उपयोग करके।

यहाँ हम एक उदाहरण लेते हैं–

शिक्षक मारिया को विद्यार्थियों को विवर्तन की संकल्पना से परिचित करना था। उन्होंने उन्हें घने काले बादलों के किसी टुकड़े द्वारा सूर्य के प्रकाश को अवरुद्ध करने की घटना से संबंधित अपने प्रेक्षणों की याद दिलाई। शिक्षक ने बताया कि ऐसी स्थिति में बादल की सीमा पर दिखाई देने वाली प्रकाश की चमकीली पट्टी, जिसे प्राय: सिल्वर लाइन भी कहते हैं, विवर्तन के कारण ही उत्पन्न होती है। उन्होंने विद्यार्थियों का ध्यान इस तथ्य की ओर भी आकर्षित किया कि हम विवर्तन के कारण ही भवनों अथवा दीवार के कोनों के दूसरी ओर से आ रही ध्वनि को सुन पाते हैं। इसके बाद उन्होंने कॉम्पैक्ट डिस्क (CD) के द्वारा उत्पन्न बहुवर्णी पैटर्न दिखलाया जो कि प्रकाश के विवर्तन के कारण देखा जाता है। इन उदाहरणों की सहायता से विद्यार्थी विवर्तन की मूल संकल्पना विकसित कर सके। फिर उन्होंने दो रेजर ब्लेडों से बने छिद्र से होकर एक बल्ब के तंतु से बने विवर्तन बैंड देखने में उनकी सहायता की (आवश्यक सावधानी बरत कर)। रेजर ब्लेडों को एक पतली एकल झिरी के रूप में समायोजित किया गया था। शिक्षक ने समझाया कि विवर्तन की परिघटना तब घटित होती है, जब कोई तरंग किसी ऐसी झिरी या स्लिट के दूसरी ओर फैलती है जिसकी चौड़ाई प्रकाश के तरंगदैर्ध्य तर की अपेक्षा काफी कम होती है।

यहाँ हम देख सकते हैं कि शिक्षक ने किस प्रकार विवर्तन शब्द को प्रत्यक्ष अनुभवों से जोड़कर उसे अर्थ प्रदान किया। इससे शिक्षार्थियों को विवर्तन का किसी विशिष्ट परिघटना के साथ संबंध को जोड़ने में सहायता मिली। आगामी दो कक्षाएँ उसी संकल्पना (एकल झिरी द्वारा विवर्तन तथा विवर्तन पर आधारित आंकिक प्रश्नों को हल करना) पर संचालित की गईं। शब्द विवर्तन को बारंबार प्रयोग किया गया। विद्यार्थियों ने क्रियाकलाप करके तथा समस्याएँ हल करके व्यापक रूप में शब्द के अर्थ को समझ लिया। किसी अमूर्त संकल्पना को प्रस्तुत करने के लिए कभी-कभी विस्तृत प्रक्रिया की आवश्यकता होती है।

प्रश्न 4. निम्नलिखित प्रश्न का उत्तर लगभग 600 शब्दों में दीजिए–

'अधिगम के लिए आकलन', 'अधिगम के आकलन' से किस प्रकार भिन्न है? अपनी रुचि के किसी भी शास्त्र में अपने विद्यार्थियों के पठन कौशलों के आकलन हेतु एक जाँच-अनुसूची निर्मित कीजिए।

उत्तर– अधिगम का आकलन–अधिगम का आकलन पद का प्रयोग आकलन कार्य के उस प्रकार के लिए होता है, जो एक अधिगम गतिविधि या कार्यक्रम के क्रियान्वयन के उपरांत अधिगमकर्त्ता के अधिगम या व्यवहारात्मक परिणामों के आकलन के लिए किया जाता है। इस प्रकार के आकलन की प्रमुख विशेषताओं को निम्न रूप से स्पष्ट किया जा सकता है–

(1) इस प्रकार के आकलन के द्वारा हम निम्न बातों की जाँच की कोशिश करते हैं–

(क) अधिगम प्रयत्नों के फलस्वरूप अधिगम अपने अच्छे या बुरे रूप में किस प्रकार संपन्न हुआ?

(ख) किसी विषय अथवा कार्य को करने के संबंध में अधिगम उद्देश्यों की प्राप्ति या उपलब्धि कहाँ तक संभव हो पाई?

(ग) अधिगम के परिणामस्वरूप अधिगमकर्त्ता के व्यवहार में किस प्रकार के परिवर्तन प्रकाश में आए।

(2) यह किसी अधिगम प्रक्रिया के विशुद्ध परिणामों के रूप में जाना जा सकता है और यह इस तरह एक प्रकार से अधिगमकर्त्ता के अंतिम अधिगम व्यवहार तथा प्रारंभिक व्यवहार के बीच का विशुद्ध अंतर होता है जिसे सूत्र के रूप में हम निम्न प्रकार व्यक्त कर सकते हैं–

अधिगम का आकलन = अधिगम प्रक्रिया के अंत में अधिगमकर्त्ता का अधिगम स्तर - अधिगम प्रक्रिया के शुरू होने से पहले अधिगम स्तर

(3) अधिगमकर्त्ता को अपने अधिगम प्रयासों के परिणाम से परिचित कराने के लिए यह अधिगम की समाप्ति पर किया जाता है।

(4) अधिगमकर्त्ता के अधिगम परिणामों का आकलन करने के लिए समय और निर्धारित कार्यक्रम के आधार पर रचनात्मक भी हो सकता है और संकलनात्मक भी। जब यह एक पाठ्यक्रम, सेमेस्टर या फिर एक निश्चित अवधि के बाद समुचित रूप से लिया जाता है तब यह संकलनात्मक आकलन का स्वरूप ले लेता है परंतु जब आकलन या मूल्यांकन की प्रक्रिया एक सतत् प्रक्रिया के रूप में चलती रहती है तो उस अवस्था में संपन्न आकलन रचनात्मक आकलन का स्वरूप ले लेता है।

अधिगम के लिए आकलन–"अधिगम के लिए आकलन या मूल्यांकन" पद आकलन कार्य के उस रूप के लिए प्रयुक्त होता है जिसका प्रयोग एक विद्यार्थी या अधिगमकर्त्ता में पहले से उपस्थित अधिगम क्षमता को जानने तथा यह निश्चित करने के लिए किया जाता है कि किसी दिए गए कार्य का अधिगम करने की उसमें कितनी क्षमता या योग्यता है। इस प्रकार के आकलन के परिणाम एक विद्यार्थी को किसी विषय विशेष के अंश को सीखने और शिक्षक के लिए उस विषय विशेष का अंश पढ़ाने के कार्य को काफी आसान और ठीक ढंग से विधिपूर्वक पढ़ाने के योग्य बना देता है। इस प्रकार की जानकारी के आधार पर वे अपनी अधिगम या शिक्षण की यात्रा के लिए सभी रूप में योजना बना सकते हैं। इस प्रकार के आकलन की प्रकृति एवं विशेषताओं को निम्न रूप से स्पष्ट किया जा सकता है–

(1) इस आकलन के बारे में अधिगम कार्य शुरू करने या क्रियान्वित करने से पूर्व ही संपन्न किया जाता है।

(2) इस प्रकार के आकलन से जो परिणाम प्राप्त होते हैं उनके आधार पर ही अधिगम कार्य प्रारंभ करने के बारे में निर्णय लिए जाते हैं।

(3) इस प्रकार के आकलन में एक अध्यापक उस समय संलग्न रहता हुआ दिखाई दे सकता है जब वह अपने विषय संबंधी किसी प्रकरण को पढ़ाने से पूर्ण विद्यार्थियों के पूर्वज्ञान का आकलन कर रहा होता है। उस विषय से संबंधित बालकों को जिस प्रकार की जानकारी और पूर्वज्ञान होता है उसी के परिप्रेक्ष्य में वह अपने पाठ पढ़ाने से संबंधित विधियों और प्रस्तुतीकरण करने के ढंग की योजना बनाता है। इस तरह अध्यापकों के द्वारा अपना पाठ पढ़ाने के समय पूर्वज्ञान की जो परीक्षा ली जाती है वह अधिगम के लिए किया जाने वाला आकलन ही है।

(4) अभिवृत्ति परीक्षण, रुचि अनुसूची, व्यक्तित्व अनुसूची, स्वभाव तथा मूड की पहचान आदि के द्वारा विद्यार्थियों के बारे में जो पृष्ठपोषण मिलता है वह अधिगम के लिए आकलन के रूप में एक प्रभावशाली अदा का कार्य करता है। एक विशेष प्रकार के अधिगमकर्त्ता के लिए किस प्रकार का अधिगम उचित रहेगा इन सब बातों का निर्णय इस प्रकार के अधिगम के लिए आकलन से प्राप्त पृष्ठपोषण की सहायता से ठीक प्रकार से किया जा सकता है। इस प्रकार की प्रतिपुष्टि के प्रकाश में अधिगम प्रक्रिया के संचालन के लिए अपनाई जाने वाली विधियों, प्रयुक्त की जाने वाली सहायक सामग्री आदि के बारे में निर्णय लिए जा सकते हैं।

(5) जिसे निदानात्मक आकलन या परीक्षण कहा जाता है वह अपने आप में अधिगम के लिए प्रयुक्त आकलन और मूल्यांकन ही है। इस प्रकार के आकलन और परीक्षण के द्वारा हम अधिगमकर्त्ता की अधिगम कठिनाइयों तथा अधिगम संबंधी कमजोरियों अथवा अच्छाइयों का पता लगाने का प्रयत्न करते हैं जिनका संबंध किसी विषय विशेष के प्रकरण के अधिगम अथवा कार्य को सीखने से होता है। इस प्रकार के निदान से हमें जो प्रतिपुष्टि प्राप्त होती है उसी की मदद से हमें उपचारात्मक कदम उठाने संबंधी निर्णय लेने में आसानी रहती है ताकि अधिगमकर्त्ता की अधिगम कठिनाइयों का निवारण किया जा सके। अधिगम मार्ग में आने वाली इन बाधाओं को पार करने से ही अधिगम का आगे का रास्ता आसान हो जाता है और इस प्रकार से निदानात्मक परीक्षण या आकलन अधिगम के लिए आकलन अथवा मूल्यांकन संबंधी भूमिका का अच्छा निर्वहन करता हुआ प्रतीत होता है।

(6) रचनात्मक मूल्यांकन या आकलन में हम एक अधिगमकर्त्ता के अधिगम की समय-समय पर, यह जाँच करने के लिए कि वह अपने अधिगम पथ पर क्या प्रगति कर रहा है, आकलन करते हैं। अधिगम प्रक्रिया के किसी एक या अन्य स्तर पर किया गया इस प्रकार का आकलन 'अधिगम के लिए आकलन' की भूमिका का भली-भाँति निर्वहन करता है क्योंकि यह अधिगमकर्त्ता को आगे के अधिगम के लिए उसकी तैयारी और क्षमता से परिचित कराता है। इससे अधिगमकर्त्ता को उसके अधिगम पथ में होने वाली कमजोरियों, कमियों और कठिनाइयों की जानकारी कराता है। इस प्रकार का पृष्ठपोषण आगे के अधिगम के लिए वांछित रूप से योजना बनाने और व्यवस्था करने में अधिगमकर्त्ता की सहायता करता है।

इस प्रकार से किसी एक या अन्य साधनों के द्वारा विभिन्न रूपों में अधिगम के लिए 'आंकलन के लिए आकलन' संपन्न किया जा सकता है। हालाँकि अपने सभी स्वरूपों और प्रकारों में इसकी प्रकृति और प्रयोजन हमेशा ही पूर्ण रूप से रचनात्मक रहता है, अर्थात् किसी भी प्रकार का अधिगम कार्य करने के संदर्भ में, उसे उचित प्रकार से क्रियान्वित करने के लिए एक अधिगमकर्त्ता की सहायता करना या उसके लिए तैयार करना।

www.ingramcontent.com/pod-product-compliance
Lightning Source LLC
LaVergne TN
LVHW021804060526
838201LV00058B/3235
* 9 7 8 9 3 8 6 2 7 6 3 9 1 *